O espírito e a letra

Sérgio Buarque de Holanda

O espírito e a letra

Estudos de crítica literária I
1920-1947

•

Organização, introdução e notas:
Antonio Arnoni Prado

2ª edição

COMPANHIA DAS LETRAS

Copyright do texto © 1996 by espólio de Sérgio Buarque de Holanda

Grafia atualizada segundo o Acordo Ortográfico da Língua Portuguesa de 1990, que entrou em vigor no Brasil em 2009.

Capa:
Victor Burton sobre Favela, *óleo com areia sobre tela de Lasar Segall, 1954-55, 65 × 50 cm, Acervo do Museu Lasar Segall — Ibram/ Ministério do Turismo*

Preparação:
Rosemary Cataldi Machado

Índice remissivo:
Cíntia Ávila

Revisão:
Andrea Souzedo
Pedro Ribeiro
Valquíria Della Pozza

Coordenação editorial:
Página Viva

Dados Internacionais de Catalogação na Publicação (CIP)
(Câmara Brasileira do Livro, SP, Brasil)

Holanda, Sérgio Buarque de, 1902-1982
O espírito e a letra : Estudos de crítica literária 1 : 1920--1947 / Sérgio Buarque de Holanda ; organização, introdução e notas Antonio Arnoni Prado. – 2ª ed. – São Paulo : Companhia das Letras, 2022.

Bibliografia.
ISBN 978-85-359-3092-4

1. Crítica literária 2. Literatura – História e crítica
I. Prado, Antonio Arnoni. II. Título.

22-109267   CDD-809

Índice para catálogo sistemático:
1. Literatura : História e crítica 809
Eliete Marques da Silva — Bibliotecária — CRB-8/9380

2022

Todos os direitos desta edição reservados à
EDITORA SCHWARCZ S.A.
Rua Bandeira Paulista, 702, cj. 32
04532-002 – São Paulo – SP
Telefone: (11) 3707-3500
www.companhiadasletras.com.br
www.blogdacompanhia.com.br
facebook.com/companhiadasletras
instagram.com/companhiadasletras
twitter.com/cialetras

Sumário

•

Agradecimentos
13

Nota sobre a edição
15

Introdução
26

1. DO *FIN-DE-SIÈCLE* À "SEMANA"

Originalidade literária
41

Ariel
49

Vargas Vila
54

Santos Chocano
62

Um centenário
66

Letras floridas
70

Rabugices de velho
74

Um livro útil
77

A cidade verde
81

O pantum
84

O Fausto
89

Os poetas e a felicidade
104

Os poetas e a felicidade – II
109

Os poetas e a felicidade – III
114

A decadência do romance
121

O gênio do século
124

Guilherme de Almeida
129

Plágios e plagiários
132

O futurismo paulista
149

Robert de Montesquiou
153

Uma poetisa de dezesseis anos
156

2. COM OS "FUTURISTAS" DE SÃO PAULO

Manuel Bandeira
161

Enéas Ferraz – *História de João Crispim*
165

Os novos de São Paulo
168

Jardim das confidências
170

A literatura nova de São Paulo
172

O Expressionismo
175

[A nova geração santista]
180

[Os "futuristas" de São Paulo]
184

[O passadismo morreu mesmo]
187

André Gide
193

3. O LADO OPOSTO E OS OUTROS LADOS

Um homem essencial
203

Ribeiro Couto – *Cidade do vício e da graça*
211

Alfred Droin – *M. Paul Valéry et la tradition poètique française*
213

Blaise Cendrars – *Kodak Documentaire*
215

Panaït Istrati – *Les récits d'Adrien Zograffi*
218

"Romantismo e tradição"
220

Rubens de Moraes – *Domingo dos séculos*
228

Ronald de Carvalho – *Estudos brasileiros*
231

Manuel Bandeira – *Poesias*
234

Oswald de Andrade – *Memórias sentimentais de João Miramar*
237

Perspectivas
242

Pathé-Baby
248

Um homem na multidão – Ribeiro Couto
251

O lado oposto e outros lados
254

Conversando com Blaise Cendrars
259

João Caetano em Itaboraí
264

O testamento de Thomas Hardy
270

Indicação
278

Maquiavel e o sr. Otávio de Faria
280

Thomas Mann e o Brasil
284

Realidade e poesia
290

O mito de Macunaíma
293

4. NO LUGAR DE MÁRIO DE ANDRADE

Poesia e crítica
305

Poesias completas de
Manuel Bandeira
310

A vida de Paulo Eiró
318

Fagundes Varela
326

Política e letras
335

A filosofia de Machado de Assis
343

Romance metropolitano
351

Notas sobre o romance
355

À margem da vida
360

Um homem dentro do mundo
365

Inocentes e culpados
370

Contos
379

Cavaquinho e saxofone
384

Inglês de Souza: o missionário
390

O beija-flor e o leão
400

A propósito de sereia verde
408

O líder morto
412

Perene romantismo
415

A França bizantina
420

Literatura colonial
427

Itinerário de Fargue
434

Literatura jesuística
442

Índice onomástico
447

Agradecimentos

Este trabalho não teria sido possível sem a colaboração de algumas pessoas a quem deixo os meus agradecimentos. Ao professor Antonio Candido, pela leitura e a enriquecedora revisão do texto, além das muitas correções decisivas; a Alexandre Eulalio e João Luiz Lafetá – *in memoriam* –, pelo muito que me trouxeram na compreensão do ato crítico; a Vera Cristina Neumann e Teresa Cristina Oliveira Nonatto de Carvalho, pela assessoria bibliográfica ininterrupta; a Katia Nunes, que digitou a maior parte do material, e a Kazue Yamazaki, que a complementou; a Maria Silvia Holloway, Ana Maria Granato, Aparecida Domingues, Belkiss Aparecida Donato, Elza Lina Godói de Lazari, Haroldo Batista da Silva, Idelete Bonaldo, Irma Block Teixeira, Maria Madalena Brito de Oliveira e Rosália A. O. Alvarenga, da biblioteca do Instituto de Estudos da Linguagem da Unicamp; a Albertina Steiner, Luiz Atílio Vicentini e Sandra Lane Bruno, da Biblioteca Central da Unicamp; a Neire do Rossio Martins e Márcia Aparecida Marques Silveira, do Siarq da mesma Universidade; a Anna Naldi e Cássia Krebs, do Departamento de Referência e Difusão da Biblioteca Nacional do Rio de Janeiro; a Vitória Camargo de Menezes, da Biblioteca Kennedy, de Santo Amaro; a

Maria Fátima Lopes Thaumaturgo, coordenadora das cabinas de pesquisa da Biblioteca Municipal Mário de Andrade, de São Paulo; a Augusto Leme de Medeiros, Carlos Bastos, Sueli Aparecida Rizzoli Sarmento, Esmeraldo Armando dos Santos e Suzelene Alves dos Santos, do setor de Informática do IEL; ao dr. Dietrich Briesemeister, diretor da biblioteca do Instituto Ibero-Americano de Berlim; às professoras Naomi Moniz, Clea Rameh e Maria João Basílio, pelo auxílio prestado durante a etapa de pesquisa na biblioteca da Georgetown University, de Washington; a Flora Sussekind, da Fundação Casa de Rui Barbosa; a Jorge Ruedas de la Serna, do Centro de Estudos Filológicos da Universidade Nacional Autônoma do México; aos professores Marisa Lajolo, Carmem Zink, Charlotte Galves, Haquira Osakabe, Jesus Durigan, Maria Eugênia Boaventura e Paulo Franchetti, meus colegas no Instituto de Estudos da Linguagem da Unicamp; a Paulo César Ferreira Lucchetti e a Rogério José Cerveira Ribeiro; ao poeta Domingos Carvalho da Silva; ao crítico Fábio Lucas e ao editor Cláudio Giordano; às pesquisadoras Maria do Carmo Waizbort e Ana Luiza Martins; aos alunos Viviana Gelado, Ana Maria Formoso Cardoso e Silva, Luciana Franco Dias e Mário Luiz Frungillo, do IEL da Unicamp; e a Malu Eleutério, pela supervisão jauense que fez avançar o trabalho.

Agradeço também ao CNPq, pela bolsa que me permitiu sustentar a pesquisa no país, e ao Fundo de Apoio à Pesquisa da Unicamp – Faep, pelo apoio material sem o qual não teria tido acesso à rara bibliografia utilizada por Sérgio Buarque de Holanda em acervos do exterior.

Antonio Arnoni Prado

Nota sobre a edição

•

Ao organizar estes *Estudos de crítica literária*, contamos ter recolhido, se não a totalidade, pelo menos a maior parte dos textos críticos de Sérgio Buarque de Holanda dispersos em jornais e revistas do país no período que vai de 1920 a 1959. Na transcrição do material coligido, optamos pelo critério da inserção cronológica dos textos, que se revelou desde logo o mais adequado à compreensão dos processos e dos temas na evolução do pensamento crítico do autor. De par com o critério cronológico, e para o caso dos textos reproduzidos em mais de um periódico (fato que se repete com frequência a partir da segunda metade da década de 1940), decidimo-nos pela transcrição da primeira versão publicada, sempre que não alterada a fundo pelo autor na versão reproduzida. Em caso de alteração substancial, de que é exemplo o artigo "Universalismo e provincianismo em crítica", estampado no *Diário de Notícias* (RJ) em novembro de 1948 e reescrito em dezembro do mesmo ano com o título "Entre a crítica e o apostolado", publicado n'*O Estado de S. Paulo*, optamos por transcrever as duas versões.

Por se tratar de textos em geral escritos para jornais e revistas, e particularmente por não dispormos de originais, manuscritos ou datilografados, revistos pelo autor, tivemos de nos valer – como referência matriz – da reprodução, em xerox ou microfilme, da página composta e impressa de cada periódico, o que significa – como é fácil imaginar – conviver com alguns fatores desfavoráveis, como as idiossincrasias do revisor de plantão, o poder de concentração do linotipista ou ainda as atribulações do editor da página com o espaço e a localização da coluna, sempre às voltas com a voracidade promocional do anúncio e as prioridades da matéria paga.

Contrastando com tudo isso, e não poucas vezes gravemente desfigurados pelas interferências daí decorrentes, estão os textos de Sérgio Buarque de Holanda, refinados na expressão da sintaxe, eruditíssimos na reprodução de cenas dramáticas, poemas e entrechos de prosa tão admiráveis quanto raros, vindos da antiguidade clássica para a modernidade, passando pela Idade Média europeia e os ciclos coloniais americanos, citados e transcritos em inglês, francês, alemão, espanhol e italiano, quando não em latim, provençal e galaico-português. Sabemos que o próprio Sérgio, consciente de tais vicissitudes, preferiu deixá-los onde estavam, diluídos no registro da crônica passageira, e que só reuniria em livro – em *Cobra de vidro* e depois em *Tentativas de mitologia* – alguns poucos estudos extraídos desse conjunto. A razão é que para ele, que sempre se considerou um crítico bissexto, a maioria dos artigos que publicara pela imprensa não passava de meros trabalhos de circunstância que a seu ver dispensavam um tratamento ensaístico com o rigor de notas e referências em aparato erudito.

Antonio Candido mostrou recentemente, ao organizar e prefaciar os ensaios até então inéditos que compõem os *Capítulos de literatura colonial*, publicados em 1991, o quanto nos enriqueceram os critérios de leitura, a variedade do método e o alcance das perspectivas mobilizadas por Sérgio Buarque de Holanda nesse trabalho cujas análises e observações, segundo ele, "são as mais sólidas e brilhantes, as mais eruditas e imaginosas jamais feitas no Brasil sobre o assunto".[1] Sabemos, no entanto, que os *Capítulos de literatura colonial* são apenas uma parte do universo crítico de Sérgio Buarque de Holanda, a ponto de alguns de seus núcleos e temas terem sido originalmente esboçados em artigos independentes que ele publicara antes em revistas e suplementos.[2]

A difícil tarefa de reunir em livro o máximo possível desse universo crítico exigiu longas etapas de trabalho, entre as quais se incluem, além da pesquisa e da localização dos textos em bibliotecas e arquivos do Brasil e do Exterior: I. o estabelecimento de texto dos artigos transcritos; II. a localização de todas as citações entre aspas ou apenas referidas, incluindo aqui a remissão às páginas de capítulos, poemas, estrofes, cantos, cenas, atos dramáticos, religiosos ou satíricos citados ou transcritos; III. a revisão desses textos e cotejo com os originais utilizados pelo autor; IV. a indicação da referência bibliográfica completa dos títulos de obras citados no conjunto dos textos transcritos; V. a localização bibliográfica das citações dos diários e da correspondência entre os autores estudados; VI. a preparação das notas biobibliográficas referentes a autores citados e pouco conhecidos; VII. a preparação de notas sobre os periódicos nacionais e internacionais citados e menos conhecidos; VIII. a organização da bibliografia do volume; IX. a organização do índice dos nomes citados.

1. Cf. Antonio Candido, "Introdução" in Sérgio Buarque de Holanda. *Capítulos de literatura colonial*. São Paulo, Brasiliense (1991), p. 8.
2. Remetidos em sua maioria da Itália ("via Panair do Brasil"), onde Sérgio se encontrava, estão nesse caso os seguintes estudos incluídos nesta edição: "Domínio rococó", "Metastasio e o Brasil", "De Cláudio ao cantor cesáreo", "Imagens do Setecentos", "Uma epopeia americana" e "Basílio da Gama e o indianismo".

Todas as notas e referências daí decorrentes são de nossa autoria. Quando pertencentes a Sérgio Buarque de Holanda, vêm sempre acompanhadas da indicação (N. do A.) [nota do Autor] entre parênteses. Sempre que possível, as notas remetem à edição consultada pelo Autor. Em grande parte dos casos, porém, foi necessário recorrer a edições mais recentes.

A maior parte dos estudos aqui transcritos compõe-se de material que o autor não reuniu em livro e em princípio não selecionou para integrar os dois volumes de crítica literária por ele publicados com o título de *Cobra de vidro* (1944; 2ª ed. 1978) e *Tentativas de mitologia* (1979). No entanto, sempre que um texto recolhido por Sérgio Buarque de Holanda num desses dois volumes nos pareceu retomar ou ser retomado por algum dos estudos aqui reunidos, a opção foi incorporá-lo nesta edição. Estão nesse caso, por exemplo, os estudos "A filosofia de Machado de Assis", "Notas sobre o romance", "Mar enxuto", "Bopp e o dragão", "ABC das catástrofes", "Rebelião e convenção" e "Branco sobre branco", originalmente publicados em *Cobra de vidro* e indispensáveis para a compreensão do conjunto dos estudos críticos sobre a prosa e a poesia posteriores a 1922, além de necessários para situar o diálogo aberto com a chamada "geração de 45"; e "Hermetismo & crítica" e "Poesia e positivismo", incluídos em *Tentativas de mitologia*, textos fundamentais, a nosso ver, para avaliar o conjunto das reflexões críticas que Sérgio amadurece em boa parte dos textos publicados a partir da segunda metade dos anos de 1940.[3]

---

3. Estão no mesmo caso os seguintes textos incluídos pelo saudoso Francisco de Assis Barbosa na bela antologia que publicou com o título de *Raízes de Sérgio Buarque de Holanda* (Rio de Janeiro, Editora Rocco, 1988), pela importância que assumem em relação à primeira fase da trajetória crítica do autor: "Originalidade literária", "Ariel", "Guilherme de Almeida", "O futurismo paulista", "Manuel Bandeira", "Um homem essencial", "Perspectivas", "O lado oposto e outros lados", "Conversando com Blaise Cendrars", "O testamento de Thomas Hardy" e "Thomas Mann e o Brasil".

* * *

Ao reunir em livro a variedade desse conjunto, procedemos de modo a que cada capítulo fosse precedido de uma epígrafe introdutória retirada de textos expressivos do próprio autor e representativa do período a eles correspondente, para assim registrar que é o próprio Sérgio Buarque de Holanda quem explicita ao leitor de seus estudos cada uma das atitudes que o marcaram intelectualmente ao longo das diferentes etapas em que os escreveu.

"Do *fin-de-siècle* à 'Semana'" fixou-se como primeiro capítulo porque, além de registrar a estreia intelectual do crítico jovem e aberto a múltiplas influências, é um momento em que Sérgio Buarque de Holanda comenta livremente as tendências estéticas do entresséculos, como que a pressentir a mudança de rumos no Brasil e na América Latina, a iminência das vanguardas e, sintomaticamente, uma necessidade de integração desse Brasil já às vésperas da Semana de Arte Moderna à renovação iniciada em alguns países da América Hispânica. O tom do capítulo é dado pelo golpe de vista desigual e algo dispersivo, numa linguagem por vezes empolada mas já antecipando os contornos do novo século e abrindo uma espécie de pauta de trabalho da qual os jovens de 1922 seriam entre nós os primeiros seguidores. Integram o capítulo dezenove escritos em que se alternam a resenha literária, comentários sobre a integração cultural com a América Latina a partir da redefinição do papel do escritor e do intelectual, anotações sobre a renovação dos gêneros, da tradução e do plágio, além de uma leitura *avant la lettre* do chamado *futurismo paulista*.

A Semana de 22 é o tema do segundo capítulo, "Com os 'futuristas' de São Paulo", que enfeixa possivelmente os dez escritos mais empenhados do Sérgio futurista, se assim podemos nos expressar. Entram aqui, por exemplo, os despachos do modernista da primeira hora que apareceram no *Mundo Literário*, divulgando as obras, os dados pessoais, a orientação estética e os futuros projetos dos até então desconhecidos rapazes da Semana. A novidade nesse pequeno bloco de textos irreverentes é a argúcia com que o crítico vai divulgando por aqui as novidades do expressionismo alemão e da vanguarda europeia, alternando-os com apresentações tão empenhadas quanto precisas da obra de Mário de Andrade, de Oswald, de Manuel Bandeira, para não falar das referências às inquietações do primeiro André Gide.

Concentramos no terceiro capítulo – "O lado oposto e os outros lados" – os textos posteriores ao artigo "Um homem essencial", que abre a divisão do movimento modernista ao separar, na expressão de Raymundo Faoro, os modernistas da *ordem* dos da *desordem*. O que ressalta nos 22 artigos que integram o conjunto é a presença do *Sérgio radical*, para usar uma definição de Antonio Candido, que se distancia de Graça Aranha, Ronald de Carvalho e Renato Almeida, entre outros, para ficar com o projeto mais avançado de Mário, Oswald, Alcântara Machado e Manuel Bandeira. A tônica dos textos é o aprofundamento da consciência estética do Sérgio modernista não apenas em relação ao projeto da Semana, mas também em relação à literatura estrangeira, como o demonstram os escritos sobre a obra de Oswald de Andrade, Antônio de Alcântara Machado e Blaise Cendrars e os comentários que tratam da contribuição de Panaït Istrati e Alfred Droin. Mais amadurecido como crítico, mas sem ter ainda definido um método, como diria mais tarde, Sérgio aparece aqui conversando com Thomas Mann em Berlim e comentando o legado de Thomas Hardy. As marcas do historiador da nossa cultura estão no estudo que vincula o progresso do café em Itaboraí ao aparecimento do teatro de João Caetano.

Os 22 estudos em que se organiza o quarto capítulo, que intitulamos "No lugar de Mário de Andrade", contêm os ensaios que propriamente inauguram as atividades regulares do crítico literário Sérgio Buarque de Holanda, então convidado a substituir Mário de Andrade, que voltava a São Paulo, no rodapé do jornal *Diário de Notícias*, do Rio de Janeiro. Estamos em 1941 e, como sabemos, muita coisa havia mudado. Depois de 1928, Sérgio, que havia rompido com a literatura ao ponto de desfazer-se de seus livros para isolar-se no Espírito Santo, viajara como correspondente à Europa, estudara em Berlim, publicara *Raízes do Brasil* e tivera uma rápida experiência docente na então Universidade do Distrito Federal. Mais atualizado e em contato surpreendentemente em dia com o que se escrevia nos Estados Unidos e na Europa, incluindo a produção intelectual em língua alemã, o crítico que aparece neste capítulo é o intelectual aplicado que se aprofunda no conhecimento das técnicas de seu ofício. À custa de muito esforço, como ele mesmo registraria mais tarde no prefácio a *Tentativas de mitologia*, harmoniza em suas novas atividades a experiência do modernista e do pesquisador até há pouco itinerante com a rara habilidade de leitor culto e informado que sempre foi. O resultado é uma estratégia de leitura que sem se constituir propriamente num método crítico definido, representa uma abordagem ricamente integrada aos planos da cultura, da estética e da história, coisa que para o Brasil daquele tempo, como também assinalou Antonio Candido, era algo de muito raro.

Uma das contribuições do capítulo está na concepção altamente moderna da autonomia e da funcionalidade das formas literárias, de um lado, e na amplitude do diálogo que se estabelece entre o contexto histórico e sua transfiguração simbólica, de outro. Daí, por exemplo, a ênfase na aproximação entre poesia e crítica como expressões de uma consciência transgressora da linguagem, assim como o interesse pela relação entre o romance e seu contexto como sintomas de uma atitude que reelabora as implicações histórico-culturais da realidade a interpretar. O aprofundamento da análise da estrutura dos gêneros literários, a ampliação das discussões sobre o estatuto da crítica passam agora a alimentar a releitura do romantismo brasileiro, da obra de Machado de Assis e de Mário de Andrade, para não citar as novas tarefas atribuídas ao crítico em face das imposições de sua época.

Nos 44 estudos que compõem o capítulo "Um bissexto da crítica", a intenção foi destacar o momento em que, refletindo sobre a natureza de seu ofício, Sérgio se define não propriamente como um crítico literário, mas antes como um amador eventual de livros que lhe interessavam. Liberto dos modelos e das imposições convencionais do gênero e em certa medida preocupado com todos os modelos, o que vemos aqui, bem ao contrário de um descompromisso em relação às exigências da atividade literária, é o crítico se movimentando em toda a sua plenitude. É a partir desse instante – fins da década de 1940 –, que ele abre um diálogo fecundo com a chamada "geração de 1945", ao mesmo tempo em que entra fundo no universo da poesia, diversifica as bases teóricas da análise, reavalia o papel do *new criticism* e recupera a contribuição da estilística (E. Auerbach, por exemplo), valorizando em sua verdadeira dimensão o trabalho de críticos inventores como Mário de Andrade, Paul Valéry, T. S. Eliot e o próprio Ezra Pound. Aqui, a reavaliação do modernismo, as leituras de Goethe, Proust, Gide, Balzac e Melville, a saudação a Clarice Lispector e, particularmente, as considerações sobre a crítica brasileira posterior a 1930, dão ao conjunto dos ensaios o valor de uma contribuição inestimável.

No capítulo final, "O historiador encontra o crítico", composto de 57 estudos, encontram-se os textos que integram a última etapa das atividades de Sérgio Buarque de Holanda como crítico literário de jornal, que vão até meados da década de 1950 no *Diário Carioca*, mas prosseguem, com uma ou outra colaboração circunstancial, nesse ou noutros periódicos do país, até fins da década, quando ele então se volta definitivamente para o ensino e a pesquisa histórica, agora na condição de catedrático de História da Civilização Brasileira na Universidade de São Paulo. Nele estão reunidos os estudos talvez mais ecléticos da crítica de Sérgio, aí compreendendo os primeiros esboços, já referidos, dos *Capítulos de literatura colonial*, editados por Antonio Candido depois da morte do autor; os ensaios que amadureceram o conceito e a visão da crítica enquanto gênero e função (um exemplo é o artigo sobre a obra de Sílvio Romero); a ampliação do diálogo com a melhor poesia brasileira (Carlos Drummond de Andrade, Manuel Bandeira, João Cabral de Melo Neto, Dante Milano); a reavaliação do nosso sistema literário, lido na perspectiva de três grandes recortes (arcadismo, romantismo, modernismo); a releitura do movimento de 22, primeiro como uma espécie de balanço do programa estético e cultural e depois como uma avaliação de seus desdobramentos, vistos agora por Sérgio como algo superando e sendo necessariamente superado e nunca como um projeto a ser retomado ou mecanicamente contraditado, como em princípio (a seu ver) quiseram os jovens da geração de 45. Essa atitude crítica marcada pela valorização da independência estética e do exercício intelectual ininterrupto atraiu a atenção de Sérgio para os movimentos da vanguarda de inícios de 1950, aí incluindo a produção do concretismo e de seus representantes.

A novidade desses estudos finais é que, neles, o historiador e o crítico aparecem dialogando com frequência, como a nos lembrar a cada passo, nos termos da epígrafe que abre o capítulo, que se o crítico não deve discernir num passado morto as normas fixas que haverão de dirigir o nosso pensamento, o seu trabalho – como o do historiador – só ganha relevo quando leva em conta que "as expressões de cultura são essencialmente mutáveis e não se convertem sem violência em normas adequadas para todos e para sempre".

A.A.P.

O apoio bibliográfico para a edição dos textos desta compilação baseou-se nas seguintes fontes de consulta:

DICIONÁRIOS E ENCICLOPÉDIAS

Brockhaus Enzyklopädie. Wiesbaden: F. A. Brockhaus (1966), 20 vol.
Diccionario enciclopédico hispano-americano de literatura, ciencias, artes etc. de Montaner y Simón (Barcelona) e W. M. Jackson, Inc. (Nova York), eds. Nova York, Ferris Printing Company (s. d.)
Diccionario enciclopédico Salvat. 2ª ed., Barcelona, Salvat Editores (1954), 12 vol.
Dicionário bibliográfico português. Francisco Inocêncio da Silva, 2ª ed., Lisboa, Imprensa Nacional (1926), 22 t.
Dicionário de autores paulistas. Org. Luiz Correia de Melo. São Paulo (1954).
Dicionário de literatura brasileira, portuguesa, galega e estilística literária. Dir. Jacinto do Prado Coelho. 3ª ed., Porto, Editora Figueirinhas (1982).
Dicionário literário brasileiro. Org. Raimundo de Meneses. São Paulo, Editora Saraiva (1969), 5 vol.
Dictionnaire des écrivains et des littératures. Org. Frédéric Loliée. Paris, Armand Colin (1911).
Dictionnaire historique thématique et téchnique des littératures. Org. Jacques Demougin. Paris, Librairie Larousse (1985), 2 vol.
Dizionario letterario Bompiani degli autori. Milão, V. Bompiani Editor (1957).
Enciclopédia de literatura brasileira. Org. Afrânio Coutinho e J. Galante de Souza. Rio de Janeiro, MEC – Fundação de Assistência ao Estudante (1990), 2 vol.
Enciclopédia e dicionário internacional. Rio de Janeiro e Nova York. W. M. Jackson Editores (s. d.), 20 vol.
Grande enciclopédia portuguesa e brasileira. Lisboa, Editorial Enciclopédia Ltda., 40 vol.
Internationale Bibliografie zur Geschichte der deutschen Literatur von den Aufängen bis zur Gegenwart. Berlim, Dokumentation (1972), 2 t.
Larousse universel. Org. Claude Augé. Paris, Librairie Larousse (1923), 2 vol.
The reader's encyclopedia of american literature (Max J. Herzberg, ed.). Londres-Nova York, Methuen & Company (1963).

HISTÓRIA E DOCUMENTAÇÃO LITERÁRIA

Bédier, Joseph e Hazard, Paul. *Histoire de la littérature française* (illustrée). Paris, Librairie Larousse (1924).
Hugnet, Georges. *L'aventure dada (1916-1922). Essai, dictionnaire et textes choisis par...* Paris, Seghers (1971).

BIBLIOGRAFIAS

Dicionário bibliográfico brasileiro (Sacramento Blake). Rio de Janeiro, Tipografia Nacional (1883-1902), 7 vol.

Pequena bibliografia crítica da literatura brasileira (Otto Maria Carpeaux). 3ª ed., Rio de Janeiro, Letras e Artes (1964).

English stylistics: a bibliography (Richard W. Bayley e Dolores M. Burton, org.). Cambridge, Massachusetts e Londres, The MIT Press (1968).

"Bibliografia de Sérgio Buarque de Holanda" (Rosemarie Erika Horch, org.) in *Sérgio Buarque de Holanda: vida e obra*. São Paulo, Secretaria de Estado da Cultura/Universidade de São Paulo (1988), pp. 119-56.

Introdução

As primeiras notícias do jovem Sérgio Buarque de Holanda nos trazem a imagem de um leitor irreverente e algo excêntrico, dizem alguns que excessivamente erudito para os padrões da época – os primeiros meses do ano de 1920, que é quando seus artigos começam a circular pelas páginas do *Correio Paulistano*.

Apesar de não serem muitos os testemunhos sobre o crítico que então surgia, um deles, pelo menos, nos dá conta de que ali pelos seus dezoito, vinte anos, Sérgio não era um rapaz levado a sério pelos companheiros. "De monóculo, ingerindo calmamente uns tabletes homeopáticos que insinuava conterem misteriosos entorpecentes", consta que apreciava deixar correr em torno de seu nome uma série de anedotas de mau gosto, como aquela segundo a qual, já vivendo no Rio de Janeiro, ele costumava cruzar as avenidas do centro comendo maçãs com um galo branco debaixo do braço e pronto a fazer troça com o primeiro que aparecesse.

Recordando-o numa dessas incursões, que em geral terminavam nas mesas do Café Papagaio em companhia de Prudente de Morais Neto, de Alberto Faria ou mesmo de Graça Aranha, o amigo Rodrigo Melo Franco de Andrade, anos mais tarde, aludiria às inquietações do crítico desses primeiros tempos que, segundo ele, não se resumiam de maneira alguma a serem uma bravata a mais no quadro das irreverências do modernismo, mas revelavam, ao contrário, a espontaneidade de um talento capaz como nenhum outro de encontrar saídas inesperadas para as controvérsias, nem sempre amenas, da vida intelectual.[1]

Sabemos hoje que foi justamente a imprevisibilidade do novo século que levou o jovem Sérgio a arriscar os primeiros golpes contra o repertório da velha crítica. E nem é difícil imaginar, dois anos antes da Semana de 22, como repercutiriam no contexto intelectual da época alguns dos juízos que ele costumava enxertar aos seus primeiros estudos literários, reticente ante a concepção estética da nossa poesia épica, insatisfeito com o indianismo artificioso de Alencar e de Gonçalves Dias e inconformado com a "limitação intelectual dos nossos homens de letras", a ponto de fazer blague da vocação poética de Gonçalves de Magalhães, que julgava tão obscura quanto o veio gongórico de Rocha Pita.[2]

No entanto, se não parece lícito a essa altura indagar da coerência dos temas que abrem a trajetória de alguém que mal se lançava à aventura do espírito, o que se pode dizer é que nesse primeiro momento os seus interesses estão voltados para as relações entre o processo de emancipação intelectual do país e os mecanismos de emancipação política do continente, aos quais ele associa a busca da nossa identidade como única forma capaz de vencer os obstáculos cada vez maiores das influências de fora. Ressalte-se ainda que, se não há propriamente um projeto literário nesse leitor interessado nos sinais ocultos da nossa autonomia intelectual, é inegável que já demonstrava a lucidez com que distinguiria mais tarde, em *Raízes do Brasil*, por exemplo, as diferenças na atitude colo-

---

1. Ver Rodrigo Melo Franco de Andrade. "Singularidade e multiplicidade de Sérgio". *Diário Carioca* (RJ): 13 de julho de 1952.
2. Ver a respeito o artigo "Originalidade literária". *A Cigarra* (SP): 20 de abril de 1920.

nizadora de espanhóis e portugueses, com a desvantagem para nós de que no terreno da cultura obstáculos maiores nos separavam. E se há muito de sonho e de conjectura nesse menino que lia García Calderón pensando em Fréderic Mistral, que repassava com inacreditável desenvoltura para um leitor da sua idade os áridos metros da *Araucana* de Ercila ou da *Rusticatio Mexicana* do padre Landívar, isso não impediu que vislumbrasse na obra de um Santos Chocano e de um García Calderón as sementes de um *americanismo* que ele então situava na linha de frente da integração latino-americana. Coisa bem diversa – como pôde então perceber – do que sucedia no Brasil, onde as influências do chauvinismo de matriz francesa nos empurravam para um estilo cada vez mais ruidoso e gongórico que alçava a produção literária da América portuguesa ao mesmo nível das grandes literaturas da Europa.

Ocorre que essa consciência de que até então a literatura no Brasil sempre tendera para o artificial e o palavrório, quando não para o rebuscamento que a afastava da natureza e do espírito da terra, prenuncia em Sérgio um claro desejo de ação efetiva que vai encontrar no modernismo o ponto máximo de convergência. Compreender esse ritual de passagem é compreender as circunstâncias que irão gradualmente transformar o comentador erudito num ativista à disposição da vanguarda. O leitor verá que já nas páginas de *A Cigarra*, de *Fon-Fon* e do *Correio Paulistano* – antes mesmo das conferências do Municipal e de um ângulo inteiramente novo – Sérgio começa a identificar na voga *art nouveau* de certa crítica pós-simbolista uma atitude afinada com as mudanças que sacudiriam o período. Discordando, por exemplo, dos preceitos de um Max Nordau ou mesmo de um Pompeyo Gener, que então cativavam a imaginação de autores tão diferentes quanto Graça Aranha, João do Rio e Elísio de Carvalho, ele muda logo de tom e traz ao debate uma outra leitura do legado de Mallarmé, de Huysmans e de Maeterlinck, nomes então em alta junto a algumas correntes finisseculares posteriores ao simbolismo. E mais: ao interpretar em nova chave a rebeldia dos "decadistas", a crítica de Sérgio começa a funcionar como uma espécie de radar da consciência estética que mudava, constituindo-se numa síntese hoje indispensável para compreender as relações entre a modernização da linguagem e as transformações radicais que marcaram a fisionomia de sua época.

É esse o momento em que projeta escrever *Os novecentistas*, nunca publicado; em que alude à necessidade de definir novas tarefas para o intelectual latino-americano; em que vislumbra nos ideais de Vargas Vila o humor corrosivo que Taine só admitia nos ingleses, mas que Sérgio amoldava aos impasses de uma geração exilada em sua própria terra e cada vez mais ameaçada pela maré montante do *ianquismo*, um mal capaz, a seu ver, de transformar a literatura numa espécie de press release de consumo imediato para os burgueses da nova ordem.

Por outro lado, atento para as vozes que brotavam da terra, descobre a força expansiva da arte primitiva, combinando a informalidade de leitor sem compromisso a um senso histórico de síntese, que dá a alguns dos comentários críticos dessa primeira fase uma feição singular de texto já sem o ranço erudito de origem e aberto aos riscos da observação à margem, à maneira da crônica de época. A novidade aqui vem da integração entre a linguagem do crítico e as impressões originais do cronista, vazadas num estilo cada vez mais próximo da agitação libertária em ascenso. Basta ver como o cronista que registra os primeiros sinais da prosa instantânea – querendo por exemplo transformar em literatura "as charlas que por aí se ouvem a rodo nos bondes" – convive com o leitor que escuta os poemas primitivos de Catulo da Paixão Cearense pensando nas correspondências sonoras ora com o "Lesbos" de Baudelaire ora com os pantuns malaios de Leconte de Lisle. É dele que partem os primeiros sinais de cumplicidade com os temas "futuristas" dos rapazes que preparavam a Semana, ao apontar para a novidade de alguns poemas *tocados* pelo ritmo forte dos táxis e do *jazz-band*, do *fox-trot* e dos telefones e avaliar num tom francamente inédito a *luz violeta das es-*

trelas artificiais que redescobriam a geografia da cidade sob o delírio da luz elétrica.[3]

Do conjunto dessas impressões nascem as primeiras tentativas de ligar o chamado futurismo paulista a suas fontes europeias, o que àquela altura servia não apenas para abrir o caminho dos novos, como também para estabelecer uma primeira medida crítica que passaria a funcionar como uma espécie de referência estética aos propósitos modernistas de romper com os processos, os temas e os próprios limites da obra literária. Estão nesse caso as observações sobre a adesão de alguns poetas modernistas à ampliação do metro à maneira de Paul Fort e de Apollinaire, cujos versos Sérgio é o primeiro a comparar aos de Mário, Oswald e Guilherme de Almeida.[4] Aliás, é de Sérgio aquele que talvez seja o primeiro informe acerca dos modernistas de São Paulo. Saiu publicado na revista *Fon-Fon* de 10 de dezembro de 1921 e trazia como epígrafe uma passagem de Goethe que antecipava o barulho do Municipal a dois meses de acontecer: "Se eu fosse assaz ousado, violaria todas as regras da fantasia de aliterações, de assonâncias, de tudo que me parecesse cômodo". No corpo da nota a chamada para as diferenças que se radicalizavam na Pauliceia entre os que Sérgio chamava de *beletristas* e os seus adversários *futuristas*, estes últimos – segundo ele mais próximos de Tristan Tzara que de Marinetti – prontos a desencadear o que antevia como "um movimento de libertação dos velhos preconceitos e das convenções sem valor, único no Brasil e na América Latina".

Veremos que os acontecimentos da Semana acabaram acirrando as convicções antipassadistas da crítica de Sérgio. Depois das contendas do Municipal, o tom com que passa a avaliar o ideário estético do movimento, longe da imparcialidade que se esperava de um crítico, é já o tom de um parceiro de

---

3. Ver "O pantum". *A Cigarra* (SP) (147): 1º de novembro de 1920 e "Guilherme de Almeida". *Fon-Fon* (RJ): 3 de setembro de 1921.
4. In "Guilherme de Almeida", cit.

agitação mais interessado na vitória de suas teses do que propriamente nos méritos intelectuais da façanha, o que é visível, por exemplo, nas notas e comentários com que, em *Klaxon*, no *Mundo Literário* ou mesmo em *Terra Roxa*, fez a propaganda da *troupe* de 22, destacando em cada um de seus membros uma centelha nova a inflamar a chama do Brasil moderno. Quem fala agora é o radical, o cúmplice do *agit-prop* que então escapa para os salões do Café Vienense em companhia de Mário, de Oswald, de Guilherme de Almeida ou Rubens Borba de Morais prometendo textos esdrúxulos nem sempre escritos – como "O automóvel adormecido no bosque", "Ipsilon, o magnífico" –, ao lado de outros desconcertantes, e efetivamente publicados, como o conto "F-1", que apareceu na revista *América Brasileira* em 1923 e figurava uma incursão mirabolante da máquina do tempo contracenando com personagens do ano de 3024. Isso para não falar do episódio quase dramático "Antinous", um fragmento futurista que brinca com as imagens da técnica e da civilização por meio de um anúncio delirante que ressuscita o imperador Adriano e o traz para o nosso século em meio à multidão que ulula num cenário entrecortado de espadas ambulantes e de escravos coloridos, curvados como canivetes.

Embora determinada pela estratégia imprevisível do movimento, sabemos que não foi pequena a contribuição intelectual de Sérgio Buarque de Holanda nessa etapa da trajetória de 22. O diálogo iniciado com Blaise Cendrars, a criação da revista *Estética*, com Prudente de Morais Neto, a revelação das fontes poéticas de Manuel Bandeira, a valorização precoce da estrutura sem unidade do *João Miramar*, o reconhecimento de um complexo arte-crítica-pesquisa em expansão na obra de Mário de Andrade são apenas alguns dos aspectos que acrescentariam à fisionomia do modernismo as precondições para a rumorosa entrevista-libelo de 1925 no *Correio da Manhã*, com Prudente de Morais Neto, que lança as bases para a ruptura que viria no ano seguinte com o artigo "O lado oposto e outros lados".

Curiosamente, os mesmos percalços que desviaram os interesses de Sérgio para o ideário de 22 acabaram por levá-lo a romper inesperadamente com a literatura em 1927, ocasião em que decide distribuir os seus livros aos amigos e partir para Cachoeiro do Itapemirim, onde assumiria a direção do jornal *O Progresso* e viveria uma curta aventura de promotor de província.[5]

O crítico da primeira fase ficaria emudecido, mas os frutos de sua incursão na vanguarda valeriam de grande monta para a definição posterior do intelectual que a partir do decênio de 1940 viria a contribuir de maneira inestimável para o aperfeiçoamento da crítica literária no Brasil. É verdade que isso ocorreria muito mais tarde. Mas lembremos que antes disso – no interregno em que Sérgio se afasta das letras para enveredar pelo jornalismo e pela história – foram muitas as etapas vencidas entre o embarque para a Europa, em 1929, como correspondente de *O Jornal*, e a efêmera passagem pela cadeira de literatura comparada na Universidade do Distrito Federal como assistente do prof. Tronchon, em 1936. É o tempo dos despachos de cultura para a revista *Duco*, das traduções do script do *Anjo azul*, que celebrizou Marlene Dietrich, da conversa com Thomas Mann e da amizade com Henri Guilbeaux, amigo de Lenin e representante da revista *Sturm*. É também a fase dos contatos com o grupo de *Sturm*, da temporada acadêmica na Universidade de Berlim, onde frequentou as aulas de Friedrich Meinnecke no departamento de história e ciências sociais, numa época em que lia no original autores como Rilke, Kafka e Hofmannsthal e os discutia com alguns

---

5. Francisco de Assis Barbosa traça um magnífico itinerário desse percurso em "Verdes anos de Sérgio Buarque de Holanda – Ensaio sobre sua formação intelectual até *Raízes do Brasil*" in *Sérgio Buarque de Holanda: vida e obra* (vários autores). São Paulo, Secretaria de Estado da Cultura; Universidade de São Paulo (1988), pp. 27-54.

intelectuais brasileiros que circulavam pela Europa, entre eles Raul Bopp, Mário Pedrosa, Astrojildo Pereira, Antonio de Alcântara Machado.[6] Um breve contato com a literatura (o conto "Viagem a Nápoles" publicado na *Revista Nova* em 1931, já de volta da Europa) é uma das poucas digressões no ofício do scholar que em 1936 divide o seu tempo entre as aulas de história moderna e econômica, como assistente de Henri Hauser, e os despachos para as agências telegráficas internacionais como Havras e United Press, e que em 1937, com o regresso dos professores franceses – já escrito o clássico *Raízes do Brasil* –, assumirá as cadeiras de história da América e de cultura luso-brasileira.

O leitor verá que é nesse momento – quando tudo fazia crer no contrário – que se delineiam as bases para o retorno de Sérgio à crítica literária. E observará que o aprimoramento da experiência intelectual, fecundado agora pela disciplina acadêmica, será responsável por dois aspectos decisivos da nova etapa que então se abre: de um lado, o cronista que se afastara do crítico para servir aos ideais da vanguarda, volta a convergir para aquele, agora reconhecido como historiador responsável por um livro que, na expressão de Antonio Candido, já nasceu clássico; de outro lado, o crítico propriamente dito, que silenciara quase ao final da década de 20, vendo ampliado o horizonte de suas bases teóricas, reaparece para mobilizar a experiência acumulada ao longo da incursão futurista da primeira mocidade e abrir um diálogo fecundo com as gerações que vieram depois.

As tarefas dessa nova etapa, que se abre em 1940, quando Sérgio assume a seção de crítica literária do jornal *Diário de Notícias* do Rio de Janeiro em substituição a Mário de Andrade, e vai – com uma interrupção de seis anos na atividade de

---

6. Sobre a temporada de Sérgio na Alemanha ver Antonio Candido. "Sérgio em Berlim e depois" in *Novos estudos* (CEBRAP). São Paulo, *1* (3): 7 de julho de 1982.

crítico regular – até fins dos anos de 1950, incluem em seu percurso a passagem pelo rodapé do *Diário Carioca* e a presença constante nas principais revistas e suplementos de outros jornais do país, como *O Estado de S. Paulo*, o *Correio Paulistano*, o *Diário de S. Paulo* e a *Folha da Manhã*.

No conjunto destes *Estudos de crítica literária*, que reúnem a maior parte dessa colaboração não publicada em livro, o leitor reconhecerá pelo menos três aspectos básicos da contribuição de Sérgio Buarque de Holanda ao desenvolvimento da crítica no Brasil. O primeiro refere-se à questão do método e das funções da crítica literária, terreno em que Sérgio inovou e reuniu bibliografia de primeira ordem que lhe permitiu atualizar os conhecimentos teóricos e estéticos em nosso meio. O segundo decorre da concepção que fazia da literatura, por ele entendida não apenas como uma manifestação artística, mas também como uma forma privilegiada de conhecimento que ele, como crítico, pôde vincular às fontes mais diversificadas nas diferentes tradições e culturas, da Antiguidade à nossa época. E o terceiro, de ordem prática mas não menos importante, diz respeito aos deveres do crítico propriamente dito, que formulou e desenvolveu de maneira exemplar na discussão sempre elevada que manteve ao longo dos anos com as gerações que se sucederam ao modernismo.

Formulada aqui e ali, no perfil de um argumento, na leitura cerrada de algum poema ou mesmo na confissão fisgada na intimidade dos diários e das cartas, o leitor verá encorpar-se não propriamente a concepção de um projeto, mas a coerência de uma atitude intelectual de alguém que, sem jamais ter-se considerado um crítico com vocação normativa, soube sempre encontrar o lugar adequado para exercer a mediação entre os livros e os autores. Sob este aspecto, verá que embora a atividade literária se constitua para Sérgio num fazer específico, enquanto crítico ele jamais exigiu do escritor o compromisso exclusivo, seja com o seu ofício, seja com qualquer imposição fora dele. Por isso se recusou sempre a ver no escritor a criatura eleita e em tudo excepcional que a tradição reverenciava como alguém que tivesse a chave de todos os mistérios. Mas notará também que à medida que cresce a densidade desses estudos, diminui a confiança do crítico nas técnicas que manipula. Mais ainda: verá que Sérgio desconfia da crítica que explica uma obra com pretensões de esgotá-la no mesmo tom com que recusa a explicação de um poema a partir da análise de um único verso. Tal restrição metodológica levou-o inclusive à discussão da teoria literária de língua inglesa como um contraponto da influência francesa que nos subjugava, de que resultou uma das mais fecundas avaliações do *new criticism* jamais feitas no Brasil.

A discussão inscreve-se num contexto em que Sérgio aparece como um dos primeiros a refletir seriamente nos limites do ato crítico, questionando por exemplo se era lícito à crítica, uma atividade lógica por excelência, explicar a produção da literatura cada vez menos lógica do nosso tempo. Aqui se, por um lado, tendia a acompanhar Emil Staiger e os críticos da escola de Zurique no reconhecimento, ainda que relativo, de um idioma lírico exclusivo dos escritores, por outro – avesso ao formalismo e aberto para a leitura integrada das categorias estéticas –, aproximava-se de Empson e de Caudwell, de Richards e de Valéry, mas sem jamais se restringir aos limites da leitura puramente impressionista. Contra Allan Tate, que excluía a dimensão histórica do universo da crítica, manteve-se a meia distância entre o autotelismo e o contexto, advertindo para a solução absurda dos que procuram num passado morto as normas fixas capazes de garantir o êxito de seus julgamentos.

É que para Sérgio as relações entre a crítica e a história só se justificam quando as intenções históricas da crítica não se convertam em historicismo e se esgotem no processo gerador da obra, o que de modo algum significa que, para ele, historiador e crítico representem atividades que se repelem. Embora reconheça, como o fez num estudo sobre a obra de Basílio da Gama, que "uma coisa é a verdade poética e outra coisa a verdade histórica", o ponto, segundo ele, onde historiador e crítico necessariamente se encontram está no fato de que "as expressões de cultura são fundamentalmente mutáveis e não se transformam sem violência em normas adequadas para todos e para sempre". Isso explica, como veremos na maioria dos ensaios reunidos nesta edição, que na crítica de Sérgio a análise formal, apesar de decisiva enquanto instrumento para o estudo direto da obra, não exclui qualquer elemento histórico, ambiental ou biográfico relacionado ao texto. A razão disso é que, segundo ele, para além do enfoque da obra em sua aparência exterior, como produto acabado e estanque, existe uma outra dimensão a exigir o esforço principal do crítico: a da leitura atenta de seu *processo de formação e de criação*. A habilidade maior ou menor com que o crítico lograr fazê-lo depende da parcela intuitiva que vier a acrescentar a esse exercício intelectual de recriação, o único capaz, a seu ver, de descrever no tempo o modo de invenção de uma obra.

O leitor atento saberá desfrutar, nos diferentes momentos destas páginas, do verdadeiro prazer que é acompanhar algumas das acrobacias intelectuais em que Sérgio persegue o significado oculto na estrutura aparente de obras de autores tão distantes quanto Gide e John Donne, Calderón de la Barca e Carlos Drummond de Andrade. Nesses exercícios modelares de leitura e engenho crítico, Sérgio recorre às mais diversas fontes para recusar, por exemplo, a ideia de que em poesia a invenção vale menos que a convenção e reconhecer o fato de que cada época recria as obras segundo sistemas de gosto que lhe são próprios e familiares. Graças a essa milagrosa recriação, nos diz ele, é que Homero ou Cervantes podem ser e são nossos contemporâneos, compondo uma constelação simultânea com todos os outros poetas do passado e do presente, embora signifiquem para nós algo de muito diverso daquilo que significaram para os homens de seu tempo.

Olhando desta perspectiva, talvez seja possível dizer que nestes *Estudos de crítica literária* as contribuições mais importantes de Sérgio Buarque de Holanda se localizam nos ensaios em que discute em profundidade as questões ligadas à natureza da linguagem poética, vindo da retórica clássica para os mestres italianos e ingleses, dos bardos medievais para as vanguardas da Europa do começo do século, passando por Rimbaud, Mallarmé, os dadaístas, Pound, Eliot, Breton, Genet.

Por esse caminho explicará Manuel Bandeira e Walt Whitman, Valéry e Baudelaire, Oswald e Villon, mas de modo algum se restringirá à poesia. Inspirado em Mário de Andrade, a quem muitas vezes chamou de mestre, o veremos divulgando em diferentes momentos a necessidade de reabilitar o esforço artístico e mesmo artesanal contra "a valorização romântica do artista simplesmente irresponsável" – circunstância que o levou a estudar, por exemplo, a transformação dos processos estilísticos em *Mimesis,* de Eric Auerbach, e, a partir daí, a descrever em leituras pioneiras os procedimentos análogos de superação e ruptura nos principais romances de Joyce, de Kafka e de Proust.

Nesses autores estudou as implicações da posição do narrador em face da tradição e do contexto e viu, no percurso, o quanto o romance, para sobreviver, se serviu dos elementos tirados à poesia para chegar à fragmentação dos temas e do espaço, acelerando assim a velocidade das cenas e pulverizando o tempo e as personagens. Aliás, se foi dos primeiros a perseguir nos livros de Proust a descrição da matriz intemporal que, a seu ver, sempre supera a realidade de onde parte, lendo depois a obra de Machado de Assis, Sérgio vai confirmar a modernidade de sua crítica ao ver no romance algo mais do que um gênero estritamente de relação. Não que se fixasse na pureza do gênero simplesmente enquanto forma. O leitor verá que para Sérgio, conquanto autônoma, a linguagem da ficção sempre tem a ganhar quando combinada com os estratos históricos que a circundam. E não são poucos os ensaios em que procurou demonstrar sua hipótese, seja recorrendo aos estudos de campo sobre a velha igreja dos Sete Povos das Missões para explicar algumas cenas de *O tempo e o vento*, de Érico

Veríssimo, por exemplo, seja lendo as notas póstumas de Zola sobre a estrutura de *L'assommoir*, seja ainda anotando o roteiro de Dostoievski para a composição dos *Irmãos Karamazov* que, segundo ele, veio nos revelar muito mais sobre a personalidade do romancista do que todos os ensaios de interpretação crítica já publicados sobre o autor.

Todos esses aspectos, no entanto, como que se diluem ante a multiplicidade das direções abertas pela crítica de Sérgio Buarque de Holanda no panorama da moderna literatura brasileira. Lembremos, na amplidão dessa vertente, o diálogo aberto, por exemplo, com os escritores da geração de 30; depois, com os da geração de 45, e daí com a obra de João Cabral de Melo Neto, com a de Murilo Mendes, com a de Clarice Lispector, com o Drummond maduro, com os cronistas de Minas, para chegar depois à prosa de Lúcio Cardoso e de Antonio Olavo Pereira, entrando pela poesia de Péricles Eugênio da Silva Ramos, de Ledo Ivo e daí para a saudação aos jovens de entre 1948-1950 em meio a tanta coisa que mudava.

Uma obra como a dele não pertence unicamente a uma época e nem se situa como uma referência no interior apenas dos estudos literários. Antonio Candido viu como ninguém a extensão de seu significado para a expressão da nossa cultura, e é com suas palavras que gostaríamos de recomendar ao público a leitura destes *Estudos*. Para bem entender a crítica de Sérgio Buarque de Holanda – nos diz Candido –, às vezes é preciso compreender que ela se articula não com a convenção, mas "com todo um ciclo da civilização a que pertence, como no caso da extraordinária análise de Cláudio Manuel da Costa". A razão é que Sérgio – acrescenta – "circula no tempo, vai até Petrarca, vem até Lope de Vega, vai até Dante Alighieri, vem a Metastasio, volta para Cláudio Manuel da Costa, a constelação vai se formando e você sente que para explicar aquele texto curto de catorze versos ele mobiliza a civilização do Ocidente".

A.A.P

I
DO *FIN-DE-SIÈCLE*
À "SEMANA"

•

Nós lembramos esse tão debatido fin-de-siècle *como o mais esquisito na sua originalidade e o mais interessante na sua esquisitice. Mais interessante e mais digno de atenção. Resta entretanto muito ainda que fazer. Resta combater toda sorte de imbecilidades que continuam a infestar a Arte moderna, como sejam o realismo, o naturalismo, o vulgarismo, o pedantismo, a fim de que se possa erguer bem alto o monumento que simbolizará a Arte do futuro e no qual se verá escrito em caracteres de fogo, o seu programa:* Liberdade estética – Fantasia ilimitada.

Originalidade literária[1]

•

A EMANCIPAÇÃO INTELECTUAL NÃO É, nem podia ser, um corolário fatal da emancipação política. Esta é um fator secundário, se tanto, na evolução do espírito de um povo. Mistral,[2] com a sua obra admirável na literatura provençal, demonstrou, à saciedade, que a independência intelectual de um povo não requer a emancipação política. O sr. F. García Calderón,[3] considerado

---

1. Este é o primeiro artigo escrito por Sérgio Buarque de Holanda e foi levado por seu pai a Affonso d'Escragnole Taunay, que o publicou no *Correio Paulistano*. Sérgio tinha dezoito anos. Cf. Francisco de Assis Barbosa. "Verdes Anos de Sérgio Buarque de Holanda" in *Sérgio Buarque de Holanda – Vida e obra*, op. cit, p. 30.
2. Sérgio refere-se a Frédéric Mistral (1830-1914), escritor e poeta francês de língua provençal, autor de vasto trabalho linguístico-etnográfico em que se inclui o *Trésor du félibrige*, dicionário francês-provençal, de 1878, e obras literárias como *Calenda* (1867), *Les iles d'or* (1876), coletânea de todos os poemas escritos desde a juventude, *Nerte* (1894) e *Les olivales* (1912). Depois de sua morte apareceram as composições em prosa com o nome de *Prose d'almanach* (1926-27).
3. O autor indicado é Francisco García Calderón (1883-1953), poeta e crítico peruano, que militou em favor do retorno ao lirismo autêntico da América Latina, opondo-se ao ideário conservador da primeira geração modernista. Cosmopolita como seu irmão, o contista Ventura García Calderón, que se radicou em Paris, marcou no entanto sua presença em defesa das origens e do passado indígena como referência fundamental às artes, à cultura e à vida política de seu país. Além de *Idéas y impresiones*, deixou *El Perú contemporáneo* (1907), *Las democracias en Latino-América* (1912) e *La creación de un continente* (1913).

hoje, e com justiça, um dos mais notáveis pensadores e críticos da América Espanhola, estuda, num ensaio publicado recentemente no volume intitulado *Idéas y impresiones*, a originalidade literária da América, historiando detalhadamente todos os fatores que têm contribuído e ainda podem contribuir para a completa emancipação espiritual do Novo Mundo, e, em especial, na porção onde domina a língua de Cervantes.

O primeiro, o mais remoto fator da originalidade literária, apareceu na América com a contemplação, por parte dos europeus conquistadores, de uma nova flora mais grandiosa e magnífica do que a que os cercara no ambiente primitivo; de uma fauna, sob todos os aspectos, mais rica e interessante que a europeia e, principalmente, de nações selvagens desconhecidas até então para eles, de costumes, tradições, ideias e crenças diversas das suas.

Era natural que a impressão causada pela observação dessa natureza onímoda convelisse as manifestações intelectuais dos conquistadores, dos moldes consuetudinários.

Os primeiros resultados dessa tendência produziram-se nos lugares onde o embate entre conquistadores e aborígines se deu com maior violência ou onde o estado de adiantamento e cultura social destes era relativamente elevado.

Seus frutos principais foram a *Araucana*, de Ercila, e a *Rusticatio mexicana*, do padre Landívar.[4] Nesses poemas há

---

4. Sérgio refere-se a dois poemas épicos que tematizaram em enquadramentos opostos a realidade latino-americana. O primeiro, *Araucana*, em 37 cantos, foi escrito em 1569 pelo poeta espanhol Alonso Ercila y Zuniga (1533-1596), pajem do infante d. Filipe, filho de Carlos V, que acompanhou a expedição que o soberano enviou ao Chile, sob o comando de Aldrete, para estancar a ação dos araucanos sublevados, tendo um papel destacado na campanha. O poema inspira-se nos sucessos da batalha, com largo excurso para a natureza virgem, merecendo de Cervantes o registro de que Ercila foi o primeiro poeta heroico a honrar a pátria. O segundo poema referido por Sérgio, *Rusticatio mexicana*, de 1871, é obra do padre jesuíta guatemalteco Rafael Landívar (1731-1793), conhecido como o *"Virgílio americano"*, e foi composto em quinze cantos em hexâmetros latinos, tendo por tema o sentimento nativista e a exaltação da natureza e da vida livre no campo.

claros vestígios de americanismo, há, diz Garcia Calderón, descrições, evocações, assombro lírico ante o novo mundo descoberto. Eram, entretanto, produtos de um esforço ingente da raça conquistadora. O americanismo não passou daí. Os poetas que se sucederam não trataram de conservar essa tendência. Em vão, observa o crítico peruano, em vão procurareis em suas obras o sentimento da natureza. "Os poetas imitam, em vez de descrever, o vasto cenário que os rodeia. Raça individualista, a espanhola, aventureira e lutadora, não quer églogas nem aspira a confundir-se com a terra pródiga, num delírio panteísta."[5] Isso na América espanhola. No Brasil, o espetáculo divergiu bastante.

O povo português, menos idealista e, se quiserem, mais prático que o espanhol, não teve uma impressão tão sutil da natureza do Novo Mundo como aquele. Além disso, as tribos selvagens e erradias que aqui habitavam não podiam inspirar, aos dominadores, em geral incultos e rudes, senão desprezo e ódio. Por isso, afora as narrações áridas e ingênuas dos cronistas, não tivemos nenhum poema ou epopeia dignos desse nome. Nem assunto havia para tal. *A prosopopeia*, de Bento Teixeira, é uma obra de pouco valor, além de iniciar o pensamento brasileiro em assuntos literários. Os primeiros poemas que merecem, com justiça, esse nome apareceram muito mais tarde, e sua origem devemos nós a fatores muito diversos dos que na América espanhola produzi-

---

5. Para García-Calderón, na América espanhola, submissão intelectual e autonomia republicana não se excluíam, mudando apenas a rota das influências, primeiro com matriz na Espanha e depois com a contaminação dos modelos franceses. Mesmo assim, segundo ele, embora adotando com grande atraso o figurino literário das escolas francesas, a tendência a partir do romantismo foi harmonizar a diversidade das imitações numa espécie de espelho comum de que resultaria a nossa originalidade literária. "La littérature du nouveau continent" – diz ele –, "envahie aujourd'hui par les idées et par les livres, suit une route parallèle à celles que suivent les littératures française et espagnole. Toute nouveauté y accède: de la diversité des imitations doit bientôt naître l'originalité définitive." Ver "La littérature des démocraties nouvelles" in *Les démocraties latines de l'Amérique*. Paris, Flammarion (1920), p. 227.

ram a *Araucana*. Aqui, foi essa concepção errônea do patriotismo a que os franceses denominam chauvinismo, a sua causa principal. Rocha Pita, no seu estilo ruidoso, impregnado das locuções gongóricas tão apreciadas pelos escritos coetâneos, dizia em 1724 que a "Portuguesa América, na produção de engenhosos filhos, podia competir com a Itália e Grécia".[6]

Essas ideias desconchavadas foram se infiltrando de tal forma no espírito do povo que os primeiros frutos da nossa literatura nada mais eram que um elogio burlesco e exagerado às nossas riquezas naturais. José Basílio da Gama e Santa Rita Durão foram os iniciadores dessa tendência americanizante da nossa literatura. Por isso, ocuparam posição primacial na chamada Escola Mineira.

O objeto principal nos poemas dos dois clássicos não era panegiricar as nossas belezas naturais, que só tiveram algumas poucas referências principalmente de Durão, mas, sim, o selvagem, o homem americano, que os conquistadores encontraram nas terras descobertas.

Razões de sobra tinha Goethe para afirmar que o homem é sempre o assunto mais interessante para o homem.

Aquela tendência é que recebeu o nome de indianismo e representa o primeiro tentâmen feito entre nós para a criação de uma literatura nacional. A primeira fase do indianismo, no Brasil, não passou de Basílio da Gama e Durão.

Sem embargo dos louvores que mereceram dos mais notáveis escritores portugueses, entre eles Garrett e Castilho, a pouca cultura literária dos nossos compatriotas obliterou por

---

6. Esta passagem da obra de Rocha Pita, referida por Sérgio, encontra-se na *História da América Portuguesa desde o ano de mil e quinhentos de seu descobrimento, até o de mil setecentos e vinte e quatro*. Lisboa, Oficina Joseph Antonio da Silva, 1730, Livro X, 112, em cuja página 655 podemos ler: "A nossa América Portuguesa (e principalmente a Província da Bahia), que na produção de engenhosos filhos pode competir com Itália e Grécia, não se achava com as Academias, introduzidas em todas as Repúblicas bem ordenadas, para apartarem a idade juvenil do ócio contrário das virtudes, e origem de todos os vícios, e apurarem a sutileza dos engenhos".

completo os dois poemas. Por amor da justiça não se deve negar, entretanto, que em parte mereceram o olvido a que os votaram os nossos antepassados.

Em primeiro lugar, a lembrança de dotar-nos de um poema épico é infeliz, tanto sob o ponto de vista histórico, como literário. Sílvio Romero qualifica-a de infantilidade. A propósito do poema de Domingos Magalhães, *A confederação dos Tamoios*, diz o maior historiador da nossa literatura que a ausência de mitos, heróis populares e tradições nos impedia de possuir, definitivamente, feições épicas. Como quase todas as produções indianistas de nossa literatura, o *Caramuru* e o *Uraguai* pecam pela inexatidão com que são pintados os caracteres étnicos de nossos selvagens e, principalmente, pela adulteração com que são pintados fatos históricos. O próprio Varnhagen, notável pela facilidade com que dá como exatos acontecimentos que repugnam a qualquer pessoa de certo senso acreditar, é o primeiro a confessar a inverossimilhança da pretendida viagem de Caramuru à França, a qual sugeriu as mais belas páginas ao poema de Durão.[7]

Gonçalves Dias, com a publicação dos *Primeiros cantos*, em 1846, inicia, no Brasil, a segunda fase do americanismo com o romantismo indianista considerado por José Veríssimo o único movimento literário aqui havido que pode merecer o nome de escola. E isto porque, apesar de sua clara importação estrangeira e imitação exótica, é o único em que pusemos algo de nosso, nesse caso, diz ele, o nosso indianismo.

Gonçalves Dias é, na opinião de García Calderón,[8] "o ini-

---

7. Ver Francisco Adolfo Varnhagen. *O Caramuru perante a história*. Revista do Instituto Histórico do Rio de Janeiro, abril-maio-junho de 1848, vol. x, pp. 129 ss.
8. "*Au Méxique, Espronceda et Lamartine inspirent Fernando Calderón et Ignacio Rodriguez: Zorilla trouve un disciple en Manuel Flores, le poète de la sensualité ardente et de la nature sauvage. Le Brésil, aussi fécond en romantiques que Cuba, eut Gonçalves Dias qui chante la tristesse et la nostalgie qu'exprime si bien ce mot de sa langue, 'saudades' la douleur la délivrance par la science, la consolation par les larmes.*" *La littérature des démocraties nouvelles*, cit., p. 232.

ciador de uma literatura americana". Anos mais tarde, Domingos José Gonçalves de Magalhães publica a sua *Confederação dos Tamoios*. Quando, porém, o indianismo atingiu o seu apogeu, no Brasil, foi justamente com José de Alencar. Acusa-se, largamente, este autor de ter imitado a Cooper e Chateaubriand, principalmente ao primeiro. Basta, entretanto, um ligeiro confronto da obra do escritor norte-americano com a de Alencar e saltam logo aos olhos as diferenças de assunto e de estilo. Os romances deste último, é ele próprio quem o diz, assemelham-se tanto aos de Cooper como as várzeas do Ceará às margens do Delaware. A obra do grande escritor cearense é, pois, original e nisso está seu maior mérito. Se Chateaubriand e Cooper não houvessem existido, diz ele, o romance americano havia de aparecer a seu tempo.

Como representação étnica, o indianismo, tal qual existiu no Brasil, merece, em parte, as objurgatórias dirigidas por Sílvio Romero ao poema de Domingos de Magalhães. É falso e é incompleto. "Falso, porque é inexata a pintura dos caracteres selvagens, incompleto, porque falta o elemento negro."[9] Os tipos indígenas pintados por Magalhães, diz o maior historiador da nossa literatura, "são portugueses de classe média com cores selvagens". É diversa a descrição que do selvagem brasileiro fizeram Alencar e Gonçalves Dias. Contudo, por esse motivo, não estão livres de censura. Intentaram poetizar

---

9. Estas passagens citadas por Sérgio Buarque de Holanda estão no capítulo 2 da *História da literatura brasileira*. As objurgatórias indicadas por Sérgio aparecem nos seguintes comentários de Sílvio Romero sobre o poema *A confederação dos Tamoios*, de Magalhães: "O episódio é bem escolhido, por ser um fato histórico, por colocar frente à frente os conquistadores e os vencidos, por ser o momento da fundação do Rio de Janeiro, a grande cidade da América do Sul, e por trazer à cena a figura simpática do padre Anchieta. Mas que prosaísmo! que falta de vida! que situações falsas! É um grande cartapácio em dez cantos em versos brancos, num estilo bronco e duro que raro melhora. Poucos terão a paciência de levar-lhe a leitura ao fim". Cf. Sílvio Romero. *História da literatura brasileira*, 2ª ed., Rio de Janeiro, H. Garnier Livreiro Editor (1902), tomo II, p. 23.

uma raça cuja vida não tem poesia, exagerando sobremodo suas qualidades e atenuando seus defeitos.

O propósito é sentimentalista e, quiçá, patriótico, porém falso. José Veríssimo considera-o errôneo na inspiração, porém fecundo no estímulo literário de nos dar uma ancianidade heroica e gloriosa no nosso próprio torrão, exaltar o índio e fazer-nos adotá-lo como nosso antepassado. Por isso, os primeiros frutos do nosso Romantismo, pela feição indianista que tomaram, constituíram na opinião do notável crítico "o mais importante momento da nossa literatura".[10] O seu grande merecimento foi o caráter americano, foi a inspiração nacional, que o distinguiram. E mais, o ter produzido uma escola, o que não fizeram o indianismo de Cooper e o de Chateaubriand, nos países onde medraram. O próprio Sílvio Romero, a despeito das contumélias que frequentemente dirigia ao indianismo, não deixou de afirmar ter sido útil à nossa literatura. A vantagem de ter-nos afastado da imitação portuguesa era, para ele, inestimável. A existência, então, em Portugal, da famosa tríade romântica dos Garrett, Herculano e Castilho teria levado fatalmente os nossos escritores a imitar o romantismo lusitano, se o indianismo não os tivesse levado a veredas mais amplas e mais nacionais.

Os três corifeus lusos, como diz o autor da *História da literatura brasileira*, nunca tiveram admiradores e imitadores entre nós, porque os talentos nacionais, embebidos na contemplação da natureza e da vida americana, assim como nas belezas da literatura europeia, não desceram até imitá-los. Por isso é justo que José Veríssimo qualificasse o nosso Romantismo de "o momento mais importante da nossa literatura".

Para atingirmos a originalidade, devemos, pois, não esquecer a obra do indianismo no Brasil. Sua restauração hoje seria

---

10. José Veríssimo discute esta questão em sua *História da literatura brasileira*, ed. de Lisboa, Tipografia da Ilustração, 1929, pp. 209 ss.

insensata e estulta, mas a inspiração em assuntos nacionais nos levaria a idênticos resultados por veredas mais suaves.

A nacionalidade de uma literatura, como diz o autor das *Provocações a debates*, não é uma cousa para ser feita com as regrinhas de um programa. Não há quem deixe de apoiar Sílvio Romero quando este declara que o nacionalismo não é uma questão exterior, é um fato psicológico, interior, é uma questão de ideias, é uma formação demorada e gradual dos sentimentos.

Ninguém deve, todavia, tomar ao pé da letra essas palavras. O pessimismo do autor da *História da literatura brasileira* impede-o de acreditar que o esforço de um povo pode apressar a consumação espiritual de uma nacionalidade.

O Brasil há de ter uma literatura nacional, há de atingir, mais cedo ou mais tarde, a originalidade literária. A inspiração em assuntos nacionais, o respeito das nossas tradições e a submissão às vozes profundas da raça acelerarão esse resultado final.[11]

---

11. Publicado no jornal *Correio Paulistano* (SP): 22 de abril de 1920.

Ariel[1]

.

É CASO DIGNO DE NOTA que quando uma nação, atraída pela grandeza ou pelos progressos de outra pertencente a raça diversa da sua, é levada a imitar sem peias seus traços característicos e nacionais, procura especialmente as qualidades nocivas e as menos compatíveis com a sua índole.

Assim deu-se na Grécia quando ali penetraram os costumes orientais, assim deu-se em Roma quando esta foi conquistada pela cultura helênica e tem-se dado em todos os países que preferem perder seus caracteres nacionais a deixar de importar costumes exóticos. Assim está se dando em toda a América Latina com relação à *cultura* dos Estados Unidos. No Brasil, o hábito de macaquear tudo quanto é estrangeiro é, pode-se dizer, o único que não tomamos de nenhuma outra nação. É, pois, o único traço característico que já se pode perceber nessa sociedade em formação que se chama: o povo brasileiro.

Arraigou-se de tal forma esse hábito em nossos patrícios que já antes de expirar entre nós o regime ao qual devemos setenta anos de prosperidade, os propagandistas davam como

[1]. Publicado na *Revista do Brasil* (SP), V (53), vol. XIV: 85-7, maio de 1920.

principal razão a favor do novo regime, a da exceção na América! Entretanto, a nação que, pelos seus progressos, conseguiu atrair melhor as simpatias do governo e do povo brasileiro foi justamente a menos digna de nossas simpatias, a mais imprópria para ser imitada; foi a república dos Estados Unidos. Foi essa simpatia, e consequentemente essa imitação, que criou em nós uma atração infrene pelo utilitarismo *yankee*. Um outro fator que influiu sobremodo para o desenvolvimento do utilitarismo no povo brasileiro e dessa nossa tendência natural para imitar tudo que é estrangeiro, foi a importação do regime republicano. A Strauss não passou despercebida a superioridade da monarquia sobre a república, na formação e no desenvolvimento intelectual de uma nacionalidade.[2]

A Suíça depende intelectualmente da Alemanha como os Estados Unidos da Inglaterra. Notara o grande filósofo germânico que a seus patrícios aparecem aquelas repúblicas, dotadas de um realismo grosseiro, de um empirismo frio e prosaico e que, ao serem eles transportados a seu solo, falta-lhes essa atmosfera delicada que haviam respirado em sua pátria. Nos Estados Unidos, há, além do mais, um ar infecto de corrupção que exala das classes que governam, difícil de ser encontrado na Europa. O utilitarismo e a preocupação de ganhar dinheiro, a *auri sacra fames*, conquistaram os norte-americanos em detrimento do espírito intelectual, da moralidade política e da própria liberdade individual. Isso deu azo a que Schopenhauer os qualificasse de proletários da humanidade. Seu caráter próprio, diz ele, é a vulgaridade sob todas as formas: moral, intelectual, estética, vulgaridade que se manifesta não somente na vida privada mas também na vida pública. O autor de *Die Welt als Wille*

---

2. Referência ao escritor e dramaturgo alemão Emil Strauss (1866-1960), que passou uma temporada como agricultor no Brasil, para retornar à Europa em 1896, quando então decide se dedicar à literatura. Foi o criador do primeiro "Schülerroman" (*Freund Hein*, 1901) e deixou inúmeras peças e romances, entre os quais se destacam: *Don Pedro* (1899), *Hochzeit* (1908), *Der Schleier* (1920) e *Der Engelelwirt* (1901).

atribuía essa vulgaridade em parte à Constituição republicana dos Estados Unidos e, em parte, à sua origem, isto é, a terem sido no princípio uma colônia penitenciária ou por possuírem por ascendentes, "homens que tinham razões para fugir da Europa".

Seja qual for a causa, o certo é que o utilitarismo, mais do que o de qualquer outro, já dominou o espírito do povo norte-americano. O nosso caminho a seguir deverá ser o mais conforme a nosso temperamento. Não possuímos a atividade, a disposição a certos trabalhos, de modo tão acentuado, como os habitantes das terras frias.

O utilitarismo *yankee* não se coaduna absolutamente com a índole do povo brasileiro, que não tem semelhança alguma com a do norte-americano da qual é o extremo oposto.

A sua introdução entre nós levar-nos-ia, naturalmente, a veredas diversas das que dirigiam os norte-americanos. É uma ilusão crer-se que adoção dele dar-nos-ia o vigor e a atividade naturais nos *yankees*. Do conúbio entre indivíduos pertencentes a raças opostas, sai, na melhor das hipóteses, o albino. Imagine-se o pandemônio que nasceria do entrelaçamento de duas civilizações completamente diferentes. Tanto a reunião entre indivíduos de raças diversas como entre civilizações opostas é sempre monstruosa, os seus produtos não o podem ser menos. Só o desenvolvimento das qualidades naturais de um povo pode torná-lo próspero e feliz. A atual civilização dos Estados Unidos é um exemplo disso. Os germens do utilitarismo já os levaram consigo os passageiros do *Mayflower* e os colonizadores da Virgínia. Desenvolveram-se naturalmente tornando-o numa qualidade inata e intrínseca, na nação norte-americana. Ora, não há quem deixe de admirar o extraordinário poder de iniciativa, a considerável atividade física, a incomparável força de organização que caracterizam o povo norte-americano. Não há quem, intimamente, deixe de admirá-lo, embora poucos sejam os que podem estimá-lo.

No próprio Brasil há homens que têm-se mostrado avessos à mania de americanização de tudo quanto é nacional em desproveito na nossa própria individualidade. Um deles, José Veríssimo, dizia, há tempos: "Eu confesso, não tenho pela desmarcada e apregoadíssima civilização americana, senão uma medíocre inveja. E, no fundo do meu coração de brasileiro, alguma cousa há que desdenha daquela nação tão excessivamente prática, tão eminentemente, perdoem-me a expressão, *strug-forlista*".

Em outro lugar diz o notável crítico dos *Estudos de literatura*: "Admiro grandemente aquele egrégio povo, mas não o invejo e, sobretudo – e isto para nós é o principal – não creio aplicável utilmente ao Brasil quanto lhes fez o progresso admirável nem quanto os desvanece a eles mesmos".[3]

Caso a civilização *yankee* fosse aplicável a nosso país, o seu *substractum*, o que a torna grandiosa em sua pátria, nunca aportaria nas plagas brasileiras, porquanto a índole de um povo não se modifica tão facilmente à simples ação de agentes externos. Demais, as nossas condições climatéricas impediriam que isso se desse.

Quando muito seguiríamos a regra geral importando apenas as exterioridades que ela possui e que não podia deixar de possuir dado o seu caráter enfático e exagerado. Apenas serviria – se isso significa servir – para fazer crescer as nossas desventuras, parasitar esta civilização já doentia e desidiosa, tirando-nos, mais, o caráter de povo livre moralmente, caráter que já quase não possuímos, e acelerar a formação, de que não estamos longe, de um cadinho aberto aos defeitos de todos os povos, no qual só ficará de nacional a propriedade de saturar-se deles.

O nosso *desiderandum* é o caminho que nos traçou a natureza, só ele nos fará prósperos e felizes, só ele nos dará um ca-

---

3. Comentando o livro de Oliveira Lima *Nos Estados Unidos – Impressões políticas e sociais* (1899), José Veríssimo, malgrado apontar a discriminação racial, a seu ver mais acentuada naquele país do que no Brasil, afirma cabalmente: "Estou convencido, como o sr. Oliveira Lima, que a civilização ocidental só pode ser obra da raça branca, e que nenhuma civilização se poderá levantar com povos mestiços". Cf. José Veríssimo: "O país extraordinário" in *Homens e cousas estrangeiras*. Rio de Janeiro, Garnier (1902), pp. 183-201.

ráter nacional de que tanto carecemos. E o caminho que nos traçou a natureza é o que nos conduzirá a Ariel, sempre mais nobre e mais digno do que Caliban.

Ariel, o gênio do ar, em *The tempest,* de Shakespeare, representa a espiritualidade em contraposição a Caliban, símbolo do utilitarismo, e que além do mais é um *savage and deformed slave.*

Ariel, diz Clarín, no estudo publicado como Prólogo à magnífica obra do notável pensador uruguaio José Enrique Rodó, recentemente falecido, Ariel "ama a inteligência por si mesma, a beleza, a graça e os puros mistérios do infinito".[4]

E o velho e venerado mestre a que soíam chamar Próspero, por alusão ao sábio mago de *A tempestade,* de Shakespeare, assim dizia à mocidade sul-americana prognosticando a vitória, entre nós, de Ariel sobre Caliban: "Costumo embriagar-me com o sonho do dia em que a realidade fará pensar, que a cordilheira que se ergue sobre o solo da América, foi talhada para ser o pedestal definitivo desta estátua [a de Ariel], para ser a ara imutável de sua veneração".[5]

---

4. Leopoldo Alas (Clarín). "Ariel" in *Lunes del Imparcial*, 23 abril de 1900.
5. Ver José Enrique Rodó. *Ariel.* Montevidéu, Imprenta de Dornaleche y Reyes (1900), cap. 7, reproduzida na edição da Biblioteca Ayacucho (prólogo de Carlos Real de Azúa, edição e cronologia de Angel Rama). Caracas, Gráficas Armitano (1976), p. 55.

Vargas Vila

•

DIZEM À FARTA OS PSICÓLOGOS que o pessimismo e o *humour* colidem com a índole da raça latina. Se não há regra sem exceção, essa é das que melhor justificam o ditado. Certo, nunca o humorismo dos escritores ingleses vingará aqui com o viço que lhe dá a raça germânica, pois, como diz Taine, a palavra *humour* é intraduzível para os povos latinos, pela simples razão de não existir para eles essa coisa. Não se diga porém que o humorismo seja um patrimônio dos escritores filhos das terras frias do norte da Europa ou da América e que aos latinos não é dado cultivá-lo ainda que moldado mais de conformidade com o seu gosto ou sentimento. Que é errônea essa suposição, provam-no sobejamente os escritos do, sob muitos pontos de vista, notável beletrista colombiano Vargas Vila.[1] Neles se notam *humour* além de um pessimismo à

---

1. Sérgio refere-se aqui ao colombiano José Maria Vargas Vila (1860-1933), escritor panfletário que resistiu à ditadura de Núñez e teve de fugir para Caracas por ocasião da Guerra Civil. Na Venezuela publicou seus primeiros trabalhos, entre os quais a coleção de versos *Pasionarias* (1886). Expulso do país em razão de seus ideais libertários, que defendeu à frente dos jornais *La Federación* e *El Eco Andino*, Vila segue em 1891 para Nova York, onde publica *Copos de espuma* (1894) e funda a revista *Hispano America*. Foi ainda cônsul geral e ministro do Equador em Roma, cidade para onde vai em 1898.

Schopenhauer e uma originalidade acima do vulgar, dada a quase geral subserviência dos pensadores americanos aos corifeus estrangeiros.

Assim, Vargas Vila, apesar de latino-americano, conseguiu um lugar de destaque fora do torvelinho dos imitadores de toda a casta, que formigou em algumas chamadas classes intelectuais da maioria das nações latino-americanas; só isso bastaria para elevar sua personalidade de pensador e de beletrista acima da maioria dos êmulos que conta no Novo Mundo.

Diz Taine que um dos traços predominantes no *humour* é o esquecimento do público.

> *L'auteur nous déclare qu'il ne soucie pas de nous, qu'il n'a pas besoin d'être compris, ni approuvé, qu'il pense et s'amuse tout seul et que, si son goût et ses idées nous déplaisent, nous n'avons qu'à décamper. Il veut être raffiné et original tout à son aise, il est chez lui dans son livre et portes closes, il se met en pantoufles, en robe de chambre, bien souvent les pieds en l'air, parfois sans chemise.*[2]

Não pode haver pintura mais perfeita de Vargas Vila do que essa. "Pensa livremente e escreve como pensa." "Não aspira a que os outros escrevam como ele; conforma-se em não escrever como os outros." "Não impõe seu estilo como regra; porém não segue as regras do estilo."[3] Não faz empenho em ser compreendido por muitos.

"Há países e há momentos", diz ele, "em que a admiração é um perigo e é um insulto; eu temo o momento em que seja

---

Entre suas obras principais estão *Ibis* (1889), *Alba roja* (1901), *Ante los barbaros* (1902), *Laureles rojos* (1904), *La republica romana* (1908) e *La muerte del cóndor* (1914).

2. Esta passagem citada por Sérgio, bem como as referências à noção do *humour*, estão em H. Taine: *Histoire de la littérature anglaise*, vol. V (*Les contemporains*). 7ª ed., Paris, Hachette (1890), pp. 238-9.

3. Cf. Vargas Villa. *Laureles rojos*. Barcelona, Ramón Sopena Editor (1921), p. 48.

compreendido em meu país; esse será o de meu declínio; espero nunca chegar a esse grau de imbecilidade..."[4]

Vargas Vila, como os humoristas de que fala Taine, trata os leitores com a maior sem-cerimônia. Põe-se frequentemente de chinelos e, o mais das vezes, em mangas de camisa. A outra feição notável em Vargas Vila, o pessimismo, é tão acentuada, que o escritor italiano Mario Turiello dizia, há tempos, na *Vela Latina*, de Nápoles, que "deixa aterrorizado a quem tiver chegado até as últimas conclusões".[5]

No seu célebre estudo sobre Swift, diz o autor da *Histoire de la littérature anglaise* que aquele escritor, vendo o mal e a desordem, ignorando o bem e a harmonia, não encontra nenhuma doutrina que pudesse estabelecer e empregou toda a força de seu espírito em desacreditar e destruir; todas as suas obras são panfletos.[6] Ao pessimismo de Vargas Vila não se pode, também, atribuir origem diversa. Infenso ao babujismo servil com que

---

4. Id. ibid., passim.
5. *Vela Latina* é uma revista que se editou em Nápoles no princípio do século. Mário Turiello, que também costumava assinar Marius Turiello, teve presença constante em suas páginas, embora permaneça pouco conhecido entre nós. Turiello foi um crítico italiano de língua francesa e teve sua obra publicada entre Nápoles e Paris entre 1895 e 1958, destacando-se entre seus livros as *Causeries littéraires* (1895), *Deux vies* (1915) e as *Divagations quasi-posthumes* (1958), além de *Les choses et les hommes tels qu'ils sont*, publicado em Paris pela livraria Degrives em edição sem data. Em 1962, sustentando a tese de que só a maturidade posterior aos quarenta anos habilita o leitor de Machado de Assis a compreender-lhe a obra, o ensaísta Brito Broca traz de volta o nome de Turiello, ao lembrar que, já de idade, aos 81 anos, pediu, por intermédio de Roger Bastide, que o Instituto Nacional do Livro lhe remetesse um exemplar das *Memórias póstumas de Brás Cubas*, por julgar que só nessa altura da vida, e lendo Machado no original (ele só conhecia o romance em tradução), seria possível desfrutar "do convívio do autor do *Memorial de Aires*". Cf. Brito Broca. "O teto e a base" in *Pontos de referência*. Rio de Janeiro, Departamento de Imprensa Nacional (1962), p. 108.
6. "*C'est pourquoi son style ordinaire est l'ironie grave. Elle est l'arme de l'orgueil, de la méditation et de la force. L'homme qui l'emploie se contient au plus fort de la tempête intérieure /.../ C'est dans cette attitude qu'il faut voir Swift, impassible en apparence, mais les muscles contractés, le coeur brulant de haine, écrire avec un sourire terrible des pamphlets /.../*", assim descreve Taine o Swift panfletário na passagem retomada por Sérgio neste estudo. Cf. H. Taine, *Histoire de la littérature anglaise*, vol. IV. 6ª ed. Paris, Hachette (1887), p. 35.

são tratados os caudilhos e oligarcas por certa classe de escritores, essas numerosas na América Latina, o exímio burilador de *Ibis* e de *Alba rosa*, acostumou-se a encarar, com desdém e ódio, aqueles que após mais de um século de lutas não lograram estabelecer em sua pátria senão a estabilidade da anarquia. "Os trinta volumes de Vargas Vila" – diz Palacio Viso – "são mais que um monumento literário; são uma coluna de fogo perenemente em marcha, à cabeça dos povos oprimidos."[7] Lutar contra os opressores é, para Vargas Vila, mais que um dever, uma obrigação de todos os escritores latino-americanos que prezam a liberdade. "O grande cúmplice da tirania, diz ele, é o silêncio" e "não atacar o despotismo é a maneira mais covarde de servi-lo." Esse seu modo de pensar, expresso principalmente desde 1894, ano em que dirigia de Nova York seus ataques aos caudilhos da América espanhola, valeu-lhe não poucas desavenças e deu em resultado insulá-lo fora do convívio de grande parte dos escritores seus patrícios, o que foi um de seus maiores trunfos, pois contribuiu para o desenvolvimento de sua qualidade característica, a originalidade. Este sainete inato nele resulta principalmente de sua maneira de pensar, completamente livre. Devido à sua força de imaginação, os seus patrícios não se contentaram em chamar-lhe de Hugo americano. Frequentemente os admiradores, que os possui em cópia, adicionam a seu nome o qualificativo enfático de *el divino*.

A despeito de algumas de suas qualidades serem mais comuns entre os escritores europeus que entre os do Novo Mundo, Vargas Vila é sob qualquer ponto de vista um americano-latino e, mais do que isso, um filho dos trópicos. Pode-se até

---

7. Cf. Ramón Palacio Viso. Prólogo a *Pretéritas*, de J. M. de Vargas Vila. V. de Bouret (1915). Mais tarde, apresentando a obra de Palacio Viso, Vargas Vila retribui, escrevendo uma espécie de paráfrase laudatória de seu livro de poemas *Jardín lírico*. A propósito deste livro, escreve Vargas Vila: "*Abro el libro de un Poeta; armonías misteriosas y serenas melodías aqui vibran; como el arpa de David, ellas calman los delírios de la mente; e iluminan con ternura las penumbras dolorosas de la vida*". Cf. Vargas Vila. "Ramón Palacio Viso" in *De sus lises y de sus rosas*. Barcelona, Ramón Sopena Editor (1921), p. 199.

dizer que a feição europeia de alguns de seus usos literários nada mais é que uma hipertrofia de sua natureza de americano. De fato, o amor à liberdade é, não se pode negar, um sentimento profundamente americano, ainda que às vezes mal compreendido. Vargas Vila conheceu-o também, desenvolvendo-o mais tarde com o conhecimento das modernas teorias libertárias. Daí o ódio que se acostumou a nutrir por toda espécie de tirania e que fez com que se entregasse, desde há quase trinta anos, a um exílio voluntário que concorreu bastante para aproximá-lo ainda mais daquelas teorias. Diz Borne[8] que de cada mil pensadores existe apenas um original; o exílio concorreu para que se desenvolvesse em Vargas Vila o raro dom de pensar por si. Não deixou de ser ridicularizado como o são todos os originais. O sr. Gerardo de Matos Aviles, escritor *insonoro y amable*, dizia em seu livro *Del estilo y de la idea*, que "se Vargas Vila escrevesse em espanhol, seria o primeiro escritor da América e ainda (*sic*) da Espanha".[9] Sem embargo dessa asserção irônica, o próprio sr. Aviles acha a prosa de Vargas Vila de personalidade brilhante e tumultuosa. Essa é, aliás, a impressão de todos nós, ao lermos ao acaso qualquer escrito seu. Diz um escritor espanhol, citado por ele mes-

8. Sérgio refere-se ao escritor e publicista alemão Ludwig Borne (1786-1837), fundador da revista *Die Wange* (1818-21), que se transferiu para Paris levado pelos acontecimentos de 1830, convertendo-se numa espécie de porta-voz dos democratas alemães no exílio. Seus *Briefe aus Paris* revelam o engajamento radical que o levou a opor-se à literatura oficial de seu tempo, aí incluindo certo desprezo pela distância olímpica do próprio Goethe, que Borne considerava alinhado ao poder. Defendeu sempre no trabalho do escritor a ênfase para o critério político, tarefa que se impunha à atividade literária a ponto de ajustá-la sempre a um projeto de justiça e de liberdade.
9. É em abono de si mesmo que Vargas Vila menciona os elogios a ele dirigidos por don Gerardo Matos Aviles, contrapondo-os aos ataques dos "asnos de alquiler" à sua obra "de escritor rebelde". A passagem citada por Sérgio retoma esse momento em que Vila diz ironicamente a seus leitores: "...*a propósito de un escritor insonoro y amable* [que é ele mesmo, Vargas Vila]: *don Gerardo Matos Aviles, en su libro Del Estilo y de la Idea concluye por asegurar que: 'si Vargas Vila escribiera en espanol, sería el primer escritor de América, y aun* (*sic*) *de España'...*". Cf. "Para el Aurea mediocritas de Horacio" in *Laureles rojos*, cit., pp. 45-50.

mo em seu livro *Laureles rojos*, que ela é "*contorsionada y luminosa como una zarza ardiendo*". Outro afirmou ser ela "*personal y sujestiva, tan ritmica y poética que llena sus frases con una eurritmia sana*". A primeira impressão que se sente ao ler os escritos de Vargas Vila é a mesma que ele próprio atribuiu aos de Carlyle. "*Sentireis la impresión de una mano que os estrangula para convencerlos, después de habernos abofeteado.*"[10] Aliás não é essa a única semelhança notável entre o escritor colombiano e o autor dos *Laterday pamphlets*. Existem, ao contrário, numerosas e pronunciadas.

Outra feição tropical de sua prosa é o entusiasmo que chega a transpor as raias do exagero. Até nesse ponto há identidade entre os dois caracteres. Vargas Vila não se rebuça em elevar às cumiadas um indivíduo, como não tergiversa em chafurdá-lo no lodo. Os elogios exagerados como as verrinas violentas são frequentes em seus escritos. Não conhece meios-termos. Suas opiniões são sempre decisivas.

Haja vista, por exemplo, o que nas suas obras políticas diz dos déspotas sul-americanos, ou de alguns soberanos mais ou menos absolutos do Velho Mundo. Dentre estes últimos, um dos mais alvejados foi o malogrado czar Nicolau. Assim o descreve:

> *pequeño, magro, de una palidez cerosa de idiotía, en que apenas parpadean dos ojos vagos, lagunares, de un verde turbio, de aguas muertas; una barba rubia de melaza, tenue, como adornando el mentón de un adolescente equívoco; una nariz mongolica, de fauces abiertas como de una bestia de presa. Los pomielos salientes de animal carnicero; la boca, de una sensualidad feminil y brutal, al mismo tiempo; el cabello lacio e corto, algo erizado como una piel de chacal; lugubre y pueril; el especimen completo del degenerado de Lombroso.*[11]

10. Estas referências estão em *Laureles rojos*, cit., p. 48.
11. Sérgio traduz aqui a impressionante descrição do czar Nicolau que aparece em *Laureles rojos*, cit., p. 112.

Por outro lado, é extraordinário o modo por que louva seus admirados. Basta ler seu livro sobre Rubén Darío,[12] que leva a alturas a que nunca autor algum colocou Homero ou Virgílio. De Zola, diz que confina, por um lado, com Homero, por outro com Ésquilo.

Carlyle, ao qual não regateia elogios e a respeito de quem diz que desde Ésquilo nenhuma voz soou tão alto, estupefica-lhe, todavia, pelo amor que dedica à força, a ponto de fazê-lo dizer: "Carlyle que teve a paixão da justiça, careceu da paixão da liberdade".

Odeia a todas as modalidades da força, desde a dos atletas até a dos grandes guerreiros. Alexandre lhe parece um bruto bélico, em nada distinto do bucéfalo (palavras textuais). Júlio César desperta-lhe alguma admiração, pela sua nobre intelectualidade, o que não o impede de reprovar o seu ato atravessando o Rubicon para assassinar a república pompeana "ainda que esta fosse tão miserável e falsa como o chefe". De Napoleão, a quem ele chama de "condottiere epilético", nada admira, nem sequer o "imerecido de sua fortuna".[13] O ódio à força e também, conseguintemente, à tirania, é o fundo de quase toda a sua obra, expresso na prosa enfática de que já falei, a qual, apesar disso, é incisiva, e toda rociada de trocadilhos e metáforas de que o autor usa e até abusa. Os seus arroubos de imaginação, quando ditados pelo sentimento de admiração ou de ódio, atingem, não raro, o sublime. Sempre eurrítmica, enérgica, encantadora, ainda que às vezes um nadinha idosa, ela constitui um dos melhores atestados de sua individualidade própria.

Um estudo completo e aprofundado sobre Vargas Vila deverá tratar de sua personalidade, mais na qualidade de bele-

---

12. Sérgio refere-se ao ensaio de Vargas Vila, *Rubén Darío*. Madri, Edición V. H. de Sanz Calleja (1917).
13. No relato "Prosper Merimée – Sus cartas" (In *De sus lises y de sus rosas*, cit.), Vargas Vila volta à carga contra Napoleão: "*Merimée era un ideólogo, como Napoleón era un ideófobo*".

trista, quero dizer, de romancista, novelista, poeta, *conteur*, e mesmo, na de filósofo, que na de escritor político ou de historiador. A publicística e a história são, para ele, simples motivos para expansão de suas ideias em filosofia e estética. A despeito disso, Vargas Vila é o tipo do escritor combativo; em todas as suas obras se notam resquícios de sua vida de combate. Se dele não se pode dizer, com muita propriedade, que todas as suas obras são panfletos, como de Swift disse o autor de *La philosophie de l'art*, não se pode negar que em todas elas há um fim a atingir. Seus próprios romances e novelas, como os de Zola, pugnam por um ideal que transparece desde as primeiras páginas da obra.[14]

---

14. Publicado no jornal *Correio Paulistano* (SP): 4 de junho de 1920.

Santos Chocano

POUCO NOS INTERESSAM, a nós brasileiros, os assuntos americano-espanhóis. Nossos olhares, nossos pensamentos, nossos gostos embicam quase sempre para o Velho Mundo, para a Europa, que em nossa alma de americanos notou Nabuco os resquícios de nossa origem europeia.

Os mais dados às longas itinerações preferem quase sempre, ao sentir a majestade imponente dos Andes ou a magnificência mirífica da selva amazônica, o gozar da civilidade serena das ruas londrinas ou da apatia risonha de Paris.

Pouco se nos dá que Carranza seja assassinado ou que Herrera destrone a Estrada; entretanto, todos vibramos de emoção e ansiedade, se o sr. Deschanei despenca de um vagão de estrada de ferro recebendo apenas leves contusões. Isso tudo vem abonar as opiniões de Joaquim Nabuco, que constituem uma das páginas mais brilhantes do *Minha formação*.

Aqui não é o lugar de discutir se essa preferência dada à Europa será para nós uma vantagem ou se, mais tarde, teremos de nos escarmentar dela. Para mim, seja dito de passagem, tenho que, ao contrário do que muita gente supõe, só lucraremos. A despeito dessa opinião que creio fundada, releva dizer que muito tesouro desconhecido, mormente no terreno das letras, existe aí, à matroca, pelos países da América espanhola. Se a ameaça de morte a um poeta, na minúscula Guatemala, consegue emocionar as esferas intelectuais brasileiras, há razão sobeja para se acreditar que esse poeta merecia. E, de fato, Santos Chocano é um dos mais notáveis temperamentos artísticos deste continente.[1]

Tendo nascido em 1875 na cidade de Lima, possui já grande cabedal de poesias, ainda que não se tome em conta as que se publicaram antes de *Alma América*, conforme ele próprio pediu. Seu anelo é ser o poeta por excelência latino-americano. "Walt Whitman possui o Norte, mas eu possuo o Sul", disse uma vez.

Tendo muitos pontos de contato com Hugo, de quem é discípulo, sua poesia nunca atingiu a desmandos semelhantes aos a que chegaram entre nós os chamados condoreiros que, sem embargo dos Prometeus, dos Andes, do Himalaia e dos condores, produziram um Castro Alves e um Tobias Barreto.

Ainda que suas imagens degenerem frequentemente em gongorismo, ninguém, no dizer de García Calderón, ninguém supera a ele quando dá ao inanimado uma vida estranha e magnífica. "Seu canto sonoro, eloquente, harmonioso", diz o notável crítico, "evoca um mundo desmesurado e épico como a Índia de Kipling". O característico mais notável em suas poesias é a força: chama a atenção para tudo quanto é grandio-

---

1. Sérgio nos fala dos acontecimentos que envolveram em 1919 o poeta e jornalista peruano José Santos Chocano (1875-1934), que marcou sua contribuição para as letras e a vida política da América Latina participando das revoluções do México e da Guatemala, onde se tornou conselheiro do ditador Cabrera Estrada e acabou preso e condenado à morte por ocasião de sua queda, só se salvando por intervenção do Vaticano e do rei da Espanha, d. Afonso XIII. Chocano, que morreu apunhalado dentro de um trem, versejava em estilo grandiloquente e inspirava-se sobretudo nos temas do mundo pré-colombiano da fase da conquista, transfigurado em geral pelo colorido das imagens e o nativismo dos trópicos. Além de *Iras santas* (1895), *La selva virgen* (1896) e *Alma América* (1906), estão entre suas principais obras *La epopeya del moiro* (1899), *El canto del siglo* (1900), o drama de 1906 *Los conquistadores* e a *Interpretación sumária de los princípios de la Revolución Mejicana* (1914).

so e forte, que excita admiração pelo tamanho e pela magnanimidade. García Calderón definiu-o bem: é um poeta titânico.[2] Não se deixa levar pelo lirismo amoroso nem pelo sentimentalismo idealista. De mulheres, quando muito, inspira-o a amazona belicosa e feroz, e de flores só a magnólia enorme lhe impressiona.

É um desses poetas que nunca perdem a oportunidade. Se daqui a séculos existir ainda a língua espanhola, será lido e admirado. É um poeta imortal.

Governichos ineptos e vis podem arrancar-lhe a vida; nunca porém conseguirão impedir que seja chorado por todos quantos participam do sentimento do belo. Seu assassinato, se porventura se consumar, será olhado pela posteridade como um dos mais hediondos crimes que jamais praticou um governo e constituirá uma mancha perene para a nação que o levar a cabo.

Já Rubén Darío, esse poeta excessivamente imbele, não pôde conter um grito de justa indignação ao ver a má conta em que geralmente são tidos na América Central todos os que conseguem subir pelo talento e pela cultura.

> *Porque es duro decir que en aquella tierra apenas conocida por el canal y por el café, no hay, en absoluto, aire para las almas, vida para el espíritu. En un ambiente de tiempo viejo, el ardor de un cielo tibio y perezoso, reina la murmuración áulica; la aristocracia advenediza triunfa; el progreso material va a paso de tortuga, y los mejores talentos, las mejores fuerzas escapan de la atmósfera de plomo, o sucumben en los paraísos artificiales, o mueren en guerras de hermanos comiendo-se el corazón uno a otro por que sea presidente Juan o Pedro.*[3]

---

2. Cf. Ventura García Calderón. *Del Romanticismo al Modernismo: Prosistas y poetas peruanos*. Paris, Ollendorff (s. d.).
3. Ver a respeito Rubén Darío. *Prosa Política* (*Las repúblicas americanas*). Ed. das Obras Completas. Madri, Editorial Mundo Latino, vol. XIII. Sobre o ambiente intelectualmente estagnado em que se criou o poeta, ver também o volume XV da mesma série, *Autobiografia*.

É pois um belo sintoma o interesse que têm tomado pelo infeliz poeta peruano os intelectuais brasileiros.

O desejo de todas as almas bem formadas é que o exemplo vingue, na luta contra a barbária em prol da cultura.[4]

---

4. Publicado na revista *A Cigarra* (SP), VII (138): junho de 1920.

Um centenário

EM BOA HORA, teve a Academia Brasileira a lembrança de cumprir um sagrado dever com a comemoração do centenário do verdadeiro fundador do romance nacional. Obscurecida pelo extraordinário fulgor do indianismo que lhe sucedeu, a obra de Joaquim Manuel de Macedo ocupa um lugar à parte na literatura brasileira.

O autor da *Moreninha*, como diz o sr. Clóvis Bevilacqua, ergueu sua tenda à margem do caminho, donde assistiu, em bandos tumultuosos, à passagem das escolas e dos partidos que agremiaram seus confrades patrícios. O indianismo, esse produto de um nacionalismo *à outrance*, "espécie de português pintado de mucu", segundo disse Arthur Orlando, teve uma importantíssima função a exercer na nossa história literária. Era naturalíssimo que a obra do autor da *Moreninha* permanecesse incompreendida. Que ela entretanto não exerceu influência notável na literatura brasileira é afirmação que não calha bem com a erudição e a cultura de alguns que a aventam. Tinha toda razão Franklin Távora quando dizia que por menos que no conceito dos modernos valha o autor da *Moreninha*, "a posteridade há de proclamar que não devemos a outro a infantil e virginal feição do nosso romance".[1] Se pequena não foi a sua influência nas letras pátrias, não menos foi a impressão que deixou no espírito do povo. As suas obras foram por mais de meio século a leitura habitual, se não única, das "sinhazinhas" melancólicas e românticas de outrora, predecessoras das nossas muito conhecidas "melindrosas". E o Macedinho, como familiarmente o chamavam os coevos, tornou-se o mais lido de nossos romancistas.

José de Alencar lembra o entusiasmo com que em São Paulo seus companheiros de "república" se referiam ao "ídolo querido" de todos eles. E se hoje esse entusiasmo arrefeceu nos nossos patrícios, é que a obra de Macedo constitui o espelho de época que já não existe nas grandes cidades onde se lê, de uma sociedade que desapareceu, ou, antes, que se retirou para os arrabaldes afastados e para as povoações do interior onde, livre do contato com o estrangeiro, ela conserva seu caráter primitivo. "Nós não nos transformamos, nós nos formamos",[2] ponderava Távora justificando assim a estranheza que poderia causar aos pósteros o lirismo de Macedo e com tal felicidade, que sua frase ainda é oportuna e o será por muito tempo. Só é explicável, pois, a crença de que alguns de seus lances são forçados, em quem não admitir essas transmutações inevitáveis de sociedade brasileira.

"Se os críticos que assim pensam, desejam ver a *Moreninha*, que supõem morta e soterrada", dizia o sr. Carlos de Laet no célebre "Microcosmo", por ocasião do falecimento do romancista, "eu posso mostrá-la aos incrédulos, viva, alegre, ignorante, mas ingênua e tal como nos pintou Macedo... Nem é preciso muito para operar o prodígio: basta tomarmos o

---

1. Ver Franklin Távora. "Discurso recitado na sessão magna de encerramento". *Revista do Instituto Histórico e Geográfico e Etnográfico Brasileiro*. Rio de Janeiro, Tipografia Universal (1882), tomo XLV, parte I, p. 512. Devo a referência à indicação de Flora Sussekind.
2. Id., ibid., p. 9.

trem e irmos galhardamente, eu e a crítica feroz, como bons amigos que somos, até qualquer fazenda de serra acima!"[3]

Outro fator, parece incrível, que contribuiu para que hoje não se cite o nome de Macedo ao lado dos nossos maiores romancistas é a sua naturalidade.

Escrevendo sobre a *Moreninha*, disse Dutra e Melo que reinam em todo o romance, além daquela, a harmonia e o abandono. Quando os poetas da época choravam daquele choro fingido e hipócrita de que falou Franklin Távora, Macedo sorria. Enquanto os poetas lastimavam-se sendo na realidade felizes e diziam-se traídos quando as amantes mais morriam por eles, o autor da *Moreninha*, obedecendo a um temperamento jovial e representando mais naturalmente a índole dos seus compatrícios de então, fez predominar em sua obra a nota alegre.[4]

Por isso mesmo foi admirado e também por isso foi descreditado. Representou aqui, no que se refere à aceitação de suas obras, o papel de Ponson du Terrail. Refere Paul Stapfer que tendo esse romancista feito uma aposta com Aureliano Scholl sobre quem era o escritor francês mais apreciado do povo, Du Terrail saiu vencedor. Em todas as aldeias e vilas que de acordo com a aposta percorreram juntos, seu nome era apreciado por todos, enquanto o de Flaubert era conhecido apenas de diminuto número de letrados.[5]

O mesmo, creio, se daria aqui, a respeito do autor do *Moço loiro*.

Tal foi a sua fecundidade, que na sua larga obra acham-se representados quase todos os gêneros literários, e em cada um deles trabalhou com sucesso. Por isso tinha Franklin Távora toda a razão, quando, por ocasião de seu trespasse, dizia que o romance nacional perdera o seu fundador, "o drama, um de

---

3. Ver Carlos de Laet. "Microcosmo", in *Jornal do Commercio* (RJ): 12 de abril de 1882.
4. Dutra e Melo. "A Moreninha" in *Minerva Brasiliense*, II (24): 746-51, 15 de outubro de 1844.
5. Paul Stapfer. *Des réputations littéraires*. Paris, v. II, p. 249. (N. do A.)

seus mais desvelados cultores, a poesia uma de suas inspirações, a história pátria, uma das suas autoridades, como a política perdera um nome puro e a família um esposo exemplar e um irmão capaz de sacrifício".[6]
Se não houvesse outros títulos a exibir para que o centenário do autor da *Moreninha* seja digno de um povo que se preze de saber cultivar a memória de seus mortos ilustres, bastaria a glória incontestável de ter lançado os fundamentos do romance nacional.[7]

São Paulo, 12 de julho de 1920

---

[6]. Cf. Franklin Távora, op. cit., p. 508.
[7]. Publicado na revista *A Cigarra*, VII (140): julho de 1920.

Letras floridas

É TÃO DESACERTADO, diria quase paradoxal, falar-se na verve do autor de *Espumas* como *verbi gratia* no estilo de Stendhal. Percorra-se a sua nova obra cujo título encima estas linhas e ver-se-á o que de razão vai nesse asserto. A não ser em um ou outro ponto, e aí mesmo, aparece mais pela força das circunstâncias, raro se topa uma *boutade* humorística. O que se não pode negar é que o sr. Amadeu Amaral prosador se revela passível da mesma justa popularidade de que goza o sr. Amadeu Amaral poeta. Assim dá involuntariamente um quinau em Taine infringindo a lei do equilíbrio orgânico. Disse Émile Amet, e com fundamento, que nos escritos dos que se acostumaram a pronunciar frequentes arrazoamentos, inevitáveis lances oratórios surgem à larga. Da mesma maneira pode-se afirmar que nos escritos em prosa de poetas há traços particulares que os denunciam claramente. As conferências que enfeixa agora em volume, e que pronunciou no sarau inaugural da Sociedade de Cultura Artística de São Paulo como as que modestamente intitulou palestras, traem amiúde o autor de *Névoa*. Isso, entretanto, não impede que seja um exímio prosador, o que demonstra de sobejo o largo e progressivo tirocínio de que se pode ufanar, na carreira jornalística, malgrado o que dele disse o sr. Alberto de Souza.[1]

O jornalismo, comparou-o Anatole a certos banhos dos quais se sai lépido e mais ágil. É incontestável que o hábito do A. nessa carreira favoreceu nele certas qualidades como a leveza e a expressão. Um de seus mais estimáveis predicados é o saber ferir desde os primeiros períodos o assunto principal e dele se ocupar até o fim, sem *rêveries* inúteis e tediosas.

Letras floridas, como já disse, denuncia certas vezes o poeta de *Espumas*. Um exemplo? Leia-se a palestra que intitulou "A cigarra e a formiga" e que melhor se poderia chamar "O elogio da cigarra". Não negando o seu temperamento de poeta, porque em que pese o asserto de José de Veríssimo não se pode conceber um grande poeta que não seja um poeta de temperamento, soube o A., com extraordinário atilamento e habilidade, defender a cigarra sem desfazer ao mesmo tempo a moralidade da fábula. Muitos dos leitores que conhecem as obras poéticas do A. terão naturalmente notado a predileção por ele votada às árvores. Se não, abra *Espumas*, seu último livro de poesias, e encontrará por toda parte provas desta predileção. Em "A boa árvore", em "Credo expatriado", em "Crepúsculo sertanejo", mesmo em "A um poeta improdutivo", as há sobejas. Se quiser mais, leia a bela poesia "A palmeira e o raio", quiçá sua obra-prima. Haverá talvez quem proteste contra a inclusão entre as árvores da palmeira. Mas é o próprio sr. Amadeu quem mais ou menos a autoriza, quando afirma que apesar de a palmeira não ser uma árvore, ou antes, uma árvore como as outras, fica bem entre elas pela sua estatura, pelo seu estirpe ereto (*sic*), pelas suas longas palmas. E não só é em *Espumas*. Há também em *Névoa* francos resquícios dessa predileção do A. pelos vegetais de porte másculo. Os há em algumas poesias de *Folhas*

---

[1]. Ver a respeito Alberto de Souza: *Amadeu Amaral e suas obras*. São Paulo, Imparcial (1918).

ao vento como de *A velha comédia* e principalmente nessa *Árvore da rua* que, disse alguém, recorda ligeiramente Sully Prudhomme. Assim, a interessante conferência sobre árvores e poetas aparece como que para justificativa da mesma predileção. As palestras intituladas "Flores e espinhos da arte" e "Epigramas e madrigais", refertas de sugestiva erudição, são do gênero das ainda célebres conferências humorísticas de Garcia Redondo.

Onde todavia se mostra um espírito esclarecido e culto é na conferência sobre Raimundo Correia e na em que estuda a literatura da escravidão. Aquela, basta dizer que é o mais completo estudo que já se fez sobre o autor d' "As pombas" e de "Mal secreto". "A literatura da escravidão" são páginas que encantam pela erudição e comovem pela singeleza. São páginas de saudade. As palavras com que remata o epílogo lembram as de Joaquim Nabuco, que cita, ao falar no sentimento indefinido da saudade que lhe ficou do escravismo.

Basta lê-las para se compreender a lembrança íntima inextinguível que ficou no poeta de *Espuma* e *Névoa*, daquele espetáculo que guardou na retina desde os verdes anos.

É natural que quem as passou nas mesmas condições que ele, quem

> bebeu a largos sorvos o vento do ideal, que rodopiava por tudo e zunia por todas as frinchas, e chorou, e exultou, e riu, e sofreu, no embate desinteressado das ideias, pela sorte de uns tantos anelos amados, tenha de arrastar sempre pela vida, onde tais situações de exaltação generosas são passageiras e raras, a melancolia funda de um desencanto secreto de alguém que despertou de um grande sonho, a saudade pungente e irremediável do desterrado de uma pátria morta![2]

---

2. Cf. Amadeu Amaral. "A literatura da escravidão" in *Letras floridas*. Rio de Janeiro, Leite Ribeiro & Maurillo (1920), p. 150.

O novo livro do sr. Amadeu Amaral não é só uma coletânea de conferências inéditas ou de recreação. Há também nele exaltação patriótica e há mais um grito de revolta contra o desânimo e a tristeza que se apoderaram ultimamente de grande parte de nossos patrícios. Não existe quem de coração deixe de apoiar o sr. Amadeu Amaral no que em sua conferência "As promessas do escotismo" diz das jeremiadas dos falsos patriotas. É preciso terem todos diante de si que só esses brados cívicos poderão acabar com os descobridores de falsas mazelas, que os existem por aqui à ufa, e que só assim se poderá levantar o Brasil que ora languesce ao desdém de seus próprios filhos.[3]

São Paulo, 22 de julho de 1920

---

3. Publicado na revista *A Cigarra*, VII (141): agosto de 1920.

Rabugices de velho

À senhorinha Yvonne Daumeri

•

SE ALGUÉM SE DESSE AQUI no Brasil o trabalho de traduzir em letra de fôrma as charlas que por aí se ouvem à roda nos bondes, certo, tornar-se-ia o mais satírico da época. Isso explica o existirem pessoas de muito bom gosto cujo melhor divertimento é ir sapear as conversas de bonde.

No outro dia assisti a uma dessas conversas e que deveras muito me impressionou. Falava-se de danças. É hoje moda. Um sujeito gordanchudo, espécie de conselheiro Acácio, gesticulava pausadamente e pronunciava de momento a momento os vocábulos fatais, comentário único que ousava interpor ao escapelo do tango e do *fox-trot*:

— É uma indecência, uma indecência.

Palavra, que me compadeci da "indecência", tanto que me vieram ganas de me postar ao seu lado contra os que com tanto desprezo a tratavam. Não tive coragem. Também não tive coragem de continuar no bonde a ouvir rabugices. Deixei Rabelais e Acácio e pus-me a ruminar sobre o que ouvira dizer.

Concluí afinal muito a mal pensar, que a rabugice é uma consequência natural da evolução. Já em 1752, no Tijuco, nos salões do contratador dos diamantes, um personagem de Afonso Arinos, Diogo Suarez, censurava a valsa por imoral e colocava-a em escala muito abaixo da seguidilha, da malagueña, da jota e quejandas, como hoje os bonecos de Sèvres do sr. Júlio Dantas se lembram com saudades dos tempos de mme. du (*sic*) Pompadour. Naquela época, também deveriam existir casmurros da teoria fóssil do EXTREMA GRANDII LUCTUS OCCUPAT. De feito, quem folhear a *Nova floresta* do padre Bernardes encontrará o terrível anátema contra os dançantes:

> Que o que baila e dança tem parte de louco e furioso, dizia ele, basta de vê-lo de fora para confessá-lo. Aqueles mesmos movimentos de corpo tão vários, tão ligeiros, tão violentos, tão afetados, estão indicando que o siso está movido algum tanto do seu assento. Muito mais quando a pessoa solitária decora as lições deste exercício; porque estudar com grande aplicação e cansaço a ser louco, quem duvida que é maior loucura?[1]

Já nos primeiros quartéis do século passado os pares que ensaiavam a valsa e a contradança nos salões chics da Europa tinham contra si os apologistas do minueto, da gavota, da farândula, da sarabanda, da pavana, da seguidilha e que sei eu?...

Veio a polca que tudo revolucionou, sepultou em breve a contradança e trouxe consigo a mazurca, a schottish, a varsoviana e outras; foi ainda maior o berreiro dos antediluvianistas.

Soou enfim para a dança, como para tudo, a hora dos Estados Unidos. A princípio sua influência foi tímida. Limitou-se a fazer invocações na valsa e na quadrilha. Pouco a pouco foram surgindo os *cake-walk*, os *one-step* e os *fox-trot* que coadjuvam com sucesso o que chama Stead a americanização do mundo.[2] E a gritaria subsiste, com maior vigor, talvez, do que nunca.

---

1. Manuel Bernardes. *A nova floresta*. Porto, Livraria Chardron (1909), tomo 2, II, p. 8.
2. Referência de Sérgio a William Thomas Stead (1849-1912), publicista inglês que morreu no naufrágio do navio *Titanic* e que, além de ter dirigido até 1889 a *Pall Mall Gazette*, foi fundador da *Review of Reviews* (1891) e da *American Review of Reviews* (1904) e autor de obras como *The United States of Europe* (1899) e *Le parlement de l'humanité* (1907).

O impagável é que todos os inimigos da dança são como o homenzinho do bonde, rugem, bramam contra ela, o que não os impede de confessar o terem-na praticado na mocidade. Porque afinal por menos "indecentes" que fossem as danças antigas, tinham, igualmente contra si, a casmurrice dos velhos rabugentos do tempo.

Os inimigos da dança de hoje são semelhantes aos ascetas *fin-de-siècle* de que fala Pompeyo Gener[3] e que tiveram sua época em Paris, os quais a despeito de todo seu idealismo renunciador devoravam suculentos *bifsteaks* ou *au berre d'anchoies*, regando-os com aromático Bordéus e fazendo-os preceder dos clássicos *écrevisses au bouillon* ou das verdes ostras de Maremne.

São todos desta estofa. Depois de luxar e pandegar à regalona, chegados que foram à placidez acaciana observada por mim no companheiro de banco, caem de unhas e dentes sobre os que ainda permanecem no estado por que eles próprios passaram na mocidade. Ao menos deixassem em paz os coitados... Mas não deixam.[4]

São Paulo, 10 de agosto de 1920

---

3. Literato aventureiro catalão (1848-1919) que mesclou à sua obra ensaística incerta e original o interesse pela ficção, o teatro e a historiografia, merecendo de Littré um prólogo para o seu livro *La mort et le diabble* (1880), a que se seguiram, ao longo de uma vida difícil e por fim arruinada, entre outros, *Herejias* (1885), *Literaturas malsanas* (1894), além do drama *Senyors de paper* e das memórias *Coses d'en peius* (1920).
4. Publicado na revista *A Cigarra*, VII (143): setembro de 1920.

Um livro útil[1]

•

ENTRE OS TIPOS DIGNOS de figurar na longa galeria que nos deixaram Balzac, Flaubert e Eça de Queirós, ficaria bem o antigo professor de gorrinho e palmatória. O professor de gramática especialmente daria azo a uma das melhores cartas de Usback. Era de vê-lo impertinente e bisonho, a cabeça abeberada de ideias obsoletas; de esperanças confusas; de veleidades funambulescas; de *tinherabos, non tinherabos*; de ironia ancenubiada de bondade protetora; mas sobretudo de ironia; ironia malévola; ironia desdenhosa; ironia...

A sua figura era de fazer rir às pedras. A cabeça raro desapercebida do gorro negro cairelado de compridos fios de cabelos brancos que se deixavam ver em derredor. Cabelos compridos... compensação, talvez mesmo complemento de suas ideias curtas, no sentido de restritas ao que lhe ensinaram em pequeno e que nas matemáticas não passava da taboada, na gramática, do Coruja ou algum mais rococó, na literatura do cônego Pinheiro, na justiça da varinha de bambu ou da santa-luzia. No mais era um homem como qualquer, apenas der-

---

[1]. Publicado na revista *A Cigarra* (SP), VII (144): 15 de setembro de 1920.

reado às vezes pela velhice, condição indispensável para merecer o título de professor. É preciso não deixar em injusto oblívio o par de óculos que lhe cingia o apêndice nasal. Por vezes eram até dois pares, o que lhe dava um ar ainda mais ridículo. Também impunha assim mais respeito. Donde decorre a grandíssima influência que exercem os óculos em nariz atucanado.

O gorrinho, a palmatória, a vara de bambu, o *tinherabos*, os cabelos compridos, o nariz e os dois pares de óculos que lhe cingiam, não limitaram sua ação àquele tempo. Ainda hoje permanecem resquícios dessa ação. É a birra justificada que pelos gramáticos tomou toda a gente, a começar, e é incrível, pelos intelectuais. Atualmente o escritor que quiser popularidade, é não se meter a escrever sobre coisas de gramática. E quem há por aí que não ambicione popularidade?

Deve ser pois considerado ato de verdadeira abnegação, merecedor de francos aplausos, o de um homem que se ponha a escrever sobre esses assuntos. Mesmo que as nossas opiniões estejam em discordância com as desse escritor, o nosso dever é receber com agrado a esse atestado de mérito.

E nesse caso acha-se o professor Marques da Cruz,[2] autor de um livro recentemente publicado, ao qual intitulou *Português prático*. Trata-se de um homem que fez sua profissão a de ensinar a matéria contida nesse livro. É um entendido no assunto. Estuda ali as questões mais transcendentes da língua portuguesa, desde o debatidíssimo problema da colocação de pronomes até os vícios de linguagem de que poucos têm tratado entre nós. É em suma o que se acha, resumido, no título do presente artigo: um livro de subida utilidade não só para os letrados como também para todos os que desejam escrever

---

2. Gramático e poeta que entre 1911 e 1943 publicou longa série de trabalhos, entre os quais, além do livro *Português prático*, aqui citado por Sérgio Buarque de Holanda, se incluem: *Lis e Lena* (1911), *Vícios de linguagem* (1920), *Água da fonte* (1932), *Alma lusa* (1935), *Nossa Senhora Aparecida* (1942) e *Redondilhas* (1943).

corretamente a língua portuguesa. A despeito disso ou, talvez, por isso mesmo, não é difícil se encontrarem no livro alguns senões.

Não dispensou um capítulo sobre a formação da língua portuguesa vazando-o de conformidade com o que traçou em sua *Gramática expositiva* o sr. Eduardo Carlos Pereira.[3] Esse método, diga-se de passagem, é o mais arbitrário possível. Para as palavras cuja origem é ignorada, basta colocar na lista das ibéricas ou fenícias. Um exemplo do quanto é arbitrário esse processo está na exemplificação das palavras africanas. São três as palavras que cita para mostrar que a contribuição africana para o vocabulário brasileiro não foi pequena. São *batuque*, *catinga* e *sinhá*. Ora, não se pode afirmar de nenhuma delas que é de origem africana direta.

Batuque, para muitos, formou-se do radical de bater; *catinga* origina-se, segundo entendidos, do tupi, e *sinhá* não há quem ignore que se deriva do português *senhora*. Adiante, entre os vocábulos persas coloca *tulipa*, palavra de origem bastante controvertível.

Na coleção dos vícios de linguagem há muitas palavras que só ficariam bem em um populário. Não há quem, com certa instrução, diga *fenómenos*, *ocê*, *mais melhor* e outras inúmeras palavras que o sr. Marques da Cruz coloca entre os vícios da linguagem, corrigindo pachorrentamente. E força é convir que o seu livro não foi feito para analfabetos. Há ali frases tais como esta: "Deve-se observar que clínica e história são substantivos e que o indicativo presente destes verbos é: eu clinico, tu clinicas, etc..." (p. 128). Quais são esses verbos?

---

3. Gramático e filólogo mineiro (1855-1923), foi também ministro evangélico e professor do ensino oficial do Estado de São Paulo, ocasião em que escreveu a *Gramática expositiva* (1907), referida por Sérgio, a que se seguiram *Gramática histórica* (1916) e *Questões de filologia* (1918). É também autor do opúsculo *A maçonaria e a igreja cristã* (1903).

No capítulo sobre correntes literárias contemporâneas o leitor arguto descobrirá, em barda, erros dessa laia.

Nem por isso o trabalho do sr. Marques da Cruz deve ser colocado entre os livros inúteis e pretensiosos que se veem por aí à vontade. É digno do apreço de todos os que desejam escrever, com perfeição, o meigo idioma de Filinto Elísio.

Pode-se dizer a propósito o que disse Taine a respeito do *Ciel et terre*, de J. Reynaud: "A brevidade de nossos louvores, como a extensão de nossas críticas, é uma prova de nossa estima e de seu talento".[4]

---

4. Cf. Hippolyte Taine. "Philosophie religieuse" in *Nouveaux essais de critique et d'histoire*. 2ª ed., Paris, Hachette (1866), p. 3.

A cidade verde[1]

•

O IDEAL ESTÉTICO DE JOHN RUSKIN é, aos olhos dos contemporâneos, uma utopia irrealizável. A ele opõe-se formidando e gigantesco o *struggle for life* norte-americano. No Brasil, já se vê, é este o que maiores probabilidades apresenta para vencer, sem embargo do nosso desamor pela atividade. O utilitarismo, entretanto, faz facilmente boa aliança com o *far niente* nacional ainda que em desproveito do país. É o que fatalmente se dará no Brasil. Já se nota uma certa tendência em nossos optimates para dar cabo do que temos de mais precioso – as tradições. Já é tempo e retempo de cuidarem os governos em dar outra direção ao progresso nacional. Cogitam todos em rociar as nossas cidades de monumentos e arranha-céus; ninguém pensa entretanto em dar-lhes uma individualidade. Um exemplo da nossa pouca estima pelas tradições é a ânsia com que se mudam a torto e a direito os nomes das nossas ruas. É subir um presidente da república – marca marechal – antes que se saiba de suas intenções ou de seus atos, já o martelo dos iconoclastas destruiu uma tradição para lustrar com o nome do

[1]. Publicado na revista *A Cigarra* (SP), VII (146): 15 de outubro de 1920.

novo chefe do país as placas de uma rua antiga. Quem não se lembra do caso da velha e popular rua do Ouvidor da Capital Federal que uma lei efêmera havia transformado em Moreira César? E quem não se recorda do fato, bem mais recente, de terem, ainda no Rio de Janeiro, mudado para Presidente Wilson o nome da conhecida rua da Carioca, que felizmente voltou em tempo à primitiva denominação?

A propósito, o mais interessante de todos esses acontecimentos, o mais digno de nota é um que teve ocasião durante a guerra de Canudos. Os jornais acabavam de noticiar a morte do coronel Moreira César. Aventavam-se mil hipóteses para explicar a vitória dos jagunços, chegando-se a acusar os monarquistas de conivência com Antonio Conselheiro. Ao lado do coronel, diziam os jornais, caíra como um bravo o cabo Roque, depois de ter procurado, por todos os meios, defender a vida de seu chefe. Chegou-se a falar na comemoração desse feito pelo bronze. Foi então que a municipalidade deu à antiga rua Nova do Ouvidor o nome de Travessa do Cabo Roque.

Dias depois, entretanto, noticiavam os jornais, com espanto de todos, que o cabo estava vivo bem vivo, que por sinal carregara com companheiros o cadáver de Moreira César em uma padiola e, para escapar à morte, abandonara-o no mato, o que deu azo ao comentário de Afonso Celso: "Oh! quantos e quantos cabos Roque – muitos ainda não desmascarados – depois da República!".

Tudo isso constitui um empecilho para a formação do caráter próprio de nossas cidades.

O extraordinário beletrista Eduardo Zamacois[2] escreveu

---

2. Escritor e jornalista espanhol (1876-1971), foi diretor da revista *Vida Galante*, de Barcelona, e fundador de outra, em Madri, em 1907, que denominou *El Cuento Semanal y los Contemporáneos*, periódico que exerceu grande influência na vida literária da Espanha da época. Viajando como correspondente, visitou a América do Sul e esteve no Brasil, onde fez conferências e palestras. De seus livros, em geral romances que tematizam o erótico, merecem destaque *La enferma* (1895), *Punto negro* (1897),

depois de sua viagem à América que existe em todas as grandes cidades uma particularidade. Em Paris é a mulher, em Nova York a atividade triste de suas ruas, em Roma as minas, em Londres a neblina. No Rio de Janeiro o que notou foi a verdura que invade não raro algumas ruas. Por isso achou que lhe cabia perfeitamente o nome expressivo de "Cidade Verde".

A preocupação dos cariocas que amam com fervor ao Belo deve ser a de fazer por que se justifique essa denominação de modo a que se, daqui a um século, um estrangeiro observador visitar a capital do Brasil, possa notar a mesma verdura então mais notável porque quanto maior for o progresso material da cidade, o contraste tornará mais admirável a natureza. Ao menos não caiba aos brasileiros a acusação feita pelo sumo pontífice da religião da Beleza aos contemporâneos: "Sim, desprezastes a natureza, desprezastes todas as sensações santas e profundas de seus espetáculos".[3]

El seductor (1902), *Memorias de una cortesana* (1903), além de *La carne y la muerte* (1938) e o livro de memórias *Un hombre que se va* (1969).
3. Referência a John Ruskin (1819-1900), crítico de arte, desenhista e sociólogo inglês que desde jovem mostrou interesse na revalorização dos pintores e da estética primitiva, que estendeu aos estudos do estilo gótico e aos contatos com os pré-rafaelitas, opondo à mentalidade utilitarista de sua época a admiração pelo "impulso criador" dos artistas e artesãos da Idade Média. Escreveu, entre outros livros, *Modern painters* (1843-60), *The seven lamps of architecture* (1849), *Pre-Raphaelism* (1851) e *The stones of Venice* (1851-53).

O pantum

FOI O DELICIOSO POETA das cidades mortas, o laureado Georges Rodenbach, quem expendeu, a propósito de Puvis de Chavannes,[1] este quase axioma da arte de Velázquez: um gesto útil e sempre belo.

Certo, essa intenção não a tiveram, nem a têm, os povos primitivos, e no entanto todas as manifestações de seu intelecto no terreno das artes parecem demonstrar cabalmente estarem eles convictos da observação de Rodenbach. É que está no íntimo de todo homem a persuasão de que é belo o gesto útil. E sempre quando um artista notável rompe o vieiro natural, procurando obliterar essa persuasão e conseguindo angariar numerosos admiradores, basta surgir outro artista, em cujas telas, manifestações da vida latejante releguem ao filão tradicional, para logo alcançar notabilidade.

Urge pois recorrerem os artistas de quando em vez aos *pri-*

---

[1]. Pintor impressionista (1824-1898) e terceiro membro fundador da Sociedade Nacional de Belas Artes, de Paris, que consta ter revelado a Gauguin, até então um admirador de Pissarro, as virtualidades do Simbolismo, o poder sugestivo da pintura decorativa e a importância da ideia. Em torno da *Revista Branca* fez parte dos artistas que anteciparam a vanguarda surrealista, marcando as suas telas por uma atmosfera de sonhos e hermetismos extravagantes.

mitivos, se desejarem em suas obras a sinceridade, condição indispensável para o bom êxito das mesmas, tanto que disse Tolstoi: "Eu conheço três regras de arte: a primeira é a sinceridade, a segunda, a sinceridade e a terceira, a sinceridade". André Beaunier, da mesma opinião, emite a seguinte observação: "A intervenção frequente dos primitivos é indispensável na evolução da arte. Sem eles ela pereceria de consumpção ou de estupidez. São a reserva inesgotável de verdade, de espontaneidade, de vida palpitante e a que recorre ela, com facilidade enferma ou moribumba".[2] E seguem-se muitos exemplos comprobatórios.

A explicação lógica desse fato está em que, afastando-se menos das origens do homem, o artista *primitivo* se aproxima mais da natureza do mesmo.

E não é só em pintura que se dá isso. O próprio Beaunier o reconhece: *"il y a des primitifs perpetuels dans tous les arts, en littérature, en poésie, au theâtre, comme en peinture"*.

Quem ainda não se assegurou desse fato, comparando a sensação experimentada com a leitura da poesia simples e primitiva de Catulo da Paixão Cearense ou, por exemplo, a deixada pelo "Delenda Carthago", de Bilac?

Quem não guarda consigo a impressão inalienável de doçura e candidez que deixam no íntimo de quem os lê os versos do "Meu sertão", do "Sertão em flor", da surpresa, do encantamento da comoção que ficam de suas estrofes?

---

2. André Beaunier (1869-1925), ensaísta e crítico literário francês, autor, entre outros, dos estudos *La poésie nouvelle* (1902) e *Éloges* (1909), escreveu sobre a vida de alguns escritores de importância em obras como *Trois amies de Châteaubriand* (1910) e *Joseph Joubert* (1918-23). Foi também romancista e autor de *Les trois Legrand* (1903), *Le roi Tobal* (1905), *L'amour et le secret* (1910) e *L'homme qui a perdu son moi* (1912). Sua admiração pelos artistas primitivos, aqui lembrada por Sérgio, ele explica assim: "Autrefois, comme j'étais las de l'emphase et de la virtuosité des faux artistes, j'ai aimé l'art concis et humble des primitifs. Faute d'adresse ou vaillante possession de soi, ils n'abusent pas des moyens d'expression que fournnissent les arts divers: mais ils soumettent l'activité de leurs doigts à la volonté de leur esprit. Je les louais pour tant d'émouvante sagesse". Ver Willian Bouguereau, in *Éloges*. Paris, Roger et F. Chernoviz (1909), p.89.

Para muitos ela será mais nacional e nisso, afirmam, está seu mérito. Para quem conhece e compreende a verdadeira função da Poesia, será mais humana. Quando Victor Hugo publicou as suas *Orientais*, após as *Odes e baladas*, uma sensação inédita, agradabilíssima, semelhante à que acabamos de registrar, experimentaram os apreciadores da poesia. Não faltou quem a atribuísse à feitura mais simples (mais *primitiva*, digo eu) dos novos poemas. Em uma das notas a sua belíssima coletânea é que Hugo apresentou aos coevos uma nova espécie de poemas de forma fixa, usada entre os malaios: o pantum.[3] Por uma repetição pausada e coordenada de versos, o pantum produz um encanto singular para quem o lê, semelhante, v. g., ao que nos deixa o *Lesbos* de Baudelaire, de natureza idêntica.[4] Mais tarde compôs Charles Asselineau[5] um poema baseado no *Pantum* de Hugo. O mais

3. *"Nous terminons ces extraits"* – diz Hugo concluindo a sua nota – *"par un pantoum ou chant malais, d'une delicieuse originalité"*, e transcreve o seguinte poema de que nos fala Sérgio: *Les papillons jouent à l'entour sur leurs ailes;/ Ils volent vers la mer, près de la chaine des rochers./ Mon coeur s'est senti malade, dans ma poitrine,/ Depuis mes premiers jours jusqu'à l'heure présente.// Ils volent vers la mer, près de la chaine des rochers./ Le vautour dirige son essor vers Bandam./ Depuis mes premiers jours jusqu'à l'heure présente,/ J'ai admiré bien des jeunes gens.// Le vautour dirige son essor vers Bandam.../ Il laisse tomber de ses plumes à Patani./ J'ai admiré bien des jeunes gens;/ Mais nul n'est à comparer à l'objet de mon choix.// Il laisse tomber de ses plumes à Patani.../ Voici deux jeunes pigeons!/ Aucun jeune homme ne peut se comparer à celui de mon choix,/ Habile comme il est à toucher le coeur.//* Ver Victor Hugo "Notes a *Les orientales*". In *Oeuvres poétiques*, vol. I. Paris, Gallimard, 1964, pp. 705-6.
4. O poema de Baudelaire a que Sérgio se refere começa com os versos: *Mère des jeux latins et des voluptés grecques,/ Lesbos où les baisers, languissants ou joyeux,/ Chauds comme les soleils, frais comme les pastèques,/ Font l'ornement des nuits et des jours glorieux;/ Mère des jeux latins et des voluptés grecques.//* Cf. Charles Baudelaire. "Pièces condamnées tirées des *Fleurs du mal*". In *Oeuvres complètes*, vol I. Paris, Gallimard, 1987, pp. 150-2.
5. Charles Asselineau, aqui citado por Sérgio, é o mesmo poeta e erudito em metrificação que, ao lado de Louisa Siefert e Théodore de Bainville, ensaiou a adaptação da estrutura rítmica do pantum malaio aos mecanismos da versificação francesa, para a qual foi revelado pela primeira vez numa tradução em prosa apensa às "Notes" das *Orientales*, de Victor Hugo (1802-85). O trabalho de Asselineau, Siefert e Banville acabou inspirando a M. Cherfils, um rimador caprichoso, toda uma coleção de poemas do gênero, publicada em 1888.

bem-sucedido foi entretanto Leconte de Lisle, que nos seus *Poèmes tragiques* inseriu uma série de cinco *Pantoums Malais*. O último deles[6] não nos furtamos ao prazer de transcrevê-lo inteiro, mesmo porque aos pedaços perde toda a graça. E só transcrevendo-o podemos dar aos leitores uma ideia nítida do que é o pantum malaio:

> *O mornes yeux! Lèvre pâlie!*
> *J'ai dans l'âme une chagrin amer.*
> *Le vent bombe la voile emplie,*
> *L'écume argente au loin la mer.*
>
> *J'ai dans l'âme un chagrin amer:*
> *Voici sa belle tête morte!*
> *L'écume argente au loin la mer.*
> *Le* praho[7] *rapide m'emporte.*
>
> *Voici sa belle tête morte!*
> *J'ai l'a coupée avec mon* kriss,[8]
> *Le* praho *rapide m'emporte*
> *En bondissant comme l'*axis.[9]
>
> *J'ai l'a coupée avec mon* kriss,
> *Elle saigne au mât qui la berce*
> *En bondissant come l'*axis
> *Le* praho *plonge et se renverse.*

---

6. Os outros quatro *pantoums* incluídos por Leconte de Lisle (1818-94) em seus *Poèmes tragiques* são: "L'éclair vibre sa flèche torse", "Voici des perles de Mascate", "Sous l'arbre où pend la rouge mangue" e "Le hinné fleuri teint tes ongles roses". In Leconte de Lisle. *Poèmes tragiques*. Paris, Alphonse Lemerre Éditeur (s. d), pp. 28-35.
7. *Praho*: embarcação de piratas malaios. (N. do A.)
8. *Kriss*: sabre de lâmina ondulada. (N. do A.)
9. *Axis*: espécie de veado das Índias Orientais (*cervus axis*). (N. do A.)

Elle saigne au mât qui la berce;
Son dernier râle me poursuit.
Le praho *plonge et se renverse.*
La mer blême asperge la nuit.

Son dernier râle me poursuit
Est-ce bien toi que j'ai tuée?
La mer blême asperge la nuit,
L'éclair fend la noire nuée.
Est-ce bien toi que j'ai tuée?

C'était le destin, je t'aimais!
L'éclair fend la noire nuée,
L'abîme s'ouvre pour jamais.
C'était le destin, je t'aimais!

Que je meure afin que j'oublie!
L'abîme s'ouvre por jamais.
O mornes yeux! Lèvre pâlie![10]

---

10. Artigo publicado na revista *A Cigarra* (SP), VII (147): 1º de novembro de 1920.

O Fausto
(a propósito de uma tradução)

Ao Fausto Penteado

•

O SR. GUSTAVO BARROSO é um dos escritores mais lidos e mais ponderosos da nova geração. E entre os beletristas que dirigem as suas atividades para diversas províncias literárias, compõe-se a grande maioria, pelo menos no Brasil, de diletantes, nos quais é ave rara a erudição. Tal não aconteceu, porém, ao sr. Gustavo Barroso, o que vem abonar o conceito em que é tido de escritor notável, sob todos os pontos de vista. É o que demonstram seus trabalhos literários, a começar pelas crônicas, escritas em estilo simples e leve, mas claro e incisivo. Ainda há pouco, entreteve-nos com os seus interessantes artigos a propósito da "imaginação de Flaubert", em que demonstra, com extraordinária clareza de vistas, a inequívoca utopia de se querer colocar entre as mais notáveis do autor do *Madame Bovary*, aquela qualidade. Ninguém pode deixar de concluir com o articulista, dada a sua inegável autoridade no assunto, que do sublime Flaubert só há, no *Salammbô*, a disposição e a forma, a primeira feita com talento e a segunda gravada preciosamente como em baixo-relevo antigo, mas imaginação nenhuma.

Acaba de prestar um serviço às nossas letras o autor da *Terra do sol*, com a tradução do *Fausto*, de Goethe. Ninguém o nega. E, principalmente, quem a tiver lido. Sim, porque um tradutor sempre achará quem o acoime de *traditore*, por muito que tenha feito para não merecer essa acusação; e se a algum ela não é cabível, esse "algum" normal será o sr. Gustavo Barroso.

O que lhe permitiu, antes de tudo, aproximar sua tradução o possível do original, foi o tê-la feito em prosa, condição indispensável para esse efeito. Victor Hugo afirmou alhures que uma tradução em verso é sempre uma coisa absurda, impossível e quimérica. E concluía declarando, mais ou menos, que só um segundo Homero traduziria condignamente o primeiro.[1] Donde se pode inferir que, por sua vez, só um outro Goethe traduziria com perfeição o autor do *Fausto*. Quiçá nem esse. A razão desse fato está na extraordinária amoldabilidade a certas ideias e pensamentos filosóficos que possui a língua alemã e talvez só ela. Daí o ter dito Schopenhauer que essa língua é a única em que se possa escrever quase tão bem como em grego e em latim, elogio que, continua ele, seria ridículo fazer-se às outras principais línguas da Europa, "que não são mais do que *patois*".[2]

E mme. De Staël também declara que o alemão possui uma construção quase tão sábia como o grego.[3]

É notável que lutam até os próprios alemães para compreender certos trechos do *Fausto*, especialmente a segunda parte. Aí, como diz E. Grucker, esqueceu-se Goethe do conselho que coloca na boca de Mefistófeles: "*Grau, Freund, ist alle Theorie/ Und grün des lebens goldner Baum*".

Em 1797, quando o autor do *Fausto* pensava em rever a primeira parte de seu drama, escrevia-lhe Schiller que o assunto o forçaria a tratar filosoficamente e a imaginação seria obrigada a se colocar ao serviço da razão.

"É verdade", concluía o autor do *Guilherme Tell*, "que nada vos digo de novo, porquanto nas partes já concluídas do

---

1. Victor Hugo. *Littérature et philosophie melées*. Paris, Éditions Nelson, p. 130. (N. do A.)
2. A. Schopenhauer. *Écrivains et style*. (N. do A.)
3. Mme. Staël. *De l'Allemagne*. Paris (1834), p. 435. (N. do A.)

vosso poema preenchestes perfeitamente essa condição."[4]
Não são de admirar essas palavras, pois houve quem dissesse humoristicamente que os personagens de Schiller são balões cheios de gás metafísico.

"Os escritores mais originais, os criadores, Lessing, Klopstock, Goethe, Schiller, Novalis – disse-o a respeito da literatura alemã o já citado Émile Grucker –, são, ao mesmo tempo, pensadores, filósofos, estetas profundamente versados na história e na ciência literária, tendo por muito tempo meditado sobre o problema do Belo, tendo cada qual a sua doutrina, que expõem e que defendem..."[5]

Essa doutrina, diz ainda ele, não é organizada apenas para justificar as produções poéticas. Estas, pelo contrário, são compostas, o mais frequentemente, para demonstrar a verdade e a excelência da teoria. É o que se dá com o *Fausto*.

II

Era muito de prever que a obra-prima do grande poeta alemão não fosse original. Em geral, as obras-primas não o são. A maioria dos escritos de Corneille, Molière e Shakespeare provêm de lendas populares conhecidíssimas. Porém, o mais notável aqui é que a lenda do doutor Fausto e o diabo já dera origem a dramas, poemas e romances, quando veio à luz a obra de Goethe.

O primeiro escrito onde trata dela foi, segundo Henry Morley, apresentado em 1537, na feira de Frankfurt, pelo livreiro Johann Spies. A única cópia completa desse livro, de autor desconhecido, conforme Morley, é a existente na Biblio-

---

4. Ver a respeito F. Schiller. *Briefwechsel zwischen und Goethe in den Jahren 1794 bis 1805*. Stuttgart u. Tübingen, J. G. Cotta'sche Buche (1828-29).
5. Émile Grucker. *Histoire des doctrines littéraires et esthétiques en Allemagne*. Paris, Berger-Levrault (1883). (N. do A.)

teca Imperial de Viena. Cremos ser a *História von Dr. Johan Fausten des weir berchreyten Zauberer und Swartzkunster*, atribuída por muitos a um tal "Vilman". Em 1588 ou 1589, foi traduzida para o inglês (*The history of the dammable life and deserved death of dr. John Faustus – Newly printed, and in convenient places impertinent matter ammended, according to the true copy printed at Frankfurt, and translated into English by P. R. Geito*). Em 1589, finalmente, foi publicada a tradução francesa do pastor protestante Pierre Palma Caye (*Historie prodigeuse et lamentable du docteur Jean Faust, magicien, avec son testament et son oeuvre épouvantable*).

A lenda do doutor Fausto ainda deu lugar, nos fins do século XVIII e princípio do XIX, ao livro de Muller (1778) e ao de Max Klinger (1790), como ao de Lessing, ao de Klingermann, ao de Grabbe. Contudo, de todos os predecessores de Goethe, o único cuja obra logrou subsistir foi Marlowe. O *Fausto* de Marlowe, saído à luz pela primeira vez, cremos que em 1604, foi em 1894 publicado ao lado da tradução do *Fausto*, de Goethe, por John Austin, sob o título de *The tragical history of doctor Faustus*. No conjunto, é pequena a diferença entre a tragédia de Marlowe e a de Goethe. Em ambas, o doutor vende a alma ao diabo, com a condição deste lhe servir como escravo por certo tempo. Marlowe fixa esse tempo em vinte e quatro anos, durante os quais o doutor possui um poder ilimitado sobre a terra, do qual abusa em excesso. Passado o tempo estipulado, chega o momento em que o diabo deve vir à busca da alma do pobre doutor. Vem então o remorso, que Marlowe descreve admiravelmente. Faltava apenas uma hora para o momento fatal.

O doutor exclama:

> Oh Fausto, não tens senão uma hora de vida, e estás condenado para todo o sempre! Parai-vos, astros, a fim de que o tempo cesse de caminhar e que o minuto jamais venha! Levanta-te, divino sol, olho brilhante da natureza, levanta-te ainda para nos dar um dia sem fim ou, então, faze que essa hora seja um ano, um mês, uma

semana, um dia, a fim de que Fausto também possa se arrepender e salvar sua alma! Mas os astros seguem o seu curso, o tempo se precipita; a hora vai chegar, o demônio virá e Fausto será condenado!... Oh meu Cristo!... Não me dilacere o coração, Lúcifer, por haver apelado para o Cristo: eu desejo chamá-lo ainda. Oh Lúcifer, poupa-me! Onde se acha ele agora? Terá partido?... Lá estão seus braços ameaçadores, seu semblante inimigo!... Vade montanhas e colinas! desabai sobre mim e ocultai de meu rosto a cólera do céu... Nada! ó fera, fende-te, para que eu me afunde em tuas entranhas!... Não, ela não me quer receber! Vós que presidistes a meu nascimento, vós que me destinastes à morte no inferno, atraí para vós Fausto, como um vapor leve nos flancos de uma nuvem espessa, a fim de que, quando vós o vomitardes nos ares, seus membros espedaçados caiam de vossa boca fumegante e que sua alma possa se elevar e atingir os céus!... (O relógio bate onze e meia). Oh! meia hora passou-se, breve ir-se-á a hora toda... Oh! se minha alma deve sofrer pelo meu pecado, daí um termo a meu castigo!... Que Fausto viva no inferno mil anos, cem mil anos, e que, afinal, seja salvo!... Mas, ai de mim!, não se dá termo às punições de almas condenadas!... Oh Fausto!, por que não és um ser criado sem alma? ou por que essa alma que lhe foi dada é imortal? Malditos sejam os pais a quem devo a vida!... Já estamos na hora. Agora, meu corpo, desaparece nos ares ou o demônio vai carregar-te para os fundos do inferno! Oh minha alma, transforma-te em qualquer gota de água e cai no Oceano para que te não tornem a encontrar.

(Soa a hora, arrebenta-se a faísca, entram os demônios)[6]

Quanta energia, quanta beleza inédita nesse epílogo.
Por ele se vê que o *Fausto* de Marlowe foi condenado como o de Klinger. O próprio Goethe, na primeira parte de seu poema, parece tê-lo condenado.

---

6. Cf. Christopher Marlowe. *The tragical history of doctor Faustus. The works of Christopher Marlowe* (edição de C. F. Tucker Brooke). Oxford, Clarendon Press (1953), pp. 192-4.

Mas na segunda parte, escrita muitos anos após e quase independente da primeira, o grande sábio atinge a salvação.

III

Em Goethe, como em Marlowe, o personagem principal da tragédia é Mefistófeles; naquele, Fausto e Margarida são seres perfeitamente humanos. Possuem todos os defeitos, todos os achaques, todas as fraquezas do homem. Em ambos a felicidade desejada pelo doutor, durante o tempo em que Mefisto fosse seu escravo, nunca se realizou por completo. Até nisso há o sinal de que Fausto era um homem como os demais, insaciável, à espera sempre de maior felicidade. Essa eterna esperança de todo o homem tem sido o objeto de muitas obras-primas, mesmo no Brasil. Têm-na comparado a pombas que, despertadas pela manhã, voam uma por uma dos seus pombais; a navios que deixam os portos, e não mais voltam etc. Essa felicidade com que sonhamos é a mesma que o sr. Vicente de Carvalho tão bem comparou a uma árvore, que supomos carregadas de dourados pomos, mas que nunca chegamos a alcançar. Todos conhecem, ao menos de nome, o célebre drama da negação da vida, de Calderón de la Barca (*La vida es sueño*), onde ele dá uma definição que os poetas e filósofos da mais remota antiguidade conheciam e expunham com frequência:

> *Qué es la vida? un frenesí.*
> *Qué es la vida? una ilusión,*
> *una sombra, una ficción,*
> *y el mayor bien es pequeño;*
> *que toda la vida és sueño,*
> *y los sueños, sueños son.*[7]

---

7. Cf. Don Pedro Calderón de la Barca. *La vida es sueño* in *Obras completas – dramas* (edição de Luis Astrana Marín). 3ª ed., Madri, M. Aguilar-Editor (1945), p. 237.

Essa noção, cremos ser de origem semítica. Schlegel, no seu *Curso de literatura dramática*, observa que os árabes exerceram grande influência sobre os escritores espanhóis dos séculos XVI e XVII, despertando-lhes, entre outros, o gosto das hipérboles. E nota essa influência no contemporâneo Francisco Villaespesa. *"Villaespesa"*, diz, *"es un Iranio cruzado de arábe, representa su alma y se siente la confusa nostalgia arabigo andalusa de meidas."*[8] Não seria de esperar que essa influência se tenha feito sentir na maioria dos grandes escritores da raça espanhola. Quem não a nota, por exemplo, no original colombiano Vargas Vila? A simples leitura de um trecho seu, com a singular disposição das ideias nas frases, lembra o estilo dos profetas da Bíblia. E as hipérboles, de que fala Schlegel, constituem o fundo das obras do grande escritor ibero-americano. Diga-se se não existe um parentesco entre a definição de Calderón e esta ideia do já citado Villaespesa: *"El passado és una sombra,/ és una niebla el futuro/ y un relampago el presente"*.[9]

Essa noção da vida, força é reconhecer, é de origem semítica. Com frequência se encontra no livro de Jó, no Eclesiastes e em Salomão. Arthur Farinelli afirma que era desconhecida dos primitivos arianos.

> *Nei primi ini vedici e nel* Rigveda *era ancora fiducia e piacere alla vita; la fantasia dei primi poeti dell'Índia, rare volte turbata dal pensiero pessimistico, spaziava ancora libera per amplissimi campi, abbraciava cielo e terra. Il visibile e l'invisibile con slancio possante e tempravasse gagliarda e forte, al fluido vitale che anima la natura. Rare erano ancora quelle note di sconforto e di dolore che echeggiano insistenti*

---

8. Pompeyo Gener. *Amigos e maestros*. Barcelona (1915), p. 340. (N. do A.)
9. Ver Francesco Villaespesa. *Flores de Almendro – 1893-1897* (prólogo de Pompeyo Gener). Madri, M. García y Sáez (1916).

nell'opera del Kalidasa e in tutti I maggiore poemi, nel Mahabarata, *nel* Ramayana.[10]

E nas primeiras épocas do cristianismo, que aportou à Europa trazendo consigo a influência semítica, exclamava são João Crisóstomo, com a mesma imagem empregada, séculos após, por Calderón: "A substância do homem nada mais é que cinza e pó e fumo e sombra, e se pode haver outra coisa ainda mais vã, será essa". Coisa notável é que todos os pessimistas apresentam evidentes traços de influência semítica.

O "mal *du siècle*" não foi mais do que uma revivescência da nostalgia pessimista dos semitas produzida pelo romantismo, cujas fontes mais abundantes foram as lendas cristãs da Idade Média – um resultado da influência dos semitas hebreus. Essa influência levou-a o cristianismo. É ainda Farinelli quem diz: "*Cosi per gran tempo l'Oriente manda all'Occidente, con le sue leggende, i raconti e le novelle, i messagi di saluto all'anima, le dottrine morali e ascetiche, le grande tristeze e malinconie*".[11] O maior crítico brasileiro, o único que se aproxima um pouco da longa sequência de grandes pensadores que vai de Taine a René Doumic, passando por Sainte-Beuve, Brandes, Gener, A. Hamon, Farinelli e alguns outros, Araripe Júnior, já notara esse pessimismo semita em uma série de artigos publicados na *Revista Brasileira*, de Veríssimo, sob o título de: "A estética de Poe". Ali salienta ele a existência desse mesmo pessimismo nos grandes escritores do meio-dia da Europa, mais sujeitos que os do Norte à influência semítica. Em Dante, por exemplo. Poucos escritores souberam descrever, com tamanha hediondez, os saurios, os monstros noturnos, os vespertilhos e as Geriontes, que enchem as páginas do "Inferno".[12] O diabo de Dante atinge por vezes a

---

10. Arturo Farinelli. *La vita è un sogno*. Turim (1916), vol. I, p. 16. (N. do A.)
11. Arturo Farinelli, op. cit., p. 60. (N. do A.)
12. Cf. Araripe Júnior. "A estética de Poe" in *Revista Brasileira* (RJ), tomo I, 15 fev.-15

culminância do risível.[13] Assim também o de Miguel Ângelo representado no "Giudizio".[14] Os gênios do mal dos antigos assírios e fenícios são ainda mais nefários, especialmente se comparados aos dos povos indo-germânicos. No homem do norte da Europa a concepção do diabo diverge profundamente da dos povos do meio-dia em que a influência semita se fez sentir com maior virulência. Os monstros da *Divina comédia*, é Araripe quem o diz, "evoluíram para o Satanás de Milton, que é um diabo luminoso, belo, humano, se não a transformação de Apolo".[15] Mme. de Staël também afirma que o autor do *The paradise lost* fez Satã maior que o homem. Diante das várias concepções do demônio, que posição terá o Mefisto da lenda de Fausto? Afirma ainda mme. de Staël que o Mefistófeles de Goethe é um diabo civilizado. De fato, sem o exterior horrível do monstro de Dante, sem a beleza apolínea do demônio de Milton, o Mefisto conserva a posição intermediária que dão as escrituras a Satã de "o grande mentiroso", eufemizado na ironia ferina de todas as suas sentenças. Só quem percorreu com atenção todo o poema de Goethe, meditando sobre cada um dos seus símbolos, compreenderá que ele seja, como disse Heine, a Bíblia mundana dos alemães e dará razão às suas palavras: "ele é, em verdade, tão vasto como a Bíblia, e, como ela, abraça o céu e terra com o homem e sua exegese".

---

mar. 1895, pp. 228-35 em sequência no tomo II (1896) com indicação remissiva, material também publicado no ensaio do mesmo autor intitulado *Ibsen*. Porto, Chardron (1911), p. 43.
13. Enrico Sannia. *Il comico, l'umorismo e la satira nella Divina commèdia*. Milão, U. Hollpi (1909). (N. do A.)
14. Ver Arturo Farinelli. *Michelangelo e Dante e altri brevi saggi: Michelangelo poeta, la natura nel pensiero e nell'arte di Leonardo da Vinci*. Turim, Fratelli Bocca (1918). (N. do A.)
15. Cf. Araripe Júnior. "A estética de Poe" in *Revista Brasileira*, cit.

IV

Na lenda popular, como no livro de Klinger, que a reproduz com fidelidade, o Fausto é condenado. Assim também no drama de Marlowe, como já temos visto anteriormente, e na primeira parte do de Goethe. Em Marlowe, porém, o doutor em vão desespera-se ao lembrar-se de que não se sentira feliz durante os vinte e quatro anos do contrato e que afinal iria em breve ser vítima de sua insaciedade. Em Goethe (aqui nos referimos ao primeiro Fausto), o epílogo não encerra a grandiosidade do de Marlowe; em compensação, é mais poético, devido principalmente ao episódio de Margarida. Em todo o seu poema o autor do *Werther* se mostrou propositadamente obscuro, executando mais ou menos fielmente o conselho célebre de Verlaine, enunciado um século quase após, e que deveria ser um dos preceitos da escola simbolista.

Esse gosto pela nuance e pela caligem manifesta-se, aliás, mais intenso na segunda parte do *Fausto*, publicada muitos anos depois da primeira. Foi terminada quando o autor já se achava na idade de oitenta anos. A despeito de sua obscuridade, ou talvez devido a ela, o segundo Fausto é a parte mais apreciada dos alemães. Aí é que se acham as palavras célebres do demônio, assim traduzidas pelo sr. Gustavo Barroso: "O passado! Por que o passado? Palavra imbecil! O passado é o nada. No entanto, algo ainda fica daquilo que parece nunca ter existido. Mais valera que, ao invés dos mundos, houvesse o vácuo completo, eterno..."[16]

Para a maioria dos críticos alemães, é essa parte que, à conta de sua obscuridade, é o terror dos tradutores e em que reside a glória máxima do seu autor.

Ela constitui, conforme G. Weber, um golpe de vista retrospectivo sobre seu passado e sobre as transformações sofridas

---

16. Ver Goethe. *O segundo Fausto* (tradução de Gustavo Barroso). Rio de Janeiro, Garnier (1920), p. 217.

pelo seu espírito e pela sua poesia desde que ele saíra do período tenebroso em que fora composta a primeira parte.[17] Aqueles a quem sua arte é incompreensível poderia Goethe, e com razão, repetir as palavras de Preault: "*L'art c'est cette étoile; je la vois, et vous ne la voyez pas*". E é natural, como diz Rodenbach, que os mestres percebam muita coisa que aos outros escapa.[18]

Quase todas as traduções francesas, pelas quais, como pela de Castilho, é conhecido o grande poema no Brasil, a de Stapfer, a de Saint Aulare, de Gerard de Nerval, a de Lespise, a de Cavagnac, a de Margueri, a de Porchat e outras, transcuraram quase por completo o segundo Fausto. É verdade que algumas delas foram anteriores a ele. Porém, os que porventura a traduziram, muito se afastaram do original, que ficou assim quase obliterado nos países latinos. A única tradução francesa feita quase ao pé da letra, e onde se acha incluída a segunda parte, é talvez a, aliás pouco conhecida, de Henri Blaze, escrita em prosa. A tradução portuguesa de Castilho compreende só a primeira parte, que a segunda, afirma ele, ao Fausto da velhice de Goethe não se atreveu, porquanto seria trabalho ainda mais fragoso e, quando as dificuldades se vencessem, menos condições apresentava para ser bem aceito de seus patrícios.

O tradutor português não concebe que, como afirmam os alemães, se tenha Goethe despendido mais, nessa segunda parte, em gentilezas e esmeros líricos; assim pelo menos não o parece, contemplado através dos refletores. Demais, diz ele, quando essas excelências "acidentais e de mera forma", pouco traduzíveis, tenham esse valor que lhe querem dar, são tais no último Fausto os enigmas filosóficos, tão abstruso o senso das feições mesmas, tão desnaturais, tão inverossímeis, tão impossíveis, tão absurdas quase, que o bom gosto e o bom senso, "que

---

17. Ver Georg Weber. *Histoire de la littérature allemande depuis son origine jusqu'à nos jours*. Paris, Librairie Internationale (1867). (N. do A.).
18. Cf. Georges Rodenbach. *L'élite*. Paris (1899), p. 274. (N. do A.)

tão benévolos perdoaram e receberam a lenda velha do doutor Fausto, talvez não se haveriam bem com o Fausto último. O primeiro", diz ainda Castilho, "foi um gigante, o último será o homúnculo, produto absurdo das forças da arte".[19] Sem apoiar seus exageros, achamos, todavia, que a crítica de Castilho apresenta razões justas e abundantes contra a tradução integral do segundo Fausto. Entretanto, pelo resumo que dela fez o sr. Gustavo Barroso, os leitores brasileiros poderão doravante ter uma perfeita ideia do seu entrecho. E essa é uma das vantagens da nova tradução. A outra vantagem, assaz apreciável, é a de, como poucas, se aproximar do original e muito mais que a de Castilho. Nessa, mais de uma vez se deparam algumas das extravagâncias de que seu autor usou a rodo em todas as suas traduções, talvez devido às necessidades de rima e do ritmo. Assim, surpreendendo-lhe o ter Goethe substituído por Lilith o nome mais conhecido da primeira mulher e como, segundo ele, a absurdidade casa-se bem com a absurdidade, acrescenta a esse nome um apelido vulgaríssimo, entre os seus patrícios, mas justificável pelo apelido que a Eva deu o Gênesis... Por paralelismo fez o mesmo a Adão: "A Lilitha da Costa, não te lembras? a primeira mulher de Adão de Barros" etc. (p. 352).

No segundo ato, na parte intitulada "Noite de Walpurgis, montanha do Hars, Schierke e Elend", excluiu Castilho de um dos coros o Fogo Fátuo que aí deve cantar alternativamente com Fausto e Mefisto, na seguinte disposição que não existe no original:

MEFISTÓFELES
Ui! que algaravia
Bufidos e pios
silvos e assobios
cada vez mais perto!

---

19. Ver "Advertência do tradutor" in W. Goethe. *Fausto* (trad. port. de Antônio Feliciano de Castilho). Porto (1871). (N. do A.)

já antes do dia
cá neste deserto
gaios, papafigos.
Que sócios amigos
as c'rujas não têm!

FAUSTO
E aqueles pernudos
ascosos pançudos,
nas moitas além...
serão salamandras?
E aquelas malandras
que rompem das grades
fazendo ameaços
lançando mil braços
qual povo traidor!
etc.

O sr. Gustavo Barroso é que, desta vez, como em quase todos os pontos onde há que rimar, foi infeliz, não tendo conseguido traduzir com a perfeição necessária. Assim mesmo, não deixam de ter seu valor alguns dos versos.

Leia-se, por exemplo, este trecho:

São os cipós e as raízes
Que nem serpentes lustrosas,
De variegados matizes,
Armadilhas perigosas
A quem passa por aqui!
Pelo chão correm bichinhos
E voam moscas dali
Com suas asas radiosas
Iluminando os caminhos.
Avançamos ou recuamos
Perante suas ameaças?

*Tudo anuncia desgraças
Pela rota que levamos
E esses fogos que andam no ar
Queimam sem iluminar...*[20]

Os "bichinhos" aí representam as

*Toupeiras e ratos
Ralé variegada...*

de Castilho;

*no musgo dos matos
na lama encharcada
sem conta esfervilham*

ou ainda como

*... ces taupes bigarrées
Sur la bruyère egarées
La mousse humide grattant
Broutant, trottant, valetant.*

de Stapfer;[21] ou

*... tous les rats en escouades,
Mulots, foines et souris
Vetus de rouge et de gris,*

de Henri Blaze;[22] que

S'en vont trottant par myriades.

20. W. Goethe. *Fausto* (tradução bras. de Gustavo Barroso). Rio de Janeiro, Garnier (1920), II, pp. 169-70.
21. Ver Paul Stapfer. *Goethe et ses deux chefs-d'oeuvre classiques.* Paris, Fischbacher (1881).
22. Cf. Henri Blaze. *Le Faust de Goethe.* Paris, Michel Lévy Frères (1847), p. 134.

A despeito de um ou outro senão, como o a que nos acabamos de referir, a tradução do sr. Gustavo Barroso, mais de acordo com o original que a de Castilho, é excelente e utilíssima. Com ela acaba-se de encher um vazio que há muito se fazia notar nas nossas letras. Refere Eckermann que em uma de suas conversas com Goethe, este, ao ter notícia da pouca idade de seu tradutor Gerard de Nerval, afirmou surpreendido que esse jovem seria um dos mais puros escritores da França.[23] Se o autor do *Fausto* estivesse hoje vivo, seria possível que afirmasse do novo tradutor ser um dos autores de maior futuro do Brasil, o que não deixaria de ser extemporâneo, pois, desde seu primeiro livro, o sr. Gustavo Barroso é considerado, e com razão, um dos nossos mais brilhantes literatos, pelas suas ideias, pela sua erudição e originalidade e pela sua linguagem tersa, simples, clara e correntia.[24]

---

23. Ver a respeito J. P. Eckermann. *Gespräche mit Goethe in den letzten Jahren seines Lebens 1823-32* (1836-48, 3 Bde., hg. u. aus dem Nachl. erg. H. H. Houben 1925, 1948, 1 Bd., wiederh. 1962).
24. Publicado no jornal *Correio Paulistano* (SP): 15-6 de novembro e 6-9 de dezembro de 1920.

Os poetas e a felicidade

HÁ DIAS, ESCREVENDO SOBRE uma recente tradução do *Fausto* de Goethe, tive ocasião de fazer notar o modo por que a maioria dos poetas encara o problema eterno da felicidade. Coincidiu isso com a leitura de um estudo do pensador uruguaio Alberto Nin Frias acerca da morte considerada sob o ponto de vista de uma filosofia otimista. Esse ponto de vista nunca conseguiu nem conseguirá apagar no espírito humano o terror que só inspira o pensar-se na morte. E isso a despeito de quase todas as religiões afirmarem a imortalidade da alma. Mesmo assim há quem acredite numa época em que ninguém verá na morte essa velha insaciável de sangue, perseguidora antiga do gênero humano. O supracitado pensador é um deles: "*Quizá cuando la humanidad sea más buena u más hermosa que hoy y que ayer, la madre de la ciencia — la Naturaleza — rasgue el velo; entonces no se la temerá con espanto, sino que se la mirará con alegría, la más elevada de todas las alegrías, de quien destruye algo inútil*". E conclui dizendo: "*Luz, mucha luz en la vida, como luz para dormir en la tierra y despertar en la eternidad*".[1]

---

[1]. Ver Alberto Nin Frias. *Ensayos de crítica e história y otros escritos.* Montevidéu, Barreiro y Ramos (1902). (N. do A.)

Para muitos nisso se resolve o problema da felicidade, que então virá só no outro mundo. A ideia de que "a morte seja um estado transitório, um parêntesis na ascensão do ser" torna-se nesse caso um consolo aos males terrenos. E é por isso que, como diz G. Papini, o Budismo é uma religião utilitária e otimista.[2] E é por isso que os poetas otimistas, *os poetas*, note-se bem, amam a morte. E é por isso que Victor Hugo, a quem não se pode acusar de enfermo do "mal *du siècle*" de Vigny, dirige-se com verdadeiro entusiasmo a essa *hora esplêndida*:[3]

Ceux qui passent à ceux qui restent
Disent: — Vous n'avez rien à vous! Vos pleurs l'attestent!
Pour vous, gloire et bonheur sont des mots décevants.
Dieu donne aux morts les biens reéls, les vrais royaumes.
Vivants! Vous êtes des fantômes.
C'est nous qui sommes les vivants![4]

Em outro poema, o autor das *Contemplações* escreve:

Ne dites pas: mourir; dites: naître.[5]

Leconte de Lisle é talvez o mais generoso para com a morte:

Et toi, divine mort, où tout rentre et s'efface,
Accueille tes enfants dans ton sein étoilé;
Affranchis-nous du temps, du nombre et de l'espace,
Et rends-nous le repos que la vie a troublé.[6]

---

2. Giovanni Papini. *24 cervelli*. 5ª ed., Milão (1919), p. 17. (N. do A.)
3. "O mort! heure splendide! O rayons mortuaires". *Les contemplations. Aujourd'hui. Cadavre*. (N. do A.)
4. Victor Hugo. "Quia pulvis es" in *Les contemplations. Oeuvres poétiques* (introdução, estabelecimento de texto e notas de Pierre Albouy). Paris, Gallimard (1967), p. 581.
5. Ver Victor Hugo. "Ce que c'est que la mort". *Oeuvres poétiques*, cit., p. 779.
6. Leconte de Lisle. *Poèmes antiques. Oeuvres de Leconte de Lisle*. Paris, Alphonse Lemerre (1887), p. 314.

Walt Whitman a qualifica de rica, florida, doce, tranquila, bem-vinda etc., quando do assassínio do presidente Lincoln (*Leaves of grass*). O poeta persa Omar Kayam declara que "a morte carece de temores quando a vida é sincera e é o viver mal que nos faz temê-la". André Chénier aponta-a aos desesperados:

> *O mort! tu peux attendre; éloigne, éloigne-toi;*
> *Va consoler les coeurs que la honre, l'effroi,*
> *Le pâle désespoir dévore.*
> *Pour moi, Palès encore a des asiles verts,*
> *Les Amours des baisers, les Muses des concerts.*
> *Je ne veux point mourir encore...*[7]

Para Baudelaire:

> *C'est la Mort qui console, hélas! et qui fait vivre;*
> *C'est le but de la vie, et c'est le seul espoir*
> *Qui, comme un élixir, nous monte e nous enivre,*
> *Et nous donne le coeur de marcher jusqu'au soir;*
> ....
> *C'est la gloire des dieux, c'est le grenier mystique,*
> *C'est la bourse du pauvre et sa patrie antique,*
> *C'est le portique ouvert sur les Cieux inconnus!*[8]

É o pórtico aberto sobre os Céus ignorados!

Eis uma nova e interessante maneira de encarar a morte, produzida por essa sede do "novo" a que deve a humanidade a maior parte de seus progressos: a curiosidade. Para certas pessoas ela é um farol, um guia ou, como diz Henry Bor-

---

7. André Chénier. "La jeune captive" in *Poésies*, edição das *Oeuvres complètes d'André Chénier* (notas e estabelecimento de texto de Gérard Walter). Paris, Gallimard (1950), p. 186.
8. Charles Baudelaire. "La mort des pauvres" in *Les fleurs du mal. Oeuvres complètes* (estabelecimento de texto, apresentação e notas de Claude Pichois). Paris, Gallimard (1975), p. 126.

deaux, uma *razão de viver*. Essas pessoas vão pela vida como para um teatro, seja drama, *vaudeville* ou comédia o que aí se representa, conservam o mesmo humor para tudo aplaudir ou para tudo patear.[9] Baudelaire era assim ou pelo menos afetava sê-lo. Em um de seus poemas chega a dizer:

> *Ô Mort, vieux capitaine, il est temps! levons l'ancre!*
> *Ce pays nous ennuie, ô Mort! Appareillons!*
> *Si le ciel et la mer sont noirs comme de l'encre,*
> *Nos coeurs que tu connais sont remplis de rayons!*
>
> *Verse-nous ton poison pour qu'il nous réconforte!*
> *Nous voulons, tant ce feu nous brûle le cerveau,*
> *Plonger au fond du gouffre, Enfer ou Ciel, qu'importe?*
> *Au fond de l'Inconnu pour trouver du nouveau!*[10]

Isso faz lembrar a curiosa anedota que se conta do pintor de quadros religiosos Pietro Vanucci. Dele afirmou Vasari que não era, a despeito de seu ofício, um homem religioso: nunca acreditara na imortalidade da alma. Quando chegou a sua hora quiseram que se confessasse, ao que não consentiu, pois desejava saber o que acontece a uma alma que morre sem se ter penitenciado das suas faltas.

O elogio da morte não é tão comum nos poetas luso-brasileiros quanto aos das demais nacionalidades, entretanto houve dentre aqueles quem a cantasse com mais entusiasmo talvez que o próprio Victor Hugo. Foi Antero de Quental. Só o seu soneto: "O que diz a Morte!"[11] vale ouro!

Leiam-no:

---

9. Henry Bordeaux. *Pelérinages littéraires*. 3ª ed., Paris, p. 320. (N. do A.).
10. Charles Baudelaire. "Le voyage", ibid., p. 134.
11. Ver Antero de Quental. "O que diz a morte" in *Sonetos*, ed. das *Obras de Antero de Quental* (organização, apresentação e notas de António Sérgio). Lisboa, Couto Martins (1943), vol. I, p. 203.

Deixai-os vir a mim, os que lidaram;
Deixai-os vir a mim, os que padecem;
E os que cheios de mágoa e tédio encaram
As próprias obras vãs, de que escarnecem...

Em mim, os Sofrimentos que não saram,
Paixão, Dúvida e Mal, se desvanecem.
As torrentes da Dor, que nunca param,
Como num mar, em mim desaparecem.

Assim a Morte diz. Verbo velado,
Silencioso intérprete sagrado
Das cousas invisíveis, muda e fria,

É, na sua mudez, mais retumbante
Que o clamoroso mar; mais rutilante,
Na sua noite, do que a luz do dia.[12]

---

12. Publicado na revista *A Cigarra* (SP), VII (150), 15 de dezembro de 1920.

Os poetas e a felicidade – II[1]

JÁ TEMOS EXAMINADO OS POETAS para os quais a felicidade só vem com a morte. São eles de duas categorias: os que creem na imortalidade da alma – para esses o fenômeno da morte não é senão um limite entre esta vida e outra muito melhor; e os pessimistas que negam toda a possibilidade de existência da ventura no seu sentido completo. Estes são muito mais raros. Há ainda os que sem determinar se a perda da vida acarreta ou não a felicidade, consideram-na um sonho vão, um minuto sem importância, uma sombra. São mais ou menos desta classe os religiosos de quase todas as seitas, inclusive os cristãos. No já citado estudo sobre o *Fausto* tivemos ocasião de mostrar qual a opinião de são João Crisóstomo, que nesse ponto, pode-se dizer, reúne a de todo o mundo cristão. São igualmente dessa classe os trovadores, os cançonetistas populares, em geral. Tomemos ao acaso esta balada moderna:

La vie est vaine
Un peu d'amour,

---

1. Este artigo foi publicado na revista *A Cigarra* (SP), VII (151), 1º de janeiro de 1921.

Un peu de haine
Et puis — bon jour.
La vie est brève —
Un peu d'espoir,
Un peu de rêve
Et puis — bon soir.

A ela também pertence grande número de líricos, entre eles o suave João de Deus, de quem são célebres os versos:

A vida é o dia de hoje,
A vida é ai que mal soa,
A vida é sombra que foge,
A vida é nuvem que voa;
etc.[2]

A maioria dos poetas luso-brasileiros se prende a essa corrente. Há aí, é certo, um pouco da nostalgia que se tem descoberto nas cançonetas populares dos portugueses e brasileiros. É que uma apreciação errônea tem tornado lugar-comum o estender-se aquilo ao caráter próprio daqueles povos. Essa nostalgia é aliás notável em todos os pontos onde se exerceu a influência dos árabes.[3] Existe igualmente nas canções populares, em que entra o elemento religioso, de quase todos os povos cristãos. É pois um resultado da influência semita, como já tivemos ocasião de observar em um recente estudo ao qual já nos temos referido aqui. Rubén Darío em conferência pronunciada em Buenos Aires, a propósito de Eugênio de Castro, lembra que os portugueses, esse povo viril, sentem de modo particular e exagerado o sopro da tristeza e nota bem a propósito que possuem eles uma palavra que indica *"una enfermiza y especial*

---

2. João de Deus. "A vida" in *Campo de flores*. Lisboa, Livraria Bertrand (s. d), vol. I, pp. 203 ss.
3. Vide Theophilo Braga. *Epopeias da raça moçárabe*. (N. do A.)

nostalgia", um sentimento único, cheio da mais melancólica doçura: *saudade*.[4] Sílvio Romero diria, como disse, dessas utopias, que são historietas para adormecer crianças.

"A tristeza negra, em Portugal", exclama ele, como nota tônica da índole da gente!

"É mister ter esquecido depressa o que são as *feiras*, as *romarias*, as *janeiras* em todo o reino; haver deixado apagarem-se da memória os tons festivos do *trabalho*, das *sachas*, das *desfolhadas*, as *danças*, as *cantigas*, o *fado* em suma".[5]

Ignoramos qual a concepção que da morte terão os nossos líricos em geral. É assunto que pouco lhes tem inspirado como também aos portugueses. É possível e provável contudo que seja a de Rachilde ou pelo menos a de seu drama simbolista *Madame la mort*, em que o autor empresta à morte as formas mais horríveis. É o que se depreende do seu silêncio a respeito. Em geral os nossos poetas amam a vida com todas as suas desgraças e mazelas. É raro encontrar-se algum que a despreze. Os poucos que assim pensam são *deplacés* no nosso ambiente literário. Muitos têm até feito o elogio da vida, um dos menos poéticos, quer dizer um dos que encontraram menos poetas que o cantassem. O próprio Raimundo Correia chega a esse ponto:

III

O ESPÍRITO
E A
LETRA

Viver! Eu sei que a alma chora
E a vida é só dor ingrata,
Pranto, que a não alivia,
Olhos, que a estão a verter...
Sofra o coração, embora!
Sofra! Mas viva! Mas bata

---

4. Sobre a conferência de Rubén Darío a respeito da obra de Eugênio de Castro, ver de Andrés Gonzáles-Blanco o estudo "Eugênio de Castro", que serve de Prólogo ao volume III das *Obras poéticas de Eugênio de Castro*. Lisboa, Parceria A. M. Pereira Ltda. (1968), pp. 85-6.
5. Sílvio Romero. *Pinheiro Chagas*. Lisboa, Tipografia d'A Editora (1904), pp. 8-9. (N. do A.)

Cheio, ao menos, da alegria
De viver, de viver![6]

Viver? Mas como, se a vida é só desenganos? Viver sem felicidade? De que maneira se logrará a ventura? Como?

Não conseguindo resolver esse problema, o Homem limitou-se a ladeá-lo, não se tendo saído mal, de todo. Já o dissera Pascal: *"Les hommes n'ayant pu guérir la mort, la misère, l'ignorance, se sont avisés, pour se rendre heureux, de n'y point penser: c'est tout ce qu'ils ont pu inventer pour se consoler de tant de maux"*.[7]

Não se pode entretanto afirmar que todos os homens tenham usado desse diagnóstico feliz; os poetas, em geral – refiro-me sempre aos verdadeiros poetas – não têm. O remédio parece-lhes amargo demais. Uma heroína de Ibsen exclama, em certo lugar, ao marido: "Eu não quero ver nem a doença, nem a morte. Evita-me o espetáculo de tudo o que é desagradável".[8]

Parece-nos que a maioria dos poetas brasileiros assemelha-se a Hedda Gabler no horror à morte. É verdade que frequentemente se encontra, especialmente nos românticos byronianos dos meados do século passado, em Álvares de Azevedo, por exemplo, alusões à morte e a uma aparente tranquilidade à ciência da proximidade dessa hora fatal. Raras vezes porém se descobre um ou outro que a peça como termo às infelicidades desta vida. Poucos exemplos se poderá citar ao lado do de Francisco Otaviano de Almeida Rosa, do qual é célebre o soneto de que reproduzimos os tercetos finais:

---

6. Raimundo Correia. *Aleluias* in *Poesia completa e prosa* (texto, cronologia, notas e estudo de Waldir Ribeiro do Val). Rio de Janeiro, Editora José Aguilar (1961), pp. 255.
7. Ver Blaise Pascal. "Pensées sur l'homme" in *Pensées*. Paris, Librairie des Bibliophiles (1874), p. 156.
8. Cf. Henrik Ibsen. *Hedda Gabler* (trad. francesa de M. Prozor). Paris, Perrin et Cie. (1928), III, p. 188.

Tudo é podre no mundo! Que me importa
Que ele amanhã se esboroe ou que desabe,
Se a natureza para mim stá morta?!

É tempo já que o meu exílio acabe...
Vem, vem, ó Morte! ao nada me transporta:
Morrer, dormir, talvez sonhar, quem sabe?[9]

    Nenhum, entretanto, dos nossos poetas, nenhum, chegou a ponto de perder na mocidade todas as esperanças, todas as ilusões, como Alfred de Vigny, como Leopardi. Como Leopardi, por exemplo:

E tu, cui già dal cominciar degli anni
Sempre onorata invoco,
Bella Morte, pietosa
Tu sola al mondo dei terreni affanni,
Se celebrata mai
Fosti da me, s'al tuo divino stato
L'onte del volgo ingrato
Ricompensar tentai,
Non tardar più, t'inchina
A disusati preghi,
Chiudi alla luce omai
Questi occhi tristi, o dell'età reina.[10]

---

9. Francisco Otaviano. "Soneto" in *Obras primas da lírica brasileira* (seleção de Manuel Bandeira e notas de Edgard Cavalheiro). São Paulo, Martins (1957), p. 47.
10. Giacomo Leopardi. *Canti* in *Tutte le opere* (edição de Francesco Flora). Milão, Arnoldo Mondadori (1949), pp. 96-7.

Os poetas e a felicidade – III[1]

FALAMOS EM FRANCISCO OTAVIANO. Foi uma exceção, dissemos nós. Foi uma exceção, hão de dizer outros, talvez, do autor dos *Canti*: uma exceção em seu ambiente e em sua época. E como Leopardi, dirão ainda, houve vários em nosso país, além de Otaviano. Citar-se-á, por exemplo, o sr. Medeiros e Albuquerque, com seus versos:

> *... Mas, enfim, um dia,*
> *este desejo acabará também*
> *e noss'alma afinal, erma e vazia,*
> *aspirará somente, escura e fria,*
> *à morte: o summo bem!*[2]

Em primeiro lugar, diga-se de passagem, é duvidosíssima a sinceridade do autor dos *Pecados* em suas poesias. Pode-se mesmo negá-la sem receio de errar. Basta ler os seus escritos posteriores, os seus artigos na imprensa diária, onde mostra

---

1. Publicado na revista *A Cigarra* (SP), VII (153): 1º de fevereiro de 1921.
2. Ver Medeiros e Albuquerque. "Resumo de um poema" in *Pecados*. Rio de Janeiro, Tip. da Papelaria Parisiense (1889), p. 105.

extraordinário apego às coisas práticas pelas quais sempre se tem batido. Aliás são muito comuns essas ideias em alguns moços dotados de forte poder de assimilação. É só cair-lhes às mãos o Schopenhauer para que se ponham a fazer alarde das teorias do *Die Welt als Wille und Vorstellung*. Henry Bordeaux cita, no prefácio da 26ª edição de seu romance *Peur de vivre*, o caso de um jovem que se suicidou no Liceu de Lyon deixando escritas no quadro-negro estas terríveis palavras: "*Je suis jeune, je suis pur et je vais mourir*".

As aulas de filosofia, de seu professor, o tinham desgostado da existência.

Os nossos poetas, em geral, não são pessimistas. É um erro o colocar-se Otaviano ao lado de Leopardi, o "sombre amant de la Mort" de Alfred de Musset. A concepção que da vida possui Francisco Otaviano difere essencialmente de Giacomo Leopardi. Apresenta, pelo contrário, muitos pontos de contato com a de Hebbel, que se resume nas palavras de Leonardo da Vinci: "Il dolore è salvazione dello strumento".

A dor, segundo a concepção hebbeliana, é uma "necessidade da vida, indispensável para chegarmos ao caminho da salvação".³ E quem desconhece a poesia célebre de Otaviano que resume mais ou menos o pensamento de Christian Hebbel?

Quem passou pela vida em branca nuvem
E em plácido sono adormeceu.
Quem não sentiu o frio da desgraça.
Quem passou pela vida e não sofreu,

---

3. Referência a Christian Heinrich Hebbel (1813-1863), autor dramático, ensaísta e crítico alemão que escreveu, além do drama *Maria-Madalena* (1846) e da tragédia *Herodes e Mariana* (1849), trabalhos como *Michelângelo* (1850), *Agnes Bernauer* (1852) e a trilogia dos *Nibelungos*. Deixou também um *Diário* (1885-1886), estudos críticos e cartas que, de um modo geral, nos revelam um temperamento marcado pela tradição que vinha de Schiller e de Kleist, mas que contribuiu para antecipar os temas íntimos do teatro de Ibsen e da vertente simbolista que incluía autores como Büchner e Grabbe.

Foi espectro de homem, não foi homem.
Só passou pela vida, não viveu.[4]

Essa poesia é uma prova cabal de que Otaviano não era pessimista. Se a vida é só dor e desgosto, se para que ela exista é necessário que se sofra, que se "sinta o frio da desgraça", então por que essa revolta contra o destino? É nossa opinião que ele assinaria de bom grado o soneto de Raimundo Correia, que assim termina: "Dor é tudo; e nada há que justifique/ Essa revolta universal, eterna./ Da criatura contra o criador!".[5]

Também Hebbel, cuja concepção da vida não difere da de Otaviano, como já dissemos, achava que a despeito de todos os seus males, devemos tolerar a vida e que a dor moral é necessária para que ela possa chamar-se vida. Ronsard, já dizia: "*Les bois coupés reverdissent plus beaux*".

Apesar disso, ou talvez por isso mesmo, é que o próprio Hebbel, em carta dirigida a Dulk, afirmava que "poucos na terra poderiam sentir harmonia na vida como ele". E isso, sem embargo de considerar "a felicidade uma quimera e a esperança, larva mendaz".[6]

E essa também, a opinião, de quase todos os poetas brasileiros e portugueses. "As pombas" de Raimundo Correia, cuja ideação, a tivera semelhante, Théophile Gautier, não é senão um desenvolvimento dessa opinião. O sr. Medeiros e Albuquerque compôs um soneto do mesmo gênero e baseado na mesma teoria, o qual, não sabemos por que, jaz em quase completo oblívio.[7] A diferença entre esse soneto, "Ilusões", e "As

---

4. Cf. Francisco Otaviano. "Ilusões da vida" in *Obras primas da lírica brasileira*, cit., p. 46.
5. Raimundo Correia. "Vae victis". *Aleluias*, ed. da *Poesia completa e prosa*, cit., p. 280.
6. Ver *Friedrich Hebbels Briefe*. Berlim, B. Beber (1900), 2 vol., passim.
7. "Velas fugindo pelo mar em fora.../ Velas... pontos – depois... depois vazia,/ a curva azul do mar, onde, sonora,/ canta do vento a triste salmodia.../ Partem, pandas e brancas... Vem a aurora/ e vem a noite após, muda e sombria.../ E, se em porto distante a frota ancora,/ é pra partir de novo em outro dia.../ Assim as ilusões. Chegam, gar-

pombas" está apenas em que as aves foram substituídas por: "Velas fugindo pelo mar em fora...".

Além disso o soneto do sr. Medeiros e Albuquerque limita-se a dizer que as velas partem. Em Raimundo Correia, "aos pombais as pombas voltam". E é por isso que como notou um crítico da época, o espírito maquinalmente completa a ideia tornando os versos do sr. Medeiros e Albuquerque, irmãos dos de Raimundo Correia. "Fogem... porém ao porto as velas voltam/ E à alma as ilusões não voltam mais..."

No fundo os dois sonetos confundem-se quase. Há, ainda, do mesmo gênero, o do sr. Vicente de Carvalho que não precisaríamos citar, tão conhecido é: "Velho tema". Gonçalves Crespo, o mavioso e injustamente esquecido cantor dos "Noturnos", também compusera já no leito onde o foi colher a morte, o belo soneto dedicado à Condessa de Sabugosa, o qual difere um tanto na forma, mas não no fundo, dos últimos. Íamos nos esquecendo do lindo soneto de Antônio Nobre – "Menino e moço" –, que a ignorância e o pedantismo do sr. Albino Forjaz deram como filhote de uma poesia de Gautier – "Les colombes", que aliás nunca existiu.[8] Note-se que nem Nobre, nem Raimundo Correia inspiraram-se em poesia alguma de Théophile Gautier como insinuou o autor das "Palavras cínicas" e como se diz muito por aí, de outiva, mas nas suas palavras conhecidíssimas: *"Si tu viens trop tard, ô mon idéal, je n'aurai plus la force de t'aimer. Mon âme est comme un colombier tout plein de colombes. À tout heure du jour, il s'en envole*

---

bosas./ Palpitam sonhos, desabrocham rosas/ na esteira azul das peregrinas frotas.../ Chegam... Ancoram na alma um só momento.../ Logo, as velas abrindo, amplas, ao vento,/ fogem pra longes solidões remotas...". Medeiros e Albuquerque. "Ilusões" in *Poesias* (1885-1901). Rio de Janeiro, Garnier (1904), p. 78.

8. "Les colombes", ao contrário do que afirma o jovem Sérgio, é um poema de Théophile Gautier e aparece na edição de suas *Poésies complètes*. Paris, Bibliothèque-Charpentier (1919), tomo I, p. 188.

quelque desir. Les colombes reviennent au colombier, mais les désirs ne reviennent pas au coeur".[9]

O soneto de Raimundo Correia traduz literalmente esse pensamento. O de Antônio Nobre afastou-se mais.

Tombou da haste a flor da minha infância alada.
Murchou na jarra de oiro o pudico jasmim:
Voou aos altos Céus a pomba enamorada
Que dantes estendia as asas sobre mim.

Julguei que fosse eterna a luz dessa alvorada,
E que era sempre dia, e nunca tinha fim
Essa visão de luar que vivia encantada,
N'um castelo de prata embutido em marfim!

Mas, hoje, as pombas de oiro, aves de minha infância,
Que me enchiam de Lua o coração, outrora,
Partiram e no Céu evolam-se, à distância!

Debalde clamo e choro, erguendo aos Céus meus ais:
Voltam na asa do Vento os ais que a alma chora,
Elas, porém, Senhor! elas não voltam mais.[10]

Também o sr. Martins Fontes escreveu:

Tudo na vida brilha e passa,
miragem de um momento,

---

9. O tema é retomado em "L'oiseau captif", ed. das *Poésies complètes*, cit., tomo I, pp. 38-9.
10. Ver Antônio Nobre. "Menino e moço" in *Só*. 4ª ed., Porto, Tipografia de "A Tribuna" (1921), p. 99. Nesta edição, o último verso do segundo quarteto aparece com transcrição alterada, quebrando a estrutura do alexandrino: "Num castelo com torres de marfim!".

dando a impressão de um pouco de fumaça
sobre as asas do vento...[11]

O interlocutor do simbolismo em Portugal escreveu um soneto sobre o mesmo assunto e que assim terminava:

Sonhamos sempre um sonho vago e dúbio!
Com o Azar vivemos em conúbio,
E apesar disso, a Alma continua
A sonhar a Ventura! – Sonho vão!
Tal um menino, com a rósea mão,
Quer agarrar a levantina Lua![12]

Já que temos citado vários poetas contemporâneos, alguns ainda vivos, não vai mal nenhum em lembrarmos o soneto do sr. Olegário Mariano – "Felicidade" –, que fecha com chave de ouro este nosso tímido ensaio:

Não creias nunca na Felicidade,
Não creias, que ela é como teu amor:
Passa e deixa um perfume de saudade,
Purificado em lágrimas de dor.

Gastei meu sangue na intranquilidade
De buscá-la, insensato sonhador!
Ela é opala do Sonho, a leviandade.
Passa de mão em mão, muda de cor.

Deixa que só me iluda em procurá-la.
Felicidade é a sombra que nos fala,
Que nos maldiz na vida ou nos bendiz...

---

11. "Tudo se acaba neste mundo./ A vida é um sonho enganador.../ Mas, no infinito de um segundo,/ O amor é sempre o eterno amor!" Cf. Martins Fontes. "Sonho de um dia de primavera" in *Verão*. Santos, Tipografia Escolástica Rosa (1921), p. 196.
12. Cf. Eugênio de Castro. *Oaristos*, XII, in *Obras poéticas*. Lisboa, Parceria A. M. Pereira Ltda (1968), vol. I, p. 62.

*Efêmera e imprecisa como um beijo,
Ela está quase sempre é no desejo
Louco que a gente tem de ser feliz!*[13]

---

13. Cf. Olegário Mariano. "Felicidade" in *Água corrente*, ed. de *Toda uma vida de poesia (1911-1955)*. Rio de Janeiro, José Olympio Editora (1957), vol. I, p. 138.

A decadência do romance

•

YANQUISMO EM LITERATURA!... Eis a última modalidade da lei do menor esforço aplicada às letras. Todo o mundo conhece as reviravoltas que tem dado a humanidade desde que a americanização do globo se vem tornando um fato incontestável. Em que pouca gente tem atentado, é na manifesta invasão, por esta nefasta avalanche de um terreno até há pouco considerado imune: o das letras. Já pressentiram os Mercier e os Wells norte-americanos a substituição do livro pelo jornal, como infalível. Quando esse prognóstico for realidade, outros augures haverá, por certo, que pressagiem a queda da literatura de ideias. Isso dará lugar à substituição dos homens de letras pelos simples *reporters* e pelos *noticiasinhadores* de jornais. Coisas de americano...

Mas pouco nos interessa indagar do futuro quando muito há que saber do presente. O que é fato e ninguém nega é a virulência com que gafou as nossas letras, o *yanquismo*. Uma de suas manifestações mais evidentes é o notável incremento que toma atualmente entre nós o conto leve e curto, com prejuízo do romance.

Pode-se dizer que o conto é um produto do realismo, como o é do romantismo, o romance. A existência, antes do advento daquela escola de contistas notáveis até o autor do *Decameron*, nada prova contra esse arresto. Desde que Guy de Maupassant meteu-se a virar as cabeças de nossos romancistas, estes apaixonaram-se de tal forma pelo conto que este em breve se tornará uma verdadeira praga. Os letrados não têm paciência para perder tempo com ridicularias quando o tempo é dinheiro. E o romance, bem pensado, dizem, é um acréscimo estafante de pormenores inúteis ao conto que só fazem tomar tempo ao ocupadíssimo leitor. E assim nestas épocas de corre-corre, o conto vai insensivelmente tomando o lugar do romance. Já os Zolas de hoje não mais podem dizer que o romance tornou-se a *ferramenta do século, a grande investigação sobre o homem*, como o diziam vinte anos atrás. É que tomado no sentido geral de *literatura amena*, ele é menos um espelho da sociedade contemporânea que uma narração inverídica em que o autor procura fazer ressaltar o entrecho. Na França ainda aparecem de quando em vez um Romain Rolland ou um Barbusse. No mais, todos os grandes romancistas contemporâneos é lícito bandeá-los fora das modernas gerações. Os France, os Bourget, os Loti, os Bordeaux, pode-se dizer, já não pertencem à atualidade. Mas na França não é tão notável essa substituição do romance pelo conto. A Inglaterra, país extraordinariamente tradicionalista, ainda contará por algum tempo de certo, os seus Hall Caine. A Itália não foi completamente invadida pela praga. Ainda soa lá, bem alto, o nome de D'Annunzio com o *Fuoco* e o *Forse che si, forse che no*.[1]

---

[1]. *Fuoco*, de 1908, é o primeiro e único dos *Romanzi del Melagrano*, do escritor italiano Gabriele D'Annunzio (1863-1938), e tem por fulcro o tema da dominação insaciável, representada na luta do artista Stelio Effrena, uma espécie de duplo do próprio D'Annunzio, em busca do poder artístico transcendental, símbolo da vida e do espírito que paira acima dos homens e do próprio mundo. *Forse che si, forse che no*, de 1910, é tido como o mais denso dos romances de D'Annunzio, e nele joga-se o drama de uma viúva esperta, Isabela, e de sua irmã Vana, donzela ingênua, ambas em disputa pelo amor do aviador Paolo Tarsis, cuja inconstância leva a segunda ao suicídio e não evita, malgrado o paroxismo da obsessão sexual, que a primeira acabe enlouquecendo.

É necessário pois impedir entre nós a queda do romance, que fez a glória da literatura do século passado. É certo que Caliban está lá em cima a berrar com todo o vigor o seu *I must eat my dinner.*² Não sacrifiquemos porém a essa fome selvagem um dos alimentos de que tanto carece o nosso espírito! Não, não atiremos pérolas aos porcos! Devemos ser egoístas em certas ocasiões. Sejamo-lo nesta!³

2. Sérgio refere-se aqui à fome selvagem de Caliban, o monstro disforme, filho do diabo e da feiticeira Sicorax, de *The tempest* (1611), comédia de Shakespeare, cuja fala citada está numa cena do primeiro ato em que Caliban desdenha das imprecações que lhe dirige Próspero, de quem é escravo: "For this, be sure, to-night thou shalt have cramps,/ Side-stitches that shall pen thy breath up; urchins/ Shall, for that vast of night that they may work,/ All exercises on thee; thou shalt be pinch'd/ As thick as honeycomb, each pinch more stinging/ Than bees that made'em". A resposta de Caliban começa com os versos lembrados por Sérgio: "I must eat my dinner. This island's mine, by Sycorax my mother...". William Shakespeare. *The complete works* (introdução, glossário e notas de Peter Alexander). Londres e Glasgow, Collins (1975), p. 6.
3. Publicado na revista *A Cigarra* (SP), VIII (156), 15 de março de 1921.

O gênio do século

•

Bisogna ridiventare un pò barbari – magari un pò beceri – si vogliamo rinovare la poesia.

G. Papini

HÁ MUITO QUEM DIGA E CREIA que o período do romantismo foi o mais notável na literatura do último século; há quem prefira o grupo de Médan[1] com toda a enorme procissão dos Rougon-Macquart e dos adultérios. Nós lembramos antes esse tão debatido *fin-de-siècle*, como o mais esquisito na sua originalidade e o mais interessante em sua esquisitice. Mais interessante e mais digno de atenção. Ao menos não será numa época de literaturas malsãs tanto quanto pensava Gener,[2] nem, e

---

1. Sérgio alude aqui a *Les soirées de Médan* (1880), coleção de seis novelas, precedidas por uma espécie de manifesto, em que É. Zola e alguns discípulos como que experimentam o projeto naturalista. Constam da antologia as novelas *L'ataque au moulin*, de É. Zela (1840-1902); *Boule de suif*, de Guy de Maupassant (1850-1893); *Sac au dos*, de J.-K. Huysmans (1848-1907); *Saignée*, de Henry Céard (1851-1924); *L'affaire du Grand Sept*, de Léon Hennique (1851-1935), e *Après la bataille*, de Paul Alexis (1847-1901). Zola, que vivia na ocasião o sucesso de *L'Assomoir*, costumava reunir-se com os seus amigos ora em Paris, ora em Médan, onde adquirira uma propriedade.
2. Referência ao crítico espanhol Pompeyo Gener (1848-1920), que, a exemplo de Max Nordau, também lembrado por Sérgio, tomou a si a tarefa de expurgar a literatura, a

menos, numa fase de degenerescência como andou dizendo a crítica rabugenta do sr. Max Nordau.[3]

O fim do século nunca perderá a glória de ter produzido Verlaine, o Villon dos tempos modernos, nem Wilde, esse artista raro e aristocrático como não houve outro, nem Huysmans, esse místico incomparável que só o retrato de Des Esseintes[4] teria celebrizado, nem Maeterlinck, o dramatista que faz pensar nos maiores sem imitar nenhum, nem Moréas, esse grego maravilhoso que mereceu bem o ter sido chamado o Ronsard do simbolismo, nem Corbière, esse vagabundo quase genial, nem Rimbaud, outro boêmio de talento, nem Laforgue, nem Merril, nem Kahn, nem Mallarmé, nem Régnier. É que cada um deles tem sua individualidade própria, sua maneira, seu modo de dizer, seus *tics*, suas excentricidades. E entretanto como cabem tão bem todos eles nesse delicioso e bárbaro fim de século! Como se combinam tão harmoniosamente sem de-

---

sociedade e a arte de seu tempo dos "desvios patológicos" que supostamente as infestavam. Gener doutorou-se em medicina em Paris, cidade em que também estudou línguas, história e religião. Além de traduzir *A origem das espécies*, de Darwin, para o espanhol, e de escrever sobre as artes vivas e mortas, encarregou-se da crítica científica da Exposição Universal de Paris em 1889. Amigo de Victor Hugo e de Sara Bernhardt, frequentou as rodas literárias da França, combinando ceticismo, humorismo e vida boêmia. Entre seus livros, escritos em francês, espanhol e catalão, contam-se *La mort e le diable* (1880), *Leyendas de amor* (1887), *Literaturas malsanas* (1911) e *Patología literária* (1915). Em catalão seu livro mais famoso é *Els cent consells del Consell de Cent*, uma coletânea de pensamentos e máximas humorísticas.

3. Max Nordau, pseudônimo de Max Simon Südfeld (1849-1923), húngaro radicado em Paris depois de 1880, onde passa a produzir ensaios críticos, estudos de sociologia e filosofia, além de contos, romances, peças teatrais e histórias para crianças. Com as obras *As mentiras convencionais da nossa civilização* (1883), *Paradoxos* (1885) e particularmente *Degeneração* (1893), ganhou celebridade pelos ataques radicais que dirigiu aos costumes de sua época, nos quais de um modo geral combinava intolerância e azedume positivista.

4. Alusão de Sérgio ao conde Jean des Esseintes, protagonista do romance *À rebours*, de Joris-Karl Huysmans (1848-1907), o demiurgo solitário do ideal de perfeição decadentista, que procura substituir o natural pelo artificial, nutrindo aversão definitiva ao equilíbrio da ordem burguesa. "Anarcoide sob a capa dourada do parnasianismo", fechado em seu castelo, inebria-se de sinfonias e de prazeres, mergulhado no universo independente dos poetas sensacionistas e nefelibatas.

pender um de outro! Como assim congregados guardam tão avaramente o tesouro precioso de sua personalidade!

Há com certeza um segredo em tudo isso, em toda essa maranha inefável. Ou por outra, já houve, mas hoje o decurso dos acontecimentos decifrou o enigma. Tratava-se, não de uma época de decadência nem mesmo de um desses períodos de florescimento efêmero sem resultado notável. Foi muito mais um prelúdio à literatura revolucionária do século XX. Foi uma consagração maravilhosa das duas grandes qualidades que caracterizam o novo século: a rebeldia e a contumácia no sentido mais lato, também mais perfeito de fanatismo. Os modernos têm desprezado sem motivo essa nunca assaz louvada virtude social que é o fanatismo, a mesma que só por si desculpa e quase santifica os Torquemadas e as Inquisições.

Um relance sobre a atividade literária e artística do curto período que nos separa do início do século é o bastante para mostrar que aquelas duas qualidades o têm dominado. Não é aqui o lugar de repetir os ataques dos que veem, numa aglomeração de escolazinhas, um mal. Pensamos antes que elas são atestado sério de independência de espírito e que embora o gênio nunca acompanhe escolas, estas são sempre agentes das grandes ideias. Há aqui, todavia, um mal-entendido. Muitas das atuais escolas só o são no significado menos geral de agregação de artistas obedecendo todos ao próprio temperamento e mesmo, até certo ponto, às próprias ideias desde que não se achem em flagrante desacordo com as do grêmio.

Todos sabem que o futurismo exalta principalmente o perigo, a força, a luta e a guerra, *sola igiene del mondo*, como disse o primeiro manifesto.[5] Isso não o impede de acolher em seu seio artistas que sigam uma estética completamente di-

---

5. "*Noi vogliamo glorificare la guerra – sola igiene del mondo –, il militarismo, il patriotismo, il gesto distruttore dei libertari, le belle idee per cui si muore e il disprezzo della donna*", é o trecho que interessa a Sérgio nesta passagem e que pode ser lido no primeiro manifesto futurista, publicado em Paris no jornal *Le Figaro*: 20 de fevereiro de 1909.

versa e até, em certo ponto, oposta, como esse simpático poeta Aldo Palazzeschi.[6] O mesmo cujo romance *O código de Perelà* é, na opinião de Soffici, futurista cismático do grupo da *Lacerba* e fundador do *adampetonismo*,[7] o único, desde *Os noivos*, de Manzoni, que possa ser lido com prazer sempre crescente por um amante da arte verdadeira e genuína. O mesmo que Papini, aquele Giovanni Papini cuja recente conversão à religião católica comoveu tão profundamente os círculos intelectuais do Velho Mundo, considera o melhor poeta italiano da atualidade e também o mais lido, o mais discutido, o mais imitado da última geração.

É ainda Papini, e ainda a propósito de Palazzeschi, quem

6. Aldo Gurlani, chamado Palazzeschi (1885-1974), escritor italiano que evoluiu do radicalismo dos primeiros tempos (*L'incendiario*, 1910, e *Il codice di Perelà*, 1911) para o fabulário romanesco de obras como *Il fratelli Cuccoli* (1948), *Il doge* (1967) e *Stefanino* (1969). Aliou-se aos futuristas em 1909 e militou na revista *Lacerba* (1913), mas logo se tornou independente, rompendo com o movimento e mantendo-se aberto para outros experimentos de vanguarda, como o que se verificou na Europa nos anos de 1960. Foi um mestre no retratar com humor o absurdo e o grotesco, como o revela a leitura de sua prosa em *Il palio dei buffi*, de 1937, e *Il buffo integrale* (1966). No romance citado por Sérgio, *Il códice di Perelà* (1911), que aliás reescreveu em 1955 com o título de *Perelà, uomo di fumo*, imagina num país de fantasia as peripécias de um homem de fumaça que, amado por todas as mulheres da corte, tem sobre os ombros a responsabilidade de escrever um novo código para o reino.
7. Sérgio nos fala de Ardengo Soffici (1879-....), o jovem pintor da Academia de Belas Artes de Florença que, depois de longa temporada em Paris, entre 1903 e 1909, acaba escrevendo um relato autobiográfico, *L'ignoto Toscano*, que o aproxima dos intelectuais italianos e em particular de Giovanni Papini, cujo estilo então contribuía para a renovação do gosto literário na Itália. Fascinado depois pelo radicalismo imaginário de Arthur Rimbaud, Soffici adere à vanguarda literária e participa da fundação, em Florença, da revista *Lacerba* (1913), ao lado de Palazzeschi e do próprio Papini. O adampetonismo, aqui referido por Sérgio Buarque de Holanda, é o manifesto parafuturista (depois enfeixado como capítulo independente em seu livro *Statue e Fantocci*. Firenze, Vallecchi Editore, 1919) de uma "nova escola cooperativa, artística e literária", lançado em 1915 por Soffici com o pseudônimo de Elettrone Rotativi e que proclamava, para a literatura e as artes, a abolição do passado e da natureza, o exagero formal, o citadinismo, o entusiasmo pela guerra, a ânsia de notoriedade, o cooperativismo, a síntese, o fanatismo e a velocidade. Soffici deixou ainda *Demmonio Boreo* (1912), *Arlecchinno* (1914), *Giornale di bordo* (1915), *La giostra dei sensi* (1919), *Taccuino d'Arno Borghi* (1933), *L'uva e la croce* (1915) e *Il salto vitale* (1954).

afirma que não se deve olhar o futurismo como uma escola de poesia que dá receitas sobre a maneira de fazer os versos ou que impõe o assunto dos novos cantos. O futurismo quer simplesmente livrar os poetas de certos preconceitos tradicionais. Ele encoraja todas as tentativas, todas as pesquisas, ele incita a todas as afoutezas, a todas as liberdades. Sua divisa é antes de tudo originalidade.

Sob esse ponto de vista é legítima e louvável a aspiração futurista. O próprio sr. Marinetti o sanciona, dizendo, como disse há tempos, entrevistado por um jornalista francês, que a nova escola "é apenas a exaltação da originalidade e da personalidade". A estética apregoada é possível e provável que não vingue, mas a reação terá o efeito de despertar os artistas do ramerrão habitual. No terreno da literatura de ficção, por exemplo, muito já fez e os contemporâneos podem orgulhar-se de obras-primas como o *Código de Perelà*, de Palazzeschi, e o *Poeta assassinado*, de Guillaume Apollinaire; há também os poemas de Fort e o teatro de Claudel, que demonstram o grau adiantado a que alguns escritores de pulso têm feito subir a literatura contemporânea.

Resta entretanto muito ainda que fazer. Resta combater toda sorte de imbecilidades que continuam a infestar a Arte moderna, como sejam o realismo, o naturalismo, o vulgarismo, o pedantismo, a fim de que se possa erguer bem alto o monumento que simbolizará a Arte do futuro e no qual se verá, escrito em caracteres de fogo, o seu programa: *Liberdade estética — Fantasia ilimitada.*[8]

---

8. Publicado na revista *A Cigarra*, VIII (167): 1º de setembro de 1921.

Guilherme de Almeida

•

À la fin tu es las de ce monde ancien.
G. Apollinaire

SE ACOMPANHARMOS A EVOLUÇÃO da poesia de Guilherme de Almeida desde os primeiros sonetos do *Nós*, chegaremos a concluir que essa evolução foi no sentido da afirmação incontestável de sua própria individualidade. E ela deu-se de tal modo que já hoje se pode dizer, sem receio de errar, do autor do *Era uma vez...* que é um dos nossos poetas mais originais.

Há dias, falava-me ele aqui no Rio sobre o perigo das rodinhas literárias que vão fatalmente ao ponto de matar a personalidade do autor. E Guilherme preza como poucos essa personalidade. Segue o natural progresso da poesia que foge a pouco e pouco a todas as regras consuetudinárias sem razão de ser. Poder-se-ia até chamá-lo futurista, desde que se considere o futurismo não como uma simples escolazinha com regras fixas e invioláveis, acepção demasiado estreita, que o próprio Marinetti já condenou em uma célebre entrevista concedida ao *Tempo*, mas como uma exaltação da originalidade.

Maior exagero cometeu no outro dia Menotti del Picchia, apelidando de futurista ao equilibradíssimo Henri Barbusse!

O próprio Mário de Andrade que, creio, se diz futurista ou pelo menos é tido como tal, em um dos seus interessantes artigos publicados no *Jornal do Commercio* de São Paulo saiu-se com uma da mesma laia, quando disse que Max Jacob, o célebre cubista que escreveu *Phanérogame* e *Le Cornet à Dés*, também é futurista!

Demais não chegamos a afirmar positivamente que Guilherme seja um futurista ou pelo menos um futurista como os outros. É apenas um original, um raro, aqui está. Além disso, foi notando, naturalmente, como já o tinha notado o futurista Boccioni, a incoerência de existir um público moderno na vida e passadista em arte que atingiu feição nova, tão característica no *Era uma vez...* A vida moderna com todas as suas necessidades e criações palpita nos seus versos como nunca se viu. E os táxis, os telefones, os *fox-trots*, os *jazz bands* etc.... surgem neles a cada passo. E é sob esse aspecto que a nova obra de Guilherme podia ser chamada futurista.

Vejam-se por exemplo estes versos:

Entre couros e mica o amor inatingível
roda pela cidade. Uma noite insensível
vai enfiando o colar de globos cor de lua
na longa perspectiva elétrica da rua

Roda a carruagem... Roda, enquadrando a silhueta
dupla de um beijo no cristal. A luz violeta
das estrelas artificiais, cortada no alto
pelos plátanos, faz futurismos no asfalto...[1]

etc...

É preciso saber-se que se trata de cenas comuns na Pauliceia.

---

1. Guilherme de Almeida. "Passa o amor" in *Era uma vez...* São Paulo, Mayença (1922), pp. 28-9.

A da projeção da luz dos "globos cor de lua" sobre o asfalto, através dos galhos de plátano, é muito conhecida de nós paulistas.

Outra feição original da poesia de Guilherme é a sua espontaneidade. Não direi simplicidade, que a simplicidade nem sempre é o ideal da poesia, mormente quando significa vulgaridade ou burguesismo. Também espontaneidade não fica lá muito bem, mas é preferível. Quero referir-me à quase ausência dos grandes arremessos políticos e também dos pequenos, dessa certa eloquência infalível nas poesias, desde Homero, uma coisa que se não pode explicar porque ainda se não inventou uma palavra que exatamente a exprimisse.

Paul Fort aboliu a forma poética, mas conservou alguma coisa que os tratados de metrificação não trazem e que os poetas usam a despeito disso. Guilherme faz o contrário agora. Não usa esse quase "alguma coisa" e entretanto conserva a forma poética, seja o verso regular, seja o verso livre.

Pierre Louys, prefaciando o primeiro volume das *Baladas francesas*, frisava bem que os poemas de Fort exigem não só a dicção do verso, mas a da prosa ritmada. Os poemas de Guilherme suportam uma dicção mais aproximada da do verso, embora se não perceba quase isso. Ele próprio os recita como se estivesse conversando. E muitas vezes são simples conversas que ele aproveita, dando forma poética, o que lembra um pouco certas *chansons* de Maeterlinck. É o processo empregado por Guilherme Apollinaire em um de seus mais belos poemas – "Les femmes".

Não duvidamos que haja muito quem por aqui não suporte o modernismo flagrante do *Era uma vez...*; o público quase sempre é mau juiz e principalmente um público que ainda devora Júlio Dantas. Mas esperamos ardentemente que desta vez não seja.[2]

---

2. Publicado na revista *Fon-Fon* (RJ), XV (36): 3 de setembro de 1921.

Plágios e plagiários

I

PLÁGIO! POUCAS PALAVRAS POSSUEM tão notável elasticidade de poder e tão extraordinário poder de elasticidade como essa. Também poucas têm sido aplicadas tão erroneamente pelos zoilos de todos os tempos. Qualquer ideia de um autor que se encontra expressa de maneira idêntica em outro anterior, é por eles logo marcada com o estigma fatal. É todavia muito comum o plágio inconsciente, até em escritores de boa nota. É muito fácil mesmo a um homem de talento apoderar-se de ideias alheias e repeti-las inconsciente, como próprias. Muito comum, muito fácil e muito natural. Naturais o são, igualmente, as chamadas ideias simpáticas que aparecem expressas de maneira idêntica em mais de um escritor. Isso de modo algum constitui plágio. Acontece, também, que um escritor se apropria de uma ideia alheia expondo-a porém com muito mais beleza de forma, como acontece com o "Mal secreto", de Raimundo Correia. Aqui o poeta brasileiro soube muito melhor que Metastasio exprimir a ideia contida nestes versos do italiano, indicados geralmente como fonte do belo soneto que constitui uma das joias mais mimosas da língua de Camões:

Se a ciascun l'interno affano
Si legesse in fronte scritto,
Quanti mai, che invidia fanno,
Ci farebbero pietà!
Si vedria che i lor nemici
Hanno in seno; e si riduce
Nel parere a noi felici
Ogni lor felicità.[1]

A justiça mesmo, da acusação que lhe levantaram de se ter servido da ideia de Metastasio, é contestável e, muito provavelmente, injusta. Charles Nodier[2] cita uma frase de Philippe de Commines[3] que se encontra expressa da mesma maneira em nada menos de três, e dos maiores, escritores da Antiguidade: Tácito, Sêneca e Cícero. Há aqui, é o próprio Nodier quem o afirma, um simples parentesco de pensamento, extremamente natural. Os críticos franceses por muito tempo acusaram a Calderón de ter plagiado o Corneille de *Heraclius* em sua comédia *En esta vida todo es verdad y todo mentira*. Existem, com efeito, versos inteiros que parecem transladados palavra por palavra, quase, da tragédia de Corneille. Acham-se, por exemplo, nos mesmos termos, em Calderón, estes versos célebres da mesma tragédia: "*Ô malhereux Phocas! ô trop heureux Maurice!/ Tu recouvres deux fils*

---

1. Pietro Metastasio. "Giuseppe riconosciuto", parte prima in *Tutte le opere* (ed. de Bruno Brunelli). Milão, Arnoldo Mondadori (1947), pp. 608-9.
2. Escritor, jornalista, filólogo e historiador francês (1780-1844), foi também poeta satírico (*La Napoléone*, 1902) e autor melodramático (*Le vampire*, 1820, e *Bertram ou le château de Saint-Aldobrand*, 1821), combinando escapismo romântico e reconstituição livre mesmo nas suas obras de historiador, entre as quais *L'histoire du roi de Bohème et ses sept châteaux* (1830), *La fée aux miettes* (1832). Deixou ainda romances (*Les proscrits*, 1802, e *Le peintre de Salzbourg*, 1803), além de um curioso *Dictionnaire raisonné des onomatopées* (1808).
3. Cronista e historiador francês (1447-1511) conhecido por ter enfeixado suas *Mémoires* (1489-1498) em vários volumes, seis dos quais referentes ao reinado de Luís XI e dois dedicados à expedição de Carlos VIII à Itália.

pour mourir après toi/, Et je n'en puis trouver pour régner après moi".⁴

É improcedente porém, nesse caso, a acusação de plágio feita a Calderón, porquanto a sua comédia foi representada quatro lustros antes de aparecer o *Heraclius*, quando Corneille era apenas um adolescente, embora só a tenha publicado vinte anos depois deste o ter a sua, isto é, em 1664. O problema até hoje continua sem solução apesar de o terem longamente discutido, vários críticos, entre eles Voltaire, Vignier, J. E. Hartzenbusch e A. de Latour.⁵ O que parece mais provável é o terem ambos se inspirado em alguma fonte antiga que até agora ainda não foi encontrada. É esta também a opinião de Latour. Não era então virtude muito em voga, a honestidade literária. Montaigne vangloriava-se de plagiar Sêneca e Plutarco. Molière dizia a seu turno: "*Je prends mon bien où je le trouve*".

O cavalheiro D'Acelley escrevia versos desta estofa:

Si je fais par rencontre une assez bonne pièce,
L'antiquité me dit d'un ton appesanti
Que je vais la piller jusqu'au pays de Grèce,
Sans le respect de la vieillesse
Je dirais qu'elle en a menti.

É ainda o mesmo D'Acelley quem escreve esta estrofe:

Je n'ai pas fait un epigramme,
Que l'antiquité la reclame
Et me dit d'une fière voix:
Mon ami, c'est la vieille gamme

---

4. Cf. Pierre Corneille. *Heraclius empereur d'Orient*, IV, 4, vv. 1384-1386 in *Oeuvres complètes* (George Couton, ed.). Paris, Gallimard (1984).
5. Veja-se deste o livro: *Espagne religieuse et littéraire – Pierre Corneille et J. B. Diamante*. Paris (1863), p. 113. (N. do A.)

Pour celà tu me la dois
Elle a menti la bonne femme
Ce n'est pas la première fois.

O próprio Calderón também não era lá um modelo de honestidade, como não o eram seus contemporâneos e compatriotas em geral. O crítico Arthur Farinelli assim se refere aos hábitos literários da época e do ambiente em que vivera o grande comediógrafo:

> *Una* comédia *rappresentata era patrimonio commune specie, d'invenzione messa al mercato; ed era natural provedersi di quanto più sembrava convenire per l'opera novella. Il plagio non impensieriva, perché correntissimo; ne si riteneva obbligo allora togliersi tutta dal l'interiore la creazione drammatica, raggruparia attorno ad un unico centro di vita. Si sceglievano scena, episodi, piccoli quadri, immagini, e si aggiungevano al quadro o all'azione principale, senza preoccuparsi gran fatto dell'harmonica fusione dell'insieme.*[6]

O grande comediógrafo espanhol, de fato, em seu drama de Absalão copia cenas inteiras de Tirso de Molina. Em outros lugares plagia com preferência Lope de Vega, Mira de Amescua e outros. George Brandes descobre reminiscências do Falstaff de Shakespeare, "incomparavelmente, a figura mais alegre, a mais concreta e mais interessante na comédia europeia", no *Gracioso,* de Calderón, como no *Moron,* de Molière, mas logo retifica seu asserto, dizendo ser certo, entretanto, que nem Calderón, nem Molière, conheceram Shakespeare ou Falstaff. Shakespeare por sua vez não era influenciado por nenhum de seus predecessores, na parte cômica, quando concebeu o seu célebre personagem. Um dos poucos grandes escritores que o antecederam, os quais, sabe-se que conheceu, foi Rabelais, devido a aludir a ele em *As you like it* (III.2), onde Celia diz, quan-

---

6. Arturo Farinelli. *La vita è un sogno*. Turim (1916), vol. II, pp. 255-6. (N. do A.)

do Rosalinda faz-lhe uma dúzia de perguntas e pede a sua resposta em uma palavra: "*You must borrow me Gargantua's mouth first: 'tis a word too great for any mouth of this age's size*".

Brandes faz a comparação então entre Falstaff e Panúrgio. Se comparamos Falstaff a Panúrgio vemos que Rabelais fica para Shakespeare na relação de um Titã para um deus do Olimpo. Rabelais é gigantesco, desproporcionado, potente, mas disforme. Shakespeare é menor e menos excessivo, mais pobre em ideias, embora mais rico em fantasia, e moldado com muito maior firmeza de contornos. Logo adiante diz: "A rudeza de Shakespeare comparada à de Rabelais é uma estrumeira comparada à *Cloaca Maxima*". Depois de ter experimentado toda sorte de comparações entre o autor do Hamlet e o de Pantagruel, em que este parece guardar a dianteira, o grande crítico dinamarquês estaca repentinamente com esta frase súbita: "Mas Shakespeare era o que não foi Rabelais, um artista; e como artista ele era um verdadeiro Prometeu em seu poder de criar seres humanos". Além disso, como artista ele possui a exuberante fertilidade de Rabelais, e chega até a ser-lhe superior. Max Muller notou a opulência de seu vocabulário, em que ele parece ser maior que qualquer outro escritor. Um libreto de ópera italiana raramente contém mais de seiscentas ou setecentas palavras. Um inglês ilustrado usa atualmente, nas relações sociais, raramente mais de 3 mil ou 4 mil. Calculou-se que pensadores finos e grandes oradores na Inglaterra são mestres de 10 mil palavras. O Velho Testamento possui 5642. Shakespeare, em seus poemas e peças teatrais, empregou mais de 15 mil palavras.[7] Nada disso, entretanto, quer dizer que o grande poeta inglês tenha deixado de sentir a influência de escritor algum. A de Montaigne, por exemplo, é insofismável. F. Michel prefaciando uma tradução francesa de suas obras nota que Shakespeare copiou uma pas-

---

7. George Brandes. *William Shakespeare*. Londres (1917), p. 182. (N. do A.)

sagem do primeiro livro das obras de Montaigne na conversa entre Gonzalo, Antonio e Sebastião na *Tempest*. Jacob Feis em seu livro sobre Shakespeare e Montaigne estuda detalhadamente as analogias entre os dois escritores. Alguns outros procuraram ligar o poeta inglês a Giordano Bruno.[8] Em tudo isso há certamente algum exagero. Malone, todavia, estudando pacientemente 6043 versos do autor do Hamlet, como se fizesse uma análise clínica, chega a este interessante resultado: 1771 pertencem a predecessores de Shakespeare; 2373 foram apenas modificados por ele; 1889, finalmente, apenas, puderam ser atribuídos ao grande poeta e mesmo esses se houvesse elementos mais seguros para se investigar a sua origem talvez não pertencessem a ele, afirma aquele crítico. Por outro lado os imitadores ou *sequipedi* do grande poeta são numerosíssimos. Brandes compara o trio de Goethe, Fausto, Margarida e Valentim, ao de Shakespeare, Hamlet, Ofélia e Laertes, e estuda largamente a sua influência sobre os modernos escritores russos e polacos. Dumas pai foi acusado de ter transposto para suas obras, cenas inteiras de Schiller e muitos trechos de Walter Scott. Se formos nos reportar à Antiguidade, veremos que o maior poeta depois de Homero também foi acusado de plágio: Macróbio afirma que Virgílio nas *Bucólicas* imitou Teócrito, nas *Geórgicas*, Hesíodo e nesta última obra tirou os prognósticos das tempestades e da serenidade, do *Livro dos fenômenos,* de Arato. Transcreveu, afirma ainda o autor das *Saturnais*, quase palavra por palavra a Pisandro na descrição da ruína de Troia, o episódio de Simon e do cavalo de madeira e enfim tudo o que compõe o livro da *Eneida. Os* combates da *Eneida* são tomados da *Ilíada* e as viagens de Enéas são imitadas das de Ulisses. Macróbio transcreve uma centena quase de passagens da *Eneida* que foram traduzidas mais ou menos fielmente de Homero, reconhecendo embora

---

8. Vide R. Beyensdorff. *Giordano Bruno und Shakespeare.* Oldenburg (1889). (N. do A.)

que Virgílio em alguns deles exprime-se de modo superior ao imortal poeta grego. Além dessas de Homero encontrou nas obras de Virgílio 25 passagens de Ênio, catorze de Lucrécio, cinco de Furio, duas de Lucílio, uma de Pacúvio, uma de Suévio, uma de Naévio, duas de Vário, duas de Catulo e cinco de Accio. Ao todo 58 passagens.

É verdade que nessa época como na de Montaigne e na de Calderón o plágio não era crime. Afranius, comediógrafo latino, respondia aos que o acusavam de ter plagiado a Menandro, e diz mais, que tomou muita cousa dos escritores mesmo latinos em que encontrou algo que lhe conviesse.

Se Virgílio foi um plagiário, o foram também Dante e Camões, que o imitaram em várias passagens. Já se têm encontrado semelhanças entre Camões e Petrarca, o que não é de admirar visto a grande influência que a poesia italiana exerceu sobre os quinhentistas portugueses. No mais célebre soneto do grande vate português, o "L", há muitas analogias com estes versos de Petrarca: *"Quest'anima gentil che si disparte/ Anzi tempo chiamata a l'altra vita, etc..."*.

Carolina Michaelis indica como fonte do célebre soneto XIX os versos de Petrarca: *"gran padre schernito/ che non si pente e d'aver non gl'incresce/ sette e sett'anni per Rachel servito"*.[9]

O sr. João Ribeiro nega porém a fonte petrarquiana desse soneto dizendo que, antes, deve alguma coisa ao Gênesis: "videbantur illi pauci dies pro amoris magnitudine", que corresponde ao último terceto da poesia de Camões: "Começou a servir outros sete anos,/ Dizendo: mais servira, se não fora/ Para tão longo amor tão curta a vida!".[10]

O sr. Alberto de Faria indica por seu lado a origem de várias passagens de Camões em seu estudo "Fontes camonianas" à

---

9. Francesco Petrarca. *Il canzoniere. Parte prima* (*In vita di madona Laura*), XXXI. Milão, Ulrico Hoepli (1908), p. 45.
10. João Ribeiro. "Sete anos de pastor...". *Revista do Centro da Sociedade, Letras e Artes de Campinas*, 31 de março de 1916. (N. do A.)

página 267 das *Aerides*. Milton também foi acusado de ter plagiado no *Paradise lost* ao *Adamo* de Andreini e a *Sarcotis* de Masenius. Bacon, diz-se, plagiou em sua obra *De augmentis scientiarum* a Loys Regius no tratado Masenius das vicissitudes das ciências. Esta obra também forneceu a Brerewood seu ensaio sobre as diversidades das religiões e das línguas. Racine imitou a Rotrou e Rabelais. Molière a Scarron, Plauto a Tirso. Corneille a Guilhem de Castro e Diamante. Nodier afirmava que quem lesse com escrupulosa atenção os *Essais*, de Montaigne, e as *Pensées*, de Pascal, veria que este plagiou abundantemente aquele. E assim conclui: "*Toutes reflexions faites, je me crois obligé de reconnaître que le plagiat de Pascal est le plus évident et le plus manifestement intentionnel dont les fastes de la littérature offrent exemple*". Há, sem dúvida, certo exagero nesse asserto, o que não nos impede de afirmar que Baudelaire plagiou com frequência Lamartine, Sainte-Beuve e outros. É essa acusação como a de imoralidade a preferida dos zoilos de hoje. O que poucos notam é uma espécie de plágio muito abusada por escritores modernos e que consiste na repetição frequente de frases feitas e de lugares-comuns e até mesmo de pensamentos, de ideias e de expressões já empregadas pelo próprio autor. Farinelli[11] cita de Calderón a expressão "víbora humana" usada nove vezes em frases semelhantes no sentido, em *La vida és sueño*, *La hija del aire*, *En esta vida todo és verdad y todo mentira*, *Las manos blancas no ofenden*, *Los tres aspectos de amor*, *El mayor monstruo los celos*, *La devoción de La Cruz*, *Duelos de amor y lealtad*, *Los encantos de la culpa!* Faguet em um ar-

---

11. Arturo Farinelli, anteriormente citado por Sérgio, foi ensaísta, filólogo e professor italiano (1867-1948) que estudou na França com o mestre Gaston Paris, indo depois ensinar filologia românica em Innsbruck, de onde regressa a Turim para ocupar a cátedra de literatura alemã na Universidade, cargo que ocupou até 1937. É autor de ensaios eruditos escritos em português, espanhol, italiano e alemão, cabendo destacar entre eles os estudos na área de literatura comparada, como *Don Giovanni* (1896), *La vita è sogno di Calderón* (1916), *Dante in Spagna, Francia, Inghilterra, Germania* (1922) e *Il romanticismo nel mondo latino* (1927).

tigo publicado em 1910 na *Révue*, a propósito de um livrinho de A. Seché e J. Bertaut, repete as acusações de Brunetière contra o autor das *Fleurs du mal* e diz, entre outras coisas, que esse inovador não possui ideia alguma nova.[12] É preciso, afirma, de Vigny chegar até Sully Prudhomme, para encontrar ideias novas nos poetas franceses. "*Jamais Baudelaire ne traite que le lieu commum fripé jusqu'à la corde.*" E exemplifica, procurando demonstrar que as mais notáveis poesias de Baudelaire tratam de assuntos já muito batidos por todos os escritores que o antecederam. Um crítico italiano aplicando o mesmo sistema chega à conclusão de que as maiores obras-primas nunca saíram do âmbito estreito do lugar-comum. Em "La Ginestra", de Leopardi, a natureza não cuida dos homens. Em "I Sepolcri", de Foscolo, os povos civilizados devem honrar os túmulos. Em "La mort du loup", de De Vigny, o homem deve sofrer e morrer em silêncio. Em "Moise", do mesmo: a grandeza e o domínio fazem o homem solitário e infeliz. E termina: "E todos os maiores poemas, da *Divina comédia* ao *Fausto*, que outra cousa seriam, mais que uma aglomeração de tais vulgaridades?".[13] Se nos reportarmos à mais alta Antiguidade veremos que a beleza feminina foi sempre o motivo preferido dos poetas e escritores de todos os tempos. Mantegazza estabeleceu esta equação que ele chama inexorável e que em certo modo justifica a preferência a que nos referimos: "Il bello – il piacere".

Helena, Circe, Laura, Beatriz, Ignês de Castro, Julieta, Margarida e Eleonora não serão, acaso, tão imortais como Homero, Petrônio, Petrarca, Dante, Camões, Shakespeare, Goethe e Poe?

O amor, que foi cantado por todos os poetas e sempre o será, não é por acaso um tema inesgotável em todas as suas numerosas variações e modalidades? O adultério que alguns deram como invenção da escola naturalista também não será

---

12. Cf. Émile Faguet. "De l'influence de Théophile Gautier". *Révue des Deux Mondes*, LXXXI (4): 327-41, julho de 1911.
13. Cf. A. Soffici. *Satatue e Fantocci*. Florença (1919), p. 180. (N. do A.)

um velho tema? Já não foi cantado por Homero na *Ilíada* e por Dante no imperecível canto v da *Divina comédia*? O episódio de Paolo Malatesta e Francesca de Rimini não se repete hoje em quase todos os dramas, em quase todos os romances? Nesse caso não se pode considerar nenhuma das modalidades e consequências do belo feminino, seja este o belo clássico, o belo sensual ou o belo gracioso, as três formas fundamentais em que o divide Mantegazza,[14] temas gastos para a arte. Stecchetti,[15] que quis introduzir nela a beleza sensual, segundo uma concepção sua com a *arte nuova*, indignava-se contra os amores descritos pelos poetas anteriores, os quais tendiam a fazer da poesia um mar de leite e mel. Caiu, entretanto, como em geral os escritores naturalistas, no extremo oposto, também censurável. As poesias que se seguiram ao *Pòstuma* ficaram sendo, em grande parte, um mar de veneno e fel. Abominava o sentimentalismo amargo e plangente dos poemas anteriores: *cant* e hipocrisia que eram alçados às honras de cânones da arte, dizia ele. Nos poetas anteriores, Virtorelli[16] triunfava, e Nice Silva, *l'amica lontana*, eram os perpétuos modelos. Os mais audazes chegavam até a Elvira de Lamartine. O que se tornava necessário introduzir na arte, isto é, "a verdadeira mulher com suas fraquezas, a filha de Eva como a fez a natureza", foi o que tentou. Mas fechou-se nesse círculo estreito. "*Se ve que su conciencia se*

---

14. Referência ao livro *L'amore*, de Paulo Mantegazza, escritor e antropólogo italiano que esteve em contato com os índios da América do Sul (1854) e depois criou o Museu Antropológico e Etnográfico de Florença, em cuja universidade inaugurou a cátedra de Antropologia. Divulgador das teses de Charles Darwin, Mantegazza deixou obra polêmica em livros como *Igiene dell'amore* e *Fisiologia dell'amore* (1873), *Il secolo tartufo* (1888), *L'arte de prender moglie* (1892), entre outros.
15. Pseudônimo de Olindo Guerrini (1845-1916), poeta, ensaísta e escritor italiano que publicou em 1877, sob o título de *Pòstuma*, um livro de versos que atribuiu a certo Lorenzo Stechetti, nome que acabou adotando regularmente como pseudônimo e sob o qual passou a assinar o resto de sua obra, em geral vazada num tom blasfematório e escandaloso, de que são exemplos os livros *Polèmica* (1878), *Chloè* (1879) e *Rime di Argia Sbolenti* (1898).
16. Referência a Jacopo Virtorelli (1749-1835), poeta anacreôntico italiano cujas primeiras rimas, de caráter satírico e burlesco, começam a circular por volta de 1784.

adapta a su pequeno mundo de imagines voluptuosas o ironicas, como la rana a su charco", disse Rodó. *"No aspira a nada más."* Caíra por sua vez em outra série de lugares-comuns diversa da que combatia. O grande pensador uruguaio teve para isso uma expressão feliz, das que se encontram à ufa em toda a sua obra admirável. Escolheu para a poesia do autor das *Rimas de Argia Sbolenfi*, o qualificativo de "poesia de galinheiro". Explica todavia que ninguém pode negar que nos galinheiros caiba também sua espécie característica de poesia. "Imaginai, sobre um quadro de sol e de verdura, o galo lúcido, altivo e ardente; com o seu cortejo de esposas; lançando ao ar matinal, o clangor vibrante de seu clarim, e recolhendo, sem perder seu garbo nem seu entono, os dourados grãos espalhados pelo solo." Há nesse quadro, sem dúvida, beleza, há graça, há expressão. Mas é que "acima desse agradável cercado, está o espaço imenso onde a asa da águia quebra os ventos e as nuvens e onde cantam, entre as copas das árvores, os pássaros de Floreal".[17]

Stecchetti na poesia italiana combatera o motivo que se tornou lugar-comum. Em Portugal o sr. Eugênio de Castro combateu as expressões lugares-comuns. E citava algumas que em verdade eram *ritornellos* contínuos na poesia luso-brasileira. E prosseguia o autor de *Belkiss* em seus ataques à pobreza franciscana das rimas e à não menos franciscana pobreza do vocabulário. O interessante é que os inovadores inimigos de lugares-comuns, naturalistas, parnasianos, simbolistas, decadentes e místicos, se deram cabo dos antigos, abriram mão de uma chusma de novos. Diversos, mesmo, sob outras formas, repetiram alguns já bastante estafados. Zola, então, foi nesse ponto um pródigo. Leon Bloy, o terrível, o temível Leon Bloy, escreveu a propósito esta frase que parece ter saído da boca de um Ruy Barbosa: "O sr. Zola é o Cristóvão Colombo, o Vasco da Gama, o Magalhães, o grande Albuquerque do

---

17. José Henrique Rodó. *El camino de Paros*. Valência (1918), p. 161. (N. do A.)

lugar-comum". E no mesmo tom, continua: "Ele equipa uma frota de trezentos navios e adianta um exército de 30 mil homens temerários para descobrir que 'na vida nem tudo são rosas', que 'não se é sempre jovem' ou que 'o dinheiro não faz a felicidade'".[18]

Descontando os exageros do célebre fanático, vê-se que até certo ponto ele está com a razão e a leitura meditada de qualquer obra de seu "Crétin des Pyrenées" dá-nos a impressão de que descobriu afinal o verdadeiro calcanhar de aquiles do pai dos *Rougon Macquart*. Bloy em algumas páginas de *Lourdes* recolhe dezenas de expressões desta marca: "*L'histoire ne retourne pas en arrière*", "*l'humanité ne peut revenir à l'enfance*", "*l'inexpliqué seul constitue le miracle*" etc., etc., etc.

Se Virgílio foi um plagiário, se o foram igualmente Dante e Camões, Shakespeare e Calderón, Montaigne e Corneille, Racine e Molière, Milton e Pascal, se o foram quase todos os grandes escritores de todas as literaturas, se quase o foram todos os gênios, como repetidores incessantes e incorrigíveis de ideias e expressões corriqueiras, por que então esses punhos cerrados, esses dedos crispados contra os fracos, os que não conseguiram alcançar o cimo do espírito humano na ascensão pela montanha do Ideal imaginada por Hugo?

II

O plágio é um roubo

O que diferencia um zoilo comum de um crítico justo é essencialmente o poder de distinguir bem. Portanto, o dever do crítico é antes de acusar a um autor de plagiário, examinar cuidadosamente todas as probabilidades contrá-

---

18. Leon Bloy. *Je m'accuse*. Paris (1914), p. 28. (N. do A.)

rias. O não aplicar-se nas medidas do possível esse processo é que tem dado resultado a numerosas acusações injustas. No Brasil há um exemplo típico disso com as *Pombas*, de Raimundo Correia. Há com efeito, de Teófilo Gautier, uma poesia muito semelhante, no sentido, à obra-prima do autor das *Sinfonias*:

> *Sur le coteau, là-bas où sont les tombes,*
> *Un beau palmier, comme un panache vert*
> *Dresse sa tête, où le soir les colombes*
> *Viennent nicher et se mettre à couvert.*
>
> *Mais le matin elles quittent les branches:*
> *Comme un collier qui s'égrène, on les voit*
> *S'éparpiller dans l'air bleu, toutes blanches,*
> *Et se poser plus loin sur quelque toit.*
>
> *Mon âme est l'arbre où tous les soirs, comme elles,*
> *Des blanches essaims de folles visions*
> *Tombent des cieux, en palpitant des ailes,*
> *Pour s'envoler dès les premiers rayons.*[19]

Como se vê, as duas poesias diferem bastante na forma embora pouco no fundo. Não foi dela entretanto que extraiu Raimundo os seus lindos versos, nem de poesia alguma de Gautier, mas sim daquele trecho admirável de "Mlle. de Maupin" de cuja "humildade, poesia e música divina" falava-nos encantado Paul Bourget, por ocasião do centenário do autor dos *Émaux et camées*, ocorrido em 1911: "*Si tu viens trop tard, o mon Idéal, je n'aurais plus la force de t'aimer. Mon âme est comme un colombier tout plein de colombes. A tout heure du*

---

19. Théophile Gautier. "Les colombes" in *Émaux et camées* (texto definitivo de 1872 editado por Adolphe Boschot). Paris, Garnier (1954), p. 198.

jour, il s'en envole quelque désir. Les colombes reviennent au colombier mais les désirs ne reviennent pas au coeur".[20]

Essa ideia não foi aproveitada, aliás, apenas pelo nosso Raimundo Correia. Antonio Nobre, no mesmo ano que este compunha as *Pombas*, escrevia o seu lindo soneto *Menino e moço*, da mesma inspiração. Isso constitui um plágio? Absolutamente não. Por que razão não seria permitido a um poeta ou mesmo prosador aproveitar-se de um pensamento, de uma comparação de outrem como acontece aqui, não exprimindo-o contudo pela mesma maneira? Demais essa ideia de comparar às ilusões que fogem as pombas que deixam o pombal, qualquer pessoa poderia tê-la por si. A questão é a forma que a expresse. E ninguém a deu com tamanha habilidade, ninguém com tamanha beleza como Raimundo Correia.[21]

Outro caso típico é o soneto de Luiz Guimarães que teve seu sucesso no tempo em que apareceu e era repetido por todas as bocas em todos os salões, chegando a ser quase o nosso *Vase brisé*:

O coração que bate neste peito,
E que bate por ti unicamente,
O coração, outrora independente,
Hoje humilde, cativo e satisfeito;

Quando eu cair, enfim, morto e desfeito,
Quando a hora soar lugubremente
Do repouso final — tranquilo e crente
Irá sonhar no derradeiro leito.

20. In Paul Bourget. *Études et portraits. Portraits d'écrivain et notes d'esthétique*. Paris, Plon (s. d), pp. 243-58.
21. O sr. Luís Murat descobriu uma poesia de Raimundo Correia, *a Aretino*, que é uma tradução perfeita de uma de Jean Richepin. Assim comenta o ilustrado poeta das *Ondas*: "Como veem, a poesia do sr. Raimundo Correia é uma tradução literal; ninguém seria capaz de traduzir com maior esmero". *A Vida Moderna*. Rio de Janeiro, nº 1, 10 de julho de 1886. (N. do A.)

E quando um dia fores comovida
— Branca visão que entre os sepulcros erra —
Visitar minha fúnebre guarida,

O coração, que todo em si encerra,
Sentindo-te chegar, mulher querida,
Palpitará de amor dentro da terra.[22]

A celebridade do soneto de Guimarães Júnior foi porém efêmera. Cerca de dois anos depois de aparecido, más línguas espalhavam que o soneto era tradução impudente de um certo Malusil, poeta francês desconhecido. Felizmente, a tempo foi proclamada a verdade. Esse Malusil não passara de um patrício do poeta, seu admirador, que o traduziu para o francês com habilidade notável.

A fonte do soneto era, entretanto, a XII[ª] poesia da *Pòstuma* de Stecchetti:

Io morirò, che la fatal mia sera
Volando giunge e il tempo non s'arresta
E già la tomba spalancata e nera
A divorar la carne mia s'appresta.

Quando tutto ritorna a primavera
Io sol non tornerò. Sulla mia testa,
Dalla materia mia già tanto altera
La maggiorana crescerà modesta.

Là vieni, o donna: il tuo fedel t'invita.
Là sulla tomba mia cògli commossa
L'erba che amavi dal mio cor nudrita.

---

22. In Luiz Guimarães Júnior. *Sonetos e rimas* (prefácio de Fialho de Almeida). 4ª ed., Lisboa, Livraria Clássica Editora (1925), pp. 7-8.

> *"Oh non negarle un bacio, e liete l'ossa,*
> *Come a' tuoi baci già soleano in vita,*
> *Fremeranno d'amor dentro la fossa."*[23]

Como se vê, não fosse o último verso semelhante nos dois sonetos, o de Stecchetti nada lembra o de Luiz Guimarães. Muito mais evidente foi o plágio de Villaespesa, de uma das mais célebres poesias do mesmo Stecchetti, em uma de suas *Flores de Almendro*:

> *Ni una cruz en mi fosa!... En el ovido*
> *del viejo camposanto,*
> *donde no tengo ni un amigo muerto,*
> *bajo la tierra gris, sueñam mis labios...*
> *y de sus sueños silenciosos, brotan*
> *amarillos y tristes jaramagos!*
>
> *Si alguna vez hasta mi tumba llegas,*
> *lleva esas pobres flores a tus labios...*
> *Respirarás mi alma!... Son los besos*
> *que yo soñaba darte, y no te he dado!*[24]

Agora de Stecchetti. O leitor decerto já os conhece. Mas compare-os aos de Villaespesa:

> *Quando cadran le foglie e tu verrai*
> *A cercar la mia croce in camposanto,*
> *In un cantuccio la ritroverai*
> *E molti fior le saran nati accanto.*

---

23. Cf. Lorenzo Stecchetti. *Pòstuma*, XII. 40ª ed. Bolonha, Nicola Zanichelli (1947), p. 32.
24. Ver Francisco Villaespesa. "Jaramagos" in *Intimidades. Flores de Almendro* (1893--97), (prólogo de Pompeyo Gener). Madri, M. García y G. Sáez (1916), p. 147.

*Cògli allora pe'tuoi biondi capelli
I fiori nati dal mio cor. Son quelli
I canti che pensai ma che non scrissi,
Le parole d'amor che non ti dissi.*[25]

Não se parecem? Bem. Mas modere-se o leitor, não há plágio tal. Nem nas *Pombas,* de Raimundo Correia, nem no soneto de Luiz Guimarães. Não há. É que, se existe certa apropriação do pensamento, a forma, em grande parte, continua diversa. E como nota Vapperau, é esta apenas que determina o plágio.[26]

---

25. Id., ibid., XIV, p. 34.
26. Publicado na *Revista do Brasil* (SP), VI (69), vol. XVIII: 14-22, setembro de 1921.

O futurismo paulista

•

> *Se eu fosse assaz jovem e assaz ousado, violaria
> todas as leis da fantasia; usaria de aliterações, de
> assonâncias e de tudo que me parecesse cômodo...*
> Goethe

NÃO É NOVIDADE PARA NINGUÉM o forte influxo que de tempos para cá vêm exercendo, sobre certos beletristas paulistanos, as ideias modernistas no terreno da arte e da literatura. Mas antes de tudo se deve atentar no que sejam essas ideias modernistas.

Sob o ponto de vista artístico e sobretudo literário, o século XIX, excetuados os últimos anos, os da reação simbolista, foi de uma esterilidade rara. A ilusão de seu fulgor durará enquanto durarem os passadistas, o que quer dizer em menos palavras que durará pouco. Contudo, entre aqueles mesmo, há muito já caíram em descrédito os Anthonys e as Margarida Gauthier.[1] Dentro em breve quem se lembrará

---

1. Referência aos protagonistas Anthony (do drama de igual nome de Alexandre Dumas Pai (1803-1870) e Margherite Gautier (do romance e do drama *La dame aux camélias*, de Alexandre Dumas Filho (1824-1895), marcados ambos pelas consequências

ainda dos Rougon Macquart? Passarão para o domínio da paleontologia.

Pode-se dizer sem ênfase que a maior parte das grandes ideias surgidas com o *fin-de-siècle*, algumas um tanto exageradas, outras raramente seguidas, tiveram por ponto de convergência o movimento futurista iniciado com o manifesto de 20 de fevereiro de 1909 publicado no *Figaro* de Paris por Filippo Tommaso Marinetti, natural de Alexandria.

Atacado pelo sanchopancismo da época, que era o de todas as épocas, exaltado pelos homens de inteligência e coragem e por alguns *snobs* imbecis também, o novo movimento tem naturalmente os seus erros, como todas as grandes reações, mas possui também a vantagem imensa e inapreciável de trazer algo de novo, vantagem que só por si já o justifica e o torna louvável. A tendência para o novo é a base e o fundo mesmo do movimento. Todo o resto é exterioridade.

Por isso não é tão censurável o erro de alguns que chamam futurista a toda tendência mais ou menos inovadora. E já hoje é nessa significação que se compreende quase universalmente a denominação de futurismo.

O musicista Pratella, cuja ópera La sina de Vargöun, feita sobre um poema seu e em versos livres, conquistou entre outras muitas concorrentes em 1910 o prêmio de 10 mil liras outorgado por uma comissão competentíssima (maestros P. Mascagni, G. Orefice, G. Mattioli, R. Ferrari e o crítico Gian Battista Naffi), diz que todos os inovadores têm sido logicamente futuristas em relação a seu tempo.

Vamos agora aos futuristas de São Paulo que, como já se

---

trágicas da paixão em conflito com as normas sociais. (Agradeço a Antonio Candido a colaboração na localização e na redação desta nota.)

vê, podem ser chamados assim. Não se prendem aos de Marinetti, antes têm mais pontos de contato com os moderníssimos da França desde os passadistas Romain Rolland, Barbusse e Marcel Proust até os esquisitos Jacob, Apollinaire, Stietz, Salmon, Picabia e Tzara.

Em todo caso iniciaram um movimento de libertação dos velhos preconceitos e das convenções sem valor, movimento único, pode-se dizer, no Brasil e na América Latina. Depois de ter revelado um artista de primeira ordem que é Victor Brecheret, a velha terra dos bandeirantes vai colaborar para o progresso das artes com uma plêiade disposta a sacrifícios para atingir esse ideal. Um dos seus chefes é Menotti del Picchia, já conhecido em todo o Brasil como autor do lindo poema "Juca Mulato" e também da horrível palhaçada "Laís". Outro não menos ilustre é Oswald de Andrade, que escreveu os três romances ainda inéditos que vão constituir a *Trilogia do exílio*: *Os condenados*, *A estrela de absinto* e *A escada de Jacó*. Há ainda muitos outros, como Mário de Andrade, do Conservatório de São Paulo, que escreveu há tempos uma série de artigos de sensação sobre *Os mestres do passado*.

Não é preciso citar Guilherme de Almeida que, aliás, com a sua visão estética originalíssima, está um pouco fora do movimento. Guilherme, que possui uma alma de artista como poucos, tem prontas obras do valor de *Scherazada*, das *Canções gregas*, de *A flor que foi um homem* e reserva-nos ainda grandes surpresas.

Seria injusto esquecer outros nomes de valor como Moacyr Deabreu, Ribeiro Couto, Agenor Barbosa e Afonso Schmidt, que, embora não sejam todos paulistas ou não residam em São Paulo, nem por isso deixam de colaborar ativamente para o seu progresso literário. Cabe pois aos que se interessam nesse progresso animar o futurismo de São Paulo, que não é apenas uma reação medrosa como tantas outras que têm surgido entre nós e que quase infalivelmente terminaram como as comédias de Becque[2] num "Prenez garde: voilà mon mari".[3]

2. Sérgio nos fala aqui das soluções cômicas de Henri-François-Becque (1837-1899), teatrólogo francês cujas peças *Le corbeaux* (1882) e *La parisienne* (1885) estão entre as principais experiências realistas no teatro europeu do século XIX. Becque notabilizou-se pelo estilo seco, direto e livre no recorte preciso das limitações da criatura humana no contato com o dia a dia, o que o levou a superar Dumas Filho e preparar o caminho para André Antoine.
3. Publicado na revista *Fon-Fon* (RJ), XV (50), 10 de dezembro de 1921, com o título de "O futurismo paulista". Sérgio recordará este breve escrito que prenunciava a Semana num artigo publicado no *Diário Carioca* de 17 de fevereiro de 1952, por ocasião dos trinta anos do Movimento de 22, revelando algumas coisas interessantes. "É mais ou menos conhecida" – é o que então dizia – "a crônica desses sucessos. Meu próprio depoimento pessoal, depoimento antes de espectador interessado, mas que não chegou a participar deles, nem sequer do maior, que foi justamente a Semana de Arte Moderna, quase nada lhe acrescentaria. O interesse pela literatura moderna viera-me principalmente das conversas com Guilherme de Almeida. Em seu escritório de advocacia, à rua Quinze, assisti mesmo à elaboração do projeto de capa de *Klaxon*, inspirado, por sua vez, na capa do poema de Blaise Cendrars, 'La fin du monde racontée par l'ange', que eu descobrira casualmente em uma livraria. Por esse tempo vim a travar relações com Menotti e, através deste, com Mário e com Oswald de Andrade. Uma consequência desses encontros foi certo artigo, sem dúvida bem canhestro, escrito com dezenove anos de idade, que, já de mudança para o Rio, publiquei em 1921 no *Fon-Fon* e de que só guardo lembrança do título: 'Futuristas da Pauliceia' (*sic*). Outra consequência" – completa Sérgio – "foi o ter sido escolhido para representante, no Rio de Janeiro, do mensário que seria o porta-voz da revolução modernista." (Sérgio refere-se à revista *Klaxon*.)

Robert de Montesquiou

•

HÁ TRÊS DIAS O LACONISMO BURGUÊS de uma notícia telegráfica anunciava o falecimento do conde Robert de Montesquiou-Fezensac. Como estivéssemos talvez destinados a ficar apenas na meia dúzia de palavras do telegrama, o que é regra entre nós nestes casos, resolvemos fazer agora uma exceção.

E Montesquiou bem a merece.

Descendente de uma ilustre família francesa, que produziu, entre outros, homens da estofa do marechal Montluc, do marechal Gaston de Gassion, de Artagnan, o herói dos *Três mosqueteiros*, de Pierre de Montesquiou, famoso marechal de Luís XIV, de Anne-Pierre de Montesquiou, conquistador de Saboia, do abade Montesquiou, ministro de Luís XVIII, o autor das *Hortensias bleus*, pode-se dizer, foi um desses poetas cuja obra-prima foi a própria vida.

Podia-se orgulhar Montesquiou de ter sido a origem de uma interessante série de personagens de romance, dos quais o primeiro foi decerto o célebre duque Jean Floresses des Esseintes, do *À rebours*.

É notável a discussão que se tem feito na França em torno da figura aristocrática do personagem de Huysmans.

Há perto de dois anos, tendo Pierre Lièvre escrito um artigo sobre o incomparável romancista do *Là bas*, um indivíduo mandou uma carta à redação de *Les Marges* respondendo às dúvidas que o autor do artigo punha sobre se Montesquiou servira ou não de modelo para Des Esseintes.[1]

Diz o missivista que há tempos travara casualmente conversa com um comerciante que fora vender alfarrábios em La Rochelle. Ele estava a par do movimento literário e, para explicar essa anomalia rara em um livreiro, disse ter sido amigo íntimo de Karl-Joris Huysmans.

Contou então o seguinte fato: entrou um dia em uma livraria em Niort um cliente tão exigente que ele não pôde deixar de gritar: "Mas, senhor, aí estão livros para Des Esseintes", ao que o cliente dando sinais de irritação respondeu: "Então o senhor me conhece?". Era Montesquiou. O livreiro, assaz confuso, "pois sabia que o poeta das hortênsias azuis servira de modelo a Huysmans", desculpou-se do melhor modo possível.

Parece que Montesquiou não lhe guardou antipatia, porquanto, momentos depois, a esposa do livreiro recebia um magnífico ramalhete de flores.

Não é possível esconder a grande influência exercida pelo personagem de Huysmans sobre todo o *fin-de-siècle*. Oscar Wilde disse sempre que possuía a loucura de Des Esseintes e o seu Dorian Gray era em grande parte inspirado na figura simpática do herói de *À rebours*. Des Esseintes é mil vezes superior e mais atraente que o Choulette, de Anatole France, inspirado em Verlaine. Aliás, a vida de Montesquiou é muito mais interessante que a do autor de *Sagesse*. Com o seu falecimento choramos, portanto, o Montesquiou-homem, o Mon-

---

[1]. Pierre Lièvre rastreia os precursores da preciosidade de Des Esseintes já a partir das alegorias do *Rommant de la rose* e, no percurso, passa pelos românticos (Banville, Gautier, Aloysius Bertrand) sem esquecer Marivaux no século XVIII. Para ele, no entanto, "foram os Goncourt que introduziram a preciosidade no romance moderno", malgrado o peso de Huysmans e a presença de Rostand para compreender a obra de Montesquiou. Cf. *Esquisses critiques*. Paris, Le Divan (1924), pp. 72-3.

tesquiou-Des Esseintes; o poeta magnífico e aristocrata, esse ficará para sempre em nossos corações, enquanto exista a verdadeira noção de poesia.[2]

2. Publicado no *Rio-Jornal* (RJ): 20 de dezembro de 1921.

Uma poetisa de dezesseis anos[1]

O NOSSO PAÍS, QUE É, no infeliz dizer dos sabidos da Academia e dos que vivem a repetir de outiva todas as baboseiras do bonzismo parnasiano, o Éden dos poetas, parece ser apenas, diga-se a verdade, o Eldorado dos versejadores. Assim, quando surge um poeta de raça, um verdadeiro poeta como poucas vezes sói acontecer, fica confundido na turbamulta dos rabiscadores de versos.

Já se tem dito que o parnasianismo engendrou uma fórmula fixa. Tantas sílabas, tantas estrofes, tantos versos, palavras barulhentas etc.... e está pronto o sonetozinho.

O que nenhum Banville conseguiu criar é fórmulas para poesia, que a poesia é uma coisa inata: não há regras possíveis para a sua criação.

Pode-se fazer versos sem que se seja poeta, mas nunca fará poesia um versejador ordinário.

Isso talvez já o tenha dito o conselheiro Acácio, e com carradas de razão.

Mas os nossos aedos esses não querem saber de histórias e

---

1. Publicado no *Rio-Jornal* (RJ): 19 de janeiro de 1922.

ainda acreditam em parnasianismo e vivem cinquenta anos atrás dos de outras terras mais felizes. Quando na França o lecontismo já estava desmoralizado, os nossos ainda morriam de amores por Lamartine e Musset. E quando deixaram de choramingar para fazer Ruy Barbosa em verso, na Europa já se cogitava de preparar terreno para a formidável e gloriosa investida futurista.

Anatole France disse que os verdadeiros poetas pensam em verso. Tive há dias a oportunidade feliz de conhecer, por intermédio de um amigo, uma poetisa deveras, que nos dá a impressão de que realiza perfeitamente a frase de Anatole. Conheço dela apenas algumas poesias, alguns sonetos que são a melhor prova de seu talento poético. É quase inconcebível um poeta como d. Marinella Peixoto, que na idade de dezesseis anos consegue sem afetação essa simplicidade tão requestada pelos poetas marmanjos.

Sim, porque há simplicidade e simplicidade.

Nada há mais insuportável que a simplicidade *voulue* e forçada de certos poetas. E d. Marinella não está nesses casos. Vai aí um trecho seu, colhido ao acaso:

....
E que pode haver de mal
Na troca de sim por não?
— Apenas abrir de lábios
E fechar de coração!

Nota-se que não há aí nada imprestável, cada palavra tem sua significação, cada uma tem seu fim. Nenhuma pode ser tirada sem prejuízo para o conjunto.

O poeta escreveu-as como as ditou sua inspiração.

Nos versos de estreia da jovem poetisa de Campos há o bastante para que dela se possa esperar quanto é lícito de um adolescente ousado que já pensa em cavalgar Pégaso na doce idade em que todos se recordam ainda com saudades dos cavalinhos de madeira – alegre regalo de toda criança.

2
COM OS "FUTURISTAS"
DE SÃO PAULO

•

São Paulo ocupa neste momento uma posição de excepcional destaque no nosso mundo literário. Não se imagine que o atual movimento modernista que lá se dá é uma contribuição ou o resultado de uma evolução de movimentos anteriores. Isso é absolutamente falso. Quando no Brasil surgiu o simbolismo, reflexo mais ou menos esbatido do simbolismo europeu, a Faculdade de São Paulo já não era mais o centro de todas as inovações literárias realizadas neste país. Os estudantes, quando muito, liam Verlaine mas escreviam versos à Leconte. São Paulo não tem mais tempo de olhar para trás. Se deu um passo errado – ninguém sabe –, deu e está dado. Os poetas do passado podem berrar à vontade que ninguém mais tem ouvidos para eles.

Manuel Bandeira

•

FOI TEÓFILO GAUTIER quem primeiro enunciou aquela teoria célebre, hoje batidíssima, da arte pela arte. Aliás, é um dos raros lugares-comuns que têm alguma razão de ser. Mas o próprio Gautier não a empregou em um bom sentido, o único aceitável, que ficou, até há bem pouco, obliterado, devido à poesia filosófica, à poesia científica e outras tolices do mesmo jaez.

A frase de Flaubert, tão mal interpretada, não é muito mais do que uma variante daquele princípio: "Um belo verso que nada significa é inferior a um verso menos belo que significa alguma coisa".

Só muito modernamente, porém, alguns poetas tiveram consciência do preceito do autor dos *Émaux et camées*.[1] Aldo Palazzeschi, por exemplo, possuiu-a sempre no mais alto grau. E foi precisamente a propósito dele que Soffici, o homem mais inteligente da Itália, expôs aquela ideia interessantíssima que

---

1. Sérgio refere-se à obra poética de Théophile Gautier, decisiva na configuração da assim chamada teoria da arte pela arte, escrita entre 1852 e 1872 e completada em seis edições que o autor enriquecia de novas peças, buscando aperfeiçoar o projeto original de perfeição técnica e de suas variantes, o que o levou a aumentar os dezoito poemas da edição de 1852 para 47 na edição de 1872.

dá o *clown* como a figura do artista desinteressado, a ideia do divertimento pelo divertimento. A estética de Palazzeschi coaduna-se bem com essa teoria. Ele próprio diz em poemeto admirável: "*Chi sono?/ I saltimbanco dell'anima mia*".[2]

Foi Palazzeschi, como nota o mesmo Soffici, quem como nenhum outro, talvez, usou de uma poesia compreendida como simples capricho, como mera efusão de um estado lírico qualquer que este seja, sem nenhum escopo, sem nenhuma razão de ser nem relação com os valores sociais correntes.

No Brasil quem se acha mais precisamente nesses casos é, sem dúvida, Manuel Bandeira, o poeta do *Carnaval*. Não quero dizer que ele seja um epígono do criador de *Perelà*. Ao contrário, sua obra reveste-se de tal cunho de originalidade que é inútil irmos procurar quem mais influência exerceu sobre ele. Há nela um pouco dessa melancolia muito brasileira que existe por exemplo naquele verso, o último do seu último livro: "O meu Carnaval sem nenhuma alegria!...".[3]

Essa melancolia é porém mais acentuada em sua primeira obra, *A cinza das horas*, onde há estes versos que poderiam servir de epígrafe ao livro: "Fecha o meu livro, se por agora/ Não tens motivo nenhum de pranto".[4]

No *Carnaval*, talvez por exigência do assunto, essa melancolia quase desaparece.

---

2. Cf. Aldo Palazzeschi. *Poemi*. Florença (1909). A referência à "estetica do clown" está no ensaio de Ardengo Soffici, "Aldo Palazzeschi" (Florença, Vallecchi, 1919), onde podemos ler à p. 147, logo abaixo da transcrição do poema "E lasciatemi divertire": "*Estetica da clown, si dirà appunto: e il clown, se e inquanto dilettante, rappresenta meglio di ogni altro la figura dell'artista desinteressato, l'idea del divertimento per il divertimento*". E logo adiante: "*Nessuno, credo, ha ancora preso in considerazione fra noi, il fatto di una poesia intesa come semplice capriccio, come mera effusione di uno stato lirico, di qualunque specie sia, senza nessuno scopo, senza nessuna ragione, né rapporto coi valori sociali correnti*".
3. Manuel Bandeira. "Epílogo" in *Carnaval*, ed. da *Poesia completa e prosa* (Introdução geral de Sérgio Buarque de Holanda e Manuel Bandeira). Rio de Janeiro, José Aguilar Editora (1967), p. 214.
4. Ver "Desencanto" in *Cinza das horas*, ed. da *Poesia completa e prosa*, cit., p. 153.

Citei essa particularidade da poesia de Bandeira precisamente para mostrar que a influência de Palazzeschi não existe aí. É sabido que o criador de *Perelà* não admite a tristeza como elemento de emoção artística. Em seu manifesto futurista de dezembro de 1913, declara sem ambages que o solilóquio de Hamleto, o ciúme de Otelo, as fúrias de Orestes, o fim de Margarida Gautier, os gemidos de Oswald, acompanhados por um público inteligente, devem suscitar as mais clamorosas risadas.[5]

E diz mais: que as maiores fontes da alegria humana estão no homem que chora e no homem que morre. Nada disso se deduz da poesia de Manuel Bandeira.

Ela é, antes de tudo, sua e só sua. Georges Brandes, o grande crítico dinamarquês, em seu ensaio sobre Anatole France, nota que os verdadeiros autores se conhecem pelo fato de muitos de seus escritos só poderem ser escritos por eles e por ninguém mais.[6] Por alguns de seus poemas, por todos eles, pode-se dizer de Bandeira que cabe bem entre eles, entre os verdadeiros autores. Quem senão ele poderia ter escrito, por

---

5. *L'uomo che ride del riso stesso, o servendosi della gioia già scavata da altri, o è un poltrone o un impotente [...] il soliloquio di Amleto, la gelosia di Otello, la pazzia di Lear, le furie di Oreste, i gemiti di Osvaldo ascoltati da un pubblico intelligente devono suscitare le più clamorose risate.*" Cf. "Il controdolore" in *Lacerba – Giornale futurista* (36): Florença, 1913, no qual Palazzeschi procura mostrar a verdade trágica do mundo vulgarizada pelos acadêmicos não passava de hipocrisia sob a aparência de sofrimento, o que impõe reconhecer, segundo ele, que "*nulla, di una solenne tradizione storica, può sfuggire alla caricatura*". Ver a respeito Ruggero Jacobbi: "Per una rilettura della poesia futurista" in *Poesia futurista italiana*. Parma, Guanda Editore (1968), p. 30.

6. Georges Brandes (1842-1927) foi crítico do hebdomadário *Illustreret Tidente*, de Copenhague, onde começou sua carreira intelectual sob forte influência de H. Taine e de Sainte-Beuve. Especializado no conhecimento das literaturas europeias modernas, foi também ensaísta dedicado ao estudo dos temas histórico-culturais. Com o tempo afastou-se do determinismo de Taine, a cujas conferências assistiu pessoalmente em 1870 na Escola de Belas Artes de Paris, e aproximou-se de Nietzsche, com quem chegou a travar relações que o levaram gradualmente a desligar-se do naturalismo para fixar-se no estudo das grandes individualidades, como Shakespeare, Goethe, Voltaire, Ibsen, Anatole France e Kierkegaard.

exemplo, para só falar em sua última obra, a magnífica "Baladilha arcaica", o sentimental "Poema de uma quarta-feira de cinzas", o "Sonho de uma terça-feira gorda", em que o verso livre foge a todas as regras consuetudinárias e mesmo aquele belo "Rimancete", embora lembre um pouco Antônio Nobre?

A Manuel Bandeira cabe, pois, atualmente, uma bela posição na literatura nacional: a de iniciador do movimento modernista. O autor do *Carnaval* deu o primeiro golpe na poesia idiota da época em que ainda se usava o guarda-chuva, que é positivamente uma prova evidente do mau gosto estético dos nossos avós.[7]

7. Publicado na revista *Fon-Fon* (RJ): 18 de fevereiro de 1922.

Enéas Ferraz – *História de João Crispim*

•

TENHO PARA MIM QUE O ÚNICO CRITÉRIO possível para estudar um livro, ou um autor, ou uma época literária, é positivamente não se possuir critério algum, quer dizer, um critério único, fixo. Essa ideia opõe-se à da sujeição do autor, em geral, às regras preestabelecidas pelos críticos e por estes julgadas infalíveis e necessárias. É que o crítico na maioria dos casos e de um modo geral está naturalmente em posição inferior à do autor. Os zoilos, porém, não se conformam com isso, achando que os autores é que se devem amoldar a seus pontos de vista, geralmente estreitos, às suas ideias absurdas, aos seus preconceitos idiotas, às suas regrinhas, aos seus *part-pris*, às suas burrices em suma... O dever de um crítico é emitir um juízo imparcial sem se preocupar com o fato da obra estar ou não de acordo com o seu modo de ver. Mas isto é occamiano[1] demais.

Pode-se mesmo admitir que o crítico seja um doutrinário desde que não seja um maníaco como Max Nordau.

---

[1]. Palavra praticamente ilegível na cópia disponível. Possível referência do jovem Sérgio ao *occamismo*, doutrina de Guilherme de Occam (1300-1350), filósofo inglês para o qual eram muito remotas as possibilidades de demonstrar racionalmente as verdades da fé.

Porém, nem sempre se pode ser imparcial. Eu prefiro francamente o atrabiliário Leon Bioy[2] ao imbecil René Doumic.[3] É bom também esclarecer que prefiro sempre os exageros e os excessos desde que o crítico seja conscientemente enfático. O meio-termo é sempre condenável.

Dos dois processos aceitáveis prefiro porém adotar o primeiro, porquanto não sou doutrinário e nunca fui crítico. Devo, porém, esclarecer que não me seduz o processo adotado por Ferraz na composição de seu romance. Acho o realismo uma maneira falha e destinada a desaparecer em pouco. Creio perfeitamente razoável a pergunta dos expressionistas alemães: a verdade está aqui: para que repeti-la?

E. Ferraz é um artista confessado: adota ainda a teoria já batidíssima do romance experimental.

Apesar disso e com tudo isso já no seu primeiro livro se mostra um romancista forte e original, tanto quanto essas duas qualidades se podem exigir de um estreante, embora já se mostre um romancista considerável como neste caso.

A *História de João Crispim* não é um livro vulgar, ao contrário, sai da incrível mesmice em que caiu a maioria dos nossos romances ultimamente publicados. Não existe ali a intriga e a anedota com o sal do adulteriozinho que é o *leit-motiv* e o *ritornello* da quase totalidade dos romances ultimamente publicados.

Além disso, o romance de Ferraz é uma obra caracteristicamente carioca. É mesmo uma das poucas que podem figurar neste caso. Ao lado dele só conheço no gênero dos nossos romances mais recentes a obra de Lima Barreto.

---

2. Crítico e literato francês (1846-1917) de formação católica, conhecido por sua mordacidade de panfletista incontido e autor, entre outros, dos livros *Les propos d'un entrepreneur de démolitions* (1884), *Mon journal* (1904) e *Au seuil de l'Apocalypse* (1917).
3. Crítico francês (1860-1937) discípulo de Brunetière e membro da Academia Francesa, da qual foi eleito secretário perpétuo. Foi diretor da *Revue des Deux Mondes* e autor de *De Scribe à Ibsen* (1893), *Études sur la littérature française* (1896-1908), além de outros ensaios entre os quais se incluem os estudos sobre a obra de Lamartine, George Sand e Saint-Simon.

O Rio já criou os seus tipos particulares, como todas as grandes cidades. Assim como soube criar o cafajeste, personagem genuinamente carioca, criou também o filósofo vagabundo, espécie de Diógenes bárbaro, tipo interessantíssimo e não aproveitado ainda em obras de ficção antes de João Crispim. A figura central do romance foi traçada com rigorosa observação.

A sua vida, toda a sua vida, é descrita com uma precisão extraordinária. João Crispim é um personagem vivo. Creio que se perguntássemos ao A. em que gênero colocaria seu livro, ele responderia como Romain Rolland: "Queira por quê? Quando vedes um homem, perguntais-lhe se é um romance ou um poema?".

Enéas Ferraz realiza em ponto grande [...],[4] contentou-se em observá-la e descrevê-la, fazendo uma biografia fiel demais para uma obra apenas de observação. Porque Crispim existe de fato.

No mais o A. não se contentou com esse estudo integral de um indivíduo, fez um romance profundo, de dor e de melancolia, embora a primeira impressão não seja essa.

Enéas Ferraz realiza em ponto grande o que os críticos têm dito do homem. Seu romance não é propriamente humorístico, mas no conjunto realiza perfeitamente a ideia que impera no humor. Talvez lhe venha essa atitude de sua longa residência na Inglaterra em funções diplomáticas. Em todo o caso, a *História de João Crispim* é uma obra que interessa pelo seu grande alcance moral e certamente satisfará a todos que a leiam sem preconceitos.[5]

---

4. Período empastelado na cópia impressa disponível.
5. Publicado no *Rio-Jornal* (RJ): 29 de março de 1922.

Os novos de São Paulo

CINCO ANOS ATRÁS, em São Paulo, o parnasianismo imperava de tal maneira que cairia logo no ridículo o poeta que não fizesse do tratado de Banville o seu livro de cabeceira. Foi Menotti del Picchia quem deu o primeiro grito de alarme contra tal estado de coisas e abriu caminho assim para a nova geração mais audaz e mais fecunda em talentos. *Moisés*, esse grito de alarme, não era um poema moderno para a época mas era moderno para São Paulo. O *Nós,* de Guilherme de Almeida, estava nas mesmas condições.

Simultaneamente surgia o movimento sertanista com a *Revista do Brasil*, que embora partisse de um princípio estreito e errôneo, não deixou de produzir uma obra do valor do *Urupês,* de Monteiro Lobato.

Mas os novos continuaram a reagir. Guiados por Oswald de Andrade, o grande romancista da *Estrela do absinto*, leram os modernos de todos os países, leram Apollinaire, Jacob, Salmon, Marinetti, Cendrars, Cocteau, Papini, Soffici, Palazzeschi, Govoni, leram os imagistas ingleses e norte-americanos. Mas em lugar de os tomarem por mestres, desenvolveram na medida do possível a própria personalidade, tomando-os apenas por modelos de rebeldia literária. A Semana de Arte Moderna, aplaudida por todos os homens decentes, consagrou-os definitivamente. Agora aparece a nova revista *Klaxon*, o órgão do movimento novo de São Paulo, destinado a um grande sucesso.

Mas os modernos não se limitam só à palavra. Em poucos dias sairá dos prelos a *Pauliceia desvairada*, de Mário de Andrade, um dos talentos mais sérios da nova geração paulista.

Os srs. Monteiro Lobato & Cia. apresentarão breve o primeiro dos três romances que constituem a *Trilogia do exílio*, de Oswald de Andrade.

Guilherme de Almeida nos dará *Scharazada*, *A flor que foi um homem* e *A frauta que eu perdi*.

Por estes dias sairá também em Antuérpia a tradução francesa de seu *Messidor*.

Ribeiro Couto prepara belíssimas colunas de versos. Luiz Aranha promete para breve a publicação do *Laboratório de éter* e do *Poema giratório*.

Moacyr Deabreu acaba de publicar o seu esperado volume de novelas fantásticas, *Casa do pavor*. É um livro vigoroso e novo que coloca seu autor entre os maiores cultores do conto no Brasil. Lamento que a falta de espaço me impeça de tratar mais largamente deste livro como era meu desejo.

Em suma, os novos de São Paulo têm tanta confiança no próprio valor como a geração anterior na infalibilidade das regrinhas de Banville.[1]

---

1. *O Mundo Literário* (RJ) I (2), vol. I: 251-2, 5 de junho de 1922. [Resenha sem título da seção "S. Paulo".]

Jardim das confidências

.

RIBEIRO COUTO NÃO NOS MOSTRA nenhuma feição nova de sua individualidade com um livro de contos ultimamente dado à publicidade pelos srs. Monteiro Lobato & Cia. É o mesmo homem do *Jardim das confidências.* Com o mesmo apego ao quotidianismo, o mesmo *sans-gêne* nas confissões, o mesmo horror aos desenlaces barulhentos, a mesma ironia quase imperceptível, os mesmos etceteras, as mesmas reticências.

Ribeiro Couto não sabe exagerar, nem ver o que não vê, reduz o universo ao que o cerca e a humanidade às pessoas de suas relações, de sua intimidade. Em uns contos, tudo meio-termo: não existem mulheres bonitas nem mulheres feias. Há ali uma Maria das Dores muito Maria das Dores, "professora de bordado das crianças", uma Teresa exatamente como a maioria das Teresas e uma Nini... como todas as mulheres.

O autor da *Casa do gato cinzento* é portanto um realista. Reduz tudo a seu termo médio, o que em todo o caso não deixa de ser uma deformação. O seu realismo não é, porém, o realismo anti-higiênico de Zola e da escola de Médan; mas o realismo fino e aristocrático de Jean de Tinan,[1] de Marcel Proust e de Max Jacob.

Ribeiro Couto é uma das figuras mais representativas da nova geração paulista.

Moacyr Deabreu[2] soa estranho na literatura nacional, é um bemol esquecido que entorpece como um narcótico a quantos se habituaram ao "Maria vai com as outras" de nossa literatura. Seu estilo é cheio de subterrâneos, de labirintos misteriosos e insondáveis, de vozes desconexas, de sombras que se agitam imperceptíveis. Seus personagens são almas do outro mundo, homens de uma terra ignota que nossa visão interior mal percebe...

Seus contos lembram, é verdade, Edgar Poe, mas um Poe filtrado através do simbolismo, um Poe que houvesse lido Villiers, Maeterlinck, Wilde e D'Annunzio, que houvesse lido os modernos, os moderníssimos.[3]

---

1. Jovem autor francês (1874-1898) do final do século, amigo de Pierre Louys e de Paul Léautaud, deixou impressões pessimistas e decadentes em sua obra *Un document sur l'impuissance d'aimer* (1894), que estendeu também, mesclado à análise do desespero e da vida inconsequente das elites, para as obras que se seguiram, caso de *Penses-tu réussir?* (1897) e de *L'exemple de Ninon de Lenclos, amoureuse* (1898).
2. Como que confirmando a imagem do "bemol esquecido" utilizada por Sérgio nesta resenha, pouca coisa se sabe da vida e da atividade intelectual de Moacir Deabreu, constando dele apenas a obra e a data de sua publicação aqui referidas, e muito poucas referências acerca de sua trajetória pessoal.
3. *O Mundo Literário* (RJ), I (3), vol. I: 389, 5 de julho de 1922. [Resenha sem título da seção "S. Paulo".]

A literatura nova de São Paulo

A LITERATURA NOVA de São Paulo segue naturalmente dois planos diversos, mas legítimos – um vertical e um horizontal.

São estas aliás as duas eternas tendências universais da arte, tendências que raro se encontram sem a predominância de uma sobre a outra. Não há atualmente um só país que não possua pelo menos um grande tipo representativo em cada uma delas.

Alfred Wolfenstein[1] na Alemanha, Blaise Cendrars na França, Marinetti na Itália e Carl Sandburg nos Estados Unidos, para citar um só em cada país, pertencem manifestamente ao último grupo. Do outro lado há Johannes Becher,[2] Claudel, Lee Masters e Palazzeschi.

1. Poeta e dramaturgo expressionista alemão (1888-1945), foi diretor da revista *Die Erhebung* e escreveu entre outras obras os livros em versos *Die gottlosen Jahre* (1914), *Die Freundschaft* (1917), além do drama *Die Nacht vor dem Beil* (1929). Exilado em Paris (1938), foi obrigado a mudar de nome e acabou se suicidando depois de uma crise nervosa.
2. Poeta expressionista e depois político alemão (1891-1958), colaborou nas revistas expressionistas *Die Aktion* e *Die neue Kunst*, tendo ingressado no Partido Comunista já em 1919. Sua poesia evolui de um expressionismo violento e politicamente participante para uma orientação mais clássica e contida que em certo sentido coincide com o seu retorno da Rússia (1945), onde passou cerca de dez anos exilado. Entre os seus

Os nossos poetas modernos mais conhecidos filiam-se principalmente ao primeiro grupo. Ribeiro Couto em seus versos inéditos fala por exemplo nos frequentadores do cinema do arrabalde fazendo-nos interessar por eles, entre outros, o desinteressante senhor subdiretor da Terceira Repartição de Águas conjuntamente com sua senhora e os filhos, com uma naturalidade que espanta.

Lembra em certo ponto Sandburg,[3] o maior poeta ianque da atualidade, o cantor de Chicago, esse "*hog butcher for the World*", como ele o chamou.

Em Guilherme de Almeida essa tendência é tão acentuada que toda a sua obra poética consiste na *horizontalização* de noções naturalmente verticais. Trata-se portanto de um verdadeiro *tour de force*.

Soror Dolorosa é toda ela uma documentação de quanto digo. Isso reveste num formal desmentido a um prejuízo abundantemente espalhado. O poeta das *Canções gregas* apontado em geral como um romântico é no fundo principalmente um clássico – o classicismo consistindo antes de tudo na concretização das noções abstratas, de outra maneira: na objetivação do subjetivo e na *horizontalização* do vertical.

A atitude lírico-romântica de Guilherme é meramente artificial, portanto insincera.

Isso não é um reproche que lhe dirijo, ao contrário, é um elogio, porquanto a base da verdadeira obra de arte consiste em torcer a direção natural do artista. A *sinceridade* no sentido em que geralmente é compreendida é um vocábulo que devia ser abolido da crítica literária.

Não confundir porém *horizontalismo* com realismo. É sa-

---

livros de versos mais importantes incluem-se *Verfall und Triumph* (1914), *An Europa* (1916) e *Päan gegen die Zeit* (1918).
3. Poeta americano (1878-1967) de inspiração popular colhida e vivida na grande cidade, é autor de baladas reunidas nos volumes *The American songbag* (1927) e depois em *The new American songbag* (1950), além de uma biografia de Lincoln e de um relato autobiográfico intitulado *Always the young strangers* (1950).

bido que a memória, portanto o elemento subjetivo, influi muito mais na arte que a verdade simplesmente objetiva. O próprio Guilherme de Almeida sustenta largamente essa tese em seu livro a sair do prelo, edição da revista *Klaxon*: *Natalika*. É em suma o que exprime o expressionista Kasimir Edschmid em síntese: "A verdade está aqui. Para que repeti-la?".
A origem da própria arte explica-se pela memória.

A abolição dessa faculdade como fizeram os pintores impressionistas é simplesmente um absurdo. A própria pintura de *esquisses* dos japoneses, de todos os orientes, apesar de seu realismo, não desdenha da memória, esse elemento essencial.

O chefe do grupo sincronista na França, Marcello Fabbri, procurou ampliar a intuição dos horizontalistas, negando o fato individual e estabelecendo até a interdependência dos povos. Não creio no progresso dessa ideia porque a tendência horizontal é já por si a mais ampla possível. A teoria de Fabbri cria um sincronismo ilusório e errôneo.

Destrói além disso a parte que mais seduz nos escritores sincronistas de tendência horizontal, o nervosismo, a *schandern* que Goethe considerava "o melhor do homem". E é esse o característico mais evidente nos escritores novos de São Paulo.[4]

---

4. *O Mundo Literário* (RJ), I (4), vol. 2: 114-5, 5 de agosto de 1922. [Resenha sem título da seção "S. Paulo".]

O Expressionismo[1]

•

OS MOVIMENTOS MODERNISTAS tendentes a substituir e de certo modo continuar as formas persistentes da arte, já caducas e carunchosas, têm-se estendido nestes últimos dez anos por todos os países civilizados, mesmo os da América Latina.

Ainda agora assistimos ao surto no Uruguai dos ultraístas, com o poeta Alexis Delgado.[2] Entre nós o grupo extremista de *Klaxon* tem escandalizado alguns homens ingênuos e os 28 milhões de imbecis que ainda existem em nosso país.

De nenhuma nação se pode dizer tanto como da Alemanha que nela o movimento modernista tenha conquistado toda uma elite intelectual. Há doze anos que a revista *Die Aktion*[3] e mais *Die Sturm*[4] se têm batido por essa vitória.

---

1. Publicado na revista *Arte Nova* (RJ), 1 (2): 109-10, setembro de 1922.
2. Evocado por Guillermo de Torre (*Literaturas europeas de vanguarda:* Madri, Rafael Caro Raggio Editor, 1925, p. 80), Alexis Delgado aparece, ao lado de Pereda Valdés, Federico Morador e Clotilde Luisi, entre os poetas que se reuniam em torno da revista ultraísta *Los Nuevos*.
3. Revista expressionista de literatura, artes e política fundada em 1911 em Berlim por Franz Pfemfert (1879-1954) que reuniu em suas páginas escritores como Stadler, Heym, G. Benn, J. R. Becher, Ivan Goll e Max Brod, entre outros, além de artistas como G. Grosz e Schiele.
4. Revista expressionista de artes e literatura que Herwarth Walden fundou em Ber-

Em 1909 um grupo de artistas italianos capitaneados por Marinetti começou a lançar manifestos estabelecendo dessa maneira as bases do movimento futurista.

A Europa enriquecera-se de mais uma grande sensação, diz Kasimir Edschmid.[5] Na Alemanha o primeiro adepto da nova escola foi Georg Grosz seguido logo por Alfred Döblin. Ao mesmo tempo as revistas de arte reproduziam quadros de Cézanne, Matisse, Picasso e R. de la Fresnaye.

Em música Schonberg começava a tomar equilíbrio. Em artes plásticas ainda dominava o impressionismo. A luta e a reviravolta foram portanto muito maiores do que se pode supor. André Lhote definiu muito bem o impressionista como "um homem que não tem memória". A frase de Barrès é típica: "mas eu próprio não existia mais, eu era simplesmente a soma de tudo quanto eu via".

Hermann Bahr define o impressionista como o homem rebaixado à categoria de gramofone do mundo exterior.[6] Falta portanto a esse homem o que os alemães chamam *Das Auge des Geistes*, quer dizer, o fundamento do expressionismo, a escola que acabaria por dominar toda a Alemanha. Começam por importar dois artistas quase geniais, ambos russos, Marc Chagall e Wassily Kandinsky. O primeiro, de uma simplicidade comovente e de uma imaginação espantosa, realiza o tipo completo do artista moderno. Kandinsky por outro lado não admite a representação em pintura e considera elemento

---

lim no ano de 1910 e que circulou até 1932, inicialmente com a colaboração de Döblin e Kokoschka e numa etapa posterior com a presença de outros artistas e escritores de vanguarda, entre os quais Kirchner, Feininger, Nolde e Apollinaire.

5. Referência a Eduard Schmidt, também conhecido como Kasimir Edschmid (1890--1966), escritor que também desempenhou o papel de grande teórico da prosa expressionista alemã, que ele ilustrou através de textos exóticos, de personagens fora do comum de que são exemplos as obras *Das rasende Leben* (1916), *Die achatnen Kugeln* (1920) e *Sport um Gagaly* (1927). Foi também autor de biografias romanceadas e narrativas de viagens.

6. Cf. Thomas Anz e Michel Stark (orgs.). *Expressionismus – Manifeste und Documente zur deutschen Literatur (1910-1920)*. Stuttgart (1982).

pictural a idealização no abstrato. Max Pechstein, Emil Nolde, Heinrich Campendonk e Franz Marc acompanham de longe os *fauves* e os cubistas franceses assim como os russos. Paul Klee, o mais interessante de todos, imita os desenhos infantis com uma graça e um vigor extraordinários, lembrando pela ingenuidade certos desenhos do russo Larionov ou mesmo de Georg Grosz. Todos esses elementos tão complexos e tão diversos entre si contribuíram poderosamente para a criação de uma nova tendência e, o que é incontestável diante da anarquia em que as cartas do sr. Vauxcelles colocaram a moderna pintura francesa, a mais legítima entre as atuais tendências.

Ivan Goll procura resumir em poucas palavras o ideal do expressionismo considerado não apenas como uma simples forma literária e pictural mas como todo um novo sistema de vida que terá suas repercussões tanto em filosofia como em sociologia.

O Expressionismo, diz ele, é a generalização da vida baseada na influência puramente espiritual. Trata-se de dar a todos os atos humanos uma significação super-humana, e mesmo uma tendência para a divinização. O Expressionismo chega no momento em que as religiões decaem e em que decai o panteísmo dos poetas; em oposição a nossa época que é a mais materialista e a mais vil de todas, cada ser sensitivo sente a necessidade de uma nova fé, de uma profunda emoção interior. E é justamente isso que lhe proporciona o Expressionismo.[7]

A tendência dos expressionistas para o irreal, o abstrato, o exótico resumiu-a Edschmid num simples epigrama: "O mundo está aqui; seria absurdo repeti-lo".[8]

---

7. Consultar a respeito Ivan Goll. *Dichtungen*. Hrsg. von Claire Goll. Darmstadt (1960).
8. Ver Kasimir Edschmid. *Über den Expressionismus in der Literatur un die neue Dichtung*, Berlim (1919).

A literatura dos expressionistas está toda ela de acordo com essa teoria. Um crítico norte-americano recentemente declarava que o problema do drama do futuro é fugir ao realismo sem voltar as costas ao mundo.

Esse preceito é seguido pelo próprio Edschmid em suas novelas publicadas em *Die Fürstin, Timur* e *Die Sechs Mundungen*. A literatura dramática expressionista é a que, no entanto, conserva maior número de qualidades próprias. Leia-se por exemplo a peça de Georg Kaiser, *Von Morgens bis Mitternachts*. Dificilmente se imagina o mundo de sensações novas e imprevistas que o autor consegue nos transmitir através das cento e poucas páginas de que se compõe a sua peça. Publicada pela primeira vez em 1916, foi representada sucessivamente em Berlim e Londres e depois filmada na Alemanha. Kaiser tem muitas outras obras publicadas, como *Europa, Die Versuchung* e *Die Koralle*. Nenhuma, ao que me conste, alcançou o sucesso do *Von Morgens bis Mitternachts*. Paul Kornfeld, outro dramaturgo de valor e cheio de afinidades espirituais com Georg Kaiser, é o autor das *Legende* e da tragédia *Die Verführug*, escrita há nove anos e de que ainda hoje se tiram novas edições. Fritz von Unruh dá-nos dois livros durante a guerra, ambos sobre a vida das trincheiras, a novela *Opfergang* e o drama *Offiziere*. É um dos escritores mais vigorosos da nova geração alemã. O pintor Oskar Kokoschka, autor do célebre retrato de Rudolf Blümner, é um poeta dramático de valor incontestável.

Entre os poetas líricos um dos mais notáveis é August Stramm, morto durante a guerra. Seus poemas caracterizam-se pelo espírito sintético que denotam. Lembram até certo ponto os *Tankas* e *Haikais* japoneses. Edschmid compara-os aos instrumentos javaneses, às danças de bar e às canções africanas. Franz Werfel com seu humanitarismo doloroso realiza na Alemanha, em ponto menor, um papel semelhante ao de Romain Rolland na França. Alfred Wolfenstein canta a vida moderna em todos os seus inúmeros aspectos. As locomotivas, os automóveis, as cidades tentaculares, os aeroplanos, o *steeple-chase*, os cinemas são os seus motivos prediletos. Johannes Becher é hoje o poeta da revolução. Desde 9 de novembro, declarou-se comunista e hoje canta invariavelmente Lenine e a revolução russa.

Em síntese o movimento expressionista alemão, hoje francamente vitorioso, é uma das tendências mais poderosas e mais legítimas da arte moderna.

[A nova geração santista]

•

É UM USO MUITO ESPALHADO o supor-se que a literatura paulista – creio que já posso dizer literatura paulista – foi monopolizada por uma meia dúzia de indivíduos residentes na capital do Estado.

Fora dela existem numerosos homens de letras cujas obras se vendem. Sem contar os que residem fora do Estado – e são numerosos – há a contar aqueles que vivem afastados do meio literário paulistano, espalhados pelas cidades do interior. Alguns como Gustavo Teixeira,[1] Otoniel Mota, E. de Lima[2] são conhecidos em todos os meios cultos do Brasil. Em nenhuma

---

1. Poeta e jornalista paulista natural de São Pedro (1881-1937), viveu praticamente recluso em sua cidade, apesar dos insistentes pedidos que lhe chegavam do Rio de Janeiro, particularmente através do poeta Emílio de Meneses, e de São Paulo, para que militasse na grande imprensa. É autor de *Ementário* (1907), *São Paulo* (1908), *Poemas líricos* (1925), reunidos no volume das *Obras completas* em 1959, com prefácio de Cassiano Ricardo.

2. Possível referência de Sérgio Buarque de Holanda a Eugênio de Lima, jovem poeta então com dezoito anos de idade que em companhia de Sud Menucci, Oscar Pedroso d'Horta e Maurício Goulart fundou a revista *Arlequim*. Colaborador do *Diário de Araraquara* e depois do *Diário de Rio Preto*, é autor de obras como *Mosaico* (1929), *Lâmpada votiva* (1933) e *Advertência* (1951).

outra cidade, porém, afora a capital, existe um meio literário tão adiantado como o de Santos.

Sabia-se até há pouco tempo que existia lá um Martins Fontes, autor de um livro intitulado *Verão*, que o Brasil todo conhecia de nome, mas quase que só de nome. Faltava um homem de coragem e de audácia que se encarregasse de espalhar aos quatro ventos que Santos também possuía uma literatura, uma literatura que sobrepuja talvez a de qualquer capital brasileira nortista ou sulista, sem contar São Paulo, está visto. Esse homem acaba de aparecer. Graças a ele o Brasil vai aprender que naquela cidade, apesar de suas célebres docas, há ainda um lugarzinho para os espíritos que pensam e que produzem. Acompanhando a trilha aberta em São Paulo por Monteiro Lobato, esse homem admirável que é o sr. Galeão Coutinho[3] organizou uma empresa editora onde começou por publicar seus próprios livros. Galeão Coutinho já dera à publicidade um volume de versos, *Parque antigo*, hoje completamente esgotado, quando publicou, em sua empresa editora, um livro de contos, *Semeador de pecados*. Falta uma certa unidade a esse livro. É esse um defeito que eu apontaria nele, se isso fosse realmente um defeito. A variedade dos assuntos agrada, ao contrário. O A. desculpe-me: "as páginas que aí vão eu escrevi por várias épocas, sujeito às oscilações nervosas do meio em que sou impelido a viver e às flutuações de minha sensibilidade de dispersivo". *Semeador de pecados*, longe de ser uma autobiografia, é, entretanto, uma novela em que o A., por várias vezes, aparece transfigurado em seu personagem principal. "Carnaval" é uma história banal desen-

---

3. Poeta, dramaturgo e jornalista de Santos (1897-1951), foi companheiro de geração dos outros dois escritores aqui lembrados pelo jovem Sérgio – Afonso Schmidt e Paulo Gonçalves – e autor entre outros livros de *Parque antigo* (versos, 1920), *Câmbio a três* (novela, 1931), *Vovó Morungaba* (1938), *A vida apertada de Eunápio Cachimbo* (1939) e *A vocação de Vitorino Lapa* (romances, 1942). Foi fundador da casa editora Edições Cultura Brasileira.

volvida com tal habilidade pelo autor que até nunca cai em lugar-comum.

"Dona Violante das Torres Negras" é um delicioso conto medieval, que a gente lê e relê sempre com agrado. Em suma, o livro do sr. Galeão Coutinho é uma obra-prima sob qualquer aspecto por que se o encare.

Afonso Schmidt[4] é outro espírito felizmente já conhecido em nosso meio.

Brutalidade é o seu último livro. Revela um *conteur* de raras qualidades e único no gênero em todo o Brasil. Editado ainda pelo sr. Galeão Coutinho, acaba de aparecer magnificamente impresso o livro de versos *Yara*, de Paulo Gonçalves.[5] É pena que um poeta como esse, de quem tanto se pode esperar ainda, continue preso à estética parnasiana.

Na nova geração santista existe ainda um pensador de alto mérito, o sr. Ângelo Guido.[6]

Seu livro *Ilusão*, aparecido há poucos dias, deve ser uma revelação. Ainda não conheço a obra, mas avalio o seu alcance pelo sumário. Eis o título de alguns de seus capítulos: "O segre-

---

4. Escritor, poeta, contista, biógrafo e romancista nascido em Cubatão (1890-1964), mesclou a vida de boêmio com a atividade intelectual sempre inquieta que o levou a aventurar-se pela Europa e a cultivar a poesia social, logo abandonada pela vocação de prosador, predominante no conjunto de sua extensa obra. Nesta, entre tantos trabalhos, destacam-se *Janelas abertas* (1911), *Ao relento* (1922), *Garoa* (1931), *Zanzalás* (1938), *A marcha* (1941), *O menino Felipe* (1950).
5. Poeta, dramaturgo e jornalista de Santos (1897-1927), foi colaborador do *Diário de Santos* e da *Tribuna*, chegando depois a redator de *O Estado de S. Paulo*, além de colaborador assíduo em revistas de expressão de seu tempo como *Novíssima*, *A Cigarra* e outras. Estreou como poeta com o livro *Yara* (1922), aqui referido por Sérgio Buarque de Holanda, ao qual se seguiu o volume da *Lírica de frei Angélico* (1927). Foi teatrólogo de muitas peças, como *1830*, *O cofre*, *As noivas*, *A comédia do coração*, *As mulheres não querem almas*, e deixou o ensaio *São Paulo e seus homens no centenário* (1922).
6. Poeta, jornalista e romancista italiano (1893-1969), veio muito criança para o Brasil, morando inicialmente em Santos, de onde saiu para viver no Norte por algum tempo, indo depois para Porto Alegre, onde se fixou a partir de 1928. Além do livro *Ilusão*, referido por Sérgio Buarque de Holanda, deixou o romance *O reino das mulheres sem lei* (1937) e *Pedro Weingartner* (1956). Interessado em artes plásticas e artista por vocação, foi professor universitário e deixou inúmeros ensaios críticos e de interpretação nesse terreno.

do místico", "O mistério da consciência", "Aparência e realidade", "Além do véu de Maya", "Concepção mística do Universo", "Mundo interior", "Instinto e instituição", "O problema da lei", "A consciência criadora", "A reação espiritualista" e "O evangelho da beleza".

A febre de publicidade não é menor em Santos que em São Paulo e no Rio. Estão anunciados para estes dias os seguintes livros: *Macabá*, poema de Martins Fontes; *Arlequinada*, peça em verso do mesmo autor; *O mar*, conferência do mesmo autor; *O dedo nos lábios*, romance sensacional de Afonso Schmidt; *Diário de um convalescente*, *Impressões*, de Ribeiro Couto; *Janelas abertas,* versos de Afonso Schmidt, 2ª edição; *Novidades*, versos de Afonso Schmidt, 2ª edição, e *Parque antigo*, de Galeão Coutinho, 2ª edição.[7]

---

7. *O Mundo Literário* (RJ), I (6), vol. 2: 467-8, 5 de outubro de 1922. [Resenha sem título da seção "S. Paulo".]

[Os "futuristas" de São Paulo]

SÃO PAULO OCUPA NESTE MOMENTO uma posição de excepcional destaque no nosso mundo literário.

Não se imagine que o atual movimento modernista que lá se dá é uma continuação ou o resultado de uma evolução dos movimentos anteriores.

Isso é absolutamente falso.

Nenhuma ligação existe entre os chamados "futuristas" de São Paulo e os seus avós parnasianos e naturalistas.

Quando no Brasil surgiu o simbolismo, reflexo mais ou menos esbatido do simbolismo europeu, a Faculdade de São Paulo já não era mais o centro de todas as inovações literárias realizadas neste país. Os estudantes, quando muito, liam Verlaine mas escreviam versos à Leconte.

Mas o progresso material da Pauliceia não se fez esperar, e o *"espírito novo"* nasceu com ele. Consequências?

Todos sabem. A gente nova da Pauliceia renega com veemência a poesia idiota do sr. Amadeu Amaral, o poeta indigesto dos comendadores ventrudos e burros, dos *"orientalismos convencionais"* etc.

São Paulo não tem mais tempo de olhar para trás. Se deu um passo errado – ninguém sabe, deu e está dado. Os poetas do passado, seja o sr. Joaquim de Queiroz, seja o autor das *Espumas*, que ambos se valem, podem berrar à vontade que ninguém mais tem ouvido para eles.

Em nenhuma época São Paulo chegou a tamanha pujança intelectual. Três livros monumentais saíram em poucos meses das oficinas tipográficas da Pauliceia: *Os condenados*, de Oswald de Andrade, romance admirável pela sua construção moderna; a *Pauliceia desvairada*, livro tremendo de sátira mordaz a tudo e a todos, também admirável pelo poder do estilo e pela novidade de expressão; *O homem e a morte*, de Menotti del Picchia, obra em que o grande poeta e romancista de São Paulo nos oferece um outro aspecto até há pouco inédito de sua obra.

Terei ocasião de falar brevemente e com minúcia desses livros.

Para o ano de 1923 preparam-se grandes coisas em São Paulo.

Mário de Andrade dará um novo livro de versos assim como um livro de prosa intitulado *A escrava que não é Isaura*.

Oswald de Andrade tem prontos mais três livros: o segundo e o terceiro volume do romance *A trilogia do exílio* e as *Memórias de João Miramar*.

Guilherme de Almeida tem a entrar para o prelo *A frauta que eu perdi*, versos, e o *Festim*, poema em versículos bíblicos. O poeta de *Messidor* dar-nos-á breve os poemas dramáticos "Scherazada" e "Narciso", terminados há mais de um ano, assim como uma conferência, *Natalika*, e um volume de pequenos contos.

Rubens de Moraes dará o *Domingo dos séculos*, um livro de delicioso humorismo.

Luiz Aranha tem prontos o *Laboratório de éter* e o *Poema giratório*. Tácito de Almeida, irmão de Guilherme de Almeida, tem terminados três excelentes volumes de versos.

Couto de Barros prepara um livro de humorismo que fará certamente grande sucesso. Ribeiro Couto tem em preparo

Um homem na multidão, delicioso livro de poemas, únicos no gênero entre nós. Agenor Barbosa e Plínio Salgado continuam a produzir belos poemas.

Por ali se vê que os "futuristas" estão absolutamente senhores da situação, em São Paulo.[1]

---

[1] Publicado na revista *O Mundo Literário* (RJ), II (9), vol. 3: 384, 5 de janeiro de 1923. [Resenha sem título da seção "S. Paulo".]

[O passadismo morreu mesmo]

QUANDO HÁ SEIS MESES ATRÁS publiquei meu último artigo nesta seção, estava longe de imaginar que ele causasse a indignação que causou nos arraiais do "passadismo" paulista. Estava certíssimo, como estou, de que o passadismo morrera definitivamente em São Paulo e de que nem Jesus Cristo em pessoa seria capaz de ressuscitá-lo. Um amigo tentou mostrar que eu transmitira uma falsa notícia aos leitores do *Mundo Literário*. E muitas semanas depois de publicado o artigo aparece-me ele, com uns olhos deste tamanho, mostrando-me um jornalzinho de São Paulo.
– Então ressuscitou?
– Ressuscitou o quê?
– O passadismo de São Paulo.
– Veja isto...
E estendeu-me a folha.
De fato, havia lá um longo artigo assinado pelo sr. Acaciano Gonçalves. Mas a minha paciência protestou urgentemente, antes mesmo de eu ter lido meia coluna. E o amigo acabou concordando que não se tratava de ressurreição. A cousa era bem menos grave. Quando muito, provavelmente, missa de sétimo dia. O passadismo morreu mesmo. Entre-

tanto, nunca me deixei levar pelas primeiras impressões e comprei alguns outros números do jornal. Em todos continuei a ver o artigo do sr. Gonçalves invertido, misturado, embrulhado etc.... Somente os títulos e as assinaturas variavam e assim mesmo, de vez em quando, muito raramente. A minha certeza confirmava-se.

Não pensem os leitores que eu vou responder a esses artigos ou a esse artigo. Quero simplesmente mostrar aos que não conhecem o meio literário de São Paulo, que não me afastei um passo da pura verdade quando disse que São Paulo não olha mais para trás, como a mulher de Loth.

É provável que a totalidade quase dos leitores desta seção, que conhecem naturalmente os nomes de Guilherme de Almeida, Menotti del Picchia, Oswald e Mário de Andrade, nunca tenha ouvido falar no sr. Aristeu Seixas, por exemplo, ou no sr. Manuel do Carmo,[1] autor de um livrinho intitulado: *Consolidação (!) das leis (!) do verso*. Pois esses cavalheiros e o livrinho existem. Mas descansem os leitores, não lhes adianta nada conhecer semelhantes figuras. Nem serei tão injusto para com São Paulo ao ponto de fazer supor que essa gente representa a mentalidade nova da capital dos Bandeirantes. Mesmo porque o sr. Carmo da *Consolidação* não é de São Paulo e sim do Rio Grande do Sul e o sr. Moacyr das Chagas[2] nasceu em Minas e até há pouco tempo publicava versos quebrados numa revista religiosa chamada *Lourdes*. Há ainda o sr. Sylvio Lagreca,[3] o sr. Pat-

---

[1]. Referência a Manuel Fernandes do Carmo (1891-1951), poeta gaúcho que se dedicou sobretudo à poesia regionalista e autor, além da obra aqui citada por Sérgio Buarque de Holanda, dos livros de versos *Caminho de luz* (1909), *Cantares da minha terra* e *Setembro* e do ensaio *O sanchismo* (1913).

[2]. Poeta, prosador, crítico e jornalista mineiro (1894-1940) e autor, além da obra aqui citada por Sérgio Buarque de Holanda, dos livros em versos *Turibulário* (1914), *Sombras* (1915), *Cinzas* (1916), além do volume de contos *Um cão e outros contos do vigário* (1922) e do ensaio *São Paulo e seus homens de letras* (1923).

[3]. Possivelmente uma alusão equivocada a Francisco Lagreca, jornalista e escritor piracicabano premiado pela Academia Brasileira de Letras com o livro *Cidade do amor*

ti[4] e alguns outros cujos nomes não me recordo no momento. São estes os trágicos defensores da arte com A maiúsculo, em que floresceram *"Banville e Mendes gloriosos"*, contra as pedradas dos vândalos do futurismo. Apesar disso, em sua maioria, não passam de pobres coitados. Antes da atual campanha, muitos deles nunca tinham visto o seu nome estampado em letras de fôrma debaixo de um artigo de jornal. Mas um vespertino lhes ofereceu essa oportunidade. O "Precisam-se" da *Folha da Noite* encheu a praça Antonio Prado como num dia de jogo Paulistano-Palestra. O sr. Lagreca esfregava as mãos de contente:

– Vou ficar um homem célebre. Uma polêmica com o Guilherme. Ele há de responder. Vocês vão ver.

O sr. Chagas, que imigrara de Minas pouco antes, dizia o mesmo:

– Ao menos em São Paulo serei conhecido. Vou provocar o Menotti.

Daí em diante foram reptos engraçadíssimos, acusações impagáveis, que nunca, entretanto, foram respondidas. É raro dentre esses artigos o que não seja um repto ou uma provocação para polêmica. Faz pena ver-se a sofreguidão com que esses senhores andam a bater de porta em porta à procura de pão duro. Artigos e mais artigos com títulos neste gênero: "Por que o sr. Menotti não nos responde?"; "Perspectivas de um box literário" etc....

Quem tiver lido com atenção um desses artigos verá que propositalmente os seus atores lhes dão um ar trágico e acu-

---

e depois pela Liga Nacionalista pela obra *Alma nova*, e autor, entre outros trabalhos, dos ensaios *Em defesa do mestre* (1906), sobre a obra de Eça de Queirós, *Por que não me ufano de meu país* (1919) e *Apologia da arte moderna* (1923).

4. Jornalista e poeta paulista que começou escrevendo para o jornal *Correio Paulistano* e depois para o *A Tribuna de Santos*, sendo depois fundador com o poeta Cassiano Ricardo da revista *Novíssima* (1922-23). Deixou poemas (*Mãos vazias*, 1923), romance (*Maria Leocádia*, 1926), ensaio (*Revolução e democracia*, 1931) e memórias (*Espírito das Arcadas*, 1948, e *A cidade sem portas*, 1956).

sam os futuristas com os maiores nomes feios. Cada um dá o que tem. Um deles levantou uma celeuma enorme porque descobriu numa poesia de Guilherme de Almeida três palavras que encontrara nas *Chansons de Bilitis*,[5] de Pierre Louys. Outro, o sr. Chagas que será convenientemente estudado pelo meu colega da secção de Minas, nesta mesma revista, publicou um artigo de quatro colunas, procurando demonstrar que Menotti é plagiário consciente. Encontra dois "vergonhosos plágios" no livro daquele poeta. Assim, diz ele, os versos de Menotti: "uma febre... um delírio... e,/ depois de um momento,/ um bocejo, um cansaço e um arrependimento" são pastiches destes outros, cujo autor ele não declara quem seja: "este tédio, esta náusea, este arrependimento./ Que vem sempre depois de um desejo saciado".

Para provar que há plágio, o sr. Moacyr Chagas gasta mais de uma coluna citando contra Menotti até o padre Bartholomeu (?), autor de um livro intitulado *O homem de letras defendido e emendado*. E chega até à conclusão de que "se os versos de Menotti não parecem plagiados, é porque o plágio é consciente" (*Folha da Noite*, 2 de junho de 1923).[6] Assim, as *Pom-*

---

5. Coletânea de poemetos em prosa que Pierre Louys (1870-1925) publica em Paris em 1894 fazendo crer que se tratava de versos descobertos por ele e escritos por uma poetisa grega de nome Bilitis, dada como tendo nascido por volta do século VI a. C. na *Pamfília* oriental, mas que depois se transfere para Mitilene, na ilha de Lesbos, onde teria conhecido a Safo, que por sua vez lhe teria ensinado a arte do canto e da poesia.
6. Mais tarde, em suas memórias, Menotti del Picchia assim recordaria o episódio: "Arranjaram um poeta mineiro fixado em São Paulo, Moacir Chagas, como testa de ferro de uma campanha meticulosamente organizada. Moacir também escrevia versos e não era despido de talento, apesar de ser poeta de velho estilo, desfechador de sonetos com explosivos fechos de ouro. Todo o dia, na primeira página do austero matutino [*Folha da Noite*], com manchetes vibrantes, recebia eu sucessivas cargas da crítica ácida, que não se confinavam às manifestações da minha literatura, mas pulavam sub-repticiamente a cerca da minha intimidade e até do meu lar. Depois de ferido o alvo mestre, os estilhaços das bombas iam atingir Guilherme de Almeida, Plínio Salgado, Mota Filho, respingando algumas fagulhas dessas explosões em Mário, Oswald, Graça Aranha e seus companheiros cariocas. O libelo foi depois publicado em livro como sendo da autoria de Moacir Chagas com o título *São Paulo e seus homens de letras, Menotti del Picchia e sua obra*". E conclui: "Anos mais tarde o pobre Moacir,

bas, de Raimundo Correia, diz ele mais ou menos, não foram plagiadas de Théophile Gautier, porque o trecho conhecido da *Mlle. de Maupin* foi copiado quase que literalmente pelo nosso poeta. Daí esta conclusão originalíssima: "Um verso de determinado poeta, quando se pareça com outro verso anterior, de outro poeta, foi necessariamente plagiado, quer dizer, plagiado conscientemente; não haverá plágio desde que o verso seja copiado palavra por palavra".

Em artigo publicado pelo mesmo sr. Chagas, na *Folha da Noite*, em 9 de junho, há coisas neste gênero. Falando de um verso de Menotti, "a anca em forma de lira e a cintura de vespa...", diz com o ar mais sério deste mundo: "A primeira metade do verso é lugar-comum, e tem sido sovada por um sem--número de poetas. A segunda metade (segundo hemistíquio), a cintura de vespa – pasmem os leitores! – nada mais é que um furto do dicionário (!?): foi escamoteado ao Simões da Fonseca, p. 1179".

No mesmo artigo, o sr. Chagas, ansioso por obter uma resposta de Menotti, diz textualmente que aquele coloca a sua vida íntima sob o "látego do seu reproche" e fala com voz grossa em seu "honestíssimo patrimônio literário".

Desde que ficou provado que o sr. Lagreca, que fez tanto barulho com um suposto plágio de Guilherme de Almeida, havia copiado versos do próprio Guilherme, ninguém mais ouviu falar no "vergonhoso plágio do autor de Miromeris".

Mas o honestíssimo patrimônio literário de Chagas não é mais honesto que o do sr. Lagreca. Em um livro que publicou em 1921 (*Redenção*), o sr. Moacyr tem os "Sonetos de bronze", que quase sempre nada mais são que uma variante dos "Sonetos de aço", de Guilherme de Almeida. Em sua poesia

---

convertido e arrependido de se ter prestado ao jogo dos companheiros embuçados, escreveu um artigo penitenciando-se, fazendo-me referências desvanecedoras [...]".
Cf. Menotti del Picchia, *A longa viagem*. São Paulo, Martins, Conselho Estadual de Cultura (1972), vol. II, pp. 147-8.

"Supremo culto", o sr. Chagas tem este verso: "os nossos pobres corações defuntos...". Guilherme também tem no soneto que abre o *Nós* (publicado em 1917), este verso: "dos nossos pobres corações defuntos...". Guilherme não foi a única vítima. O verso de Moacyr Chagas: "É um bizarro moscardo, asas de ouro e berilo" é apenas uma modificação do conhecidíssimo verso da *Mosca azul*, de Machado de Assis: "Era uma mosca azul, asas de ouro e granada".

O soneto "Pandjeb", de Moacyr Chagas (*Redenção*), pp. 33-4, também foi extraído de Bilac no "Avatar" (*Tarde*).

Faço ponto aqui, pois creio que isso é suficiente. É certo que se eu tivesse lido todo o livro do sr. Moacyr Chagas, teria encontrado muitos outros plágios. Mas, infelizmente para mim, não tenho a paciência de Jó, o que me impede de esmiuçar tudo quanto haja no mesmo volume. Os leitores contentem-se com isto. Eu já disse o que tinha a dizer sobre os passadistas de São Paulo. Aliás, era indispensável este "necrológio".[7]

---

7. *O Mundo Literário* (RJ), II (15), vol. 5: 370-3, 5 de julho de 1923. [Resenha sem título da seção "S. Paulo".]

André Gide

•

MENOS QUE A DE QUALQUER OUTRO escritor francês contemporâneo, a fisionomia literária de André Gide se ajustaria a uma visão de conjunto que abrangesse todos os seus aspectos tão vários e certas vezes tão discordantes entre si. E é por esse motivo que eu me permito considerar cada um desses aspectos isoladamente, tentando estabelecer contudo a maior harmonia, a maior unidade possível entre as diversas considerações. É que apesar das discordâncias, apesar das aparentes contradições entre aqueles aspectos, não há dúvida que subsiste, em todo o caso, um traço de união que os torna inconfundíveis à primeira vista. Gide comparou essa unidade subsistindo através da mais infinita variedade, ao fio que prendia Teseu a um amor passado, sem o impedir de atravessar as paisagens mais diversas.

Eis a sua importantíssima descoberta: "a vitória do individualismo está na renúncia à individualidade". Ele acredita ter encontrado o verdadeiro sentido das palavras do Evangelho: Aquele que quer salvar sua vida (sua vida pessoal), per-de-la-á, mas aquele que quer perdê-la, salva-la-á (ou, para traduzir mais exatamente o termo grego, *torna-la-á verda-*

deiramente viva).[1] Essas palavras correspondem àquela sua ideia predileta.

E o que significará para Gide a expressão "renúncia à individualidade"? É inútil tentar uma interpretação em desacordo com a do senso comum. Nas *Nourritures terrestres*, Menalque diz: "*Nathanaël — car ne demeure pas auprès de ce qui te ressemble; ne demeure jamais, Nathanaël. Dès qu'un environ a pris ta ressemblance, ou que toi tu t'es fait semblable à l'environ — il n'est plus pour toi profitable. Il te faut le quitter*".[2]

A ideia de que a felicidade é "necessária" ao homem reveste-se na obra de Gide de todas as formas. É uma preocupação constante. "*Que l'homme est né pour le bonheur, certes toute la nature l'enseigne*", diz um dos fragmentos prematuramente publicados nas *Nouvelles nourritures*.[3] Ele nos mostra que é o esforço para a volúpia que faz germinar a planta, que enche as colmeias de mel e o coração humano de bondade. Gide não diz simplesmente "a volúpia", mas sim "o esforço para a volúpia". Essa distinção é da mais alta importância desde que se quer compreender o verdadeiro sentido de sua obra. Assim, não é bem a *felicidade* o que ele procura, "pois precisamente o que se procura é que se chama felicidade". Nesse como em muitos outros pontos o seu pensamento coincide estranhamente com o de Nietzsche. Ainda recentemente, um crítico alemão, o professor Richard Meyer, via em Gide "o anunciador de uma nova geração inimiga de qualquer contato com o passado, um discípulo francês de Nietzsche" (*ein französischer Schüler Nietzsches*).[4]

---

1. Ver André Gide. *Pretextes*. 8ª ed., Paris, Mercure de France (1919), p. 21 e *Morceaux choisis*. Paris, Nouvelle Revue Française (1921), p. 93. (N. do A.)
2. Cf. *Nourritures terrestres*. In André Gide: *Romains, récits et soties. Oeuvres lyriques* (introdução de Maurice Nadeau). Paris, Éditions Gallimard (1984), p. 172.
3. Cf. "Livre Premier" in *Nouvelles nourritures*. Paris, Éditions Gallimard (1984), p. 254.
4. Referência ao crítico, poeta e ensaísta alemão Alfred-Richard Meyer (1882-1956), também conhecido pelo apelido de Munkepunke, de cujas obras se destacam, entre outras, *Zwischen sorgen und sorgen* (1906), *Das Buch Hymen* (1912), *Soldatenbriefe*

Mas o autor em quem as primeiras obras de Gide mais fazem pensar é talvez Robert Browning. Como no poeta inglês, o desejo veemente de volúpia é, em Gide, capaz de transpor ou de suprimir todas as barreiras. Ao contrário dos seus contemporâneos Wordsworth e Tennyson, deste especialmente, que exaltava como necessária para a vida a fé proveniente do controle de si próprio, o autor de *Pippa passes* imagina que todo e qualquer controle é prejudicial: "...all that shocks your will/ All prohibition to lie, kill and thieve/ for ever an atheistic priest".[5]

A ideia de que são nocivas as interdições do Decálogo e de que a "força, o amor e a vontade" bastam para restringir, suprimir ou substituir aquelas interdições, é frequente não só na obra do poeta inglês como também na de Gide.[6]

Logo nas primeiras páginas da *Symphonie pastorale* ele se revolta contra as objeções que os homens se divertem em inventar contra tantos atos que sem elas se poderiam fazer tão facilmente. "Desde a infância", nos diz ele, "quantas vezes

---

grosser männer (1942) e *Wenn nun wieder Frieden ist* (1948). Meyer foi também livreiro editor e diretor do *Kartell* de autores líricos, tendo publicado alguns trabalhos pela *Lyrische Flüglätter*, na qual acolheu alguns poetas que renovaram a lírica alemã, entre os quais Gottfried Benn, Alfred Döblin e Else Lasker-Schüler. Deixou algumas antologias importantes como *Der Mistral* (1913), *Der Neue Frauenlob* (1919) e o conhecido *Munkepunkes Kleiner Appetit-Almanach* (1952).
5. Robert Browning. Bishop Blougram's Apology in *The poetical works of Robert Browning (1833-1868)*. Londres, Oxford University Press (1944), p. 446.
6. É curioso que Goethe tivesse tido a mesma ideia quando escreveu as *Afinidades eletivas*. E é provavelmente a sua própria opinião que ele exprimira pela boca do personagem Mittler. A este, nada lhe parece "mais inábil e bárbaro do que as leis e as ordens positivas". Parecia-lhe inconcebível e absurdo que no seu tempo ainda se obrigasse as crianças a decorar os mandamentos do Decálogo. O quinto, por exemplo, parecia-lhe abominável: "Não matar". Como se alguém nutrisse o menor prazer em matar o seu semelhante. Pode-se matar alguém em um momento de irritação ou de precipitação. "Mas não é uma precaução bárbara proibir às crianças o homicídio?" Bastaria dizer-lhes: " – Toma cuidado com a vida de teus semelhantes. Afasta o que lhes puder ser pernicioso: se tu mesmo lhes fores pernicioso, arrisca tua própria vida para os salvar etc.". "Este sim" – continua ele – "é um mandamento digno de povos civilizados." Cf. Goethe. *Poetisches und Prosaiche Werke*, II. Bande, Stuttgart in Tubingen (1837), p. 117. (N. do A.)

não somos impedidos de fazer o que desejaríamos fazer, simplesmente porque ouvimos repetir em torno de nós: ele não poderá fazer..."[7] Na *Tentative amoureuse* ele insinua um pensamento que vamos encontrar desenvolvido no segundo caderno da *Symphonie pastorale*: "Não encontro precisamente proibições na doutrina do Evangelho". Não se engana quem disser que Gide, como o pastor da *Symphonie*, escolhe na doutrina do Evangelho "o que lhe agrada". Mas o que lhe agrada é exatamente a palavra de Cristo. "Não escolho tal ou qual palavra de Cristo. Simplesmente entre o Cristo e São Paulo escolho o Cristo."[8]

Ele vê no Evangelho sobretudo um método para chegar à vida bem-aventurada. O estado de alegria não lhe parece nada menos que um estado obrigatório para o cristão, pois "impede a nossa dúvida e a dureza de nossos corações". "Cada ser é mais ou menos capaz de alegria. Cada ser deve tender para a alegria."[9]

Todas as sortes de interdições e de obstáculos parecem-lhe não como essenciais à doutrina em si mas à doutrina desvirtuada pelos homens. Parecem-lhe estúpidas e desgraçadas as almas que tomam os obstáculos por fins. "Não há fins, as coisas não são fins ou obstáculos – não, nem mesmo obstáculos; é bastante transpô-los." Apesar disso, ele não deixa de reconhecer um fim. Esse fim único é Deus; "nós não o perderemos de vista, pois ele é visto através de cada coisa".[10] É frequente em seus escritos a insinuação de que virtude e felicidade são

---

7. Ver "Premier cahier" in *Symphonie pastorale*. Paris, Éditions Gallimard (1984), p. 879.
8. In "Deuxième cahier", ibid., p. 914.
9. Ibid., p. 915.
10. Poucos anos mais tarde, o autor das *Nourritures terrestres* exclama: "Não suspeitas, Mystil, todas as formas que toma Deus; de muito olhar uma e de te enamorares dela, tu te cegas. A fixidez da tua adoração me aflige; eu a desejaria mais difusa. Atrás de todas as portas fechadas está Deus... Todas as formas de Deus são dignas de amor e tudo é a forma de Deus". (N. do A.)

sinônimos. Nas *Nourritures* essa identidade adquire uma expressão mais viva: "Não distingue Deus da tua felicidade e coloca tua felicidade no instante".[11] Este e outros preceitos de Gide recordam não raro o Schwob do *Livro de Monele*: "Olha todas as coisas sob o aspecto do momento" ou "Não carrega contigo o cemitério. Os mortos dão a pestilência". Ou "Todo o pensamento que dura é contradição".[12] Nada lhe parece mais abominável que o repouso, os quartos fechados, o pensamento fixado, implantado, enraizado. Nas poesias de André Walter ele nos dá frequentemente a impressão de monotonia. O diagnóstico mais seguro e o único é a ação. Essa ideia pode ser superior à ideia essencial de Browning, expressa com tanta eloquência no poema "Up at a Villa-down in a city". Em uma das estrofes o poeta começa por falar na monotonia da vida campestre, opondo-lhe a vida intensa das cidades. E depois de ter descrito a vida dos campos, exclama subitamente: "*Oh, a day in the city square, there is no such pleasure in life*".[13] É que Browning foi essencialmente um poeta de "vida intensa". Ele poderia ter dito como aquele personagem de Hamsun,[14] que esperava depois da sua morte encontrar um lugar em cima de

---

11. Ver *Nourritures terrestres*, op. cit., p. 162.
12. Referência a Marcel Schwob (1867-1905), escritor francês autor de uma memória sobre François Villon (1890), a quem estudou em profundidade nos anos da juventude, e de alguns romances e relatos supostamente biográficos, inspirados em lendas de personagens famosos, em geral num tom decadentista marcado pelo estilo raro e apurado, que lhe valeu a admiração de Oscar Wilde, a ponto de dedicar-lhe o drama *Salomé*. De seus livros merecem destaque *Coeur double* (1891), *Le roi au masque d'or* (1893), *Vies imaginaires* (1896) e *La lampe de Psyché* (1903).
13. Cf. Robert Browning. "Lyrics" in *Poems* (1833-68). Nova York, The Modern Library (1934), p. 35.
14. Sérgio refere-se a Knut Pederson Hamsun (1859-1952), poeta, romancista e jornalista norueguês que, depois de uma vida de aventuras entre a Noruega e a América (foi inclusive pescador na Terra Nova e condutor de bondes em Nova York), acabou retornando à Europa, onde, depois da publicação de seu primeiro livro, *Vida espiritual na América* (1888), teve uma fértil carreira literária, na qual se destacam os livros *Fome* (1890), sobre a condição moral da miséria, *Mistérios* (1892), biografia de um homem solitário, os romances urbanos *O redator Lynge* e *Terra nova* (1893), além do poema "Pan" (1894), para muitos sua obra mais expressiva.

Londres ou de Paris, para sentir de longe a mixórdia das grandes aglomerações humanas. E creio que ele preferiria mil vezes essa situação à vida eterna tal como nos aparece no "Paraíso" de Dante, onde toda felicidade se circunscreve ao sossego da alma, à supressão dos desejos terrenos, ao repouso absoluto do espírito. Mas nesse ponto o seu pensamento se resumia a uma quase inconsciente ortodoxia cristã. Ele não o diz diretamente, mas sente-se que esta vida depois da morte, se não lhe repugna, quando muito não lhe agrada. O seu horror à morte não responde a um horror às debilidades do corpo, que é uma forma do pessimismo, mas a um amor demasiado à vida, quer dizer, à intensidade da vida, a um desejo de que ela se prolongue indefinidamente, boa ou má, pouco importa, contanto que cada momento corresponda a um imprevisto e a uma novidade. Na terra estão os "arcos quebrados", ele os desejaria por toda eternidade. Sordello abandona por um ideal impossível, o de amar as dores e os ais de toda a "imensa e sofredora multidão da terra", o amor e os prazeres deste mundo. O resultado é que ele morre sem ter concluído nada do que tentara. E muitos anos depois Nietzsche escreve este aforismo que podia ser a moralidade daquele drama pungente: "Irmãos, eu vos suplico: fiqueis fiéis à terra e não acrediteis naqueles que vos seduzem com a esperança de uma outra vida! São envenenadores, conscientes ou não".[15]

Em Browning o sentido da terra traduz-se num princípio de lucro. O seu otimismo corresponde a um processo de adição contínua: "*What enter into thee/ That was, is and shall be*".[16]

A única coisa que o detém diante das experiências desta vida é a possibilidade de perda, e a sua pergunta constante con-

---

15. Ver a respeito F. Nietzsche. "Des hallucinés de l'arrière-monde" in *Ainsi parlait Zarathoustra* (trad. francesa de Henry Albert). Paris, Mercure de France (1926), pp. 41-5.
16. Sobre este tema em Robert Browning, ver particularmente "Bishop Blougram's Apology" in *Men and women. The poetical works of Robert Browning*. Londres, Oxford University Press (1944), pp. 437-48.

funde-se com a do bispo na "Bishop Blougram's Apology": "*Where's the gain?*". À questão oposta, responde um de seus personagens: "*Loose? Talk of loss and I refuse to plead at all*".[17] O seu biógrafo Sutherland Orr ensina-nos que "ele sempre contava como um dia perdido aquele em que nada houvesse escrito".[18] Em outra passagem de sua *Life of Robert Browning* refere-se à convicção do poeta de que a sua última obra devia ser naturalmente a melhor por ser o resultado de uma experiência mental mais completa e de uma prática maior em sua arte. Esse princípio de lucro compõe uma das faces mais características de sua concepção afirmativa da vida. Não é fácil separá-lo do pensamento essencial de Browning. Dir-se-ia que este acumula suas sensações, esquecendo-se de estabelecer a síntese necessária. Gide, entretanto, realça quase sempre o pensamento oposto. "A cada pequeno momento de minha vida", diz ele, "eu pude sentir em mim a totalidade de meu bem. Ele era feito não pela adição de muitas coisas particulares, mas pela sua única adoração."[19] Em todo caso, não deixa de subsistir aqui o "princípio de lucro" de Browning. E eu creio que não seria preciso muito esforço para encontrar a sua expressão nos livros já numerosos de quem escreveu o *Imoralista*.[20]

---

17. Robert Browning. "Bishop Blougram's Apology", cit., p. 439.
18. Sérgio leu estas referências a Robert Browning em mrs. Alexandra Sutherland Orr. *Life and letters of Robert Browning*. Boston e Nova York, Houghton, Mifflin and Co. (1908).
19. André Gide. *Nourritures terrestres*, cit., p. 162.
20. Publicado na revista *América Brasileira* (RJ), III (26): 49-50, fevereiro de 1924.

3
O LADO OPOSTO
E OS OUTROS LADOS

•

Não se trata de combater o que já se extinguiu, e é absurdo que muitos cometem. Mesmo em literatura os fantasmas já não pregam medo em ninguém. O academismo, em suas várias modalidades – mesmo o academismo de Graça Aranha-Ronald-Renato Almeida, como o academismo de Guilherme de Almeida –, já não é mais inimigo, porque ele se agita no vazio e vive à custa de heranças. Alguns de seus representantes aparentaram por certo tempo responder às instâncias de nossa geração. Mas hoje logo à primeira vista se sente que falharam irremediavelmente.

Um homem essencial[1]

●

É INESQUECÍVEL A PÁGINA de Péguy sobre Michelet em que o autor de *Eve* nos fala com tamanho poder de sedução sobre os homens *essenciais*, aqueles que prescindem do "ponto de discernimento" ou de "ruptura humana" imaginado entre a filosofia e as artes. Graça Aranha poderia reclamar o lugar que lhe cabe entre essa categoria de espíritos, e se eu dissesse que o artista nele limita o pensador, cometeria um erro tão grave como se dissesse o contrário. Essa unidade básica, essa compenetração do homem que pensa com o homem que sente, foi em grande parte o segredo de gênios como Pascal e como Goethe. Daí a importância enorme do instrumento de que Graça Aranha dispõe para realizar seus ideais de Beleza e de Pensamento. Porque seria absurdo tentar separar o homem que escreveu *Malazarte* do que escreveu *A estética da vida*. Em uma e em outra dessas duas obras vamos encontrar em coincidência íntima as duas individualidades que se poderia considerar, já não direi irreconciliáveis entre si, mas quando muito indiferentes.

1. Publicado na revista *Estética* (RJ), I (I): 29-36, setembro de 1924.

A regra quase geral encontra aqui uma exceção de relevo. *Canaã*, o romance admirável, que pressente se não adivinha aquele drama e aquela obra de pensamento (os seus dois livros mais representativos), não desabona esse conceito que só hoje é possível emitir com a segurança a que nos autorizam os seus livros posteriores.

O livro que publicou ultimamente e ao qual chamou simplesmente *Notas e comentários*, a correspondência entre Machado de Assis e Joaquim Nabuco, ainda mais nos assegura nessa opinião.

O sr. Ronald de Carvalho, referindo-se ainda recentemente a esse livro, frisava bem o que ele chama o gênio *político* de Graça Aranha. (É preciso não esquecer a larga significação que esse termo pode encerrar. Spinoza chamou às *Metamorfoses*, um poema político.) Se eu interpreto claramente a definição expressa nessas duas palavras, deve-se entender que quando aplicadas a Graça Aranha estão elas muito longe de significar a mesma coisa que quando aplicadas, como ele o faz neste prefácio, a Joaquim Nabuco.[2] Este sobrepunha a "imaginação histórica" à "imaginação estética" a ponto de preferir às florestas amazônicas, um trecho da Via Appia, uma volta da estrada de Salerno a Amalfi e um pedaço do cais do Sena à sombra do velho Louvre, a toda a magia do Rio de Janeiro.[3] Gobineau, que era um gênio fundamentalmente político, confessa em uma das suas deliciosas novelas, "La vie de voyage", que não sentiu emoção alguma ao ver esse quadro resplandecente, diante do qual "só os olhos ficam fascinados, seduzidos...". Para o grande precursor do imperialismo alemão, "quando a natureza física não é impregnada pela natureza moral, produz

---

2. Cf. Ronald de Carvalho. "Político de Graça Aranha – Machado de Assis e Joaquim Nabuco julgados por Graça Aranha" in *Estudos brasileiros – segunda série*. Rio de Janeiro, Nova Aguilar; Brasília, INL (1976), pp. 92-7.
3. Cf. Graça Aranha. "Machado de Assis e Joaquim Nabuco", ed. da *Obra completa de Graça Aranha* (Afrânio Coutinho, org.). Rio de Janeiro, Instituto Nacional do Livro (1968), p. 692.

poucas emoções na alma e é por esse motivo que as cenas mais deslumbrantes do Novo Mundo, nunca igualariam os menores aspectos do antigo".[4]

Em Gobineau, como em Nabuco, dois estados de alma idênticos refletiam a imaginação essencialmente política de ambos. Como é diferente a imaginação criadora de Graça Aranha: "Paisagem sem história, afortunado privilégio! e aí o espírito do homem pela pura emoção estética se torna infinito!".[5] Para ele o sentimento é indiferente à história "e os que não encontram interesse na paisagem brasileira têm imaginação política, mas são destituídos de sentimento estético".[6] No pensador que escreveu aquelas admiráveis páginas sobre a metafísica brasileira e sobre cultura e civilização na *Estética da vida*, páginas tão penetradas de espírito político, não se pode entretanto negar a presença dessa forma de imaginação que caracteriza Nabuco. Mas nele a imaginação política não é uma diminuição, por isso que não exclui a imaginação estética, antes é uma das suas modalidades.

A explicação desse fenômeno é que em Graça Aranha o pensamento político não se sobrepõe ao pensamento estético, antes continua e completa e se submete a ele. Por isso não se dá no autor de *Canaã*, como no autor de *Minha formação*, o fato da primeira forma de imaginação suprimir a segunda e ocupar o lugar que esta podia preencher. Nele o gênio político chega a uma solução oposta do problema, quando diz que a imaginação histórica deprime o homem completo que é para ele o artista (está claro que o autor se refere à América, onde a história não chega a criar uma tradição viva como no Velho Mundo). "Que importa ao artista, ao homem completo", per-

---

4. Cf. Conde de Gobineau. "La vie en voyage" in *Nouvelles asiatiques*. 6ª ed., Paris, Perrin (1922), p. 318 apud Georges Raeders. *Le comte de Gobineau au Brésil*. Paris, Nouvelles Éditions Latines (1934), p. 23.
5. Graça Aranha. "Machado de Assis e Joaquim Nabuco", cit., p. 692.
6. Id. ibid.

gunta, "que o Rio de Janeiro tenha ou não tenha um passado histórico?" O que o interessa, diz ele, é aquela mágica combinação de luz e de formas, o que o exalta é "a terra que se eleva e se fracciona em montanhas, é a vegetação indomável que tudo invade e se ostenta em maravilhosas expressões, é a água alegre e multicor, é o sol que paralisa nos seus ardores o mundo extático".[7] À falta de tradições, que o homem novo criado na América pelo contato de civilizações milenares com uma natureza estranha não pode ou não deve aceitar, resta ao homem americano, e ao brasileiro em particular, a imaginação estética criada no "inconsciente mítico" onde ainda não foi de todo eliminado o "terror cósmico". É incontestável, pois, o móvel político que dirige o espírito de Graça Aranha em todas as suas criações. Desde *Canaã* todas as suas obras são invariavelmente sínteses sociais, que revelam uma constante preocupação de ordem política. Milkau e Lentz, Malazarte e Dionísia o são e claramente. Rousseau parece-lhe encarnar o surto de "dois personagens (essa expressão aqui é significativa) novos no mundo: a natureza e o homem livre, na sociedade livre".[8] O nosso Alencar representa a afirmação da "independência intelectual do Brasil".[9] Debussy exprimiu "a extrema sensibilidade moderna por uma musicalidade aguda, pelo requinte nervoso de uma música cerebral, profundamente sensual".[10] Flaubert "exprime a virtude francesa, a razão econômica que mede o esforço, reflete, aproveita e arranja com os seus meios o que é útil e belo".[11] Rabelais "não só representa como traz em si um mundo novo": interpreta o movimento político da Renascença e o advento do indivíduo ("é o homem novo sem raízes, sem tradição e dessa canalha rabelaisiana se

---

7. Id. ibid.
8. Ver "Os prodígios de Rousseau" in *A estética da vida*, ibid., p. 663.
9. In "José de Alencar", ibid., p. 661.
10. In "Debussy", ibid., p. 664.
11. Ver "Flaubert", ibid., p. 666.

fará mais tarde a magnífica elite que, a partir do século XVI, assombrará o mundo no pensamento, na poesia, na arte e na política").[12] Ibsen é o "grande intérprete do mundo moderno, é o gênio que exprimiu antecipadamente o pensamento vitorioso na guerra".[13]

É assim que cada personagem encarna, exprime, representa e não *só representa* como traz em si todo um sistema, toda uma sensibilidade ou todo um mundo. Esse processo é paralelo ao da biologia moderna, representada por Von Uexküll[14] e outros, segundo os quais o indivíduo é inseparável da sua paisagem. É impossível a um artista reproduzir em um quadro uma árvore deixando de considerar o fundo da tela e só se pode representar a unidade do quadro com esse conjunto.

Assim Graça Aranha sistematiza um método novo de crítica, o único que se concilia com o seu temperamento pouco analítico. Tratando de um determinado autor ou criando um personagem de ficção, seu espírito deve se interessar menos na psicologia em si do personagem ou do criticado, que na síntese social que um e outro representam. A psicologia virá naturalmente, mas em função dessa síntese.

A análise pela análise interessa mediocremente ao autor da *Estética da Vida*. Direi melhor: a análise só lhe interessa na medida em que lhe possa servir para uma síntese de ordem geral. Reunindo assim os fragmentos dispersos de uma personalidade imaginária ou real, para reconstruí-la no seu todo, sem desprezar as partículas por assim dizer metafísicas, quer dizer aquelas que só podem servir para essa reconstrução global de cada individualidade, é então possível a Graça Aranha

---

12. Ver "Rabelais", ibid., p. 668.
13. In "Ibsen", ibid., p. 669.
14. Referência a Jakob von Uexküll (1864-1944), estudioso alemão conhecido por alguns trabalhos no campo da psicofisiologia que fizeram dele um dos precursores da etnologia moderna e um dos autores mais expressivos no aperfeiçoamento das relações entre o organismo e o meio. Entre suas obras incluem-se *Dos animais e dos homens* (1934), *A biologia* e *Cartas biológicas a uma dama* (1940).

suprir admiravelmente a sua deficiência de poder analítico que para a sua *weltanschaung* não chega a constituir uma deficiência. A análise é absolutamente dispensável para a sua concepção do mundo.

Falando, por exemplo, em Machado de Assis, ele insiste no seu riso fatigado, na meiguice, na volúpia, no pudor, no enjoo dos humanos, características que todos os críticos, ainda os mais superficiais, haviam encontrado no romancista do *Brás Cubas*. Mas essa constatação não lhe basta para definir o homem. Ele sabe que Machado não cabe apenas nesses traços psicológicos individuais, que não satisfazem, por outro lado, a necessidade de construção, de que faz um sistema. "Essas qualidades e esses defeitos estão no sangue", diz ele, "não são adquiridos pela cultura individual."[15] Essa cultura individual que bastaria para interessar aos espíritos puramente analíticos, ele incorpora à herança racial e à história de família, que Machado não tem. Em certo lugar ele nos fala nas leituras prediletas de Machado de Assis, nos seus formadores intelectuais, mas para constatar que o seu "desencanto inato se afinava à melancolia desses formadores intelectuais".[16] É natural que um temperamento como o de Machado não possa exercer grande sedução sobre o seu espírito e muito menos ser objeto de uma grande admiração, como não foi para Joaquim Nabuco. Descobre mesmo e frisa a "incompatibilidade com o meio cósmico brasileiro, que foi a singular característica de Machado de Assis".[17] A verdade é que em Alencar e nos primeiros indianistas, que lhe aparecem como os maravilhosos intérpretes da imorredoura idealidade nacional, essa incompatibilidade é apenas menos evidente. A nossa natureza tropical só lhes interessava como uma possibilidade exótica, vista através dos óculos azuis roubados à imaginação europeia do francês Châteaubriand e do ame-

---

15. Cf. "Machado de Assis e Joaquim Nabuco" in *Obra completa*, cit., p. 685.
16. Ibid., p. 692.
17. Ibid., p. 688.

ricano Cooper. O autor de *Iracema* era sem dúvida um grande lírico e se não representou nas nossas letras o papel que Graça Aranha lhe atribui, sua obra valeria, à falta de outras qualidades, pela magnífica intenção que resume.

Se em Nabuco aquela incompatibilidade não lhe parece tão lamentável, a razão está no fato de ambos terem de comum o gênio político embora diferentemente expresso. Falando na vontade expressa pelo autor de Massangana de limitar as suas relações espirituais, exclama: "Esse propósito de limitação ainda é um traço político. É o instinto da ordem que tem horror ao absoluto e não se perde no desvario. A limitação é uma forma de disciplina. A disciplina no nosso tumulto é uma expressão de heroísmo".[18]

Em Graça Aranha o traço político não inclui essa limitação. Se a sua imaginação não acha interesse teórico direto em doutrinas psicológicas modernas, nem por isso elas deixam de nutrir a sua curiosidade.

Nas páginas mais coloridas desse prefácio o brilho do estilo não esconde o pensador – a ideia e a expressão não se excluem e ainda menos se sucedem. Não há limite preciso e notável entre uma e outra. Quando descreve um incidente entre os filhos do marquês de Salisbury e os cafres que foram a Londres assistir à imponência da coroação do rei Eduardo – e é esta uma das suas páginas mais impressionantes – a característica essencial do seu pensamento, que reduz todas as coisas ao seu mínimo múltiplo comum, transparece clara e evidente:

> O folguedo com as crianças despertou nos negros os seus ancestrais apetites canibalescos. Os dentes ficaram-lhes mais brancos de desejos estranhos. Os dourados querubins sentiram a gula preta e aconchegaram-se ao avô. O olhar do urso inglês, diante do ataque, relampejou. As duas selvagerias, a da terra branca

---

18. Ibid., p. 707.

dos gelos e a da terra rubra do sol, enfrentaram-se. O olhar inglês enfureceu-se. Os negros recuaram e recolheram o riso. O velho Marquês de Salisbury sorriu nos seus dentes postiços. As subjugadas gentes continuaram a adormecer na incomensurável beatitude britânica.[19]

É impossível não observar que o "velho castelão de Hatfield" não está aqui apenas como simples personagem desse episódio; ele representa e principalmente traz *em si* a grandeza do poderio inglês: "a incomensurável beatitude britânica".

Não sei se terei insistido suficientemente na importância da contribuição de Graça Aranha para essa maior afirmação da nossa individualidade nacional, de uma maior intimidade que o "espírito moderno" já tenta efetuar entre a nossa raça e o nosso meio cósmico. Estou certo de que os resultados que dessa contribuição possam provir nunca a desmerecerão. Nós sabemos que "árvores impedem que se veja a floresta", mas não podemos nos esquecer que a obra de Graça Aranha abre uma clareira, o que de qualquer modo constitui uma preciosa indicação. O espírito moderno nos proporciona neste momento uma afirmação inesquecível. Se essa afirmação não se revelou ainda por obras de mérito excepcional – como querem alguns –, ela valerá pelo menos como uma negação das negações, que são os obstáculos a uma afirmação maior.

---

19. Ibid., p. 717.

Ribeiro Couto – *Cidade do vício e da graça*
(Vagabundagem pelo Rio noturno)
Rio, 1924[1]

•

NÃO PARECE MUITO LONGE o tempo em que os nossos escritores estabeleciam dois moldes fixos de "motivos" e que por isso mesmo exigiam dois critérios opostos de julgamento: "motivos poéticos" e "motivos prosaicos". Um era prezado, outro era desprezível. Consequência: um perdeu-se pelo abuso e outro regenerou-se pelo desuso. Só agora começa a surgir uma *poesia do prosaico* e uma *poesia do cotidiano*, desse mesmo cotidiano que parecia tão insuportável a Laforgue e a certos simbolistas. Ribeiro Couto teve, entre nós, a coragem de reagir desde o seu primeiro livro contra o "motivo poético". E não encontro em toda a nossa poesia contemporânea quem com mais felicidade tenha atingido esse objetivo. "Um poeta desocupado, aqui e ali, olha em torno de si; mas para todos os outros homens, o mundo, insondavelmente belo, é mais aborrecido de que um divertimento tolo." Essas palavras de Coventry Patmore em *The angel in the house*, definem admiravelmente a *função* do poeta.[2]

---

1. Publicado na revista *Estética* (RJ), I (1): 91-2, setembro de 1924.
2. Ver Coventry Patmore. "The angel in the house", canto VIII, segundo prelúdio in *The poems of Coventry Patmore*. Londres, Oxford University Press (1949), p. 105.

Ribeiro Couto procura a beleza onde os outros só encontram um divertimento aborrecido.

A estética do autor da *Cidade do vício e da graça* não difere essencialmente da do poeta do *Jardim das confidências* ou dos *Poemetos de ternura e de melancolia*.

O seu livro será um guia para quem deseje conhecer o Rio noturno, como quis o autor. Mas um "guia" onde sobra um fundo de ternura e de poesia, que ele sabe traduzir com uma naturalidade de expressão que ninguém talvez tenha atingido entre nós. E é por esse motivo que não tive escrúpulos em evitar uma confusão muito possível se ao falar neste livro de prosa me entretive sobretudo com o poeta.

Alfred Droin – *M. Paul Valéry et la tradition poètique française*
Paris, Ernest Lammarion, s. d.[1]

•

A POESIA DE PAUL VALÉRY vinha sendo poupada pelos inimigos mais ferozes do grupo de escritores da *Nouvelle Revue Française*. A *Croisade des longues figures*, do sr. Béraud, creio, fazia mesmo uma exceção muito especial para o autor de *Eupalinos*, sob o pretexto de que ele continuava a tradição da poesia francesa.[2] Mas o sr. Droin não pensa da mesma maneira, e cita em epígrafe esta frase injustíssima de Rivarol: "*Ce qui n'est pas clair, n'est pas français*". Aliás as divergências entre os críticos a propósito de Valéry são de molde a deixar os leitores na maior das perplexidades. A poesia toda contenção (e não formismo como é fácil supor) do artista de *Charmes* e de *La jeune parque* não desaprova apesar de tudo uma constante colaboração do leitor. E é por isso que cada qual a cria à sua imagem. Houve quem descobrisse um Valéry escolástico, outro, o sr. Daniel Halévy, conseguiu construir um Valéry hegeliano, o sr. Thibaudet, um Valéry bergsonista e finalmente o sr. Lucien

---

[1]. Publicado na revista *Estética* (RJ), I (1): 100-1, setembro de 1924.
[2]. Ver a respeito Henri Béraud. *La croisade des longues figures*. Paris, Édition du Siècle (1924), passim.

Fabre, que constata essas divergências, vê um Valéry positivista! Agora o sr. Droin, que também é poeta, segundo nos informa, descobriu que toda a obra do seu compatriota não passa de uma série de pedantismos e de *ballonets versicolores*. E procura nos convencer disso através de quase duzentas páginas, entre as quais acha-se transcrito, em apêndice, um excelente artigo de Jacques Rivière e diversos poemas do próprio Valéry – "Les plaquettes de m. Valéry étant introuvables... etc.".

Blaise Cendrars – *Kodak Documentaire*
Librairie Stock, 1924[1]

CONTA-SE QUE UMA NOITE, há quase vinte anos, três artistas malucos berravam em uma rua de Montmartre: "*A bas Laforgue, vive Rimbaud!*". Esses três artistas desesperados chamavam-se Guillaume Apollinaire, Pablo Picasso e Max Jacob, todos de ilustre descendência. A poesia francesa até 1919 não desmereceu esse grito: a descoberta de Rimbaud foi indiscutivelmente o começo de uma nova era para a poesia. Mas de 1919 para cá, nota-se um grande retrocesso. A exaltação lírica que *culminou* no tempo da guerra e mesmo em 1919 (época em que Blaise Cendrars publicou em um só volume a sua trilogia (*Pâques a New York – La prose du transibérien – Le Panamá et les aventures de mes 7 oncles en Amerique*) começa a perder sua intensidade. O ídolo Rimbaud é substituído pelo ídolo Ronsard. O exotismo é violentamente atacado e até desprezado (*art nègre connais pas*). Cocteau publica *Plain-chant*. Entretanto alguns poetas não cedem tão depressa à tentação da novidade. Poucos. Paul Morand, Reverdy, continuam sem fiasco a desenvolver a sua obra pri-

---

1. Publicado na revista *Estética* (RJ), I (1): 98-100, setembro de 1924.

mitiva. Cendrars também escapa à sedução. Mas uma modificação nos processos é indispensável. O artista torna-se mais objetivo e sobretudo mais *modesto*. "*J'ai le sens de la réalité, moi, poète*", diz o autor de *J'ai tué*. Isso não diminui a qualidade da poesia. Exemplo:

VILLE CHAMPIGNON

Vers la fin de l'année 1919 un groupe de financiers yankees décide la fondation d'une ville en plein Far-West au pied des Montagnes Rocheuses

Un mois ne s'est pas écoulé que la nouvelle cité encore sans aucune maison est déjà reliée par trois lignes au réseau ferré de l'Union

Dès le deuxième mois trois églises sont édifiées et cinq théâtres en pleine exploitation

Autour d'une place où subsistent quelquers beaux arbres une forêt de poutres métalliques bruit nuit et jour de la cadence des marteaux

Treuils
Halètement des machines
Les carcasses d'acier des maisons de trente étages commencent à s'aligner
Des parois de briques souvent de simples plaques d'aluminium bouchent les interstices de la charpente de fer
On coule en qualques heures des édifices en béton armé selon le procédé Edison
Par une sorte de superstition on ne sait comment baptiser la ville et un concours est ouvert avec une tombola et des prix par le plus grand journal de la ville qui cherche également un nom.[2]

---

2. Ver "Documentaire" in Blaise Cendrars. *Complete postcards from Americas – Poems for road and sea* (tradução e introdução de Monique Chefdor). Berkeley, University of California Press (1976), p. 62.

Não é esse um poema mais característico deste livro, citamo-lo propositalmente pelo fato de conter um certo espírito caricatural. À nova maneira do sr. Cendrars, poderíamos caracterizar por um certo "objetivismo lírico", se fosse permitida essa associação de palavras, se não "objetivismo dinâmico" de acordo com a fórmula do sr. Graça Aranha. Mas o título *Kodak* permitiria essa expressão?

Panaït Istrati – *Les récits d'Adrien Zograffi*
Kyra, Kyralina. Paris, 1924, F. Rieder et Cie.[1]

É INÚTIL EVOCAR AQUI a aventura prodigiosa desse jovem romeno, cuja estreia literária já nos revela uma capacidade única na arte de sentir e de comunicar o maravilhoso. A leitura desse novo livro nos transporta a um ambiente e a um estado de alma onde todas as coisas se refletem em tons imaginários e cujo colorido nos traz à memória as histórias maravilhosas das *Mil e uma noites*. Creio mesmo que a não ser Meredith em algumas páginas mais empolgantes do seu *Harry Richmond*, romance que apresenta curiosas afinidades com estas *Narrações de Adrien Zograffi*, nenhum outro escritor contemporâneo soube fazer colaborar com tanta habilidade a novela de imaginação e o romance realista. Falou-se muito, a propósito de *Kyra, Kyralina*, nos melhores romances de Gorki, mas ao russo falta aquele sabor oriental que é uma das características mais salientes do livro de Istrati.[2] Sobretudo falta àquele essa

---

1. Publicado na revista *Estética* (RJ), I (1): 104-6, setembro de 1924.
2. Autor romeno (1884-1935) que escreveu em francês narrativas em grande parte inspiradas na vida errante e aventureira dos anos da juventude, alternando o romance e as impressões de viagens. Merece destaque, entre seus livros, a série dos *Récits d'Adrien Zograffi*, publicada a partir de 1924, que se inicia com o relato *Kyra, Kyralina*, mais tarde retomado por Romain Rolland, além de *Vers l'autre flamme* (1929) e *Pour avoir aimé la terre* (1930).

sensualidade que precisamente a propósito das *Mil e uma noites* um crítico definiu como sendo uma atitude pela qual cada momento nos aparece em si como um *fim*.

Em Istrati os personagens, como nas histórias orientais, têm consciência de uma força extramundana que define e limita seus pensamentos, palavras e obras. Mas essa *força* não se relaciona senão muito ligeiramente com o Fatum pagão ou com o Kharma búdico. Essa personificação do destino pouco tem aqui de proibitivo ou de restritivo. Ao fatalismo que convida à inação, ela opõe uma religião afirmativa onde as próprias contingências se traduzem numa maior libertação do indivíduo. Um dos tipos mais sedutores desta novela, a mãe de Kyra e do pequeno Stavro, nos faz esta estranha confissão: "O Senhor bem vê que eu não o contradigo: sou tal como ele me fez... Escuto submissa os gritos e as ordens do meu coração".[3] Essa atitude diante das coisas e diante da vida dá, aos personagens de Istrati, uma mobilidade que o vagabundo russo está longe de atingir.

Relatando-nos essas extraordinárias aventuras, é impossível que o autor não tenha deixado escapar alguma coisa de sua própria história.

Descrevendo os sofrimentos de seus personagens, ele deixa entrever nas entrelinhas um pouco de seus próprios sofrimentos. Mais tarde ele ousará dizer que muitas coisas são malfeitas pelos homens e pelo Criador. Por enquanto ele nos entretém com histórias comovidas e perturbadoras como a lendária Sherazade.

---

3. In *Kyra, Kyralina*, op. cit., p. 91. (N. do A.)

"Romantismo e tradição"[1]

O VOLUME DE PIERRE LASSERRE[2] sobre o romantismo francês constituiu durante muito tempo o manancial mais autorizado de todo um grupo de críticos e pensadores, para os quais uma revisão completa dos valores do último século parecia, mais que indispensável, da maior urgência. Para esses críticos e para esses pensadores não havia como fugir à tese defendida pelo autor de *Le romantisme français*. Nela era sustentada sobretudo a necessidade de um retorno à tradição clássica. Mas a dificuldade para a aplicação de suas conclusões decorria precisamente dessa afirmação, que é a sua razão de ser. Ninguém se entendia sobre o significado real da palavra *classicismo*. Essa palavra foi o ponto de discordância dos críticos que aceitaram de bom grado a excomunhão do "estúpido século". Cada qual era clássico à sua maneira, a reação clássica chegou mesmo a ser moda em Paris, essa terra que bem podia se chamar o Planato de Pa-

---

1. [Artigo não assinado], publicado na revista *Estética* (RJ), I (1): 107-15, setembro de 1924.
2. Crítico literário francês (1867-1930) que integrou os quadros da Action Française e cujo livro *Le romantisme français – Essay sur la révolution dans les sentiments e dans les idées au XIX siècle* (1907) foi dos mais enfáticos e polêmicos na oposição ao classicismo. Entre suas obras conta-se ainda *Las chapelles littéraires* (1920), que reúne ensaios sobre autores como Claudel, Henri James, Péguy, entre outros.

mir de todas as modas. Mas o móvel primitivo dessa reação não tardou a perder-se e, desaparecendo o ponto de partida que era a consciência da necessidade de uma revisão total de valores de um século, tal reação perdia por isso mesmo toda a sua significação – os críticos já haviam tentado, e com sucesso, essa revisão de valores. Passou-se então a proceder, não já a uma revisão de valores, mas à negação completa dos valores do século passado. A tese antirromântica comportava desde o princípio uma série de antíteses. Perdida agora a sua maior força, a sua razão de ser, as antíteses ganharam adeptos e o propósito inicial voltou a preocupar os espíritos. A tese de Lasserre não continha tudo o que se poderia dizer sobre o assunto. Além disso, o positivismo mal disfarçado ou mesmo abertamente confessado, o doutrinarismo excessivo, a injustiça até e a estreiteza do dogma não convinham a certos espíritos ansiosos por encontrar um ponto de vista mais amplo, onde pudessem se mover com uma liberdade que não oferecia a tese. A reação contra o antirromantismo é ainda bem recente, mas os seus aspectos não deixam de ser mais variados e sobretudo menos estreitos que os da teoria de Lasserre. A convicção de que o romantismo não é somente um dos seus momentos e que, ao contrário, "tem subsistido através de todos os séculos ao lado ou como intermitente de uma tradição clássica, uma tradição romântica, não é menos respeitável", é um dos fortes argumentos com que conta a nova reação. O século passado não cria, antes continua uma tradição.

Para a vitória desse ponto de vista, uma das contribuições mais interessantes que ultimamente foram trazidas é a recente polêmica entre os dois críticos ingleses T. S. Eliot e J. Middleton Murry, iniciada no ano passado na revista londrina *The Adelphi*[3] e prosseguida com o artigo deste último no número de abril da revista *The Criterion*. É fácil calcular a importância da contri-

---

3. Revista literária editada em Londres e que, a partir de 1923, sob a direção de John Middleton Murry e Katherine Mansfield, teve destacado papel na abertura da literatura inglesa para os temas do feminismo.

buição dessa polêmica no movimento moderno das ideias, pelo valor inegável dos dois espíritos que nela se empenharam. *Estética*, que, apesar de mover-se por um impulso nitidamente nacional, e talvez por isso mesmo, procurará dar aos seus leitores uma resenha de todas as tendências modernas do pensamento, lamenta não poder transcrever por inteiro o notável artigo de Middleton Murry, limitando-se a dar um ligeiro resumo.

A convicção profunda do autor de *The problem of style*[4] é que a tradição do romantismo é tão elevada e tão sublime como a tradição do classicismo e que na presente condição da consciência europeia "é de uma importância mais imediata para nós". Para mim, diz ele, a questão de fundamental importância é a questão da relação entre a literatura e a religião. E é em torno dessa questão que gira todo o seu artigo da *Criterion*. O crítico chega a supor entretanto que o esplendor do espírito religioso, no sentido dogmático, não coincide com o esplendor de uma literatura e que, ao contrário, um está na razão inversa do outro. É possível mesmo que a decadência da religião dogmática, devida à impossibilidade de exprimir uma realidade religiosa e de satisfazer aos impulsos religiosos do espírito, seja uma condição indispensável para que a literatura venha a florescer. É possível que chegue uma época em que os espíritos mais sutis sejam levados a ser da Igreja, mas sem pertencer a ela: precisamente pelo fato de serem profundamente religiosos, trabalham em completa independência do que passa por religião em sua época. O romantismo é para ele alguma coisa que sucedeu à alma europeia depois do Renascimento, e o fato essencial do Renascimento é que o homem afirmou a sua completa independência de uma autoridade espiritual externa.

"Homens que desde muito tempo se irritavam contra as restrições impostas por uma religião estabelecida e onipotente, que perdera o contato com a alma individual, pela mera

---

4. Ver J. Middleton Murry. *The problem of style*. Londres, Oxford University Press (1922).

magnitude de sua organização, ganharam confiança nos seus próprios impulsos, graças à revelação inesperada de uma época anterior à sua." Época em que o espírito florescia livre daquelas constrições e em que homens como eles viviam sem o terror constante da morte e da vida futura. Para se avaliar o que significou para os homens o Renascimento, o crítico cita a famosa estrofe de Villon, que é como que o grito profundo da humanidade nas "épocas obscuras":

> *Dictes moy ou, n'en quel pays,*
> *Est Flora la belle Rommaine,*
> *Archipiada, ne Thaïs,*
> *Qui fut sa cousine germaine?*[5]

Para aqueles homens, "Flora a bela romana" nem Archipiada nunca tiveram uma existência real. "Nada havia para Villon além do presente, e das sombras da Igreja e da condenação da Igreja pairando sobre todas as coisas." O âmbito do espírito humano estava circunscrito.

Assim a Renascença pareceu por um momento o fim do terror. "O indivíduo podia de novo permanecer só, após mais de dez séculos. Galileu construiu o seu telescópio e descobriu que a Terra se movia em torno do Sol. Foi essa a grande descoberta simbólica da Renascença. E a obra de Shakespeare é a reação do espírito profético diante da descoberta." A descoberta de Galileu era apenas "o sinal visível e exterior de um acontecimento interior e espiritual, acontecimento que naturalmente agiu sobre a alma de Shakespeare. O Homem não era o centro do Universo e sentia-se isolado em face de seu destino. A consciência moderna começava a pesar sobre os homens". A base da consciência moderna está nisso, que o indivíduo se coloca à parte e isolado, "sem o apoio de nenhuma autoridade, e procura julgar por si mesmo

---

5. Cf. "Ballade des Dames du temps jadis" in *Les poésies de François Villon*. Paris, Les Éditions du Courrier Graphique (1947), p. 55.

da vida de que ele é uma parcela". "A consciência moderna é em sua base uma consciência de rebelião; ela começa com a exigência de que a vida deva satisfazer o sentimento individual de justiça e de harmonia." A essa exigência se opõe o cristianismo ortodoxo e dogmático, para o qual a injustiça e o terror serão redimidos numa vida futura. "A consciência moderna começa historicamente com o repúdio do Cristianismo organizado; começa com o momento em que os homens encontraram em si próprios a coragem para duvidarem da vida futura e para se libertarem de suas ameaças, a fim de viver esta vida mais amplamente." O brasão da consciência ocidental desde a Renascença resume-se nestas palavras: "só é verdadeiro aquilo que eu sei que é verdadeiro". As várias fases da consciência moderna estão marcadas pelas respostas às perguntas: "para que existo eu?" e "quais os objetos que pode abranger o meu conhecimento?".

Houve dois grandes tipos de respostas à última pergunta, e são:

> ...conheço o mundo exterior... e "conheço-me a mim mesmo". Em qualquer momento da história da humanidade, uma ou outra costuma predominar. Porque elas correspondem a duas *espécies* de conhecimento. O conhecimento do mundo exterior é um conhecimento em que operam as leis de causa e efeito; é um conhecimento racional de um mundo de necessidade, onde as condições totais de um dado momento são totalmente determinadas pelas condições totais no momento imediatamente anterior. A liberdade está ausente nesse mundo e, de fato, nenhuma liberdade é reconhecida. O conhecimento do "eu", por outro lado, ou, como se pode dizer por uma questão de simetria, o conhecimento do mundo interior não é dirigido pelas leis de causa e efeito, é um conhecimento irracional, imediato, de um mundo de liberdade onde as condições totais em um dado momento nunca são totalmente determinadas pelas condições totais no momento anterior. A necessidade é uma ficção nesse mundo e, de fato, nenhuma necessidade é reconhecida nesse mundo.

"Ambas essas espécies de conhecimento são conhecimentos. É tão possível, para mim, negar que dois mais dois fazem quatro como negar que eu sou livre." Mas são conhecimentos diferentes e mesmo irreconciliáveis.

Um procura se completar pedindo que o mundo interior seja da mesma substância e sujeito às mesmas leis que o mundo exterior, que a minha alma integral e inviolável seja uma parte do mundo de necessidade, o que parece absurdo. O outro procura se completar, pedindo que eu conheça o mundo exterior imediatamente como eu me conheço a mim mesmo, o que parece impossível.

É esse o grande paradoxo da moderna consciência, paradoxo que é, de fato, muito mais antigo que o Renascimento. "É universal e eterno no espírito humano." Neste momento, depois de altos e baixos em que tem vivido a humanidade contemporânea, "nós começamos a suspeitar que o paradoxo da consciência moderna chega à sua lenta solução".

É preciso todavia insistir nisto, que

em primeiro lugar esse paradoxo constitui um problema religioso, ou, mais exatamente, o único problema religioso – e, em segundo lugar, que a moderna literatura, desde o Renascimento até hoje, se tem ocupado sobretudo com ele.

Agora é claro, devido à verdadeira natureza do paradoxo, que não é concebível nenhuma solução intelectual. O fato primário é a consciência que o homem possui da sua própria existência, seu conhecimento da sua própria liberdade, e esse conhecimento é um conhecimento irracional. O homem não pode negar nada do que faz, simplesmente porque ele será obrigado a negar a sua própria negação. Não pode realmente se mecanizar e, se tentar fazê-lo, ele se enganará a si próprio. A tentativa para encontrar uma resolução no mundo externo, *sub specie necessitatis*, é condenada ao insucesso. Portanto a solução deve ser procurada no mundo interior, *sub specie libertatis*.

Em outras palavras, o homem é inevitavelmente levado a procurar por uma compreensão não racional do mundo. Ele não pode se socorrer a si mesmo; ele precisa encontrar a harmonia; ele não pode viver em rebelião; ele necessita reintegrar-se na vida. Desse modo vemo-lo prender-se na literatura a esses momentos de profunda apreensão: *"When all the burden and the mystery/ Is lightened and.../ We see into the light of things"*.

"A realidade de tais momentos de apreensão é indiscutível para aquele que apreende; a qualidade de visão parece-lhe indubitável. Nesses momentos ele conhece o mundo tão claramente como a si mesmo."

Essa apreensão pode ser chamada apreensão mística, e não é um erro afirmar que "a característica realmente distintiva do movimento romântico é precisamente essa solução mística do paradoxo". Toda a obra de Rousseau baseia-se nela, que constitui por outro lado o centro criador de Wordsworth, Shelley, Keats e Coleridge. "O mais verdadeiro e o mais profundo conhecimento que eles encontraram dentro de si próprios realizou-se sempre em um momento de imediata apreensão da unidade do mundo." Eles sentiam que o mundo exterior não era sujeito à lei racional de necessidade; era um organismo que eles conheciam tal como conheciam a vida existente nele.

> E há de parecer estranho que a sua apreensão deva ser também, de certo modo, uma apreensão de necessidade: da necessidade de que aquilo que eles veem deva ser assim e não de outra forma. Mas isso só parecerá estranho porque nós vivemos hipnotizados pelas palavras e parece-nos difícil imaginar que existam duas necessidades, assim como dois conhecimentos. Existe a necessidade do mundo inanimado concebido pelo intelecto, que é a necessária dependência do efeito com relação à causa, e existe a necessidade do organismo vivo, apreendido imediatamente, uma tendência para seguir sua própria lei interior de vida. A visão mística é uma visão de necessidade orgânica.

Semelhante resolução do grande paradoxo é para Murry o característico essencial do chamado movimento romântico. "Não é preciso dizer que constitui uma resposta profundamente religiosa a uma questão também profundamente religiosa." Quase todos os verdadeiros românticos formulam essa "percepção de necessidade orgânica como uma percepção de Deus". Será pelo menos uma *anunciação* do divino, supõe o articulista.

Toda a época em que domina a chamada consciência moderna é, pode-se dizer, uma época romântica. O curto período a que geralmente damos esse nome não é mais que um pequeno segmento de uma grande curva: romantismo dentro do romantismo. O autor do *Problem of style* cita sobretudo Shakespeare como profeta da *moderna consciência.* E diz: "Antes de Shakespeare, a história espiritual do homem – refiro-me somente ao Ocidente – está compreendida dentro da Igreja; com ele, transborda da Igreja".

Rubens de Moraes – *Domingo dos séculos*
"Candeia azul", Rio de Janeiro, 1924[1]

O PEQUENO VOLUME QUE O sr. Rubens de Moraes acaba de publicar não é propriamente uma concessão que um artista modernista faz ao público que não lê escritores modernistas. Em todo caso com o *Domingo dos séculos* esse mesmo movimento que tamanha resistência tem provocado naquele público, no que não sabe ler e no que apenas lê, parece estar na iminência de ceder extensos territórios à curiosidade e ao desfastio dos que até agora se mostraram rebeldes a qualquer inovação. Uma das causas aparentemente mais justas dessa rebeldia é o pretenso desprezo dos modernos por todos os mestres do passado. Os passadistas lendo o livro do sr. Rubens de Moraes ficarão sabendo que esse desprezo não existe. "É um erro", diz ele, "pensar que os modernos condenam os clássicos, os românticos e todos os passadistas. Bilac, Castro Alves, Gonçalves Dias foram grandes poetas etc."[2] Mas a concessão que o sr. Rubens de Moraes faz ao público nunca chega a ser tão grande que sacrifique as suas ideias mais ousadas a esse simples prazer. É

---

1. Publicado na revista *Estética* (RJ), II (1): 222-4, janeiro-março de 1925.
2. Ver Rubens Borba de Moraes. *Domingo dos séculos*, op. cit., p. 4.

que ele consegue temperar tão bem certas ideias que o leitor incauto embora as saiba indigestas acaba achando saborosas. O condimento que está muito ao alcance do autor é uma infatigável presença de espírito. Quantas páginas cheias de palavras difíceis e de letras maiúsculas não empregaria Jean Epstein para dizer o que este livro exprime nestas poucas linhas: "Apresentar as cousas sob um novo aspecto. A lei do cansaço é de todas as leis psicológicas a que mais valor tem em arte. O primeiro poeta que comparou a neve a um tapete branco teve uma imagem feliz, o segundo plagiou, o terceiro cansou".[3] E é no mesmo tom que ele enuncia um dos corolários dessa afirmação: "Os passadistas eram artistas segundo um sistema de eixos i i'; t t'. Nós transportamos a arte para um novo sistema de eixos i' i"; t' t". Tudo continua no mesmo. A humanidade continua a chorar, a rir, a sofrer; mas nós a contemplamos de um outro modo. Só mudou o ponto de vista".[4]

Essa maneira simples de dizer as cousas não impede que o sr. Rubens de Moraes discuta alguns dos problemas mais complicados do espírito moderno. Entretanto se quisermos ser justos não devemos negar que o esplêndido bom humor do senhor Rubens de Moraes resolve os problemas que ele se propôs sem tomar em conta certas nuances que eles comportam naturalmente. Procura demonstrar seguindo sempre uma linha reta entre o enunciado da questão e a resposta e só afirma tudo quanto ao seu espírito um pouco sofista parece indiscutível.

Aliás o sr. Rubens de Moraes não ignora que em arte moderna como em muitas outras cousas a evidência nem sempre é o melhor argumento e a linha reta não é muitas vezes o caminho mais curto entre dois pontos.

Nada mais engenhoso, por exemplo, e nada mais leviano que dizer, de Proust, que o seu encanto "está em nos contar tudo e nos sugerir o que ele não nos pôde contar por falta de

---

3. Id., ibid., p. 83.
4. Id., ibid., p. 64.

tempo".⁵ Mas as mesmas reflexões que o levam a essa conclusão sugerem uma afirmação que não é apenas engenhosa e muito menos leviana: "A velocidade da vida moderna obriga o artista a realizar depressa o que ele sentiu depressa, antes da inteligência intervir".⁶

O capítulo sobre o problema da inteligência é um dos mais curiosos e sobretudo dos mais importantes do livro. É certo que a sua tese favorável à influência do bergsonismo na arte moderna encontrava um desmentido em algumas das tendências mais recentes. (A última fase de Jean Cocteau e a de Max Jacob, por exemplo.)

O sr. Rubens de Moraes tem razão quando combate a influência do intelectualismo do século passado. Mas a solução não é talvez tão simples como lhe parece quando propõe o intuicionismo bergsoniano.

É possível que aos nossos contemporâneos não seja dado resolver a questão da inteligência colocando os pontos nos ii. E talvez só o século XXI dará ou não razão aos partidários da tese do sr. Rubens de Moraes. E quem sabe se só então teremos um domingo dos séculos?

---

5. Id., ibid., pp. 57-8.
6. Id., ibid., p. 56.

Ronald de Carvalho – *Estudos brasileiros*
Anuário do Brasil, Rio, 1924[1]

•

COM ESTA PRIMEIRA SÉRIE de estudos brasileiros, o excelente poeta que é o sr. Ronald de Carvalho nos dá o mais fraco de seus livros em prosa. Reunião de conferências feitas no México, seria talvez preferível que esses *Estudos* aparecessem em espanhol, no México, onde poderiam prestar muito bom serviço de informações. Seu interesse aqui diminui, como é natural. Que dizer sobre as nossas coisas, em quatro conferências apenas, a um público que nos desconhece? Antes de tudo era preciso iniciá-lo, e Ronald de Carvalho mal teve tempo para essa iniciação. Daí o resumir-se seu livro em simples esboços históricos da nossa vida social e artística, sem maior vantagem para quem, como nós, tem tantos historiadores e tão pouca história.

O que nos falta – um pouco de espírito crítico – falta também ao livro, que não consegue colocar homens e fatos à vontade nos seus lugares.

Sobre nossa nacionalidade, sobre nossas letras, sobre nossas artes, quase nada que já não se tenha dito. E todos esses assuntos estão exigindo revisão urgente. Seria necessário

---

1. Publicado na revista *Estética* (RJ), II (1): 215-8, janeiro-março de 1925.

estudá-los com espírito novo, ousado, irreverente, sem a menor preocupação com o que escreveram Rocha Pombo e Sílvio Romero. Obrigado a falar para pessoas que não conhecem esses senhores, Ronald de Carvalho precisou resumi-los. Quando convinha distinguir, teve de limitar-se a enumerar.

Aqui ou ali, um rápido juízo, quase sempre filho-família da nossa crítica tradicional. Exemplo: "Raimundo Correia é o mais profundo, o mais arguto e penetrante dos três (refere-se aos principais parnasianos); Bilac é o mais amoroso, o mais lírico e perfeito; o sr. Alberto de Oliveira, o mais nacional, aquele que mais intimamente soube traduzir os encantos da nossa terra".[2] Há aí um ponto de vista visivelmente falso. O nacionalismo de um artista é subjetivo e não objetivo. Está no espírito e não no ambiente das obras que cria. Portanto, se Bilac foi o mais lírico e o mais amoroso, foi também o mais brasileiro.

Outras opiniões muito contestáveis são as que atribuem a Cruz e Sousa "sensível influência" sobre "toda a poesia contemporânea no Brasil, ao menos a mais original e característica"[3] e a que, no capítulo sobre artes plásticas, nega que os negros tenham dado provas de excelência nessas artes; esta última confirmada adiante pela afirmação de que "o nosso povo é diretamente oriundo de um grupo étnico inferior sob o aspecto artístico".[4]

Esse mesmo capítulo seria muito mais interessante se o autor dedicasse, por exemplo, ao Aleijadinho e ao mestre Valentim as páginas que tratam dos passadistas impropriamente chamados de contemporâneos.

Finalmente o estudo *Psiquê brasileira*, esplêndido para o México, para nós devia ter alguma coisa mais do que variações sobre o tema "flor amorosa de três raças tristes".

2. Cf. Ronald de Carvalho. "Os naturalistas e os parnasianos" in *Estudos de literatura brasileira – Primeira série*. Rio de Janeiro, Nova Aguilar; Brasília, INL (1976), p. 47.
3. Ver "Os simbolistas", ibid., p. 48.
4. Ver "A escultura" in *Arte brasileira*, ibid., p. 71.

Nos quatro ensaios, talvez por terem sido preparados para conferências, um cuidado da forma, um trabalho da frase pela frase – inversões, antíteses, construções forjadas, retórica enfim – insensivelmente fazem a gente querer lembrar ao autor, que aliás o conhece muito bem, o velho conselho de Verlaine: "*Prends l'éloquence et tords-lui sort cou*".

De sua missão no México, o sr. Ronald de Carvalho se saiu admiravelmente. Errou, parece-nos, querendo fazer de *Estudos* um excelente livro de divulgação.

Entretanto, os defeitos que apontamos no livro só são defeitos para um pequeno grupo. É provável, mesmo, que, a não ser alguns modernistas, ninguém possa concordar com o que dissemos. Além disso, há uma série de qualidades que o sr. Ronald de Carvalho conserva sempre. Clareza rara. Os modernos são confusos. Não se explicam bem. Entendem-se uns aos outros, mas não conseguem pôr suas ideias ao alcance de todos. Elas não surgem nítidas. Vão-se definindo aos poucos. Resultado de uma excessiva agitação interior. O sr. Ronald de Carvalho, temperamento profundamente clássico, caracteriza-se ao contrário por uma grande serenidade.

Diz tudo que quer. Só o que quer. Seu pensamento e sua forma coincidem. Adaptam-se. Isso lhe assegura uma posição única na nossa literatura atual.

Prudente de Moraes Neto e Sérgio Buarque de Holanda

Manuel Bandeira – *Poesias*
Revista de Língua Portuguesa, Rio de Janeiro, 1924[1]

•

O ANO DE 1917 SIGNIFICA para a nossa literatura alguma coisa mais que uma data de promessas e pouco menos que uma época de realizações brilhantes.

Não é o receio de cair na retórica fácil dessa associação de palavras que nos sugere tal afirmação. Seríamos, por exemplo, quase injustos, se disséssemos do primeiro livro do sr. Manuel Bandeira, livro publicado precisamente em 1917 – ano em que também os srs. Guilherme de Almeida e Mário de Andrade nos deram os seus primeiros livros –, que foi para o momento uma promessa, até uma "esplêndida promessa", como devem ter dito alguns críticos da época. Não chegaremos, é verdade, ao ponto de afirmar que ele atingiu ali a plenitude que atinge nos seus dois últimos livros, isso sem negar que as três partes distintas que compõem o volume agora publicado constituam, cada qual por si só, um segmento da curva natural que descreve a evolução do poeta.

Na *Cinza das horas* não faltam às vezes exaltações líricas em que mal se disfarça uma "inocência" bastante característica.

---

1. Publicado na revista *Estética* (RJ), II (1): 224-7, janeiro-março de 1925.

Erraria profundamente quem considerasse o poeta só por essa face. O tom geral do livro desmente essa impressão: sente-se perfeitamente que o autor de tais versos foi uma vítima precoce do "mau gênio da vida". Quando culmina a sua exaltação, como em "Plenitude", é à Natureza, à Mãe Natureza, que ele pede o alimento e o exemplo para as suas iluminações: "Tenho êxtases de santo... Ânsias para a virtude.../ Canta em minh'alma absorta um mundo de harmonias./ Vêm-me audácias de herói...".[2]

O requinte depravado e histérico do *Carnaval* não rompe com esse furor místico. Ele se liberta o mais que pode das influências de alguns poetas que lhe parecem ter sofrido um pouco de seu mal, para encontrar uma nota inédita na poesia de língua portuguesa. Nunca se viu num poeta nosso esse refinamento selvagem que demonstram quase todos os poemas do *Carnaval*. Nada aparentemente mais longe de certas notações líricas de *Cinza das horas*. Sente-se porém que esse chocalho contínuo e bárbaro de seus novos versos é ainda uma solução lógica de sua maneira inicial. Não encontrando disposição interior para acompanhar o tumulto dionisíaco que apenas os seus olhos sentem, e incapaz, por outro lado, de se isolar do tumulto, ele participa da vertigem geral sem apagar entretanto o fundo melancólico de sua inspiração: "O meu Carnaval sem nenhuma alegria...".[3]

O Carnaval é um motivo quase forçado, mas o poeta ri de um riso diferente do que expõem os outros homens. "Fez por parecer alegre. Mas o sorriso se lhe transmudou em rito amargo."[4] O riso ainda não passa de um disfarce. Mas esse poeta que a certa altura chega a exclamar: "E eu, vagabundo sem idade,/ Contra a moral e contra os códigos",[5] nunca encontra-

---

2. Manuel Bandeira. "Plenitude" in *A cinza das horas*, ed. da *Poesia completa e prosa* (introdução geral de Sérgio Buarque de Holanda e Manuel Bandeira). Rio de Janeiro, José Aguilar Editora (1967), p. 172.
3. Ver "Epílogo" in *Carnaval*, ed. da *Poesia completa e prosa*, cit., p. 214.
4. Ver "Epígrafe" in *Carnaval*, cit., p. 191.
5. "O descante de Arlequim" in *Carnaval*, cit., p. 206.

rá outra solução para melhor exprimir suas exaltações. Ainda e sempre é, sob qualquer disfarce, na máscara que ele não retirou na quarta-feira de cinzas, que nos aparece sua fisionomia. É impossível não sentir que se a sua tristeza surge fantasiada de cores bizarras é sempre o seu sentimento profundo – e esse sentimento é sempre melancólico – que recebe o *imprimatur* da consciência do artista.

No *Ritmo dissoluto*, a última parte do livro e a única até aqui inédita, o sr. Manuel Bandeira se aproxima de uma tendência inicial procurando o paraíso perdido nas "naturezas primitivas". Nos seus últimos poemas essa atitude é bastante característica.

A emoção com que ele contempla os menininhos pobres "que não veem as ervilhas tenras, os tomatinhos vermelhos, nem as frutas, nem nada" e para os quais "só os balõezinhos de cor são a única mercadoria útil e verdadeiramente indispensável"[6] é uma atitude tão lógica como a do Carnaval.

Essa "lição de infância" que ele encontra nos discursos ingênuos dos camelôs de quinquilharias, não obstante lhe conserve a máscara, torna impossível uma solução mais razoável do problema que o destino lhe propôs. É difícil conciliar essa nova atitude com a obsessão constante da morte, que se observa em todas as produções deste poeta. É talvez por esse motivo que o sr. Manuel Bandeira jamais escreverá como William Blake os seus *Cantos da inocência*. Mas não é talvez um exagero afirmar que nunca, neste país, ninguém exprimiu melhor essa "inocência" superior que é a singularidade essencial dos verdadeiros poetas.

Sérgio Buarque de Holanda e Prudente de Moraes Neto

---

6. "Balõezinhos" in *Ritmo dissoluto*, ed. da *Poesia completa e prosa*, cit., pp. 234-5.

Oswald de Andrade – *Memórias sentimentais de João Miramar*

São Paulo, 1924[1]

•

UMA DAS CARACTERÍSTICAS mais notáveis deste romance do sr. Oswald de Andrade deriva possivelmente de certa feição de antologia que ele lhe imprimiu. Essa constatação não é um elogio. A margem que envolve cada episódio é larga demais para não furtar à narrativa a continuidade e a duração que o motivo comportava. Em compensação, cada capítulo, cada episódio tomado isoladamente possui por si só e de sobra a intensidade que falta ao conjunto. O quadro aparece incompleto sem sombras e com um excesso quase desorientador de claros.

Essas observações, aliás, não passariam de impertinências de crítica se o autor tivesse a intenção declarada de fazer um romance destas simples "memórias sentimentais". Ora, o sr. Oswald de Andrade não nos diz em parte alguma se foi essa sua intenção. Cumpre-nos pois – e o silêncio do autor nos autoriza plenamente a isso – colocar o seu processo verbal da história de João Miramar ou, antes, de suas impressões, entre os livros de gênero indeterminado. A infância de Miramar,

---

1. Publicado na revista *Estética* (RJ), II (1): 218-22, janeiro-março de 1925.

suas recordações do São Paulo da época, com os "berros do invencível são Bento", a escola de d. Matilde que lembra o livro com cem figuras e a história de Roldão, Maria da Glória, o "grande professor seu Carvalho" que foi pro Inferno, tudo isso nos aparece num *esquema ligeiro e pitoresco*. Se o autor em vez de situar esses episódios na página 15 ou 16 onde estão, os houvesse colocado na página 119 onde o romance termina, o conjunto pouco perderia. Isso não importa em dizer que o livro não tem unidade, não tem ação e não é construído. É a própria figura de João Miramar que lhe dá unidade, ligando entre si todos os episódios. A construção faz-se no espírito do leitor. Oswald fornece as peças soltas. Só podem se combinar de certa maneira. É só juntar e pronto.

Nessas memórias, uma porção de tipos interessantes: Célia, Nair, o Pantico, o dr. Pilatos, Minão da Silva, Machado Penumbra. Ou melhor, modalidades de um tipo único, o burguês brasileiro, que pela primeira vez aparece tratado brasileiramente, com bom humor, com caçoada, mas sem mordacidade, sem sarcasmo. Nenhum comentário ao que ele diz. Nenhum sinalzinho ao leitor para dizer que "eu não sou assim". Miramar não desdenha o seu meio, não afeta superioridade. Aceita-o como ele é, reservando-se o direito de ser diferente.

Miramar é moderno. Modernista. Sua frase procura ser verdadeira, mais do que bonita. Miramar escreve mal, escreve feio, escreve errado: grande escritor. Transposições de planos, de imagens, de lembranças. Miramar confunde para esclarecer melhor. Brinca com as palavras. Brinca com as ideias. Brinca com as pessoas. Ele é principalmente um brincalhão.

Quase não se sentem os exageros, as deformações nas pilhérias sem maldade:

O alpinista
de alpenstock

*desceu
nos Alpes.*[2]

"Gustavo Dalbert numa noite de cabelo e cigarro disse-me que a arte era tudo mas a vida nada. Ele era músico e ia morar em Paris comigo, o amigo e jovem poeta João Miramar. Havia um outro artista na vizinhança, o Bandeirinha barítono e outros poetas na cidade."[3]

E quantos achados deliciosos. Miramar é realista. Suas imagens, objetivas. Desnorteiam pela audácia. Nenhum preconceito, salvo talvez esse nenhum. Uma vez ou outra, um pouco de literatura: "A tarde suicidava-se como Petrônio". "Paradas casavam Picasso, Satie e João Cocteau."[4]

As associações, visíveis nos poetas pela falta de ligação sintática entre as palavras, são mais difíceis na prosa de Miramar onde a ligação existe. Nos poemas, é fácil compreender separadamente cada uma das ideias soltas. O leitor acha falta de lógica, mas só não compreende o conjunto. Na prosa de Miramar não se associam; se misturam, se interpenetram. Para as entender mesmo isoladamente, é preciso separá-las primeiro. O leitor pouco inteligente dirá apavorado: "Quem é esse homem?/ É louco, mas louco/ pois anda no chão".

A isso, Miramar respondeu previamente com a epígrafe do padre Antônio Vieira: "E se achar que falo escuro não mo tache, porque o tempo anda carregado; acenda uma candeia no entendimento".[5]

Rompendo com uma série de convenções gramaticais, Miramar se decide enfim a "escrever brasileiro". Não neguemos que esse gesto tivesse precursores. A verdade porém é que se

---

2. "Mont-Cenis" in *Memórias sentimentais de João Miramar*, ed. das *Obras completas de Oswald de Andrade*. Rio de Janeiro, Civilização Brasileira (1971), vol. II, p. 32.
3. "Informações", ibid., p. 20.
4. Ver "Passa o amor" e "14 de julho", ibid., pp. 76 e 35.
5. In *Memórias sentimentais de João Miramar*, cit., p. 7.

muitos aconselhavam o gesto, muito poucos, não é necessário excetuar José de Alencar, tiveram a ousadia de pô-lo em prática. O sr. Oswald de Andrade toma a atitude oposta que é, de qualquer maneira, a mais corajosa. Se Miramar pratica o gesto, outro personagem, Machado Penumbra, aprova-o apenas, sem aconselhá-lo nem adotá-lo. Concordamos até certo ponto com a atitude prudente de Penumbra. Seria um horror se todo o mundo daqui em diante se pusesse a "escrever brasileiro" e cada qual naturalmente a seu modo. A prova é o próprio brasileiro de Miramar, tentativa proveitosa apenas enquanto destruição. Acabou com o erro de português. Mas criou o erro de brasileiro, de que está cheio o livro. Ninguém fala o brasileiro de Miramar. Sua construção, de um raro poder expressivo, é personalíssima. De artista. Portanto, de exceção. Ora, nossa língua em formação tem de obedecer a leis determinadas, as leis gerais de evolução linguística. É nos submetendo às suas tendências que a criaremos e não lhe dando a feição inconfundível da frase de Miramar. As exceções devem vir depois. Por ora trata-se de unificar. Os grandes criadores de línguas são grandes criadores na medida em que se conformam com o uso. Não são artistas, são vulgares. Coragem que poucos têm. Miramar errou o caminho. Quis ser artista. Não será um criador do brasileiro.

Essas e outras cousas que estamos dizendo já foram ditas num artigo admirável, do sempre admirável Mário de Andrade, que lamentamos não poder plagiar na íntegra.[6]

Não é pela tentativa de uma língua nova mas inaceitável que as *Memórias sentimentais* têm uma grande importância na formação de uma literatura brasileira. É pelo espírito do livro, é pelo extraordinário poder de simpatia de Miramar — um camaradão, desses que abraçam a gente na rua contentes de verdade, que se entregam quando são amigos, gostam das

---

6. Sérgio refere-se ao ensaio "Oswald de Andrade" in *Revista do Brasil*: (105), setembro-dezembro de 1924.

boas pilhérias e fazem confidências. Miramar é cínico, é canalha – no bom sentido dessas palavras –, é bom, é quase sempre alegre. Quase sempre. Às vezes lá vem uma necessidade de crepúsculos. Há notas de grande melancolia nas *Memórias sentimentais.* João Miramar é um poeta lírico.

Prudente de Moraes Neto e *Sérgio Buarque de Holanda*

Perspectivas[1]

AS PALAVRAS DEPOSITARAM tamanha confiança no espírito crédulo dos homens, que estes acabaram por lhes voltar as costas. A gente começa a admirar-se de que uma porção de civilizações tenha enxergado incessantemente na letra qualquer cousa que não seja uma negação de vida – negação formal, está claro, mas nem por isso menos eficiente. Um estupendo livro ainda por se escrever: o tratado de história da civilização em que se considere o esplendor e a decadência de cada povo coincidindo precisamente com a maior ou menor consideração que a palavra escrita ou falada mereceu de cada povo.

Nada do que vive se exprime impunemente em vocábulos. Os mais sábios dentre os homens têm sofrido um pouco das necessidades a que essa lei os subordina. Eu, Sérgio Buarque de Holanda, acho indiscutível que em todas as cousas exista um limite, um termo, além do qual elas perdem sua instabilidade, que é uma condição de vida, para se instalarem confortavelmente no que só por eufemismo chamamos sua expressão e que na realidade é menos que seu reflexo. Só os pensamen-

[1]. Publicado na revista *Estética* (RJ), II (3): 272-7, abril-junho de 1925.

tos já vividos, os que se podem considerar não em sua duração, mas objetivamente e já dissecados, encontram um termo. Quero dizer: esse termo só coexiste com o ponto de ruptura com a vida.

Os homens que sentiram nitidamente essa ausência do princípio de vida, essa atmosfera irrespirável que nos propõem as formas inteligíveis, já mandam ao diabo tudo quanto possa preencher um termo, tudo quanto caiba entre as quatro paredes de um pensamento comunicável ou expresso. A palavra escrita ou falada só se concilia com a dificuldade vencida, com a energia satisfeita e a paz proclamada depois da guerra. É em vão que se tentará atrair a tempestade, invocar o demônio ou realizar o mistério dentro do cotidiano, quando não se renunciou à virtude ilusória da linguagem dos cemitérios.

Mas não é sem remorsos que os homens aceitam a falsa paz que as letras impuseram. A resistência ao milagre caracteriza um estado de espírito que não é bem o dos contemporâneos. Já se ousa pretender mesmo e sem escândalo, que a mediocridade ou a grandeza de nosso mundo visível só dependem da representação que nós nos fazemos dele, da qualidade dessa representação. Nada nos constrange a que nos fiemos por completo na suave e engenhosa caligrafia que os homens inventaram para substituir o desenho rígido e anguloso das cousas. Hoje mais do que nunca toda arte poética há de ser principalmente – por quase nada eu diria apenas – uma declaração dos direitos do Sonho. Depois de tantos séculos em que os homens mais honestos se comprazeriam em escamotear o melhor da realidade, em nome da realidade temos de procurar o paraíso nas regiões inexploradas. Resta-nos portanto o recurso de dizer das nossas expedições armadas por domínios. Só à noite enxergamos claro.

Não lhe quero negar, leitor, o direito que você tem de achar ingênuo e irrealizável tal propósito. Lembro mesmo, e a seu favor, o trecho admirável de Marcel Proust sobre essas "visões que nos é impossível exprimir e quase proibido constatar, porque, precisamente quando se tenta dormir, vem-nos a carícia de seu encanto irreal, no instante mesmo em que a razão nos abandona, os olhos se cerram e antes de se conhecer não só o inefável mas o invisível, a gente adormece".[2]

Mas de que nos vale ter confiança no milagre se não ousamos transpor aquele *impossível* e aquele *proibido* colocados ali por prudência ou por covardia? "Há muitas cousas no céu e na terra além do que imagina a vossa filosofia", diz Hamleto a Horatio. O certo é que essa filosofia não se interessa senão por divertimento ou por acaso em todas essas cousas que existem na terra e no céu fora de seu alcance. Para os sábios mais consideráveis uma certa amplitude de pensamento acarreta o invencível sacrifício de tudo quanto escapa à lógica da continuidade, de tudo quanto se exalta e afirma, pelo simples fato de ser um direito à existência, a sua diferença essencial em relação ao que a rodeia e por isso mesmo, implicitamente, a sua singularidade. A ciência compraz-se em estabelecer um nivelamento, uma uniformidade tal em todas as cousas, que acaba por excluir de seu universo qualquer objeto que não se resigne a ser simples termo para as suas equações, um instrumento dócil às suas construções arbitrárias. O ato elementar de definir, que se encontra à base de toda ciência humana, implica o propósito de instalar todo o objeto de conhecimento numa continuidade fixa e inalterável. Não existe ciência do particular que estude cada cousa em relação à sua própria particularidade. Todos os nossos conhecimentos procedem ao contrário, subordinando o singular ao universal e utilizando-se para esse efeito de um sistema de seleção em que só se tem por essencial o que há de constante em uma dada série de objetos. O resto, o que há em cada um de individual é considerado inútil para a formação do conceito. Acontece porém que para certos homens o essencial continua

---

2. Essa imagem da imobilidade do nosso pensamento acerca das coisas à nossa volta é longamente desenvolvida no capítulo "Combray" in *Du côté de chez Swann*. Paris, Éditions Gallimard (1973), pp. 9-16.

sendo o que há de particular, o que há de milagroso, o elemento irredutível em cada cousa. São esses homens, os que obedecem às leis divinas e esquecem as outras, as das cidades que reclamam com violência um regresso a esse *estado de guerra* que não é mais do que uma conformação com a vida.[3]

Mas para a maioria dos homens a morte como quer que seja apresenta encantos e seduções que a vida está muito longe de lhes proporcionar. Para uma porção de poetas ela tem sido um sinônimo cômodo de mistério e para Sócrates ela apareceu como uma *aquisição de pensamento*. Nem todos sentiram que não é necessário renunciar à vida para descobrir o "irreal" e que ao contrário o que parece mais real e até mesmo o que se apresenta mais dócil à verificação comporta uma parte de mistério imprevisível e traz concessões escandalosas ao irracional. Essa ilusão explica a subsistência, embora disfarçada, em cada um dos nossos atos, de uma aspiração à morte. A própria criação artística não escapou desde os seus inícios a esse pecado original. Parece claro que o próprio impulso que levou os primeiros homens a gravar desenhos nas paredes das cavernas participa muito, não de um desejo de libertação como já se tem dito (isto é, libertação no sentido de exaltação: correspondendo a uma expansão de *vitalidade*), não de um esforço de resistência contra o aniquilamento, mas ao contrá-

---

3. Nunca será demasiado insistir no que representou para a literatura contemporânea a descoberta de que cada indivíduo representa um mundo isolado e muitas vezes indecifrável para os outros homens. A ideia da "incomunicabilidade dos espíritos" que constitui, pode-se dizer, o fundamento e o tema essencial do teatro de um Pirandello já estava admiravelmente expressa numa passagem dos comentários de Newman aos argumentos de Paley sobre as evidências do Cristianismo: "Se quiserem que eu me utilize do argumento de Paley para minha própria conversão, direi resolutamente: Não desejo ser convertido por um silogismo hábil; se quiserem que o mesmo argumento me sirva para converter a outros, direi: Não me interessa convencê-los pela razão sem que seu coração seja atingido. Os homens não podem aceitar integralmente uma verdade, é preciso que cada qual a descubra por si. Toda convicção profunda há de ser condicionada por essa descoberta". (N. do A.)

rio, e acentuadamente, ao desejo invencível de negar a vida em todas as suas manifestações.

Surge assim em sua expressão artística mais rudimentar esse afã de reduzir o informe à forma, o livre ao necessário, o acidental à regra. O desenho regular e monótono dos primitivos, essa exclusão de todos os elementos especiais e acidentais que eles revelam mostram claramente o significado e o sentido da tendência dos homens para uma regularidade abstrata e inânime.

Paralela a essa tendência que não é um privilégio do homem primitivo, a necessidade de *confissão*, essa doença moderna que condena à morte, pela palavra e pela sintaxe, todos os sentimentos que nos oprimem, toda *manifestação de* vida inoportuna correspondente a essa mesma lei de aspiração ao inerte.[4]

Não me cabe resumir aqui todas as perspectivas que esse ponto de vista me propõe. Não disse ainda por que razão os homens começam a procurar a realidade, de preferência na esperança, na recordação e na ausência e por que muitos deles sem renunciar a essa atitude conseguiram revogar para uso próprio a lei de aspiração à morte. Também não disse por que a exaltação do particular resolve-se em certos momentos na anulação de qualquer singularidade, no sentimento da harmonia de todas as cousas. Direi provisoriamente que a vida, apesar de tudo, continua a nutrir sub-repticiamente por uma espécie de *verba-secreta* as regiões mais ocultas de nossas ideologias. É incontestável que os nossos atos e mesmo aque-

---

4. Digo "doença moderna" apenas por comodidade. Não ignoro argumentos que poderiam me opor. Quero dizer que a confirmação da necessidade de expressão dos nossos sentimentos mais profundos manifesta-se menos disfarçada entre os contemporâneos. Há quem atribua à influência do confessionário a extraordinária situação de que ainda hoje goza e que mantém o catolicismo romano. (V. dr. William Steket. *The depths of the soul* – trans. by dr. S. A. Tannenbaum. London, Kegan Paul – 1921.) O artigo de Prudente de Moraes Neto, sobre a sinceridade, publicado no último número da nossa revista, estuda o mesmo assunto com admirável lucidez. (N. do A.)

les que comportam uma série de movimentos irremediavelmente previstos pela lógica e pelo cálculo mais precisos não prescindem dessa parcela de contingente que participa do divino. Diante dessa impossibilidade de opor uma resistência mais eficaz ao mistério que nos sitia por todos os lados, diante do absurdo dessa resistência não há duas atitudes igualmente legítimas. Nada mais cômodo, é verdade, que concluir pela vaidade de todos os nossos gestos e pela inutilidade de qualquer atitude – ideia que o Universo nos fornece a troco de um simples bocejo.

Pathé-Baby

O VELHO JACOBINISMO dos nossos românticos de 1860, tipo "todos cantam sua terra também vou cantar a minha", começa a ser brilhantemente ressuscitado pelos nossos românticos de 1926. Depois de tantas experiências vãs que a gente sofreu para esquecer essa atitude, o resultado é que o mais ligeiro esforço no sentido de exprimir mais profundamente o "estilo nacional", ajeitando bem ele na nossa produção literária e artística, bastou para que voltasse à tona com ruído. Mas agora é se conformar com ela, já que os mais ousados dentre nós tiram o melhor partido de sua eficiência.

Tudo isso não é dito a propósito do livro que Antônio de Alcântara Machado nos apresenta: *Pathé-Baby*. Mas é sugerido por ele. É possível que o autor imaginasse a moralidade do livro (quatro versos da "Canção do Exílio") antes de terminar ele. Não creio, mas é possível. Nesse caso ela veste bem a atitude constatada. O mais provável e o mais crível é que ela surgisse à toa, por um achado feliz, e ainda importa acentuar este fato como significativo de uma orientação.

Importa acentuar sobretudo porque se trata duma orientação fecunda, embora a muitos possa parecer ingênua ou coió em excesso. Pois foi também uma fecunda ingenuidade essa que traduziu o "Sur le pont d'Avignon" dos emboabas no nosso delicioso e brasileiríssimo "Surupango da vingança". Não seria isto um argumento decisivo?

O objetivismo do livro de Antônio de Alcântara Machado – porque *Pathé-Baby* é extremamente objetivo, apesar de seu autor parecer de vez em quando com um esplêndido caricaturista – dissipa a suspeita de que ele tenha tomado qualquer partido prévio antes de se dispor a descrever suas impressões através dessa Europa "gostosa e ridícula".

O que ele faz, e talvez sem querer, é fornecer um excelente correlativo a quanto alguns estrangeiros cultos e irritados têm escrito da nossa civilização desajeitada. Trata-se positivamente de um tipo de brasileiro que Joaquim Nabuco não previu.

Diante de algumas páginas deste livro a gente sente uma bruta vontade de comparar ele aos contos de Paul Morand e muito mais a certas páginas do diário íntimo de Barnabooth de Valéry Larbaud. Mas tudo isso com reservas. Nos franceses predomina a impressão pessoal dos sítios que eles observam e percorrem. Eles se demoram nela e acham bom observarem-se a si mesmos. Quase sempre a nota subjetiva dá o tom, se não serve de ritornelo. Isso é sobretudo verdadeiro quando se trata de Larbaud.

O autor de *Pathé-Baby* cabe perfeitamente bem dentro das tendências e correntes modernistas em tudo quanto nelas corresponde à fórmula estupenda de Jean Cocteau: "Nosso papel, daqui para diante, será o de esconder a poesia por debaixo do objeto". Livro seco, quase todo de frases incisivas e cortantes que nem tiririca. Irritante por isso mesmo. Mas por outro lado, em compensação, pedaços onde se derrama um sentimentalismo bem brasileiro, terno e comunicativo, como esse colosso que é o "Flama da saudade".

Dói às vezes a carência de ingenuidade, lucidez quase perversa, quase impiedosa, que ele bota nas suas descrições. A gente precisa porém de atentar bastante nisso, que se trata dum turista apressado, sem muito tempo pra tomar amor pelas coisas e que fica satisfeito dizendo como elas são.

Seu livro exemplifica bem a frase de um crítico sobre o nosso século, opondo ele ao século XIX, que é o "século da História": século da Geografia. Ele não demonstra níquel de interesse pelo Passado ou pela História, a não ser pela face de pitoresco que propõe a seu ponto de vista. Exemplo: os capítulos sobre Veneza, Florença e Roma. E é nesse gosto do pitoresco – o demônio de Oswald de Andrade – que ele se aparenta com o criador do *Pau-Brasil*.

Há muito que dizer sobre este livro além destas observações. Há que dizer, por exemplo, sobre o caráter de imprevisto que reveste seu aparecimento na moderna literatura brasileira, tão pouco habituada a essas coisas. De fato, *Pathé-Baby* desmente com tanta segurança e tão bem a ideia que a gente podia fazer de um livro onde um homem do nosso Extremo Ocidente contasse suas peregrinações pelo outro lado da Terra, que se sente uma certa hesitação em classificar ele do mesmo jeito com que se classifica quase todos os nossos livros, ainda os mais modernos. Desorienta.

Isso quanto ao livro. Quanto ao autor, pelo que ele nos apresenta hoje, há, infelizmente, muito menos que dizer. Ele próprio nos dá pouco a perceber de sua alma, e mesmo que a gente chegue a descobrir não será talvez o melhor dela. Eu, por mim, só tenho a dizer, por enquanto, que não vejo na moderna literatura brasileira outro autor mais interessante do que Alcântara Machado e creio que muito poucos mais importantes.[1]

---

1. Publicado na revista *Terra Roxa e Outras Terras* (SP), 1 (6): 6 de julho de 1926.

Um homem na multidão – Ribeiro Couto

.

NENHUM LIVRO DE POESIAS escrito por brasileiro nos convida menos ao entusiasmo do que este.
Para alguns, só isso seria quase que uma virtude. Penso que, além de uma virtude, deve ser um privilégio feliz para seu autor. Desde o *Jardim das confidências*, que Ribeiro Couto demonstrou conhecer, como mestre, essa arte maravilhosa de incompatibilizar, sistematicamente, os seus apologistas com a retórica de convenção, que é a reação normal do entusiasmo (da indiferença também) na nossa crítica.

Nem assim o seu primeiro livro deixou de ser assunto de discussões memoráveis, e pode-se dizer mesmo que, delas, data a formação de uma espécie de partido literário, que ainda hoje conta com um número bem respeitável de adeptos.[1] Mas o segredo de Ribeiro Couto continuou escondido, felizmente para ele e para nós.

Em *Um homem na multidão*, a mesma curva que começa a se manifestar no *Jardim das confidências*, ele continua a desenvolver, com igual habilidade e com mais nitidez. Ribeiro

---

1. Digo partido propositalmente. Todo mundo sabe que chegou-se até ao ridículo, quase desculpável para o momento, de falar em escola penumbrista. (N. do A.)

Couto se compraz no vulgar, no pequenino, no quotidiano e não suporta o epíteto "poético". Através de todos os seus livros, esse traço permanece inalterado. Creio que, com um pouco de exagero, se poderia mesmo dizer que a ausência de métrica é o que distingue mais particularmente este livro do primeiro. Nos poemas de *Jardim das confidências*, a função da métrica era ociosa, insignificante mesmo. Ela não oferecia resistência bastante forte contra o lirismo e o verso se dissolvia, em regra geral, na poesia. Agora, em compensação, ele acentuou certas particularidades, certos tiques também, que já se encontravam nos seus poemas anteriores. À primeira vista, se tem a impressão de que o poeta sofreu uma evolução considerável, mas só à primeira vista. O título que ele escolheu desta vez poderia, muito bem, com maior ou com menor propriedade, servir para cada um dos seus livros, mesmo para os seus livros de prosa, que não diferem, substancialmente, dos outros. E, demais, define, admiravelmente bem, esse poeta, espectador interessado da vida, que sabe prolongar em sentimento as imagens mais cruas e as mais injustas que o mundo lhe oferece. Ele está longe dessa aquiescência sem humanidade que nos aproxima, talvez, da sabedoria, mas que nos afasta do lirismo.

É possível que se ache medíocre e estreito o mundo em que se move esse poeta. Não penso assim. De resto me parece duvidoso que uma limitação aceita, não digo deliberadamente, mas integralmente, de corpo e alma, continue a ser uma limitação. Em Ribeiro Couto, creio, há um exemplo bem preciso disso. E, a propósito, me lembro daqueles versos deliciosos do poema "Ruas", um dos mais bonitos e mais expressivos deste seu último livro:

E as pessoas que passam nos automóveis quentes,
a olhar com tédio através das vidraças,
nunca poderão saber das volúpias sutis que há num dia de chuva
para um poeta pobre

que vai a pé, com as botas estragadas,
a caminho de casa, pensando um poema,
sob a carícia desconfortável da água a cair.[2]

---

2. Cf. Ribeiro Couto. "Ruas" in *Um homem na multidão*. Rio de Janeiro, Livraria Odeon (1926), p. 32. Com o mesmo título, ver do autor o poema enfeixado no *Cancioneiro do ausente* (1932-43) in *O dia longo — poesias escolhidas*. Lisboa, Portugália Editora (s. d), pp. 365-6. Este artigo foi publicado na *Revista do Brasil* (SP): 15 de setembro de 1926.

O lado oposto e outros lados

QUALQUER PESSOA QUE COMPARE o Brasil intelectual de hoje com o de há dez anos não pode deixar de observar uma divergência apreciável entre os dois momentos, não só nos pontos de vista que os conduzem como ainda mesmo nos indivíduos que os exprimem. Não quero insistir na caracterização dessa divergência, que me parece profunda, nem vejo em que poderia ser útil mostrando o motivo que me leva a preferir um ao outro.

Está visto que pra mim os que exprimem o momento atual neste ano de 1926 contam muito mais do que os de 1916. A gente de hoje aboliu escandalosamente, graças a Deus, aquele cepticismo bocó, o idealismo impreciso e desajeitado, a poesia "bibelô", a retórica vazia, todos os ídolos da nossa *intelligentsia*, e ainda não é muito o que fez. Limitações de todos os lados impediam e impedem uma ação desembaraçada e até mesmo dentro do movimento que suscitou esses milagres têm surgido germens de atrofia que os mais fortes já começam a combater sem tréguas.

É indispensável para esse efeito romper com todas as diplomacias nocivas, mandar pro diabo qualquer forma de hipocrisia, suprimir as políticas literárias e conquistar uma profunda sinceridade pra com os outros e pra consigo mesmo.

A convicção dessa urgência foi pra mim a melhor conquista até hoje do movimento que chamam de "*modernismo*". Foi ela que nos permitiu a intuição de que carecemos, sob pena de morte, de procurar uma arte de expressão nacional.

Não se trata de combater o que já se extinguiu, e é absurdo que muitos cometem. Mesmo em literatura os fantasmas já não pregam medo em ninguém. O academismo, por exemplo, em todas as suas várias modalidades – mesmo o academismo do grupo Graça Aranha-Ronald-Renato Almeida, mesmo o academismo de Guilherme de Almeida – já não é mais um inimigo, porque ele se agita num vazio e vive à custa de heranças. As figuras mais representativas desse espírito acadêmico e mesmo as melhores (como é o caso dos nomes que citei) falam uma linguagem que a geração dos que vivem esqueceu há muito tempo.

Alguns dos seus representantes – refiro-me sobretudo a Guilherme de Almeida e a Ronald de Carvalho –, graças a essa *inteligência aguda e sutil* que foi o paraíso e foi a perda da geração a que eles pertencem, aparentaram por certo tempo responder às instâncias da nossa geração. Mas hoje logo à primeira vista se sente que falharam irremediavelmente. O mais que eles fizeram foi criar uma poesia principalmente brilhante: isso prova que sujeitaram apenas uma matéria pobre e sem densidade. De certo modo continuaram a tradição da poesia, da literatura "bibelô", que nós detestamos. São autores que se acham situados positivamente *do lado oposto* e que fazem todo o possível para sentirem um pouco a inquietação da gente da vanguarda. Donde essa feição de obra trabalhada conforme esquemas premeditados, essa ausência de abandono e de virgindade que denunciam os seus livros. *Toda a América* e *Raça* seriam talvez bem mais significativos para a gente se não fosse visível a todo o momento a intenção dos seus autores de criarem dois poemas geniais. Essa intenção é sobretudo manifesta em *Toda a América*. É um dos aspectos que tornam mais lamentável e pretensioso o movimento inaugurado pelos nossos acadêmicos "*modernizantes*". Houve tempo em que esses autores foram tudo quanto havia de bom na literatura brasileira. No ponto em que estamos hoje *eles não significam mais nada para nós.*

Penso naturalmente que poderemos ter em pouco tempo, que teremos com certeza, uma arte de expressão nacional. Ela não surgirá, é mais que evidente, de nossa vontade, nascerá muito mais provavelmente de nossa indiferença. Isso não quer dizer que nossa indiferença, sobretudo nossa indiferença absoluta, vá florescer por força nessa expressão nacional que corresponde à aspiração de todos. Somente me revolto contra muitos que acreditam possuir ela desde já no cérebro tal e qual deve ser, dizem conhecer de cor todas as suas regiões, as suas riquezas incalculáveis e até mesmo os seus limites e nos querem oferecer essa sobra em vez da realidade que poderíamos esperar deles. Pedimos um aumento de nosso império e eles nos oferecem uma amputação. (Não careço de citar aqui o nome de Tristão de Athayde, incontestavelmente o escritor mais representativo dessa tendência, que tem pontos de contato bem visíveis com a dos acadêmicos "modernizantes" que citei, embora seja mais considerável.)

O que idealizam, em suma, é a criação de uma elite de homens, inteligentes e sábios, embora sem grande contato com a terra e com o povo – é o que concluo por minha conta; não sei de outro jeito de se interpretar claramente o sentido dos seus discursos –, gente bem-intencionada e que esteja de qualquer modo à altura de nos impor uma hierarquia, uma ordem, uma experiência que estrangulem de vez esse nosso maldito estouvamento de povo moço e sem juízo. Carecemos de uma arte, de uma literatura, de um pensamento enfim, que traduzam um anseio qualquer de construção, dizem. E insistem sobretudo nessa panaceia abominável da *construção*. Porque para eles, por enquanto, nós nos agitamos no caos e nos comprazemos na desordem. Desordem do quê? É indispensável essa pergunta, porquanto a ordem perturbada entre nós não é decerto, não pode ser a *nossa ordem*; há de ser uma coisa fictícia e estranha a nós, uma lei morta, que importamos, senão do outro mundo, pelo menos do Velho Mundo. É preciso mandar buscar esses espartilhos pra que a gente aprenda a se fazer apresentável e bonito à vista dos outros. O erro deles está nisso de quererem escamotear a nossa liberdade que é, por enquanto pelo menos, o que temos de mais considerável, em proveito de uma detestável abstração inteiramente inoportuna e vazia de sentido. Não me lembro mais como é a frase que li num ensaio do francês Jean Richard Bloch[1] e em que ele lamenta não ter nascido num país novo, sem tradições, onde todas as experiências tivessem uma razão de ser e onde uma expressão artística livre de compromissos não fosse ousadia inqualificável. Aqui há muita gente que parece lamentar não sermos precisamente um país velho e cheio de heranças onde se pudesse criar uma arte sujeita a regras e a ideais prefixados.

Não é para nos felicitarmos que esse modo de ver importado diretamente da França, da gente da *Action Française* e sobretudo de Maritain, de Massis, de Benda talvez e até da Inglaterra do norte-americano T. S. Eliot comece a ter apoio em muitos pontos do esplêndido grupo *modernista* mineiro de *A Revista* e até mesmo de Mário de Andrade, cujas realizações apesar de tudo me parecem sempre admiráveis. Eu gostaria de falar mais longamente sobre a personalidade do poeta que escreveu o *Noturno de Belo Horizonte* e como só assim teria jeito pra dizer o que penso dele mais à vontade, pra dizer o que me parece bom e o que me parece mau na sua obra – mau e sempre admirável, não há contradição aqui –, resisto à tentação. Limito-me a dizer o indispensável: que os pontos fracos nas suas teorias estão quase todos onde elas coincidem com as ideias de Tristão de Athayde.

---

1. Os primeiros livros de Jean-Richard Bloch (1884-1947), *Lévy* (1912) e *Et Cie.* (1918), procuravam vincular o judaísmo aos grandes temas da justiça e do humanismo revolucionário, além de tratar de algumas questões ligadas ao aparecimento da literatura proletária, caso dos livros *Carnaval est mort* (1920) e *Le dernier empereur* (1936).

Essa falha tem uma compensação nas estupendas tentativas para a nobilitação da fala brasileira. Repito entretanto que a sua atual *atitude* intelectualista me desagrada.

Nesse ponto prefiro homens como Oswald de Andrade, que é um dos sujeitos mais extraordinários do modernismo brasileiro; como Prudente de Moraes Neto; Couto de Barros e Antônio Alcântara Machado. Acho que esses sobretudo representam o ponto de resistência necessário, indispensável contra as ideologias do construtivismo. Esses e alguns outros. Manuel Bandeira, por exemplo, que seria para mim o melhor poeta brasileiro se não existisse Mário de Andrade. E Ribeiro Couto que com *Um homem na multidão* acaba de publicar um dos três mais belos livros do *modernismo* brasileiro. Os outros dois são *Losango cáqui* e *Pau-Brasil*.[2]

---

2. Publicado na *Revista do Brasil* (SP): 15 de outubro de 1926, pp. 9-10.

Conversando com Blaise Cendrars

•

"O FUTURO DO HOMEM BRANCO está sobretudo na América do Sul" – diz o poeta francês ao representante do *O Jornal*.

Nunca se perde muito em escrever sobre Cendrars. Cada vez que procuram defini-lo parece que ele se empenha em agir deliberadamente de encontro às limitações que sem querer lhe impuseram. É que o caráter permanente desse poeta, que só encontra seu equilíbrio natural no tombadilho dos vapores e que escreve suas cartas – seus bilhetes – no verso dos rótulos da Royal Mail, é precisamente uma impermanência desconcertante e encantadora.

Já houve quem dissesse que viver é viver em repouso. Não me recordo agora quem foi o inventor dessa fórmula, mas aposto como não era um homem de bom apetite. Blaise Cendrars, realizando a atitude contrária, mostra que se pode viver em mobilidade, sem que a vida, por isso, deixe de ganhar uma preciosa consistência. Fugir ao sossego é para muitos expor-se a um perigo assíduo. Mas Cendrars, que perdeu um braço na guerra, não saberia recuar diante de consideração tão inocente.

Assim, quando perguntei-lhe qual o motivo que o trazia desta vez ao Brasil – é a terceira viagem que ele empreende a nosso país –, eu deveria saber que a minha questão era perfeitamente ociosa. Não se pergunta a um homem que não gosta de viver em repouso por que razão ele não vive em repouso. O disparate dessa pergunta era para mim bem patente para que eu não visse que estava fazendo um jogo perigoso. Mas Cendrars ainda desta vez desmentiu às minhas suspeitas e não tardei em perceber que com um ponto duvidoso eu não comprometia a minha posição.

UMA CIDADE MINEIRA

– ...?
– *Existe realmente esse santuário na cidade de Congonhas do Campo. É magnífico esse nome: Congonhas do Campo. Há nessa cidade um hotel que se chama Novo York, Hotel Novo York.*
– Nova York?
– *Não. Novo-York.*
Ficarei desta vez no Brasil só o tempo de ir a S. Paulo e um pouco ao interior. Caso me seja possível visitarei também Bahia e Pernambuco, que tenho grande interesse em conhecer.

Cendrars referiu-se, em seguida, ao progresso realizado no Rio de Janeiro depois de sua última visita ao Brasil. Lembrei-lhe a má impressão que causaram a Pirandello os novos arranha-céus da praça Floriano Peixoto.

PIRANDELLO E OS ARRANHA-CÉUS DO RIO

– *Li a entrevista de Pirandello a* O Jornal, *e recordo-me das suas palavras a propósito dos arranha-céus. Se não me engano ele fala na necessidade de se criar no Rio uma arquitetura que se conforme com a linha da paisagem. Tanto melhor. Não seria o caso de se construírem edifícios da altura do*

Pão de Açúcar ou do Corcovado? Creio mesmo que embora se fizessem aqui edifícios duas ou três vezes maiores que os de Nova York a linha da paisagem nada sofreria. A própria natureza dá o exemplo a seguir. Demais, em toda cidade em crise de crescimento o arranha-céu é a tábua de salvação. Não há hesitar. Isso não se dá só nos Estados Unidos, mas em toda parte, mesmo em Paris. A extensão dos edifícios no sentido vertical resulta naturalmente da elevação constante no preço dos terrenos.

O PARADOXO PARISIENSE

– E, no entanto, a Municipalidade de Paris proíbe que se edifiquem construções de mais de seis andares...
– *Isso só serve para mostrar que os regulamentos municipais de Paris não evoluíram com as necessidades da vida. Estas andam em constante luta com uma legislação que data de Napoleão. Os mais hábeis começam a resolver a questão construindo edifícios cuja fachada, conforme exige a lei, apresenta apenas seis andares, mas que realmente possuem no interior doze ou dezoito. É uma acomodação que os legisladores, felizmente, não tiveram a inteligência de prever. Nos arredores de Paris, onde a lei não restringe a altura dos edifícios, começam a nascer verdadeiras cidades cujas construções se elevam, em média, a dez ou doze andares. Acho que a observação de Pirandello é idiota: com uma paisagem tão grandiosa, o Rio permite e exige mesmo que os seus edifícios sejam altos.*

OS ESCRITORES NOVOS DA FRANÇA

– Quais são os escritores mais expressivos do momento literário na França?

– *Em minha opinião os surrealistas. Penso mesmo que esses escritores, que aliás agem sobretudo em conjunto, são os únicos que contam verdadeiramente. Eles aderiram em massa ao Partido Comunista e dividem sua atividade entre a literatura e a política da esquerda. Desde há dois anos que o órgão do movimento, a* Révolution Surrealiste, *se fundira com a* Clarté, *de Henri Barbusse. Os surrealistas começaram por despedir o antigo grupo* Clarté *e um deles, André Breton, publicou um admirável artigo, uma espécie de manifesto, em que estudava as relações entre o surrealismo e o credo comunista. Os chefes do Partido Comunista, desconfiados há muito das intenções dos surrealistas, exigiram de Breton que renegasse o seu artigo e aderisse incondicionalmente à Terceira Internacional. Pois o que parecia impossível realizou-se. Breton aceitou a imposição dos comunistas e, mais, declarou em seguida que acreditava na necessidade de uma severa disciplina partidária. Essa atitude admirável foi adotada por todos os seus companheiros. É um gesto bastante significativo, principalmente tendo em conta que parte de homens como Breton, Aragon, Eluard, Desnos...*

Não penso tão bem dos escritores modernos que se converteram ao catolicismo, como Max Jacob, Reverdy e Cocteau. São sobretudo homens fatigados. Alguns, como Delteil, apresentam um lado oficial que me repugna. O autor de Jeanne d'Arc *acabará seguramente na Academia. Sinto que ele começa mesmo a reagir um pouco contra sua primeira maneira e a despejar água no seu vinho. O que salva Delteil de um modernismo excessivo e extemporâneo, que algumas vezes transparece em sua obra, é o lado província. É o aspecto mais simpático de seus livros.*[1]

---

1. Referência a Joseph Delteil (1895-1964), prosador francês e autor, entre outros, dos romances *Sur le fleuve amour* (1923), *Choléra* (1923) e *Jeanne* d'Arc (1925), este último sua obra mais expressiva, em que a figura da santa personagem aparece marcada por traços fortemente humanizados.

ORIENTE E OCIDENTE

– ...
– *Não vejo nada de interessante para mim nessa volta ao Oriente que realmente começa a ser pregada em certos círculos literários da França. Quando se descobriu a América, a Europa já conhecia a Índia e a China e, entretanto, veio colonizar o Novo Continente. A tendência para o Oeste era uma tendência natural do Ocidente. A América é o Extremo Ocidente e, para mim, o futuro do homem, do homem branco, bem entendido, está na América, principalmente na América do Sul e sobretudo aqui no Brasil. A minha aversão ao oriental é talvez uma questão de sangue, de temperamento. Nada me faz tanto medo neste mundo do que me ver sentado a uma mesa em frente de um chinês ou de um japonês.*[2]

2. Publicado em *O Jornal* (RJ): 23 de setembro de 1927.

João Caetano em Itaboraí[1]

JOÃO CAETANO DOS SANTOS aparece-nos hoje quase como um personagem de lenda. Não se sabe com muita certeza onde nasceu, nem quando nasceu, e quase tudo o que nos dizem de sua existência admirável enquadra-se em um mundo espantoso e impossível. Quando vivo acreditaram que fosse um deus e ainda nos restam alguns pormenores do culto que mereceu; depois de morto foi objeto dessa derradeira homenagem que confunde os mortais com os personagens mitológicos; ergueram-lhe uma estátua. Mas a glória de João Caetano não oferece aos homens de hoje nenhum ponto de atração e, o que é pior, nenhum ponto de resistência; eu mesmo não sei evocar sem certo artifício a importância desse nome que há pouco mais de meio século era o de uma celebridade indiscutível.

Resigno-me a acentuar o que me seduz na história e para isso não careço de "humanizar" a imagem que nos transmitiram do ator: João Caetano foi um personagem real, uma criatura de carne e osso. O mundo em que nasceu e em que viveu esse, sim, é que deve nos parecer espantoso. Espantoso e in-

---

1. Publicado em *O Jornal* (RJ): 15 de outubro de 1927, p. 13.

compreensível. E por isso mesmo que João Caetano cabia tão admiravelmente nesse mundo de romance é que costumamos dar um colorido de lenda à sua figura. A época que comportou um Napoleão não era seguramente uma época normal e ela não morreu com o seu herói em Santa Helena. Surpreendeu-lhe um período de homens ambiciosos e inflexíveis. Não seria estranho nesse período que um indivíduo se proclamasse um deus e se fizesse adorar pela multidão. Bonaparte ensinava que o mundo podia ser uma presa fácil e sua aventura não deixou de suscitar imitadores. Cinquenta anos antes a vida era normal, os homens eram sossegados e o mundo não impunha respeito, mas essa brusca revelação teve o prestígio de dar um novo sentido às coisas: em pouco tempo desapareciam os limites da ambição e os do desespero, o ordinário e o extraordinário se confundiam e tudo prenunciava desastres ou maravilhas. É a atmosfera que respiram os personagens de um Balzac por exemplo. Não é somente com a espada que se conquista o mundo. Cada qual pode e deve usar das armas que tiver mais à mão. E cada qual quer recapitular a seu modo a façanha napoleônica.

João Caetano não era um estrangeiro nesse mundo. Como Rastignac foi ministro, como Hulot foi libertino, ele foi homem de teatro. O mesmo impulso e a mesma lei inflexível os conduziam. E penso mesmo que não fariam má figura entre os "imperiais" franceses o seu porte e o seu traje predileto – aquela famosa sobrecasaca azul-ferrete com botões dourados, a calça de casimira cor de flor de alecrim, a gravata de tafetá negro, a cartola cor de café com leite com fita preta e os sapatos de verniz com fivela de ouro.

A sua ditadura no teatro oferece alguns episódios impagáveis. Conta-se, por exemplo, que certa vez, desembarcando no Rio de passagem para o Prata, uma companhia espanhola, da qual fazia parte o ator Praxedes Dias, recomendado a João Caetano, propôs-se dar uma ou duas representações na capital do Império. No dia da estreia em que se ia representar o *Cid*, o teatro ficou repleto. Entretanto, a despeito desse entusiasmo aparente, a plateia desde o início da representação mostrava uma frieza desoladora. Só um milagre poderia modificar a atitude do público. Pois o milagre se deu. João Caetano, que não se conformava com a situação, ergue-se de um salto em seu camarote, arranca as luvas e, ao mesmo tempo em que dá palmas frenéticas, põe-se a gritar para a plateia: "Aplaudam, senhores, aplaudam, porque é assim mesmo que se representa". Parece que essa exclamação teve a virtude de criar um súbito entusiasmo entre os assistentes que não contiveram daí em diante os seus aplausos.

A carreira artística de João Caetano dos Santos inicia-se em 1827 na paróquia de Itaboraí, a algumas léguas de Niterói. Esse povoado que, graças à cultura do café, começava a tomar um impulso extraordinário, ainda não fora elevado a vila, mas uma quantidade de forasteiros procurava diariamente a estrada que da capital da província conduzia à próspera localidade através de Maricá e da Serra do Lagarto. Os fazendeiros ameaçados pela praga que devastava os canaviais voltaram a atenção para o café que, oferecendo melhores possibilidades de lucro, ia começando a ocupar a primazia. Não é decerto um exagero imperdoável dizer-se que a preeminência da cultura do café coincide com a maior fortuna das províncias do Sul. Dez anos depois da Independência o periódico carioca intitulado *A Matraca dos Farroupilhas* já podia dizer: "Só não gritam as províncias de Minas e São Paulo: ser do sul he hoje huma grande ventura".

Poucas localidades na província do Rio desfrutaram nesse momento a prosperidade de São João de Itaboraí. Centro agrícola de primeira ordem, tudo fazia crer que em pouco tempo chegaria a rivalizar com Niterói e com Campos. Se essa expectativa jamais se realizou depois, Itaboraí alimentou-se dela por muito tempo. Contentava-se, enquanto isso, com ser uma das localidades mais pitorescas da província e a pátria de alguns homens eminentes que não se cansavam de fazer na Corte a apologia do próprio vilarejo. Joaquim Manoel de Macedo, que era itaboraiense, escrevia coisas dessa ordem num jornal carioca: "E todas essas cenas se apreciam e se gozam porque a colina de Itaboraí está levantada sobre suas terras como o capitólio de sua Roma; como o trono de seus Estados". Esses reclames não deixaram de atrair para o lugarejo grande quantidade de homens ambiciosos que ajudaram o desenvolvimento da agricultura e o comércio da região. Não é admirável, portanto, que ali se pudesse formar um centro capaz de aplaudir e de animar a primeira tentativa para a organização de um teatro nacional. A pequena povoação compunha-se então de quatro ou cinco ruas, além da praça onde se achava o templo de são João Batista, esse templo que Macedo compara a "huma garça que de azas abertas se equilibrasse sobre as verdes águas de hum oceano sem tormentas".[2] Entre os edifícios mais notáveis conta-se o Paço da Câmara Municipal e a residência do conselheiro José Bernardino Baptista Pereira, onde esteve hospedado d. João VI. Foi numa das ruas do povoado, em frente à igreja do Senhor do Bonfim, que um filho do português João Caetano dos Santos e da indígena Joaquina Maria Rosa instalou o seu teatrinho.

Não foram poucas as lutas que o jovem João Caetano teve de sustentar para levar avante sua ideia fixa. A princípio teve contra seus projetos a oposição paterna. João Caetano voltara do Sul, onde tomou parte como segundo cadete na guerra cisplatina, merecendo calorosos elogios pela sua bravura. O pai tentou em vão interessá-lo na carreira militar. Mas a vocação de João Caetano era irresistível e provocou mesmo um rompimento com a família. O futuro ator partiu então para a Bahia, onde se empregou em um estabelecimento comercial. Durante sua curta permanência na capital baiana, inventou uma caixa com bonecos que articulava falando por eles. Quando regressou ao Rio, fez as pazes com a família e partiu para Ita-

---

2. Ver a respeito Joaquim Manoel de Macedo. *O ano biográfico brasileiro*. Rio de Janeiro, Tipografia e Litografia do Imperial Instituto Artístico (1876), vol. I.

boraí com alguns companheiros ex-cadetes na guerra cisplatina a fim de organizar a primeira companhia brasileira de teatro. Eram eles: José Romualdo, Francisco de Paula Dias, José Antônio da Costa, Joaquim Santa Rita, Jordão Quintanilha, José Moreira, José Carlos, José Pereira, José Fluminense e Manuel Luiz. Com esses e com sua esposa, dona Estela Santos, Luiza, uma enteada de treze anos de idade, e dona Antônia Borges, João Caetano viu realizado o seu projeto de organizar uma companhia formada inteiramente de elementos brasileiros. Esse episódio provocado por um jovem que contava então apenas dezenove anos de idade tem uma importância inestimável se considerarmos que naquela época os nacionais pareciam estar decididamente excluídos do palco. O único teatro existente no Brasil, o do sr. João do Rio, situado onde se encontra atualmente o São Pedro, pertencia a uma companhia portuguesa, composta unicamente de atores portugueses.

Em Itaboraí a companhia de João Caetano estreou no teatro improvisado da ladeira do Bonfim, com a peça *O carpinteiro da Livônia*, no dia 24 de abril de 1827. Toda a população da localidade e das imediações acorreu para assistir ao espetáculo que constituía uma novidade na região. A iniciativa de João Caetano deu nova vida à paróquia e ao anúncio das representações. Itaboraí enfeitava-se para receber os abastados fazendeiros que não perdiam espetáculo e os forasteiros de toda parte, mesmo da Corte, que iam conhecer a maravilha do lugarejo. Nos domingos principalmente as quatro estradas que conduziam ao povoado ficavam apinhadas de carros de bois, de liteiras, de cavalos formando estranhos cortejos em que cada qual procurava demonstrar a sua opulência. Garantido dessa forma o êxito da primeira tentativa de teatro que se levou a efeito no Brasil, não tardou que a companhia de João Caetano fosse contratada para o Rio de Janeiro. Construíram-se teatros em outras localidades, em Angra dos Reis, em Mangaratiba, Parati e Ilha Grande, tudo graças à iniciativa prodigiosa do jovem ator. Entretanto, o progresso de Itaboraí não sobreviveu muito tempo à partida de João Caetano para a Corte. Veio a decadência e a ruína. Os fazendeiros prudentes abandonaram as suas extensas propriedades em busca de outras terras mais férteis. Os outros ficaram arruinados pela concorrência de outras localidades mais felizes. Ao mesmo tempo as dificuldades opostas ao crédito agrícola por uma legislação inadequada à proteção da lavoura concorreram para a decadência. Pouco a pouco um grande torpor começou a invadir o admirável centro agrícola, o poderoso entreposto do embarcamento do Porto das Caixas, e a Vila de Itaboraí nunca mais conheceu a prosperidade, nem a riqueza que durante um momento teve quase ao alcance da mão.

O testamento de Thomas Hardy

A LITERATURA INGLESA no período "vitoriano" é essencialmente uma literatura de repouso, de fartura, de boa digestão. Politicamente o Império atravessara sem crise um dos momentos mais importantes de sua história: a trasladação do centro de gravidade das energias criadoras do povo – como dois séculos antes a vida social inglesa se deslocara da intensidade para a extensão, agora, esgotado esse longo ciclo, inicia-se um período de saciedade, de aspirações satisfeitas, de paz proclamada. As guerras napoleônicas foram a prova de fogo do novo estado de coisas. O correlativo espiritual desse ambiente é uma mentalidade mais ou menos equívoca, de meio-termo e de compromisso. Só os sentimentos urbanos sabem manifestar sua excelência, só eles são acolhidos com palmas pelo puritanismo britânico. Uma mediocridade satisfeita devora os germes de rebeldia e de negação e impõe-se toda poderosa. Dickens é o grande poeta dessa mediocridade.

Explica-se que os homens mais ricos de espiritualidade, como o autor dessa admirável *Autobiografia de Mark Rutherford*,[1] concluam pelo silêncio e pela renúncia, quando não

---

1. Referência a William Hale White (1831-1913), conhecido como Mark Rutherford,

pela submissão à lei comum. A importância de Thomas Hardy está nisso, sobretudo, que, em uma época de temperança, soube opor qualquer coisa de desmedido: o sentimento convulsivo dos temas essenciais de nossa existência.

Está visto que um homem desses há de ser, em qualquer época, em qualquer país, um *outlaw* do pensamento. A substância dos seus melhores "momentos de visão" só respira fora da História, à margem da sucessão do tempo: inscreve-se decididamente na perspectiva da eternidade. Eles se rebelam contra as forças ordenadoras que dirigiram sempre a sabedoria e a segurança dos homens na Terra e resistem energicamente a qualquer tentativa de expressão social. Seria mesmo bastante estranho que se procurasse prolongar essa experiência individual em um sistema coerente de ideias.

A gente compreende que um Lucrécio ou um são Tomás de Aquino possam contemplar em repouso e com calma o espetáculo do Universo e mesmo construir sistemas rígidos onde as coisas singulares são cuidadosamente excluídas. São quase sublimes, não há dúvida, esses formidáveis empreendimentos anti-humanos. Parece mesmo, algumas vezes, que este mundo foi criado de tal jeito que só se sustenta à custa de uma ordenação policial, de um arranjo emanado de outro mundo. Só em instantes de forte tensão interior é que os homens se encontram frente a frente com as forças subterrâneas e criminosas que vêm desmantelar essas sínteses admiráveis. Mas é difícil não compreender que esses "instantes" representam o que há de mais importante e que todo o resto se anula diante de sua força. É preciso que o curso do tempo se interrompa de súbito para que se possa pressentir o inefável. É conhecido o diálogo entre Stravoguin e Kiriloff nos *Possessos* de Dostoievski:

---

autor agnóstico inglês e tradutor de Spinoza que relatou em seus livros a experiência da perda da fé. Entre suas principais obras, além de *The autobiography of Mark Rutherford*, aqui citada por Sérgio, contam-se *Mark Rutherford's deliverance* (1885) e os romances *Tanner's lane* (1887) e *Catherine Furze* (1893).

– Acreditas na vida eterna em outro mundo?
– Não. Não acredito na vida eterna em outro mundo, mas na vida eterna neste mundo. Há instantes, a gente chega a instantes em que de repente o tempo para e o presente torna-se eternidade.[2]

Em outra passagem o mesmo Kiriloff diz ao seu interlocutor que nesses instantes – cinco ou seis segundos – ele sente, de um modo absoluto, a presença da eterna harmonia: "Durante esses cinco segundos eu vivo toda uma existência e daria por eles a vida inteira, porque eles o merecem".[3]

Toda a vida de Hardy é iluminada por esses instantes de êxtase. *Moments of vision* é o título de um dos seus livros de poesia. São desses instantes que dão um sentido à vida de certos homens. Eles podem instituir as vocações e as decisões definitivas. *Marcar* para sempre o santo e o ímpio, Jesus e Barrabás. Nesses momentos todas as forças ordenadoras são sacrificadas e aparece então, nitidamente, a inanidade das polícias humanas e divinas. Interrompeu-se o curso do tempo. *The time is out of joint.* Nada mais é perdoável, porque não há nada mais a perdoar. Os valores são inúteis e os superlativos e as medidas perderam o sentido. O bem e o mal se confundem, como o justo e o injusto, o grande e o pequeno, o negro e o branco. A rã é tão grande como o touro. O cão, animal que late, equivale ao cão constelação. Barrabás é igual a Jesus.

Esse é o mundo do ponto de vista da eternidade, do ponto de vista de Deus – *sub specie aeternitatis*. Os homens é que estabeleceram as categorias e as oposições entre as coisas. Foram eles que forjaram uma recompensa para os virtuosos e um castigo para os ímpios. E que construíram um céu à imagem da terra, fazendo da eternidade uma dependência do tem-

---

2. Fiodor Dostoievski. *Les démons* (trad. e notas de B. de Schloezer e Sylvie Luneau, introdução de Pierre Pascal). Paris, Librairie Gallimard (1955), parte II, cap. I, V, p. 250.
3. Id., ibid, p. 251.

po. E imaginando que com as boas ações *conquistaremos* o favor divino e a ventura perene. E, reciprocamente, que praticando o mal só obteremos sofrimentos perpétuos.

Mesmo nesse nosso mundo, que os homens se aplicam em adaptar às suas legislações artificiosas, tudo nos ensina que o sucesso e o insucesso ocorrem indistintamente para os bons e para os maus. O mundo, na realidade, não foi arrumado ao gosto dos homens, como um tabuleiro de xadrez. A injustiça faz-se lei contra todas as conveniências.

Poucas pessoas têm a coragem ou a impertinência de refletir sobre essas coisas. E, certamente, não convém que muitos homens se percam em imaginações que dissipam a vontade e liquidam o gosto de viver. Nós não fomos postos neste mundo para descobrir as verdades e sim para achar as conveniências.

Por que motivo os inocentes são castigados e os criminosos são aplaudidos? Pouco importa. É essa a lei da vida. Assim tem sido em todos os tempos e assim há de ser sempre. Essa é a resposta normal, a solução tácita de toda gente. Os homens continuam a viver sossegados e não ousam afrontar essa pergunta sem subterfúgios. Só uma vez ou outra surge um homem de exceção, que não se conforma com a solução vulgar. Thomas Hardy é um desses homens. Toda a sua existência foi atormentada por aquele terrível "por quê".

Eu imagino que essa pergunta deva ter surgido para ele com toda a sua intensidade num daqueles "momentos de visão". Até esse instante era, certamente, um indivíduo como os outros, uma criatura normal. E tudo faria crer que mais tarde chegaria a ser, possivelmente, um bom arquiteto, ou mesmo um excelente romancista "vitoriano", como os outros, como Meredith ou Stevenson, por exemplo. Mas esse instante foi o suficiente para marcar toda a sua vida. Mais tarde ele procuraria afetar certa confiança nos dogmas da ciência e na fixidez dos valores. Mas não é preciso muita perspicácia para se sentir que essa confiança é superficial, fica à flor da pele e que ele está intimamente convencido de que os valores que estabeleceu a civilização só têm um sentido de utilidade, só prestam para o comércio entre os homens. Seus esforços para ser "como os outros" não iludem mesmo os seus contemporâneos. Quando publicou *Tess of the d'Urbervilles* com o subtítulo "uma mulher pura", eles compreenderam perfeitamente que esse adjetivo *pura* afastava-se aí de sua significação ordinária. Isso, porém, longe de os sossegar, exaltou ainda mais o escândalo e a indignação. Eles sabiam que a significação que lhes dava o autor era um germe de dissolução para sua sociedade. Só Thomas Hardy, que se interessava mais pela verdade do que pelas conveniências, não entendeu o motivo dessa indignação e desse escândalo. Ele próprio ignorava, talvez, que trazia consigo um princípio terrível de anarquia contra o qual seus contemporâneos tinham bons motivos para protestar. No prefácio à quinta edição de seu romance limitou-se a denunciar timidamente a significação artificial que davam à ideia de pureza os seus contraditores, significação resultante, diz ele, da ordem da civilização.

Toda a obra de Hardy resulta de uma inadaptação absoluta a essa ordem da civilização. Ele próprio procura se iludir e às vezes finge acreditar no prestígio eterno das categorias humanas e, até certo ponto, imagina-se um personagem necessário, um elemento de construção. Mas no fundo, é bem um espírito de negação, um adversário constante das ordenações que os homens se impuseram. E imagina, talvez, que mais tarde, quando a humanidade estiver "transformada fisicamente", não será obrigado a lutar contra as suas constrições, nem terá de adotar uma atitude conforme à ordem da civilização.

É indispensável acentuar mais este aspecto de Hardy: o de profeta de uma nova humanidade. Ele não transparece claramente, mas surge nos momentos mais oportunos. Em *Judas, o Obscuro*, depois da cena terrível do suicídio das três crianças, há um ponto em que Jude explica a Sue: "O médico disse que há crianças assim, que começam a surgir entre nós, crianças de uma espécie desconhecida na geração precedente: novas visões da vida que se manifestam. Elas parecem enxergar todos os terrores antes de terem idade bastante para poderem resistir contra eles. Ele diz que é o começo da *vontade universal de não viver*".[4]

A sua obra, especialmente os seus grandes romances, como *Far from the madding crowd*, *Under the greenwood trees*, *Jude the Obscure*, *Tess of the d'Urbervilles*, *The woodlanders*, reflete particularmente essa visão desencantada da existência dos homens sobre a terra. A aventurosa Sue, um dos seus personagens mais característicos, inicia sua vida irregular convencida de que a intenção da natureza, sua lei, sua razão de ser é que os homens sejam felizes pelos instintos de que ela os dotou: instintos que a civilização se empenha em desvirtuar. Mais tarde percebe com amargura que "não há nada a fazer". E repete com Jude a frase de um coro do *Agamemnon*: "– As cousas são o que são e vão para o fim que lhes foi destinado".[5]

Essa frase poderia servir de epígrafe a toda a obra de Hardy. Não existe liberdade no mundo. O homem obedece em seus atos a uma força transcendente com a mesma docilidade de uma pedra que obedece à lei da gravidade. Ele não é um "centro", não governa as suas ações mais do que o seu crescimento físico.

Essa ideia está expressa, sobretudo, na tragédia *Os dinastas* (*The dynasts*), inspirada no mesmo quadro histórico que deu substância a *Guerra e paz*, de Leão Tolstoi. E é curioso observar-se que diante dessa epopeia napoleônica que, para a generalidade dos historiadores, aparece quase como um espetáculo da energia humana dirigindo as forças do destino, a visão desses dois homens coincidisse tão profundamente nu-

---

4. Cf. Thomas Hardy. *Jude the Obscure*. Leipzig, Bernhard Tauchnitz (s. d), vol. II, p. 174.
5. Sobre a iniciação do menino Jude nos autores clássicos, ver *Jude the Obscure*, op. cit., cap. 4, 5 e 6.

ma concepção determinista do mundo e na noção de que, precisamente onde a vontade humana nos aparece mais efetiva, maior é a sua dependência com relação à *vontade total*, essa terrível *Will*, que nos escraviza aos seus desígnios inelutáveis.

Nesse extraordinário drama épico em três partes, dezenove atos e cento e trinta cenas, Hardy tenta reviver os coros das tragédias gregas. Entre os seus personagens, algumas centenas, descontados as "multidões" e os "exércitos", aparecem os espectadores sobrenaturais da ação terrestre, como o "antigo espírito dos séculos", os "espíritos irônico e sinistro", o "Espírito do rumar", a "sombra da terra"... Sua função é apenas a de espectadores do drama terrestre: "*The ruling was that we should witness things/ And not dispute them*".[6]

Acima de todos paira, entretanto, invisível, a "Vontade Universal, a Energia Primeira e Fundamental". O próprio Napoleão não desconhece que é na Terra um simples emissário de forças transcendentais e, como diz o *Espírito dos séculos*, um dos poucos que, na Europa, discernem a presença da Vontade. Mais uma vez escaparam dos seus lábios referências à "sua estrela", ao "impiedoso planeta do Destino". Em três ocasiões, na ponte de Lodi, em Tilsit e, finalmente, nas proximidades de Kovno, ele reconhece com nitidez a sua subalternidade perante as leis inexoráveis, a sua função necessária na História:

> *Since Lodi Bridge*
> *The force I then felt move, moves me on*
> *Whether I will or no, and often times,*
> *Against my better mind...*[7]

Hardy é em nosso tempo, já o dissemos, um dos anunciadores de uma nova humanidade. Cumpre acentuar esse pro-

---

6. Thomas Hardy. *The dynasts. An epic drama of the napoleonic wars* (edição, seleção e notas de J. H. Fowler). Londres, Macmillan and Co. (1939), parte I, p. 5.
7. Id., ibid., parte III, p. 63.

pósito de sua obra e de sua vida. O que se chamou seu pessimismo não é uma atitude de autor. Nasce espontaneamente do contraste entre o seu mundo ideal e o ambiente que retratam os seus livros. É preciso compreender, se se quer compreender Thomas Hardy, que expressões como pessimismo e otimismo só têm sentido em uma esfera acanhada de pensamento. Sua aparente aplicação em contemplar os aspectos mais dolorosos do nosso mundo traduz apenas uma vontade sincera e enérgica de conhecer a verdade, mesmo em prejuízo das conveniências. Ele próprio nos diz em seu poema "In tenebris": "*If way to the Better there be, it exacts a full look at the Worst*".[8]

Esse verso ensinará a muitos que a obra de Hardy não é somente, como se imagina, um poema de desolação, mas também um catecismo de esperança. Somente o caminho do Mal e a experiência da Dor podem nos transferir para um mundo mais elevado. A dor é um enriquecimento, uma simples escala, um elemento indispensável para a nossa ascensão.

É esse o sentido fundamental da tragédia cristã. E é essa a mensagem que Thomas Hardy deixou em nossas mãos. Mensagem que parece dirigida particularmente a nós, à nossa geração, e aos que vierem depois de nós.[9]

---

8. A afirmação de Thomas Hardy é a seguinte: "If I may be forgiven for quoting my own old words, let me repeat what I printed in this relation more than twenty years ago, and wrote much earlier, in a poem entitled 'In tenebris'". Ver "In tenebris" in *Collected poems of Thomas Hardy*. Londres, The Macmillan Company (1930), p. 526.
9. Publicado no jornal *Diário Nacional* (SP): 8 de abril de 1928.

Indicação

NÃO É DIFÍCIL SITUAR E DESTACAR a personalidade de Jackson de Figueiredo entre as mais relevantes de sua geração. Sobravam-lhe traços de espírito bastante acusados para que parecesse fácil essa empresa. Exemplo disso é que se criou sem custo uma opinião quase unânime a seu respeito. Em traços ligeiros, sua atitude espiritual poderia ser definida como um esforço tenaz e consciente para a afirmação da ordem e para a exaltação do bom senso. Aceitou solenemente as convenções e os padrões tradicionais. Acreditou com fervor que a vida merece ser vivida. Nunca o atormentou o pensamento de que nossa existência neste mundo possa ser um sonho ou uma comédia.

São esses aspectos os mais evidentes, posto que os mais superficiais, de sua personalidade. Para se fazer justiça a Jackson de Figueiredo é indispensável, porém, uma revisão dessa imagem demasiado simplista e, certamente, pouco amável. Ele pertenceu a essa casta de homens cheios de um heroísmo nobre, designados naturalmente para estimular, para orientar, para comandar e para combater. Essa predestinação dissimulou sabiamente – eu ia dizer lamentavelmente – qualquer coisa de mais sombrio e de mais profundo, que não convinha aparecer a muitos homens. Ela incluía e até impunha uma extrema simplificação das questões mais importantes, uma exclusão premeditada do discutível e do problemático. Não é sem razão que o interessaram Pascal e a inquietação moderna e esses humilhados e luminosos que evocou em um livro onde se encontram as primeiras influências e as primeiras impressões de seu espírito. Ele nos insinua, pelo menos, que sua atitude não deve ter sido a de um anestesiado contra as vacilações espirituais, contra o mal e contra a desordem.

Ali está, com certeza, o que lhe assegurou a possibilidade de pôr em constante tensão os seus esforços para vencer a atração da anarquia e superar o conhecimento dissolvente.[1]

---

[1] In: *In memoriam de Jackson de Figueiredo*. Rio de Janeiro, Centro D. Vital (1929), pp. 148-9.

Maquiavel e o sr. Otávio de Faria

ESTE LIVRO[1] COMPÕE-SE CLARAMENTE de dois ensaios distintos – uma apologia de Maquiavel e um retrato do Brasil. Os dois temas devem ser concebidos com unidade, e é precisamente nessa unidade que, segundo o sr. Otávio de Faria, reside a verdadeira e essencial razão de ser de sua obra. Por isso mesmo, investe no prefácio contra o ensaio tão penetrante e tão sério que dedicou ao livro o sr. Pedro Dantas. O que pretendeu foi tão somente esta coisa extraordinária: indicar na obra do florentino os remédios e os ensinamentos que poderão salvar o Brasil do caos e da perdição. E nesse empenho desenvolve um formidável trabalho de erudição e de crítica.

Não é difícil tarefa a reabilitação do autor do *Príncipe*. Outros, antes do sr. Otávio de Faria, já tinham dito de Maquiavel que foi o menos maquiavélico dos homens. Como compreender, do contrário, que se empenhasse em justificar a hipocrisia com o alarde e a indiscrição que marcam o seu livro? Tão singela imprudência será imprópria de um homem que siga

---

[1]. Otávio de Faria. *Maquiavel e o Brasil*. Rio de Janeiro, Schmidt Editor (1931) [2ª ed.: Rio de Janeiro, Civilização Brasileira, 1933].

ao pé da letra os seus preceitos. A originalidade do sr. Otávio de Faria está em que erige esses mesmos preceitos em regras de ação, tratando de justificá-los segundo a moral tradicional. Para lograr esse propósito, exalta seu personagem sobre os moralistas que configuraram a mentalidade moderna, principalmente sobre Rousseau. Maquiavel é o anti-Jean Jacques. É o homem mais indicado para nos ensinar o verdadeiro caminho a trilhar, que nos salvará da ruína e da "dissolução moral" dos novos tempos, dissolução que tanto escandaliza o sr. Otávio de Faria e que apostrofa com a grandiloquência de um novo Savonarola.

Sua ideia básica repousa sobre um pessimismo verdadeiramente consternador com relação à espécie humana. "Isso que se chama o homem não presta",[2] adverte-nos ele gravemente. Uma convicção dessa ordem poderia parecer um convite à indiferença ou, pelo menos, um obstáculo à ação. Como edificar qualquer coisa digna de respeito sobre fundamentos tão detestáveis? A cidade humana que concebe o sr. Otávio de Faria não pode, assim, logicamente, apoiar-se em um concerto das vontades humanas como as descrevera santo Agostinho. O homem é imprestável, logo será imprestável tudo quanto seja fruto de sua vontade. Esse raciocínio, porém, não faz calar o sr. Otávio de Faria. O obstáculo à ação, que aparentemente oferece, ele o transforma em um trampolim. Não é por humanitarismo que se decide a oferecer uma terapêutica para as nossas misérias, não é porque deseje o bem estar dos homens, que se dirige aos homens, levando-lhes uma tábua de salvação. O problema foi evidentemente malposto. O que merece nossa preocupação, nosso respeito, não é seguramente o homem, "que não presta", mas qualquer coisa que o transcenda. Tudo quanto se dirigir contra o homem, por iníquo que seja, é tolerável e mesmo necessário, desde que tenda à finalidade acariciada. Os fins jus-

2. Cf. Otávio de Faria. *Maquiavel e o Brasil*. 1ª ed., cit., p. 82.

tificam os meios – a tese assim formulada alarma-o, mas no fundo não lhe repugna –, eis a prédica fundamental de seu catecismo, como o foi a do catecismo de Maquiavel e, depois de Maquiavel, a dos jesuítas. Acima do homem e contra o homem, existe uma entidade que, esta sim, merece todo o nosso acatamento. Não é o Deus de Abraão, de Isaac, de Jacó, nem o dos filólogos e dos sábios, não é a superação da ordem burguesa, através da luta de classes e da revolta do proletariado, não é também a justiça social ou outro mito semelhante. Essa entidade é apenas o Estado forte, conduzido pelo homem excepcional. A tendência democrática moderna, fundada no conceito da bondade natural do homem, é assim vencida pela da tirania, criada pelo indivíduo da exceção, César Borgia ou Mussolini. O Estado não será pois uma coisa abstrata e impessoal, mas algo assim como uma emanação dessas personalidades superiores. De que modo encontrar essas personalidades? Aqui emudece a crítica do sr. Otávio de Faria e isso é estranhável em quem pretende apresentar uma solução praticável para os problemas que o preocupam.

Propondo-nos solução tão nitidamente inumana, o autor de *Maquiavel e o Brasil*, que é um homem amável e bem-pensante, deverá apoiar necessariamente em uma grande ideia religiosa ou metafísica essa sua atitude desconcertante. Nesse ponto ainda não é explícito o sr. Otávio de Faria. Em nome de que princípio superior ou de que vantagem terrena os homens, em sua miséria, devem aceitar essa solução inimiga? Não é crível que se disponham a renunciar às suas liberdades por um ideal vago e metafórico. Deve inserir-se forçosamente, nesta parte de suas meditações, uma convicção, que há de ser bastante viva no autor deste livro, para explicar o seu fervor. Do contrário ele nos faria pensar, quando critica os doutrinadores do liberalismo moderno e exalta seu personagem, naquele doutor da Sorbonne citado por Chamfort, que dizia de um livro célebre: "É execrável, abominável: é o ateísmo demonstrado".³ Não acreditamos que o sr. Otávio de Faria partilhe dessa atitude. E como ele já conseguiu tornar-se com a simples publicação deste livro, ora em segunda edição, um dos guias favoritos da nova geração brasileira, é de esperar que não tarde muito em completar a mensagem extraordinária que nos oferece.⁴

3. Referência a Nicolas-Sébastien Roch Chamfort (1741-94), ensaísta, teatrólogo e moralista francês que deixou sua marca na intelectualidade da época da Revolução especialmente pelo talento epigramático. Além de *Maximes et pensées* (1803) e da série *Caractères et anecdotes*, escreveu um elogio a Molière (1769) e outro a La Fontaine (1774), a tragédia *Mustafá e Zéangir* (1778), representada em Fontainebleau diante de Maria Antonieta, e um *Resumo da arte dramática antiga e moderna*.
4. Publicado no *Boletim de Ariel*, ano III (3): 69, dezembro de 1933.

Thomas Mann e o Brasil

"A curiosidade pelo Brasil fará com que, um dia próximo, eu visite o vosso país, onde desejo reviver as impressões de infância de minha mãe", declara o novo laureado do Prêmio Nobel, ao enviado especial de O Jornal e do Diário de São Paulo.

BERLIM, DEZEMBRO

Hoje, 18 de dezembro, às dez e meia horas, em frente ao Hotel Adlon, Unter den Linden recebe indiferente os primeiros flocos de neve deste inverno. Certo pressentimento de que o romancista dos *Buddenbrook* teria esquecido aquela entrevista, marcada há perto de dez dias, na véspera de sua partida para Estocolmo e no meio de um mundo de estudantes que o aclamavam delirantemente à porta da *Humboldthaus*, aconselhou-me a procurá-lo antes da hora combinada. Era fácil imaginar que o novo laureado do Prêmio Nobel não tivesse feito grande caso daquele vago compromisso estabelecido às pressas e num momento pouco confortável; seria quase um milagre se eu conseguisse atingir com êxito o meu objetivo. Confesso que não era muito animadora a perspectiva de encontrar-me frente a frente com aquela fisionomia, que parece apenas o pretexto para um nariz excessivo e que deve se conformar melhor à ironia de que a afabilidade.

A OBRA DE THOMAS MANN

Entrei a rememorar as impressões de meu primeiro encontro com os livros do grande romancista. *Tonio Kroger* e *A morte em Veneza* são duas obras-primas, apenas comparáveis em sua perfeição a certas novelas curtas de Tolstoi, a *Mestre e servidor*, por exemplo, e sobretudo a *A morte de Ivan Ilitch*. Pode-se dizer, sem exagero, que a novela moderna nascida das obras de Maupassant, de Verga e de Tchekov, chegou aqui a uma perfeição cristalina. *Os Buddenbrook* e *Montanha mágica*, os grandes romances épicos, em que a multiplicidade e a complexidade da vida atual aparecem transfiguradas através do espírito largamente compreensivo de seu autor, capaz, ao mesmo tempo, de penetrar os meandros mais insignificantes e – quem sabe? – os mais importantes da existência e da sociedade dos homens.

Esse poder singular manifesta-se ainda, e com nitidez, nos ensaios a que Mann se entregou mais recentemente, nessas admiráveis *Meditações de um apolítico* e nos estudos sobre a fisionomia de nosso tempo. Eles nos oferecem o exemplo bastante significativo de uma individualidade que soube dominar esse espírito negador e quase anarquista, que fornece o clima próprio aos grandes espíritos e que paira sobre sua obra de ficção para participar da vida ativa de seu país, lutando contra os germens de dissolução que a ameaçavam. Desse modo ele conseguiu construir um humanismo orgânico, segundo a fórmula de Goethe.

Thomas Mann é, além de tudo, um poeta. Toda sua obra está penetrada desse doce lirismo que acentua, sem contradizer

– como sucede em tantos escritores alemães –, as qualidades excelentes de sua prosa. Uma poesia que é mais natural à literatura de ficção e que é mais uma poesia de situação que de linguagem. A poesia que nos aparece, por exemplo em *Guerra e paz*, quando Natacha contempla as estrelas de sua janela. E não é significativo que a mesma palavra alemã, *Dichter*, sirva para designar indistintamente o poeta e o romancista.

HOTEL ADLON – QUARTO 395

O novo laureado do Prêmio Nobel recebeu-me imediatamente em seu apartamento do Hotel logo que me anunciei pelo telefone.

– *Não esqueci nossa entrevista. Tenho aqui, infelizmente, uma imensidade de cartões e imagine o que seria de mim se pudesse atender a todas essas pessoas durante as poucas horas que permanecerei ainda em Berlim. Apesar dessa quantidade de compromissos a que tenho sido forçado ultimamente e que, na maioria, não poderei cumprir, acho impossível dispensar o prazer de conversar com um brasileiro.*

A informação que eu lera em certas notícias biográficas acerca da origem brasileira dos irmãos Heinrich e Thomas Mann já me aparecia como uma lenda. Demais vários críticos alemães já me haviam feito duvidar dessas notícias. Um deles, o conhecido historiador de literatura Adolf Bartels,[1] desmente positivamente essa suposição, como se fosse qualquer coisa de lamentável e de quase vergonhoso. Não obstante, dispus-me a

---

1. Crítico, poeta, romancista, historiador e dramaturgo alemão, Bartels (1862-1945) deixou uma obra marcada sobretudo pelo sentimento antissemita, razão pela qual viria a gozar de expressiva reputação durante os anos do predomínio nazista. Entre seus livros, além do drama *Martin Luther* (1903), destacam-se: *Goethe, der Deutsche*, *Deutschvolkische Gedichte* e *Weimar und die deutsche Kultur*.

obter, a respeito, um esclarecimento. Thomas Mann não me deixou, porém, prosseguir a pergunta:
– *O Brasil faz-me evocar, na verdade, alguns instantes deliciosos de minha infância e de minha mocidade. Recordo-me de que minha mãe, que era brasileira, e que nasceu em uma fazenda de café e ou de açúcar, não me recordo bem, entretinha-me frequentemente sobre a beleza da baía de Guanabara...*

FILHO DE UMA BRASILEIRA!

Não me bastava essa confirmação. Desejava conhecer novos detalhes. E Thomas Mann prestou-se amavelmente a satisfazer minha curiosidade. A mãe dos irmãos Mann, d. Julia Bruhns da Silva, que faleceu em 1922, com cerca de setenta anos de idade, era filha de um alemão que possuía no Brasil uma fazenda e que se casara com uma crioula, provavelmente de sangue português e indígena. Aos seis ou sete anos foi trazida por seu pai a Lübeck, onde teria melhores possibilidades de uma educação e de uma instrução exemplares. A futura Frau Julia Mann nunca se esqueceu de sua infância no Brasil e muito mais tarde ainda se recordava de que fora salva por um negro, escravo de seu pai, de uma serpente venenosa. Era um tipo caracteristicamente latino ("uma perfeita espanhola", disse-me Thomas Mann), dotada de um temperamento exaltado, que se deveria adequar com bastante êxito à sua paixão pela música. Apreciava sobretudo Chopin e acompanhava com sua voz suave as melodias de Schubert, Schumann e Lassen.[2]

A essa mistura de sangues, que influiu acentuadamente em seu aspecto físico, deve Thomas Mann, provavelmente,

---

2. Eduard Lassen (1830-1904) foi sucessor de Liszt como diretor musical na corte do grão-duque de Weimar. Das suas obras ficaram algumas canções e entre suas produções cênicas inclui-se a ilustração da comédia de Calderón de la Barca *Sobre todo encanto amor*.

algumas das suas qualidades mais raras de escritor, certa feição característica que o distingue bastante no conjunto da moderna literatura alemã.

A MAIOR INFLUÊNCIA

Ainda neste ponto o autor de *Buddenbrook* confirmou minha suposição.
— *Sim, creio que a essa origem latina e brasileira devo certa clareza de estilo e, para dizer como os críticos, um "temperamento pouco germânico". Li apaixonadamente os clássicos alemães, os escritores franceses e russos e, especialmente, os ingleses, mas estou certo de que a influência mais decisiva sobre minha obra resulta do sangue brasileiro que herdei de minha mãe. Penso que nunca será demais acentuar essa influência quando se critique a minha obra ou a de meu irmão Heinrich.*
— Creio que sobretudo a sua, repliquei. O autor de *Der Untertan* parece-me mais próximo da média dos autores alemães e, desde seu aspecto físico, creio que tem pouca coisa de latino.
— *Penso ao contrário. Não sei se por que me habituei a descobrir certa semelhança vaga entre sua fisionomia e a de Anatole France. De qualquer modo acho essencial para a compreensão de nossas obras tão diversas o conhecimento dessa origem brasileira. A curiosidade pelo Brasil e pelos assuntos brasileiros fará com que um dia próximo visite o vosso país, onde desejo reviver as impressões de infância de minha mãe. É uma velha aspiração que penso realizar o mais brevemente possível. Dou grande significação aos traços que deixou em minha obra a origem brasileira de minha família materna e, ainda há pouco, comprometi-me com a revista* Duco, *órgão de aproximação teuto-brasileira, a escrever um artigo a respeito. Infelizmente terei de adiar por alguns dias esse compromisso, até que encontre o necessário repouso de espírito.*

INTERESSE PELO BRASIL

Durante os poucos momentos da conversação que mantive com o romancista de *Der Zauberberg* pude observar, sobretudo, o seu grande interesse pelo nosso país. Não se cansava de indagar sobre as coisas brasileiras, sobre a nossa vida social, a nossa literatura. Mostrou-se bastante admirado quando o informei de que seus livros não eram desconhecidos no Brasil, posto que principalmente através de traduções francesas.

Trazia comigo um exemplar dos *Buddenbrook*. Thomas Mann observou-me que dos seus romances é o de leitura mais fácil para os estrangeiros.

– *Todos se queixam de que* Der Zauberberg *é de leitura difícil. E no entanto considero esse romance minha obra-prima. Sua tradução francesa está anunciada para estes dias e graças a ela os brasileiros que ignoram o alemão poderão, possivelmente, conhecer o principal de minha obra.*

O grande romancista falou-me ainda de sua vida e de sua obra, mas nada me pareceu tão relevante para os leitores brasileiros como o que me disse acerca da origem de sua família materna. Teremos assim, de certo modo, um motivo razoável de orgulho e de alegria com essa vitória alemã na competição para o Prêmio Nobel.[3]

---

3. Publicado em *O Jornal* (RJ): 16 de fevereiro de 1930.

Realidade e poesia

ANTES DE EXISTIR A PALAVRA já havia a frase. E a frase, em seu compasso e em seu movimento, manifesta o ritmo da vida interior de cada homem, tanto como a expressão fisionômica, o gesto, o riso e o talhe da letra. Se a propósito de Antônio de Alcântara Machado, dos escritos que deixou publicados, ocorre pensar-se em primeiro lugar nesse tema, sobre o qual tantos homens sábios exerceram sua erudição e sua argúcia, é que no escritor paulista foi precisamente o modo de expressão que lhe deu, desde cedo, um lugar prestigioso em nossas letras.

Sua obra é largamente responsável por esse tipo de prosa, feita de sentenças curtas, precisas, explosivas, que tentaram imitar, frequentemente sem êxito, muitos escritores mais moços e também mais velhos do que ele. O segredo dessa forma de expressão, que tanto seduziu quando há nove anos publicou seu livro de estreia, preservou-o ele até o fim.

Apreendendo a realidade através de seus aspectos mais impressivos, ele a restituía em descrições onde o traço forte predominava até a caricatura. Ainda assim seria injusto censurar-lhe o ter acentuado em demasia o lado grotesco-anedótico na existência dos seus personagens, transformando-os quase de homens em bonecos para melhor se rir e fazer rir à custa deles.

Como se algumas vezes um par de anedotas não servisse melhor para definir um caráter do que vinte páginas de atenta análise.

Nas suas obras de ficção, como nas reportagens de viagem pela Europa, se olhou com interesse mais aparente os aspectos fragmentários e sobretudo os mais desarmoniosos do mundo, não é porque fosse míope ao resto do espetáculo, mas antes porque esse era o seu modo de receber e de transmitir as impressões. Poderia ser antipático a alguns, como o era seguramente aquela prosa tão particular a ele como o timbre de sua voz, mas era sem dúvida legítimo e, sob muitos aspectos, admirável. Nasceu e cresceu com ele. Não se formou, por certo, sem cultivo – o acaso desempenhou papel bem pobre em tudo quanto fez Antônio de Alcântara Machado –, mas nada denunciava o esforço ou artifício.

Todos os que o conheceram sabem como nele coincidiam perfeitamente o homem e o escritor. O mesmo modo de olhar o mundo pelo que oferece de mais direto e de mais pinturesco, o mesmo interesse pelos fatos e pelas formas elementares, mais perto da vida (de onde o gosto pelos temas populares; há anos vinha anunciando um cancioneiro intitulado *Lira paulistana*), a mesma segurança na validade do próprio esforço...

Tenho ainda bem viva a lembrança do tempo em que juntos frequentamos o Ginásio de São Bento, em São Paulo, onde fizemos o nosso curso de humanidades. São Paulo, então, metade do que é hoje, em número de habitantes, achava-se em plena crise de crescimento. Já estava bem longe de ser a cidade romântica e triste de Álvares de Azevedo e de Castro Alves, mas já ensaiava para grande metrópole. Entre os andaimes, que se erigiam, as ruas, que se alargavam e que se estendiam, italianos e estudantes punham alguma vivacidade colorida no ambiente tradicionalmente grave e às vezes soturno. Os contrastes eram ríspidos e desconcertantes. A mesma gente que exultava ante uma vitória dos aliados na Grande Guerra, ria-se de imaginar o desconcerto do carcamano ante um desastre de Cadorna.

Tais contrastes, no entanto, só se exacerbavam e por pouco tempo, quando o *Fanfulla*[1] falava mal do Brasil, ou quando os *matchs* entre o Paulistano e o Palestra estimulavam um pouco mais o choque das paixões nacionalistas e esportivas. Foi a época áurea dos *bananere* e também dos jornais de escândalo, em que se criticava com a mesma ferocidade aos políticos da situação e aos magnatas italianos. Faziam-se e desfaziam-se, sem pausa, as solidariedades e as lutas em uma terra ainda largamente provinciana, apesar de tudo, naturalmente impressionável a esses choques e a essas asperezas, e onde a força da tradição e da saudade ainda resistiam, conquanto timidamente, ao progresso invasor. Nessa terra e nessa fase decisiva de sua elevação, cresceu e formou sua alma Antônio de Alcântara Machado. Mais tarde a evocaria através de seus personagens, do Gaetaninho, que "amassou o bonde", das Carmelas, dos Bepinos, das Biancas, de toda essa humanidade tão real e tão sedutora dos "novos mamelucos", bem como através dos líricos, dos patriotas, dos aventureiros e dos filósofos de *Laranja da China*.

E evocando-a não fez tanto obra de observação como de poesia. Poesia das mais claras e das mais sugestivas que temos tido.[2]

---

[1]. Jornal fundado pelos imigrantes italianos em São Paulo que circulou de 17 de junho de 1893 a 1º de outubro de 1965, com uma interrupção forçada no período entre 1942 e 1947.
[2]. Publicado na revista *O espelho* (RJ), 1 (5): 47, agosto de 1935.

O mito de Macunaíma[1]

•

DO IMENSO MATERIAL POÉTICO que apresenta o folclore dos nossos indígenas do Extremo Norte, o sr. Mário de Andrade retirou o personagem mítico cujas aventuras extraordinárias serviram de base para uma versão nova, admirável como trabalho de recriação e também como interpretação desse espírito mágico, que contrasta com a nossa civilização técnica, utilitária, mas que, apesar de tudo, ainda vive entre nós, sob mil formas intermediárias. Invocando uma distinção célebre, o que empreendeu o escritor paulista em *Macunaíma* foi um esforço incomparável e inédito para nos descrever o mundo estranho desse tipo humano a que Denzel[2] chamou de *homo divinans*, contraposto ao *homo faber*, e sobre o qual já se construíram tantas teorias complicadas e engenhosas. Não existe em toda a nossa literatura de imaginação – salvo, talvez, em *Cobra Norato* de Raul Bopp – uma

---

1. Publicado na revista *O Espelho* (RJ), (6): 54-6, setembro de 1935.
2. Referência a Bernhard Gottlieb Denzel (1773-1838), religioso e pedagogo alemão autor, entre outros escritos, da obra *Einleitung in die Erziehungs und Unterrichts lehre für Volksschullehrer* (1814-1817).

apresentação tão sugestiva e tão rica do *substractum* primitivo de nossa cultura.

Macunaíma, o "herói sem nenhum caráter", não foi construído pelo sr. Mário de Andrade. Ele vive em um sem-número de fábulas dos índios da grande família caraíba, que se expandiu desde os sertões de Mato Grosso, onde Von den Steinen[3] a encontrou em fins do século passado, representada pelos Bacairis, até a península da Flórida, onde viveram algumas das suas ramificações, à época da conquista europeia. Entre os arecunás, os taulipans e os macuxis, no norte da Amazônia, Theodor Koch-Grünberg[4] recolheu as histórias de Macunaíma que publicou no segundo volume do seu livro monumental, intitulado *Vom Roraima Zum Orinoco* [Stuttgart, edição Strecker und Schroder, 1924]. Damos abaixo duas versões de lendas coligidas por Koch-Grünberg. A que se intitula "Macunaíma e Piá" foi coligida por Walter Roth[5] (*An inquiry into the a animism and folk-lore of the Guyana indians.* Thirtieth Annual Report of the Bureau of American Ethnology. Washington, 1915) e trazida para a coletânea *Indianermärchen aus Südamerika* [edição Eugen Diedrichs Jone, 1927]. Tivemos empenho em resistir a qualquer tentação de apresentar uma tradução literal das lendas, mantendo a maior fidelidade possível ao espírito do narrador indígena.

---

3. Etnólogo e viajante alemão (1855-1929) que participou de expedições de exploração ao polo Sul e esteve em contato com os nativos nas regiões de Cuiabá e do Xingu, na selva brasileira, de que resultaram seus conhecidos estudos sobre os índios bacairis e bororos. Entre suas principais obras estão *Durch Zentral-Brazilien* (1886) e *Unter den Naturvölkern Zentral-Braziliens* (1894).
4. Etnólogo alemão (1872-1924) que depois de exercer o magistério em Freiburg e dirigir o Lindenmuseum de Stuttgart, em 1915, participou de expedições de estudos dos nativos nas selvas da Venezuela e do Brasil, onde morreu em outubro de 1924. Além de seu conhecido livro *Vom Roraima zum Orinoco*, aqui citado por Sérgio Buarque de Holanda, deixou o relato *Zwei Jahre unter den Indianern* (1903-1905).
5. Indólogo alemão (1821-1895) também conhecido por seus estudos sobre a civilização veda, de que se destaca o ensaio *Zur Litteratur und Geschichte des Weda* (1846).

"INCÊNDIO"

Depois da Grande Inundação, quando tudo estava seco, houve um enorme incêndio. Todos os bichos do mato entraram na terra por um orifício. Ninguém sabe onde fica esse orifício. Todas as coisas se queimaram – os homens, os mortos, as pedras... Os rios secaram. E é por isso que, ainda hoje, se encontram grandes pedaços de carvão pela terra. Macunaíma fabricou homens novos com cera. Mas todos se derreteram ao calor do sol. Então fez homens de barro. Ao sol eles se endureceram. Então ele os transformou em gente.

"MACUNAÍMA E PIÁ"

Há muito tempo existiu uma mulher que ficou grávida, por artes do Sol, de duas crianças gêmeas, Macunaíma e Piá. Certo dia, ainda no ventre de sua mãe, assim lhe falou Piá: "Saiamos a visitar nosso pai. Mostraremos o caminho. Apanha para nós todas as flores bonitas que enxergares pela estrada". Imediatamente ela se ergueu e partiu rumo a oeste, a fim de ir ver seu esposo.

Durante a viagem, como fosse colhendo as flores que encontrava às margens do caminho, ela tropeçou, caiu e machucou-se. Isso aborreceu as duas crianças, que ainda não tinham nascido. E ficaram tão zangadas que mais tarde, quando a mãe lhes perguntou por onde devia seguir, negaram-se a ensinar. Sucedeu, assim, que errou de direção e finalmente, cansada e com os pés magoados, chegou a uma casa estranha. Pertencia a Konoboarú, a rã de tempestade, mãe de um jaguar. Quando a mulher, exausta da viagem, descobriu onde estava, disse à velha que lamentava ter chegado àquele lugar, pois muito ouvira contar sobre a maldade de seu filho. Então a dona da casa teve pena dela. Convenceu-lhe de que não tivesse receio e escondeu-a no pote de fazer caxiri, que cobriu com a tampa. De tarde, quando o jaguar chegou, pôs-se a fungar de um lado para o outro e a exclamar: "Mamãe, sinto cheiro de alguém. Quem está aqui?". Conquanto a mãe respondesse que não havia ninguém em casa, o jaguar assim mesmo não se deu por satisfeito. Tratou ele próprio de procurar e acabou espiando dentro da vasilha, onde descobriu a aterrorizada criatura.

Matou a pobre mulher, encontrou as duas crianças, que ainda não tinham nascido, e mostrou-as à mãe dele. "Deves tomar conta das crianças e sustentá-las", disse-lhe. Ela embrulhou os pequenos em um manto de algodão a fim de aquecê-los e notou, no dia seguinte, que já tinham começado a crescer. Na outra manhã estavam bem maiores e, com o crescimento de todos os dias, dentro de um mês já eram como adultos. Então a mãe do jaguar falou que podiam usar arco e flecha e que deveriam atirar no mutum, pois fora ele – dizia – o matador de sua mãe.

Na manhã seguinte puseram-se a caminho o Piá e Macunaíma, que entraram a alvejar os mutuns. Não havia dia em que não matassem dessas aves. E como pensassem em dar cabo de todas elas, disse-lhes então o mutum que o matador de sua mãe não fora nenhum animal de sua raça e sim o jaguar. E narrou-lhes todas as particularidades da morte. Os dois moços ficaram muito zangados quando ouviram isso, pouparam o pássaro e disseram à velha, quando chegaram de mãos vazias à casa, que o mutum lhes tomara as flechas. Isso naturalmente não era verdade, mas um simples pretexto. Eles próprios tinham escondido as flechas no mato e pretendiam fazer armas novas e mais poderosas. Quando essas armas ficaram prontas, fizeram um esconderijo em uma árvore e, quando o jaguar passou por baixo, alvejaram-no e mataram-no. Depois voltaram para casa e mataram também a mãe do jaguar.

Os dois moços seguiram então o seu caminho e chegaram por fim a um mato de algodoeiros, no meio do qual havia uma casa. Nela morava uma mulher muito velha, que em verdade era uma rã, e ali instalaram sua residência. Todos os dias iam à caça e, ao regresso, encontravam regularmente uma porção de mingau de mandioca que tinha preparado a dona da casa. "Isso é extraordinário", observou Piá ao seu irmão, "não há aqui nenhum campo e, no entanto, vê a quantidade de mandioca que nos dá a velha! Precisamos observá-la!"

No dia seguinte, em vez de ir à caça, foram ao mato, a pequena distância da casa, e esconderam-se por detrás de uma árvore, de onde podiam espiar o que sucedia lá dentro. Viram então que a velha rã tinha uma mancha branca nos ombros; repararam que, quando ela se curvava e coçava essa mancha, saía por ali a farinha de mandioca. Voltando à casa, recusaram a comida de costume, agora que sabiam a sua origem. Na manhã seguinte colheram uma porção de algodão dos arbustos vizinhos e espalharam-no pelo chão. Como a velha perguntasse para que servia aquilo, responderam eles que lhe preparavam uma cama bonita e macia. Muito contente, ela sentou-se imediatamente em cima. Mal, porém, se tinha sentado, os moços puseram fogo no algodão. A pele da velha ficou tão horrivelmente queimada que tomou o aspecto encarquilhado e áspero que ainda hoje apresenta.

Macunaíma e Piá continuaram a viagem a fim de irem ao encontro de seu pai, e chegaram logo à casa do Tapir, onde permaneceram três dias. No terceiro dia voltou o Tapir e pareceu-lhes muito liso e roliço. Os moços bem queriam saber o que tinha ele comido. Por isso seguiram os seus rastros até que encontraram uma ameixeira. Sacudiram a árvore com tamanha força que caíram todas as frutas, maduras e verdes, esparramando-se pelo chão. Quando o Tapir chegou no dia seguinte, ficou muito zangado. Voltou rapidamente para casa, deu muita pancada nos dois e foi-se embora correndo, para o mato. Os moços decidiram então segui-lo, acompanhando-o durante alguns dias. Por fim alcançaram-no. Então Piá recomendou a Macunaíma que passasse adiante, espantasse o Tapir para o seu lado e, enquanto isso, fosse preparando uma flecha de arpão. No caminho, porém, Macunaíma embaraçou-se no cordão e ficou sem uma perna.

Nas noites claras ainda podem ser vistos no céu – lá está o Tapir (Hyades), acolá Macunaíma (Orion) e mais embaixo sua perna cortada (a cinta de Orion).

"AS BRIGAS DE MACUNAÍMA"

Quando Macunaíma ainda era muito pequeno, passava todas as noites chorando e pedia à mulher de seu irmão mais velho que o levasse para fora de casa. Lá fora ele queria por força agarrá-la para se deitar com ela. A mãe dele fazia menção de levá-lo, mas ele nada de deixar. Então dizia à nora que carregasse a criança para fora de casa. Esta o conduzia a uma pequena distância, mas ele implorava que fosse ainda mais adiante. Então a mulher ia com Macunaíma mais adiante, para trás do morro. Macunaíma ainda era muito pequeno. Mas quando ali chegava virava homem e deitava-se com ela. Assim fazia ele sempre com a mulher, servindo-se dela todas as vezes em que seu irmão saía para a caça. Mas o irmão de nada sabia. Em casa Macunaíma era uma criança. Fora, virava logo homem.

O irmão mais velho apanhava as fibras do carauá a fim de fazer um laço para a anta. Disse que tinha encontrado o rastro recente de uma anta e queria colocar o laço no caminho por onde ia passar o bicho. Macunaíma pediu um laço também para ele, mas o irmão mais velho não quis dar, e disse:

– Para quê? Menino não brinca com laço. É só para gente que sabe lidar com essas coisas.

Mas o pequeno era teimoso e queria obter por força o laço. E tornava a pedir todos os dias. Afinal lhe deu o irmão mais velho um pouco de fibra de carauá, e perguntou à mãe:

– Para que esse menino quer laço?

O irmão mais velho tinha encontrado o rastro recente da anta e queria botar ali o laço. Então o pequeno falou à mãe:

– A anta não vai cair no laço dele!

E pôs o seu laço, que fez com as fibras de carauá, em um caminho antigo, por onde já não passava nenhuma anta. O irmão mais velho já tinha armado o seu laço.

No outro dia Macunaíma disse à mãe que fosse ver se tinha caído alguma anta em seu laço. Lá estava uma. A mãe voltou e disse que a anta já tinha morrido. Então o menino falou à mãe que dissesse ao irmão mais velho para tirar a anta e cortá-la. Ela precisou dizer isso duas vezes porque o irmão não queria acreditar. E falou:

– Eu sou mais velho e não há nenhuma anta em meu laço. Por que razão haveria no laço desse menino?

Macunaíma falou à sua mãe:

– Diga-lhe que leve a mulher dele para que carregue a carne.

Quando o irmão tinha partido em companhia da mulher, a fim de cortar a anta, Macunaíma disse à mãe que não devia ir junto. E quando o irmão tinha cortado a anta, Macunaíma disse à mãe para lhe avisar que trouxesse o animal inteiro para casa; ele próprio queria distribuir a carne. Mas o irmão mais velho não lhe quis dar nenhum pedaço de carne, pois era muito criança. Então levou toda a carne para casa e deu os intestinos da anta para o menino. Este ficou muito zangado.

O irmão mais velho percebeu que Macunaíma andava fazendo das suas com a mulher dele. Saiu a caçar, mas voltou do meio do caminho a fim de espreitar o menino. Esperou junto ao lugar para onde a mulher tinha o hábito de ir sempre com Macunaíma. Então ela chegou com o menino no colo. Quando estavam atrás do morro, ela pôs a criança no chão. Então Macunaíma virou homem. E crescia até não poder mais. (O menino era muito gordo.) Pegou a mulher e deitou-se com ela. O irmão viu tudo. Agarrou um pedaço de madeira e deu uma sova bem dada em Macunaíma.

Mas Macunaíma começou a ficar farto dessa vida. E disse à mãe: "Mamãe, quem levará a casa ao cume da montanha alta?".

E disse ainda:

– Fecha os olhos! Diga esta frase: "Quem leva a casa ao cume da montanha?".

Quando a mãe fechou os olhos, Macunaíma disse:

– Fica ainda mais um pouquinho de olhos fechados.

Então ele levou a casa e todas as plantas, bananeiras e outras, para o cume da montanha. Depois disse:

– Abre os olhos!

Quando ela abriu os olhos, já estava tudo no alto da montanha. Então ela jogou lá embaixo uma casca de banana com um pedacinho da fruta, porque o irmão de Macunaíma e sua família não tinham de que comer – o pequeno carregara tudo. Macunaíma perguntou:

– Por que isso?

– Seu irmão está com fome, respondeu ela.

Então o menino disse:

– Faz para eles a bebida caxiri.

Durante o dia a mãe deu alguns nós em uma corda de fibra de meriti, a fim de preparar o caxiri, e jogou a corda para o filho, lá embaixo.

Aí o menino falou à sua mãe:

– Diz, mamãe, quem levará a casa, de novo, para baixo. Fecha os olhos e diz essas palavras: "Quem leva a casa de novo para baixo?". Assim fez ela. Então o menino disse:

– Deixa os olhos fechados, ainda um pouquinho. – E pôs a casa de novo, lá embaixo, em um lugar diferente, perto da residência de seu irmão. Trouxe então o irmão com sua família à sua casa, no cume da montanha. Mas o irmão estava muito magro. Dançaram e o irmão ficou bêbedo e caiu. Macunaíma riu-se, pois ele estava muito magro e todos os seus ossos apareciam, mesmo os do traseiro. Então o irmão comeu muito e ficou de novo gordo.

Certo dia o irmão ia com os outros irmãos a caçar e deixou sua esposa em casa com o menino e a mãe. A mãe foi ver as plantações e Macunaíma ficou só em casa com a mulher. Transformou-se em uma pulga de areia para fazê-la rir. A princípio ela não se riu. Então ele se transformou em um homem, com o corpo coberto de feridas, para fazê-la rir. Pois o que ele queria era abrandá-la mais um pouco. Aí a mulher começou a rir. Macunaíma caiu em cima dela e deitaram-se os dois. O irmão mais velho soube de tudo, mas fez de conta que não sabia. Pois só pensava na fome que tinha tido e além disso não podia passar sem seu irmãozinho. Por isso mesmo resolveu não brigar nunca mais com ele. Então morreu a mãe deles no lugar chamado "Pai da Tocandira" ou Murazapombo. A casa da mãe chama-se Araliamaintepe. É uma montanha.

4
NO LUGAR DE MÁRIO DE ANDRADE

•

Nós, homens de 1940, continuamos a viver em pleno romantismo e uma das terapêuticas do romantismo é analisá-lo. Por isso convém que em todo verdadeiro poeta haja também um crítico vigilante e enérgico. [...] Em Mário de Andrade o crítico esteve sempre à altura do poeta. Figura das mais complexas e importantes da nossa literatura, na prosa como no verso, nos trabalhos de ficção como nos de pura erudição, ele tem a rara capacidade de interessar-se suficientemente nos problemas mais vários e de poder abordá-los com conhecimento de causa. Convidado para substituí-lo, aceito ainda hesitante a proposta na expectativa, não sei se fundada, de que esta substituição será apenas temporária e breve.

Poesia e crítica

NADA MAIS FÁCIL E NEM MAIS TENTADOR que apresentar a crítica e a poesia como duas manifestações literárias radicalmente antagônicas. É um prazer para o espírito poder descansar nessas delimitações rígidas, sugestivas e lapidares que consentem o abandono de toda inquirição mais profunda. Não admira que se tenha procurado definir aquelas manifestações pela intensidade com que parecem excluir-se mutuamente, e não estão longe de nós as tentativas de certa escola que procurou explorar ao extremo esse suposto antagonismo.

O verdadeiro, o autêntico poeta para os surrealistas era aquele que sabia alcandorar-se nos sublimes balbucios do subconsciente, a ponto de poder dispensar a colaboração da inteligência discriminadora e discursiva. O subconsciente gera a poesia como o oceano gera as ondas, naturalmente e sem esforço. Por que admitir a intrusão da crítica, isto é, da razão, do discurso, na elaboração poética? O raciocínio é perfeitamente consequente. Baseia-se em ideias acumuladas e assentadas através de muitos anos de estudo laborioso e atento. Apoia-se em uma prestigiosa gíria científica, fruto maduro de graves indagações intelectuais. E em essência nada tem de alarmantemente revolucionário. O romantismo em suas expressões mais típicas não pretendera outra coisa. O cartaz da espontaneidade criadora, da sagrada inspiração, do transe divino, foi de todos os misticismos, de todos os alexandrinismos.

Apenas o que pretendiam os surrealistas era realizar a poesia em sua essência misteriosa e única, a poesia definida por oposição a toda atividade da inteligência, a poesia por oposição à crítica. E procuraram tão exasperadamente o segredo dela, que acabaram por descobrir-lhe a chave: qualquer indivíduo medianamente dotado é capaz de uma obra de gênio, desde que saiba colocar-se em estado de poder captar as inefáveis mensagens do subconsciente. O mundo exterior cessa de existir, mas abrem-se à exploração novos mundos fantásticos e ainda mal suspeitados. O poeta não vê com os olhos, mas apesar dos olhos.

Em realidade a oposição entre poesia e crítica é apenas metafórica, procede de uma simplificação dialética e não pode ser aceita ao pé da letra. Se fôssemos aceitá-la ao pé da letra, teríamos de conceber o crítico ideal como um monstro de abstrações armado de fórmulas defuntas e ressequidas, sempre pronto para aplicá-las à vida numerosa e multiforme. E se quiséssemos imagens em que exprimisse mais concretamente essa oposição, diríamos que a crítica está para a poesia na relação em que está um cemitério para um hospício de alienados. O antagonismo rancoroso que se procurou forjar entre as duas espécies literárias corresponde bem ao intelectualismo excessivo de nosso século, em que as ideias suplantaram violentamente os fatos, em que os conceitos formados da realidade substituíram-se à realidade. Os quadros fixos, imutáveis e irredutíveis são um apanágio do mundo das ideias. Fora dele, na vida real, nada existe de isolado e de singular, nada tem por si só significação plena.

A verdade é que o primeiro passo da crítica está na própria elaboração poética e os seguintes estão nos reflexos que o produto de semelhante elaboração vai encontrar no público. Nessa reação do público há uma parte apreciável de recriação. Cada indivíduo, cada época recria as obras de arte segundo sistemas de gosto que lhe são próprios e familiares. É graças a essa milagrosa recriação – quer dizer, criação contínua e sempre renovada – que Homero ou Cervantes podem ser e são nossos contemporâneos, compondo uma ordem simultânea com todos os outros autores do passado e do presente, embora signifiquem para nós qualquer coisa de bem diverso daquilo que significaram para os homens de seu século. A grande função da crítica, sua legitimação até certo ponto, está na parcela decisiva com que pode colaborar para esse esforço de recriação. Ela dilata no tempo e no espaço um pouco do próprio processo de elaboração poética. E nesse sentido não é exagero dizer-se que a crítica pode ser verdadeiramente criadora.

O culto exclusivista à espontaneidade, à facilidade foi uma superstição romântica, a mesma que Matthew Arnold denunciou com tanta justeza nos poetas ingleses da primeira metade de seu século. Por força de tal superstição é que, a despeito da energia criadora desses poetas, eles deixavam no crítico uma impressão irresistível de insuficiência e prematuridade. Semelhante impressão pode ocorrer-nos a cada passo diante de certas produções da moderna poesia brasileira. Enquanto nossa prosa de ficção vem adquirindo uma pujança cada vez mais considerável, quase poderíamos dizer desproporcionada, se posta em confronto com outros gêneros literários, a poesia tende ao contrário a estiolar-se como se não descobrisse razões para a própria existência. Isso se explica em grande parte pela circunstância de ser a literatura de ficção naturalmente mais insensível à ilusória sedução de pureza e autenticidade que hoje persegue a poesia.

Graças ao movimento "modernista", reação oportuna contra os formalismos academizantes que nos anos de 20 metrificavam pomposamente contra a "mentalidade própria para o soneto", que tão bem descreveu o sr. Pedro Dantas, abriram-se perspectivas inesperadamente vastas no remanso de nossa literatura. Mas surgiu o que costuma surgir facilmente no Brasil em casos semelhantes. O lirismo, que na tradição portuguesa e brasileira jamais pediu disciplina e nem rigor, mas quando muito aparato formal, polimento e alguma compostura, ganhou bem pouco com a mudança. E a ação do modernismo, sob esse aspecto, teria sido mais de lamentar do que de aprovar, não fosse a meia dúzia de exceções que lhe asseguram o prestígio. É claro que não se pode julgar da ação do modernismo encarando-o apenas em sua posição negativista, que foi às vezes injusta, mas sempre necessária, ou fazendo abstração de tudo quanto trouxe, afinal, de positivo. No momento em que ele renunciou às preocupações puramente estéticas foi para dedicar-se a temas deliberadamente nacionais. E isso sem programas, nem exclusivismos, pelo novo caminho. *Noturno de Belo Horizonte*, *Invocação do Recife*, *Raça* e *Brasil* são os marcos inaugurais dessa orientação. Todos são obras de poesia. O próprio *Macunaíma*, se quiserem enquadrá-lo em algum gênero, foi mais do que outra coisa obra de poesia. É indiscutível verificar que com essa obra se inaugurou em literatura aquilo a que poderíamos chamar um exame de consciência do Brasil. Hoje esse exame é praticado por sociólogos e romancistas.

O fato de ter contribuído grandemente para que tal coisa se tornasse possível ou, ao menos, para que desaparecessem barreiras de gosto, de prevenção e de falsa tradição – tradição interrompida, aliás, durante algum tempo pelo admirável movimento formado em torno de Monteiro Lobato e da primeira *Revista do Brasil* – é sem dúvida um dos bons resultados do chamado modernismo.

E se é bem certo que existe hoje uma crise de poesia, não deveríamos atribuí-la antes à existência de algum mal congênito em nossa literatura, que até aqui tem evoluído menos por progressão contínua do que por meio de revoluções periódicas? Isso faz com que a cada impulso renovador se siga invariavelmente uma longa fase de rotina e relaxamento. Não estou longe de crer que presentemente a revolução necessária seria uma contrarrevolução. Em outras palavras, um movimento tendente a restabelecer, nos devidos limites, a "mentalidade própria para o soneto".

O caso do surrealismo, de que há pouco me vali, serve para ilustrar um dos traços peculiares a essa crise da poesia. Não há dúvida de que como escola ele já pertence ao passado e deu tudo quanto tinha a dar. Mas o terreno em que brotou e frutificou é o mesmo em que pisamos. Nós, homens de 1940, continuamos a viver em pleno romantismo, e uma das terapêuticas do romantismo é analisá-lo. Por isso convém que em todo verdadeiro poeta haja também um crítico vigilante e enérgico. Existe talvez um vício de sistematização, vício pedagógico, na tendência para separar como dois momentos distintos da realização literária a parte da crítica e a parte da criação. É excelente, por esse motivo, que a poetas de preferência se confie a crítica profissional. Os grandes exemplos de um Coleridge e de um Baudelaire servem para mostrar a que ponto isso é exato. E para que ir tão longe sem evocar o nome ilustre de quem me precedeu nestas páginas? Em Mário de Andrade o crítico esteve sempre à altura do poeta. Figura das mais complexas e importantes em nossa literatura, na prosa como no verso, nos trabalhos de ficção como nos de pura erudição, ele tem a rara capacidade de interessar-se suficientemente nos problemas mais vários e de poder abordá-los com conhecimento de causa. Convidado para substituí-lo, aceito ainda hesitante a proposta na expectativa, não sei se fundada, de que esta substituição seja apenas temporária e breve.[1]

---

1. Publicado no jornal *Diário de Notícias* (RJ): 15 de setembro de 1940.

Poesias completas de Manuel Bandeira

A RECENTE ATITUDE do sr. Manuel Bandeira candidatando-se e fazendo-se eleger a uma vaga na Academia Brasileira pareceu desconcertante aos que ignoravam o singular itinerário poético do autor de *Carnaval*. Para esses, mas só para esses, seu gesto poderia comparar-se ao de um franco-atirador cansado dos riscos do ofício. Importa pouco saber até onde o sr. Manuel Bandeira é sensível às glórias que pode prometer a situação de acadêmico. O problema escapa evidentemente à órbita da literatura, uma vez que para achar a porta estreita da *imortalidade* o poeta não se impôs nenhuma restrição, nenhuma obrigação escusa, não abdicou em nenhum ponto de sua personalidade, tão caracterizada, ainda agora, nessa admirável *Lira dos cinquentanos* com que encerra o novo volume de *Poesias completas*.

Em todas elas notamos um indisfarçável ar de família, que as identifica ao primeiro relance. Desde *Cinza das horas*, publicado em 1917, Manuel Bandeira aparece com uma voz diferente e destoante, que perturba nosso concerto literário. Dois anos depois, em *Carnaval*, essa voz chega a tornar-se satirizante com "Os sapos", poema que seria mais tarde uma espécie de hino nacional dos modernistas. Quando estes surgem, por volta de 1921, já lá encontram o poeta em seu perau profundo e solitário. Muitos procuraram afinar a voz pela dele e todos lhe reconheceram o mérito da primazia. Arrastado quase insensivelmente ao movimento partido de um grupo de moços de São Paulo e que logo repercutiu no Rio e nos outros Estados, ele se conservou essencialmente a mesma figura singular e única. E se seu esforço renovador, sua *mensagem*, como então se dizia, significou alguma coisa para nós, a verdade é que ele não obedecia a nenhum programa definido e não se prendia a compromissos. Ninguém foi menos militante, ninguém menos antiacadêmico.

Se sua poesia se distingue por alguns aspectos mais típicos das concepções correntes e ortodoxas da época em que saiu *Cinza das horas*, isso não quer dizer que se conciliasse desde logo, em todos os pontos, com as que defendiam muitos "modernistas". De resto a atual popularidade dessa poesia não se fez rapidamente, e por motivos bem explicáveis. É que apesar de uma técnica extremamente cultivada, ele não visa o efeito exterior e muitas vezes não se dirige tanto ao sentimento, ao "coração" como a regiões mais obscuras e menos exploradas da alma.

Por esses dois traços Manuel Bandeira se aproxima em particular de algumas tendências do simbolismo francês, precisamente das tendências que menos influíram sobre nossa poesia. Não é a riqueza verbal, a profusão lírica, a prestidigitação, o pitoresco, as imagens raras o que mais o seduz entre os simbolistas. Nem é a simples procura de ritmos novos e revolucionários, pois apesar de ter sido ele quem primeiro entre nós empregou o verdadeiro verso livre, não se tornou necessário o abandono dos ritmos tradicionais para que nos desse algumas das suas criações poéticas mais audaciosas.

É ilusório, aliás, julgar que as preocupações técnicas sejam exclusivas ou opressivas em sua obra. O lirismo de Manuel Bandeira não é produto de experiências de laboratório, mas vem, como toda verdadeira poesia, de fontes misteriosas e íntimas, exigindo para realizar-se condições especiais que não se podem forjar arbitrariamente. Apenas é forçoso acentuar a presença de tais preocupações e a importância sensível que assumem em sua obra. Foram elas, talvez, um dos motivos que mais afeiçoaram aos simbolistas esse poeta, educado apesar de tudo no contato assíduo com a venerável tradição lírica de Portugal.

E nada nos ajuda a melhor caracterizar as qualidades tão singulares de sua obra do que o confronto com a de outro poeta, como ele educado na tradição clássica e como ele ambicioso de novos ritmos. Em ambos a vontade de reagir contra os moldes tradicionais tem raízes na aspiração romântica de liberdade total, embora em Ronald de Carvalho esse desejo de liberdade não exclua uma composição amigável com o gosto, o "bom gosto" da poética oficial e parnasiana. "Cria o teu ritmo e criarás o mundo!", exclamou ele em um de seus belos *Epigramas irônicos e sentimentais.*[1] Na realidade, a revolução que apregoava exprime-se quase toda em tal verso. A coisa menos "poética" que nos apresenta seu primeiro livro de poesias "modernistas", o célebre "cheiro de capim melado", foi o extremo de ousadia a que chegou nesse terreno e marcaria para ele o limite a que era lícito chegar-se em matéria de gosto.

Em Manuel Bandeira a mesma ânsia libertadora não conhecia fronteiras e sua arte poética exprime-se em determinado momento nestes versos:

Estou farto do lirismo comedido
Do lirismo bem-comportado
Do lirismo funcionário público com livro de ponto expediente pro-
[*tocolo e manifestação de apreço do Sr. diretor.*

Estou farto do lirismo que para e vai averiguar no dicionário ao
[*cunho vernáculo de um vocábulo!*
Abaixo os puristas

---

1. Ronald de Carvalho. "Teoria" in *Epigramas irônicos e sentimentais. Espelho de Ariel* e *Poemas escolhidos*. Rio de Janeiro, Editora Nova Aguilar (1976), p. 177.

Todas as palavras sobretudo os barbarismos universais
Todas as construções sobretudo as sintaxes de exceção
Todos os ritmos sobretudo os inumeráveis

Estou farto do lirismo namorador
Poético
Raquítico
Sifilítico
De todo lirismo que capitula ao que quer que seja fora de si mesmo.

De resto não é lirismo
Será contabilidade tabela de cossenos secretário do amante exem-
    [plar com cem modelos de cartas e as diferen-
    [tes maneiras de agradar as mulheres, etc.

Quero antes o lirismo dos loucos
O lirismo dos bêbedos
O lirismo difícil e pungente dos bêbedos
O lirismo dos clowns *de Shakespeare*

— Não quero mais saber do lirismo que não é libertação.[2]

Mas essa maior ou menor ênfase na rebelião contra as formas consagradas, as formas convertidas em fórmulas, não é suficiente para estabelecer a distinção entre os dois poetas, definindo assim a posição peculiar de Manuel Bandeira mesmo entre seus companheiros de ideias. A própria concepção da poesia diverge radicalmente de um poeta para o outro. Para Ronald de Carvalho, poesia é principalmente estilização. Ele estiliza a natureza, de preferência a natureza já domesticada, já "estilizada" dos parques, das quintas, das praças ajardinadas.

---

2. Manuel Bandeira. "Poética" in *Libertinagem*, ed. da *Poesia completa e prosa* (introdução geral de Sérgio Buarque de Holanda e Manuel Bandeira). Rio de Janeiro, José Aguilar Editora (1967), pp. 247-8.

Um besouro passa zunindo, uma araponga canta, um raio de sol cai reto sobre a relva, tudo providencialmente, tudo no instante exato em que tais coisas se fazem necessárias ao poeta para determinar o ambiente lírico. A surpresa, mas a surpresa provocada, é um dos principais elementos com que joga essa arte. Tudo é preparado para o momento decisivo, tudo "posa" como diante de um fotógrafo.

E o nome de outro poeta ilustre ocorre insensivelmente nesse passo, de um poeta que utiliza algumas vezes os mesmos processos. Mas a semelhança é apenas superficial e aparente. Guilherme de Almeida compõe musicalmente. O ritmo interior de sua poesia é uma caprichosa música, que a dança das palavras acompanha. Ronald é um colorista. Entre ele e o mundo exterior intervém apenas a vontade de estilização, pura operação da inteligência. A parte de artifício e deliberação é excessiva, a do acaso pouco mais do que insignificante. Nos intervalos de uma poesia que quer ser matinal e inocente, que quer ferir o gosto como a polpa adstringente de um fruto verde, deparamos meditações requintadas, de uma sabedoria sentenciosa e asiática.

Nada de semelhante vamos encontrar em Manuel Bandeira. E foi o motivo que principalmente me deteve na consideração de Ronald de Carvalho, que sob muitos aspectos pode ser chamado seu antípoda em poesia. Seria bom ampliar o confronto, estendendo-se a outros poetas igualmente expressivos de sua geração, a geração que se manifestou mais ativamente com o "modernismo". Mas com esses Manuel Bandeira apresenta divergências menos pronunciadas e menos profundas. Em todo caso menos importantes para quem tente caracterizá-lo.

Ele é tudo menos um colorista. O mundo visível pode fornecer as imagens de que é feita sua poesia, mas essas imagens combinam-se, justapõem-se de modo sempre imprevisto, coordenadas às vezes por uma obscura faculdade cujo mecanismo nos escapa. E escapa talvez ao próprio poeta. Essa faculdade, resistente a qualquer análise e que constitui um dos seus traços mais pessoais, permite-lhe abordar os temas vulgares e até prosaicos de maneira perfeitamente simples, permanecendo ainda em tais casos inconfundível e só aparentemente imitável. É o que explica muitas vezes seu hermetismo, se assim se pode dizer, principalmente quando as imagens que o ferem nos parecem distantes e sem relação perceptível entre si. Como sucede, por exemplo, neste

"NOTURNO DA PARADA AMORIM"

O violoncelista estava a meio do concerto de Schumann

Subitamente o coronel ficou transportado e começou a gritar: — Je
[*vois des anges! Je vois des anges! — E deixou-*
[*-se escorregar sentado pela escada abaixo.*

O telefone tilintou.
Alguém chamava?... Alguém pedia socorro?...

Mas do outro lado não vinha senão o rumor de um pranto deses-
[*perado!...*

(*Eram três horas.*
Todas as agências postais estavam fechadas.
Dentro da noite a voz do coronel continuava a gritar: — Je vois
[*des anges! Je vois des anges!*)[3]

É explicável assim que não sejam os cenários decorativos, as paisagens fotogênicas, aquilo que ostentam mais frequentemente suas poesias, mesmo as de caráter descritivo. A célebre "Evocação do Recife" é antes evocação do que descrição, e

3. Id., ibid., pp. 260-1.

aparenta-se por esse lado a algumas das suas poesias de fundo mais subjetivo e íntimo, como "Profundamente", ou "Noite morta". Muitas vezes o material lírico que lhe fornece a realidade sensível tem como fundo de quadro um país mítico ou ausente, que tanto pode ser a maravilhosa Pasárgada como o mundo das suas insistentes recordações, o mundo que refletiria, se fosse mágico, o honesto espelho de "Véspera de Natal".

As imagens raramente obedecem em seus poemas a uma escolha. As coisas triviais, quotidianas, podem valer mais para ele do que as realidades vistosas. E isso não por simplismo voluntário, mas certamente pela convicção de que há nelas mais importância, maior interesse poético. É essa convicção que ele próprio chegou a sugerir em uma das suas *Crônicas da Província do Brasil* quando criticou, com razão, certa atitude literária de nossos escritores: "Falamos de certas coisas brasileiras como se as estivéssemos vendo pela primeira vez, de sorte que em vez de exprimirmos o que há nelas de mais profundo, isto é, de mais quotidiano, ficamos nas exterioridades puramente sensuais".[4]

É ilusório, apesar de tudo, pretender assentar toda a poesia de Manuel Bandeira em um princípio criador que se fundasse no delírio e na incoerência. Esse princípio explicaria quando muito uma parte de sua originalidade. A outra parte é feita precisamente de qualidades de lucidez, de faculdades de discriminação que, no mesmo grau, ele não partilha, talvez, com nenhum poeta brasileiro de seu tempo. Como explicar de outro modo a prodigiosa riqueza de ritmos que exibem seus versos? Em tudo o que escreveu esse poeta, mesmo quando se desprende por completo do artifício métrico, revela-se uma estudiosa aplicação aos mais complicados problemas da técnica do verso. Sobre o assunto nada se poderia acrescentar, aliás, ao que foi tão bem dito nas *marginalia* que o sr. Onestaldo de Pennafort

---

4. Cf. Manuel Bandeira. "Mário de Andrade" in *Crônicas da Província do Brasil*, ed. da *Poesia e Prosa* (introdução geral de Sérgio Buarque de Holanda e Francisco de Assis Barbosa). Rio de Janeiro, Editora José Aguilar (1958), vol. II, p. 185.

escreveu para a *Homenagem a Manuel Bandeira*, publicada há quatro anos pelos amigos do poeta.[5] Um censor superficial e desatento falaria em versatilidade a propósito da aptidão com que essa poesia tão bem governada se ajusta a todos os compassos, se acomoda às paródias, às paráfrases, às traduções. Mas isso não explica a unidade profunda que no entanto subsiste em tudo quanto escreveu Manuel Bandeira. Unidade na variedade: é essa realmente uma das fortes impressões que confirma em nós a leitura do volume de *Poesias completas*. Em todas as suas páginas manifesta-se vivamente a presença do mesmo poeta. Presença que se faz sentir, não descrever e ainda menos analisar, e que a mim me parece admirável.[6]

---

5. Ver a respeito Onestaldo de Pennafort. "Marginália à poética de Manuel Bandeira" in *Homenagem a Manuel Bandeira*. Rio de Janeiro, Tipografia do Jornal do Commercio (1936).
6. Publicado no jornal *Diário de Notícias* (RJ): 6 de outubro de 1940.

A vida de Paulo Eiró[1]

SOBRE AS BIOGRAFIAS ROMANCEADAS já se disse todo o mal possível sem abalo para o forte prestígio que elas continuam a ter perante o público. A censura fácil e nem por isso menos justa que se pode fazer a tal gênero de literatura é a de que nele são forçosamente abolidas as qualidades próprias do romance e as da biografia, em proveito de uma unidade artificial e suspeita.

Os melhores romances, mesmo realistas, não nascem jamais de uma observação passiva da existência. Quem diz criação diz ação e diz liberdade. Os dados que o mundo propõe não deixam de existir para o romancista, mas vão ajustar-se em seu espírito a uma ordem imaginária e caprichosa. Ora, o biógrafo ideal é por definição aquele que se subordina e se escraviza a um plano de vida, a um sistema de duração estranhos à sua vontade criadora. Adstrito a esse mundo já organizado, de contornos fixos e rígidos, ele não dispõe da liberdade necessária para qualquer trabalho de criação. São assim duas posições perfeitamente distintas e antagônicas a do biógrafo e a do romancista. Não que sejam obrigatoriamente inconci-

[1]. Publicado no jornal *Diário de Notícias* (RJ), 3ª seção, 13 de outubro de 1940.

liáveis. Os movimentos da imaginação podem muito bem acomodar-se ao espetáculo da vida e conformar-se à ordem em que foram postas as coisas no mundo. Mas esses estados de docilidade inerte, de conformidade total do espírito são sempre excepcionais e transitórios. Talvez por isso as melhores biografias são naturalmente breves, de uma brevidade que "exclui tudo quanto é redundante e não suprime nada do que é importante".

A fórmula é de Lytton Strachey,[2] que nos deu com as suas páginas sobre o cardeal Manning um dos modelos perfeitos do gênero. Não nos esqueçamos de que foi o mesmo Strachey quem erigiu a ignorância em virtude capital do historiador: ignorância que simplifica e clareia, que escolhe e que omite, com uma plácida perfeição inacessível à mais pura arte. Aceitando seu ponto de vista, ainda poderíamos acrescentar: ignorância que deixa campo livre à imaginação, ignorância que transpõe obstáculos ou que os transforma em trampolins. Para o artista não é mau existirem desses obstáculos: o importante é que saiba esquivar-se deles ou vencê-los. E o que admiramos em Lytton Strachey e em alguns dos seus êmulos não é precisamente a fidelidade do historiador, mas a habilidade, a agilidade do artista.

Em resumo, nada mais especioso do que o rótulo de biografia romanceada, que serve quando muito para agradar plateias menos austeras e mais numerosas do que a dos cultores desinteressados da história. O ditoso consórcio entre biografia e romance não passa nessas circunstâncias de um casamento de conveniência.

O que acontece com a biografia de Paulo Eiró, publicada pelo sr. Afonso Schmidt (*A vida de Paulo Eiró*, São Paulo,

---

2. Autor inglês (1880-1932) integrante do grupo de Bloomsbury, que retratou os costumes da era vitoriana e escreveu, além de uma biografia, *Rainha Vitória* (1921), vários *portraits* (*Florence Nightingale* entre eles) e estudos de caracteres (*Elizabeth e Essex*, 1928). Foi durante vinte anos correspondente de Virginia Woolf, com quem tentou se casar em 1909.

Companhia Editora Nacional, 1940), é que se trata de uma biografia romanceada no sentido exato, quer dizer, no mau sentido da expressão. Para os que esperavam conhecer melhor a vida e a obra tão esquecida do desventurado poeta paulista, esse livro foi quase uma decepção. Salva-o até certo ponto o fato de reunir uma parte da produção de Eiró, ou sejam 65 poesias das 190 que ainda restam. Não é muito, mas já dá para se formar uma ideia da significação e da altura do poeta. Salvam-no ainda os numerosos dados biobibliográficos coligidos e organizados muitos deles pelo zelo inexcedível de um sobrinho-neto do biografado, o sr. José A. Gonçalves.

Quanto à biografia romanceada ou antes ao romance biográfico do sr. Afonso Schmidt, cabe dizer que só chega verdadeiramente a interessar por tudo quanto nele transcende os quadros de uma novela. Os diálogos às vezes extensos impacientam o leitor curioso de conhecer alguma particularidade exata da vida de Eiró, alguma coisa onde seja possível distinguir-se, sem hesitação, o que é realidade histórica do que é pura fantasia. Em outras palavras, a forma de novela em que o autor achou necessário enquadrar esta biografia torna-se dispensável e onerosa, sem acrescentar nada à reputação já conquistada pelo sr. Afonso Schmidt em outras produções literárias.

É de justiça observar que em todos os pontos onde o autor dispensa a obrigação de romancear, onde evoca, por exemplo, a vida santamarense e paulistana de há um século, revelam-se qualidades de verdadeiro escritor e lúcido conhecedor das tradições de São Paulo antigo. No capítulo 3, o da farinhada, há uma das raras descrições do muxirão que conheço no romance brasileiro. Só me ocorre outro exemplo, o que aparece no *Seminarista*, de Bernardo Guimarães. Igualmente característico é o capítulo em que se trata de uma *tinguijada*, velho e rudimentar processo de pescaria que as Atas da Câmara de São Paulo já registram no século XVI. Muitos outros dados, colhidos, sem dúvida, na tradição oral ou em documentos inéditos, emprestam intenso colorido à narrativa e podem interessar os estudiosos de nosso passado. As candeias fabricadas de cascas de laranja cheias de azeite; a casa de Maria Punga, precursora dos cafés atuais; as comidas e bebidas regionais como o quentão, a gengibirra, o capilé, a rapadura de cidra, o furrundum; a farmacopeia primitiva de nhá Trindinha – uma das figuras melhor desenhadas do livro –, que faz pensar na antiga medicina caseira das mulheres paulistas, tão celebrada por Martius, são coisas bem evocativas de uma era remota que o progresso consome aos poucos. Mas o vulto de Paulo Eiró aparece em tudo isso submerso e contrafeito. Não se pode resistir à impressão de que o autor colheu meticulosamente os dados necessários para um opulento romance histórico e saiu depois à procura do personagem principal. O resultado é que temos uma novela livresca e uma biografia malograda.

No entanto a vida de Eiró, narrada sem artifício, já contém em si elementos suficientemente patéticos para produzir os efeitos que quis produzir o sr. Afonso Schmidt recorrendo à forma de romance. Nascido na vila paulista de Santo Amaro no ano de 1836, de uma família que já nos dera um Belchior de Pontes e um Borba Gato, foi sem dúvida uma das figuras mais ricas de interesse em toda a nossa literatura romântica, merecendo ser melhor estudado do que o tem sido até aqui. Contemporâneo de Álvares de Azevedo e Varela, tendo frequentado os mesmos ambientes que fizeram da São Paulo de então paraíso dessa corrente de literatura sentimental e lacrimosa que os historiadores chamaram pitorescamente "escola de morrer cedo", Eiró distingue-se imediatamente dos outros líricos do tempo pelas notas de serena e harmoniosa objetividade que singularizam toda a sua obra poética. Demente aos vinte e poucos anos de idade, sua constituição naturalmente mórbida mal se espelha no que escreveu. Ninguém se ressentiu menos do que ele do bovarismo romântico. Em algumas das suas poesias o tom impessoal chega a extremos não atingidos entre nós senão talvez com certos parnasianos. Um exemplo típico é a "Barra de Santos", composta pelo poeta aos dezenove anos de idade:

Praia, que o mar brandamente
Repele ou acaricia,
Em que as auras vêm carpir-se
À volta do meio-dia,
E à tarde espalhar frescura,
Sombras e melancolia;

Linda praia debruada
De alvejante, fina areia,
Por que só tua lembrança
O espírito me encadeia?
Quem te deu tamanho encanto?
Onde está tua sereia?

E encerra-se o poema sem uma interjeição, sem um gesto dramático, sem a fatal chave de ouro:

Vejo, surgindo das águas,
A solitária "Moela";
O cabo que se adianta
E, ao longe, perdida vela...
Vejo a "terra da saudade"!
Das praias vejo a mais bela!

Não estaria na própria doença do autor um dos segredos desse tranquilo impersonalismo, compensador de um atroz mal físico? Seu canto devia dar-lhe muitas vezes o que a vida lhe negou. E ocorre a esse propósito aquela confissão de Nietzsche no *Ecce homo*, que ilumina, aliás, uma profunda intuição já pressentida por Novalis e Goethe: "as épocas da mais baixa vitalidade para mim foram aquelas em que cessei de ser pessimista: a esperança instintiva em meu restabelecimento proibia-me uma filosofia do desalento e da miséria".[3]

Em vários outros pontos Paulo Eiró distanciava-se dos seus companheiros de geração e credo literário. Na curiosidade intelectual só pode ser comparado mais de perto a um Álvares de Azevedo. Refere-nos seu biógrafo e apologista que ele falava fluentemente o alemão e o francês, tendo aprendido a primeira dessas línguas, talvez, na camaradagem dos filhos de colonos em sua vila natal. Pode-se hesitar em acolher como rigorosamente exata semelhante informação, principalmente quando verificamos que em sua ode à Hungria o poeta rima "Theiss" com "reis". Ora "Theiss", para quem observe fielmente a pronuncia alemã, rimaria na melhor hipótese com "fatais", "ais", "jamais", palavras que, de resto, parecem às vezes nascidas propositadamente para uso de românticos. Com "reis" é que não rima em nenhuma circunstância. Enfim, o argumento não é definitivo e contra ele se levanta outro igualmente valioso: a afirmativa feita pelo biógrafo de que Eiró "apreciava os autores alemães no original e permitia-se rabiscar comentários à margem nessa língua". O poeta conhecia ainda o latim, o grego, o inglês, e sabe-se que estudou tupi, astronomia e religião. Lia em italiano os poemas de Tasso e de Petrarca, seus autores preferidos. Além disso adiantou-se aos atuais pesquisadores de nosso folclore, enchendo caderninhos de trovas populares, que recolhia nas farinhadas, nas tinguizadas, à roda das fogueiras ou em meio das danças de escravos (p. 84).

Nos últimos anos que viveu em liberdade, mas já tocado pela insânia – Paulo Eiró entrou para o Hospício de Alienados em maio de 1866 e veio a morrer cinco anos depois –, não cessou de encher de versos os caderninhos que em toda parte o acom-

---

3. Ver Friedrich Nietzsche. "Por que sou tão sábio" in *Ecce hommo*, II, ed. das *Obras incompletas* (seleção de textos de Gerard Lebrun; tradução e notas de Rubens Rodrigues Torres Filho; posfácio de Antonio Candido). São Paulo, Abril Cultural (1980), pp. 370-1.

panhavam. Que o acompanhavam sobretudo durante suas insistentes crises de delírio ambulatório. Em uma delas chegou a descer grande extensão do vale do Paraíba, rumo a Mariana. A lembrança dessas intermináveis caminhadas está fixada em um poema onde a tonalidade subjetiva é mais aparente do que em muitas de suas produções mais características:

Sou peregrino — os vestígios
Sem conta do meu bordão
Atrás de mim se apagaram
No livro do coração;
Não guardo memória alguma
Que fora guardar em vão.

A pedra, à beira da estrada,
Em que, suando, sentei,
No meu incessante giro
De novo não a verei,
E as flores que me sorriram
Nunca mais as colherei.

É que o sangue que esvaiu-se
Não pode tornar-me ao peito,
É que os meus viçosos sonhos
Me foram caindo a eito.
Oh calabouço de barro
Quando te verei desfeito?

Insensível como a folha
Que o vento varre do chão
Nada espero, nada temo,
Ninguém amo, ninguém, não!
Se alguma coisa hoje amasse
Serias tu, meu bordão.

A suave e discreta melancolia desses versos pode falar a almas simples. Refere-nos o sr. José A. Gonçalves que eles correm hoje de boca em boca no Norte do Brasil, como criação popular e anônima.[4] Não é preciso mais para a conclusão de que a obra de Paulo Eiró está bem longe de ter uma significação puramente histórica.

---

[4]. Cf. "Coletânea de Poesias" (organização e notas de José A. Gonçalves), in Afonso Schmidt: *Vida de Paulo Eiró*. São Paulo, Companhia Editora Nacional (1940).

Fagundes Varela

EM ARTIGO ANTERIOR, TIVE OCASIÃO de falar sobre a moda das *biografias romanceadas* e o sentido equívoco que encerra tal denominação. Seria absurdo procurar nessa ambiguidade, que, sem dúvida, prestigia o gênero, a única explicação plausível para seu atual sucesso. A causa principal estaria antes, como já houve quem dissesse, na própria estreiteza das nossas vidas atuais, ansiosas por encontrar refúgio e libertação em outras existências mais excitantes. Em uma era que se pretende realista e onde os fatos concretos importam mais do que as simples criações do espírito, a biografia satisfaz essa avidez melhor do que o romance.

É claro que nem todas as vidas do passado são igualmente próprias para comover a sensibilidade e falar à fantasia. Nas biografias exemplares, como nas novelas exemplares de antigamente, mais do que nestas, o tema é quase tudo e a maneira de tratá-lo muito pouco. Sucede que há épocas onde certas existências têm naturalmente o fascínio das irrealidades e podem seduzir as imaginações sem necessidade de um recurso ao menor artifício. É o que ocorre no Brasil com a época dos poetas da "escola de morrer cedo", que viveram nos anos de

1850-70, floração assombrosa de arcanjos literários como nunca os houve entre nós, antes ou depois.

Assistimos hoje a um interesse renovado por essas vidas, que já nos parecem imemoriais, tanto se distanciam de nossas concepções mais correntes e familiares. E não só pelas vidas, como pelas obras de tais poetas, por seus versos singelos e melodiosos, que ainda há pouco tempo só podiam ser ditos em tom de falsete, para melhor se disfarçar o ridículo de um sentimentalismo que não é o nosso. Prova disso está na importante influência que exerceram eles sobre a obra tão significativa de um Augusto Frederico Schmidt, por exemplo, ou sobre certas experiências poéticas de um Manuel Bandeira.

O que mais nos afasta do delírio sentimental e do desencanto da vida, tão característicos desse grupo de românticos, é o que há aí de aparentemente afetado e de postiço. Mas não se pense que semelhante impressão é só de agora. Folheando a preciosa coleção dos *Ensaios literários*, do *Ateneu Paulistano*, revista da época, encontro com a data de 1857, e a respeitável assinatura de A. J. Macedo Soares, considerações que hoje passariam por perfeitamente judiciosas e cabidas, acerca de poetas que ainda mal vividos já queriam "alardear de encanecidos pela dor, cépticos *ex-officio*, sem uma esperança de glória, sem animação, nem vida...". O abuso de palavras tais como *dores*, *mágoas*, *descrença*, *prantos*, *desesperos*, *agonias*, *lágrimas*, *túmulos*, *mortes*, *ânsias doloridas*, já parecia extravagante aos homens prudentes do tempo.

Creio, porém, que é possível considerar com menos antipatia e mais compreensão a louca imprudência daqueles poetas. E não sei se é justo insistir no que há de fingido em algumas de suas expansões líricas. Mesmo porque se era moda em seu tempo a ostentação de sofrimento e desânimo, não há nisso motivo para duvidar da sinceridade de tais expansões.

Sempre que estabelecemos contato mais íntimo com a vida desses poetas, somos obrigados a corrigir como insuficiente e inadequada a primeira impressão de fingimento que nos deixam seus versos. O sr. Homero Pires fala em naturalidade e sinceridade a propósito de Junqueira Freire.[1] Outros têm dito coisas semelhantes com relação a Álvares de Azevedo ou a Casimiro de Abreu. E já Machado de Assis exaltara no autor do *Evangelho das selvas* o "poeta espontâneo de verdadeira e amena inspiração".[2]

Explicam-se, assim, as vantagens, mesmo para o simples julgamento crítico, da existência de biografias como a que nos oferece agora o sr. Edgard Cavalheiro com seu belo livro, justamente sobre Fagundes Varela (São Paulo, Livraria Martins Editora). Um dos traços bem marcados do romantismo está em que ele não isola a obra de arte do artista que a compôs, não lhe dá existência própria e independente, como sucede com os clássicos. A obra é, ao contrário, uma expansão ou uma parte da vida do artista e nem sempre a parte mais importante. Tal fato parece ter sido bem compreendido pelo sr. Cavalheiro, que abandonando os moldes mais vulgares da biografia *romanceada*, oferece-nos um livro puramente informativo e interpretativo, um livro como, no mesmo sentido e nas mesmas proporções, não existe talvez outro sobre nenhum poeta brasileiro.

Nesse livro, a obra do poeta é explicada quase em função de sua vida, e penso que no caso de Varela é esse o método realmente fecundo. Não quero dizer que nele as observações críticas sejam insignificantes e muito menos que se limitem a uma reprodução de opiniões já anteriormente fixadas por outros. Em mais de um passo, o autor timbra mesmo em examinar minuciosamente os motivos que determinaram tais opiniões e em refutá-las sempre que não pareçam conformar-se

---

1. Ver Homero Pires. *Junqueira Freire, sua vida e sua época.* Rio de Janeiro, A Ordem (1929) e *Junqueira Freire.* Rio de Janeiro, Academia Brasileira de Letras (1931).
2. Machado de Assis. "Cantos e fantasias", originalmente publicado na seção *Semana Literária* do jornal *Diário do Rio de Janeiro* e depois enfeixado no livro *Crítica literária*, vol. III da edição da *Obra completa* de Machado de Assis. 4ª ed., Rio de Janeiro, Editora Nova Aguilar (1979), p. 859.

aos fatos. O que se pode dizer é que o empenho da veracidade e da minúcia, amparado, aliás, numa base documental respeitável e em grande parte inédita, situou o autor muito perto de seu assunto para lhe permitir uma visão global, capaz de exprimir-se em juízos definitivos e lapidares. Sua visão é, ao contrário, dissociadora e analítica.

Depois de vários dados biográficos, tão exaustivos quanto possível, sobre o ambiente doméstico e familiar, a infância e a adolescência do poeta, surge, como era de esperar, um retrospecto da vida intelectual da mocidade acadêmica de São Paulo – aos tempos da *Sociedade Epicúrea* e, naturalmente, do *byronismo*. O assunto já foi tratado por outros, sobretudo por Almeida Nogueira e Vampré,[3] mas adquire significação particular a propósito de uma figura como a de Varela. Das informações existentes a respeito, retira o autor deste livro o melhor proveito para seu estudo. Não há dúvida que a influência direta de Byron e dos *byronianos* foi menos visível em Fagundes Varela do que em outros. Do que em Álvares de Azevedo, por exemplo. Mas a verdade é que essa influência, ao seu tempo, já se deveria exercer quase sem o intermédio de leituras e de livros, tanto se impregnara dela o meio literário paulista. De Varela, que alguém chamou o menos livresco de nossos poetas – sem muita razão, pensa o sr. Cavalheiro –, pode-se suspeitar que a recebeu principalmente por vias indiretas.

Nada mais ilusório, aliás, do que considerar o jogo das influências como uma espécie de química literária, em que a ação simples e fortuita de um ou mais escritores possa ter importância cabal. Parece-me evidente, ao contrário, que as influências em literatura nunca se exercem arbitrariamente.

---

3. Sérgio refere-se às memórias, hoje clássicas, de Almeida Nogueira: *Tradições e reminiscências da Academia de São Paulo* (São Paulo – 1907-1912, 9 vols.) e Spencer Vampré: *Memórias para a história da Academia de São Paulo* (São Paulo, Acadêmica, 1924, 2 vols.).

Como explicar de outro modo que a do *byronismo*, com o sentido que veio a adquirir essa palavra, se fizesse sentir tão intensamente sobre certa geração de poetas brasileiros, quase sem tocar Portugal, e que mesmo no Brasil fosse mais sensível em São Paulo do que no Recife, bem cedo conquistado pelas preocupações sociais da poesia hugoana? É essencial, por conseguinte, tentar penetrar, como o fez o sr. Edgard Cavalheiro, certos fatores subjacentes invisíveis a olho nu e que poderiam ter contribuído seriamente para a eclosão dessa forma particular de romantismo.

O que faltaria, talvez, a este estudo, se o autor se propusesse fazer mais do que uma biografia, sem outra ambição que a de situar a personalidade de Varela no seu meio, na sua época e no quadro geral da literatura brasileira, é o exame das provocações e estímulos que tal poesia ia encontrar no público do tempo e que, por sua vez, não deixavam de agir poderosamente sobre ela. O problema da literatura confunde-se nesse caso com outros, mais complexos, de psicologia coletiva, abordáveis mediante uma análise das relações entre a produção literária e os leitores. É inegável que essa ação informadora do público se exerceu não apenas sobre a invenção lírica e a natureza dos sentimentos que a animavam, como até sobre outros aspectos menos característicos da criação literária. No próprio movimento rítmico de alguns versos românticos não existiria alguma coisa de feminino e fatalista, bem de acordo com o tom geral dessa poesia? Os verbos *cativar*, *encadear*, *enlear*, surgem com frequência na crítica do tempo a propósito dessa poesia, que não reclama do leitor nenhuma ação, nenhum esforço e parece mesmo interessada em entorpecer a vontade, a liberdade e a energia.

Semelhante impressão acentua-se particularmente diante de alguns versos de nove sílabas, tão peculiares ao nosso romantismo, e também nos de onze, como os do poema "Névoas", de Varela, e de "Sonhando", de Álvares de Azevedo, que certamente serviu de modelo ao primeiro.[4] Em "Névoas", esse efeito é reforçado pela presença das rimas internas, que servem para enlear ainda mais o leitor:

Nas horas tardias que a noite desmaia,
Que rolam na praia mil vagas azuis,
E a lua cercada de pálida chama
Nos mares derrama seu pranto de luz,

Eu vi entre os flocos de névoas imensas
Que em grutas extensas se elevam no ar,
– Um corpo de fada – serena, dormindo,
Tranquila sorrindo num brando sonhar.[5]

É um prazer puramente passivo, verdadeira hipnose o que tais versos querem infundir, entretendo certa inércia do espírito e lisonjeando uma capacidade de abandono, bem compreensíveis em época onde se enaltecia o tédio de viver e mesmo a falta de energia moral, como coisas poéticas e excelentes. Cada público tem efetivamente o lirismo que merece. E é importante considerar isso, quando se procure realizar qualquer interpretação literária e crítica menos superficial.

Em Varela, um instinto musical seguro, assinalado, aliás, por Otoniel Mota, em estudo que cita o sr. Cavalheiro,[6] expri-

---

4. O poema "Sonhando", de Álvares de Azevedo, organiza-se sob o mesmo compasso: "Na praia deserta que a lua branqueia/ Que mimo! que rosa! que filha de Deus!/ Tão pálida... ao vê-la meu ser devaneia,/ Sufoco nos lábios os hálitos meus! [...] A praia é tão longa! e a onda bravia/ As roupas de gaze te molha de escuma.../ De noite, aos serenos, a areia é tão fria.../ Tão úmido o vento que os ares perfuma [...]". In Álvares de Azevedo. *Obras* (juízo crítico e notícia biobibliográfica de Joaquim Norberto de Sousa e Silva). 6ª ed., Rio de Janeiro, Garnier (1897), pp. 13-6.
5. Fagundes Varela. "Névoas" in *Noturnas*, ed. das *Poesias completas* (introdução de Edgard Cavalheiro; organização, revisão e notas de Frederico José da Silva Ramos). São Paulo, Edição Saraiva (1956), p. 39.
6. Otoniel Mota. "Fagundes Varela" in *Revista da Língua Portuguesa*, I (25) apud Edgard Cavalheiro. *Fagundes Varela*. São Paulo, Martins (s. d.), p. 298.

me-se muitas vezes em belos versos cantantes e sonoros, onde a presença da rima chega a tornar-se supérflua. Thibaudet, que apresenta a rima como elemento motor e oratório do verso, observou, a propósito de Victor Hugo, que o movimento rítmico oratório e a rima, quando associados, dão uma sensação de superabundância e de pleonasmo.[7] E é bem significativo o fato de Varela ter composto em versos brancos precisamente alguns dos seus melhores poemas.

O outro aspecto que cumpre salientar na poesia de Varela e ao qual seu biógrafo dedica longas páginas é o do pintor da natureza. O tema não deixa de ser repisado constantemente pelos poetas do tempo, a começar por Gonçalves Dias, em cuja obra se acham, por assim dizer, prefiguradas todas as formas depois assumidas por nosso romantismo, ainda que em nenhum chegue a alcançar o caráter intenso e quase dramático que atinge em Varela. Mesmo em Castro Alves, a exaltação da natureza aparece como complemento necessário ao repúdio da vida urbana, burguesa e convencional. Assim, em *"Sub tegmine fagi"*, o poeta exclama: "Aqui o éter puro se adelgaça.../ Não sobe esta blasfêmia de fumaça/ Das cidades p'ra o céu".[8]

Mas é lícito supor que nesse caso a natureza, apresentada em contraposição ao ambiente das cidades, constitui simples assunto poético – e dos mais prestigiosos do romantismo – sem raízes muito profundas no sentimento. Em Varela a antítese romântica entre civilização e natureza não é um tema arbitrariamente extraído do numeroso repertório de motivos poéticos oitocentistas. Ela adquire, ao contrário, uma significação muito íntima e torna-se a forma natural de exprimir o divórcio entre o poeta e a sociedade:

7. Cf. Albert Thibaudet. "Victor Hugo" in *Histoire de la littérature française – de 1789 à nos jours*. Paris, Éditions Stock (1936), pp. 45 ss.
8. Castro Alves. "Sub tegmine fagi" in *Espumas flutuantes*. Edição das *Obras completas* (introdução e notas de Afrânio Peixoto). São Paulo, Companhia Editora Nacional (1942), vol. I, p. 72.

A cidade ali está – com ela o erro,
A perfídia, a mentira, a desventura...
Como é suave o aroma das florestas!
Como é doce das serras a frescura![9]

Raramente a exaltação da natureza dispensa o confronto com a civilização e, à medida que o poeta avança na vida, essa exaltação torna-se um verdadeiro culto. É inegável – diz-nos seu biógrafo – que ele não via a natureza, nos últimos tempos, como simples regalo para os olhos, ou meigo e doce regaço para seu desatino. Sabe que nela encontrará um mundo nunca sonhado. Tenta, mesmo, consorciá-la com Deus, e daí nasce o místico, se quiserem, mas um místico singular, um místico que exclama arrebatado:

Oh Natureza! oh Guarda vigilante
Dos pobres, dos aflitos!... Quão risíveis
São da sociedade honras e galas,
E prêmios pueris! – Que montam festas,
Que montam festas de vaidade e fumo
Quando a esperança, o faro derradeiro
Que entre os parcéis da vida os seres guia,
Perde-se em nevoeiros?... Tu, somente,
Nos alentas, fiel, inalterável!
Novas ideias a nossa alma inspiras!
Novos, santos prazeres nos procuras,
E nos ensinas mais feliz linguagem,
A linguagem de Deus e da verdade!...[10]

É inegável, também, que nessa exaltação do "céu azul", das "selvas virgens", do "ar", da "luz", da "vida", da "liber-

---

9. Fagundes Varela. "A cidade" in *Cantos meridionais*, ed. das *Poesias completas*, op., cit., p. 371.
10. Fagundes Varela. *Anchieta ou o Evangelho das selvas*, 5, 1 in *Poesias completas*, op. cit., p. 757.

dade", Varela não é apenas um espectador placidamente maravilhado. Ele apega-se convulsivamente a todas as coisas divinas e naturais, como a procurar nelas um último recurso para sua trágica dissonância com o mundo que os homens fabricaram. Na vida agitada e miserável do poeta, encontramos elementos com que explicar melhor esse e outros aspectos de sua obra. Foi, talvez, o motivo que me deteve aqui, menos no biógrafo e em sua obra do que no biografado. Esse convite ao estudo é uma das virtudes do livro lúcido e honesto que acaba de publicar o sr. Edgard Cavalheiro.[11]

---

[11]. Publicado no jornal *Diário de Notícias* (RJ): 20 de outubro de 1940.

Política e letras

•

A PREDILEÇÃO PELAS EXISTÊNCIAS truncadas e oprimidas tem sido apontada como traço característico do moderno romance brasileiro. Toda a nossa atual prosa de ficção não passa em regra de histórias de malogros. No fundo isso é inevitável pelas próprias circunstâncias em que a obra de arte costuma agir sobre o público. O malogro é esteticamente mais sugestivo, tem maior conteúdo emocional e efeito literário mais seguro do que o êxito. E não me parece certo, apesar das brilhantes divagações dos srs. Genolino Amado e Osório Borba, que constitua um tema especificamente característico de nosso romance contemporâneo. Em realidade o bem-estar, o sucesso, a doçura de viver, a tranquilidade satisfeita nunca foram materiais de primeira ordem para a criação literária em nenhum país. E não há simples preconceito na recusa dos romancistas (e poetas) em apegar-se a esses materiais com sistemático afã.

Também não creio, e pelos mesmos motivos, que desse fenômeno se possam retirar deduções inquietantes sobre nossa psicologia social. Nada mais especioso, em realidade, do que procurar nas obras de arte esses conceitos simplistas e ruidosos, essas fórmulas pretensamente saudáveis que podem servir de bandeira para uma boa orientação da sociedade. De resto não nos faltam razões para desconfiar da excelência de muitas fórmulas semelhantes, mesmo fora do mundo dos romances. Sobretudo quando sabemos que a causa de seu prestígio e a causa também de muita campanha supostamente profilática em literatura residem, não raro, em sentimentos e interesses menos dignificantes do que se pode imaginar à primeira vista. De onde os obstáculos que se erguem ao exame apurado de certas doutrinas se as separamos de seus autores e sequazes.

Ocorrem-me tais observações a propósito de um livro singular que apareceu recentemente e sobre o qual se tem feito até aqui inexplicável silêncio. É obra de um escritor de Pernambuco, o sr. Manuel Lubambo, e intitula-se *Capitais e grandeza nacional* (São Paulo, Companhia Editora Nacional, 1940). Nesse e parece que também em outros escritos do autor, defende-se com muita literatura e alguma ingenuidade certo corpo de ideias que o senhor Lubambo aplaude pomposamente com o título de ideias salubres. A singularidade dessa doutrinação está em que no plano econômico ela comporta os ensinamentos mais desenfreadamente liberais do século passado, os mesmos ensinamentos que, transpostos para o plano político e social, merecem do escritor de Pernambuco o mais profundo rancor. Porque politicamente ele adere a uma espécie de neofeudalismo (a expressão é do próprio sr. Lubambo) e pretende encontrar suas raízes profundas na Idade Média. Todas as contorções, todas as deformações da realidade são boas quando podem explicar esse amálgama indigesto e extravagante. Não falta sequer uma interpretação extremamente original da filosofia tomista, que é de fazer arrepiar um discípulo autêntico do Doutor Angélico. Original é apenas um modo de dizer, pois o sr. Lubambo se ampara tão somente, ele próprio o confessa, em determinados pontos de vista do historiador G. O'Brien, precisamente os mesmos pontos de vista do mesmo O'Brien que, na opinião sem dúvida autorizada e insuspeita de R. W. Tawney, bastariam para alarmar qualquer circuito de teólogos até o advento do calvinismo ("*would have created a scandal in theological circles before Calvin*"). Mas se não deixa de repetir com moderada complacência esses pontos de vista alarmantes é que o próprio O'Brien ainda não lhe parece suficientemente flexível para se acomodar inteiramente às ideias que ele, Lubambo, julga verdadeiramente "salubres". Deplora por exemplo que a seu historiador predileto faltasse a coragem necessária para reagir contra certas interpretações "demasiado estreitas" do tomismo. Essa coragem tem-na ele, o escritor de Pernambuco, ao ponto de fabricar um são Tomás furiosamente individualista e nietzschiano morrendo de entusiasmo pelos maiores exageros do moderno capitalismo e sobretudo pelos maiores abusos dos senhores de engenho do Nordeste, sem deixar com isso de admitir os critérios medievais onde não contrariem muito as opiniões de seu novo intérprete.

Essas opiniões parecem-lhe tão profundamente respeitáveis que não hesita em censurar os autores do magnífico movimento católico de renovação tomista responsáveis, segundo ele, por uma "noção burocrática e administrativa da riqueza", afirmando até que tal noção procede diretamente do marxismo. A seu ver o tomismo fundou seu conceito de propriedade privada "neste interesse, nesta sobre-excitação individual, neste fecundo espírito, digamos, de ganância, que anima o homem quando possui uma coisa como própria" (p. 10).

Não me deterei em mostrar como são as próprias ideias do sr. Lubambo que podem ser assimiladas em mais de um ponto ao clima intelectual do marxismo. O que me parece realmente importante é indicar até onde são ilusórias e fraudulentas suas convicções acerca da famosa "salubridade" de determinados princípios. Salubre a seu ver não é o esforço criador de riqueza, como se poderia supor à primeira vista, nem é o apelo aos instintos heroicos postos em moda nos discursos fascistas; salubre é simplesmente o triunfo independente de todo esforço. O triunfo que inutiliza e que despreza o esforço. Não é a luta, mas sim a vitória, mesmo imerecida, o que lhe parece digno de respeito, e essa perversão sintomática e sutil, que consiste em deslocar o valor moral da luta para a vitória, revela-se indisfarçavelmente em todas as páginas deste livro. Pode-se imaginar o que há de profundamente mórbido e de inconsistente nessa ideologia para a qual uma digestão bem-feita chega a ter grandeza moral.

Seria necessário invocar motivos puramente psicológicos para explicar essa unção, no fundo nada senhorial, diante de figuras e instituições prestigiosas pelo seu poder, pela sua fortuna, pelo seu aparato e que pode ser o privilégio de certos recalcados ou quando muito de certas almas femininas, mas que nunca chegará a constituir uma força verdadeiramente hierarquizadora e saudável. O estatelamento masoquista diante da palavra que ordena sem apelo, do chicote que canta sem piedade, não é seguramente uma coisa "salubre", nem sublime. Pregando a reabilitação do "coronel", a volta ao "coronel" (p. 94), o sr. Lubambo indigna-se facilmente contra tudo quanto possa restringir a prepotência solene dos senhores de engenho contra as simples decisões destinadas a fortalecer a segurança pública. "A certo usineiro – exclama lamentoso, a propósito de certas medidas adotadas pelas autoridades policiais em seu Estado – a certo usineiro arrebataram até o revólver que tinha no bidê do quarto de dormir para sua segurança pessoal" (p. 117).

Comparando-a com a legislação atual, que "trai uma desconfiança mortal em relação aos elementos garantidores de nossa riqueza e de nossa grandeza", o autor exalta desmedidamente a política colonial e mesmo a do Império anterior à abolição, frisando em todos os casos sua "infalível" sabedoria. Os historiadores que cita em apoio de seu modo de ver são previamente submetidos a uma higiene comparável à que julgou prudente sujeitar os próprios doutores da Igreja. Em um dos raríssimos casos em que recorre a um documento de primeira mão, aquele conhecido texto do padre Fernão Cardim que fala na ostentação e no luxo dos moradores do Pernambuco quinhentista, deixa cuidadosamente para uma nota de pé de página a referência do mesmo Cardim ao fato de se endividarem muitos, gastando quanto tinham. E não contente acrescenta ainda este saboroso comentário à observação impertinente do jesuíta: "Teriam sido talvez casos isolados: a massa gastava, parece, porque podia. Afinal de contas o jesuíta dava impressões, não manejava estatísticas".[1]

À falta de estatísticas, o sr. Lubambo tenta satisfazer sua exigência *sui generis* de exatidão agarrando-se a outra testemunha que essa via apenas na Olinda do século XVI uma opulência sem jaça: "as galerias, as salas e salões severos nos seus fraldequins de azulejos (que) tinham seus altos muros forrados com panos de Gênova e tapeçarias flamengas, colchas da Índia e amplos anazes picados de ouro, oscilando na sombra etc. etc".[2] Essa testemunha indiscutível é simplesmente Elísio de Carvalho. O mesmo Elísio de Carvalho, que conheci pessoalmente neste pobre século em que escreve o sr. Lubambo e de quem ainda guardo as mais gratas recordações, o que naturalmente não me obriga a aceitar ao pé da letra seu depoimento; infelizmente os textos quinhentistas e seiscentistas que o sr. Lubambo preferiu desconhecer continuam a dar toda a razão ao padre Cardim.

Se as ideias "salubres" do autor nos conduziriam, bem aproveitadas, a uma organização inconciliável com as necessidades de nosso tempo, a uma ordem deliquescente e cataléptica, a uma espécie de despotismo oriental ou africano, é preciso notar que desarticuladas do conjunto e consideradas simplesmente em seu conteúdo, muitas delas, apesar de toda essa literatura desbragada, são admiravelmente justas. Impossível não concordar, por exemplo, com as palavras finais do livro, onde depois de exaltar o passado e exprimir confiança em nosso futuro (nas forças *d'avenir*, como diz textualmente,

---

1. Manuel Lubambo. *Capitais e grandeza nacional*, cit., p. 180.
2. Id., ibid, p. 177.

num estilo que o sr. Visconde de Carnaxide qualificaria de "um bocadinho novo rico"), aconselha a que abandonemos "o falso humanitarismo praticado até agora e nos inspiremos nos princípios corajosamente realistas".[3] Só é lamentável que com sua tristonha filosofia de capitão do mato o autor nos venha pregar justamente o contrário desse realismo.

Depois da procelosa tempestade que são as duzentas e poucas páginas do sr. Lubambo, com sua atmosfera escura de ressentimentos, nada como a leitura destas *Fontes da cultura brasileira* (Bezerra de Freitas, Porto Alegre, Ed. da Livraria do Globo, 1940). Aqui tudo é claro, límpido, refrigerante. Nada dessas penosas preocupações que tanto prejudicam, apesar de suas qualidades indiscutíveis, o livro do escritor de Pernambuco. Isso se explica em parte pela circunstância do sr. Bezerra de Freitas ser um autor já largamente experimentado, com prática diária de escrever e que não sofre da necessidade de chamar atenção sobre si. Creio mesmo que os defeitos mais sensíveis em sua obra são os lados negativos de suas qualidades. Certo açodamento descuidoso e jornalístico reflete-se muitas vezes em pormenores secundários do livro. Note-se por exemplo a circunstância de grafar mal numerosos nomes estrangeiros: Burckhardt, o historiador do Renascimento e da Antiguidade helênica, é reduzido a Buckard (p. 89); Woelflin, o conhecido intérprete da história da arte, transforma-se em Walflin (p. 92); Kretschmer, o investigador das relações entre a constituição somática e o caráter nos indivíduos, evolui para Kretschamer (p. 29); Westermarck, o historiador das ideias morais, é Westmack (p. 127).

Tudo isso não impede de distinguir no autor uma cultura apurada e o hábito das ideias gerais. Escrevendo talvez ao cor-

---

3. Id., ibid.

rer da pena, sem consulta constante aos autores e às obras que precisou citar, ele demonstra uma segurança apreciável em seus julgamentos e afirmações. Composto de uma reunião de artigos escritos em épocas várias, provocados por estímulos e incitações diferentes, seu livro tem, não obstante, uma perfeita unidade. Unidade que não exclui facetas numerosas, o que dificulta sem dúvida uma visão de conjunto e sobretudo um exame pormenorizado. O sr. Bezerra de Freitas dividiu-o em três partes aproximadamente equivalentes e que se intitulam: *Formação da nacionalidade*; *Dois tipos de civilização* e *Economia e cultura*. Na segunda começa por estudar os aspectos mais típicos de nossa indecisão política e social (a oscilação entre o federalismo e o unitarismo, o apelo do interior e a atração do litoral, a dupla tendência ora para recolher-se o país dentro de si, ora para abrir os braços à Europa, e a unidade do tipo, na imensa diversidade das manifestações raciais), fazendo-o com a penetrante argúcia a que já nos habituou em outras obras mais ambiciosas.

O problema da unidade nacional, o "mistério da unidade brasileira" – uma das justas preocupações do sr. Bezerra de Freitas em sua obra – constitui um tema sempre empolgante para o estudioso de nossa história e de nossa vida social. A esse problema, às suas repercussões, aos seus fundamentos e às graves responsabilidades que sugere, acaba de dedicar o sr. Francisco Rodrigues Alves Filho um livro merecedor de atenção (Francisco Rodrigues Alves Filho – *As bases da unidade nacional*, São Paulo, s. d. [1940]). Defendendo a ideia de que a organização de nossa economia como a manutenção de nossa unidade pedem uma intervenção mais ampla do Estado nas nossas fontes de produção, o autor coloca-se em ponto de vista diretamente oposto ao que defende o sr. Manuel Lubambo.

Muito jovem ainda, o sr. F. Rodrigues Alves Filho já mostra

em sua obra uma curiosidade permanente pelas figuras e fatos de nossa história, uma leitura quase sempre aplicada das obras mais relacionadas com os assuntos de sua predileção, e a coragem de ter ideias próprias.[4]

---

4. Publicado no jornal *Diário de Notícias* (RJ): 17 de novembro de 1940.

A filosofia de Machado de Assis

•

DEPOIS DE TUDO QUANTO se tem escrito nos últimos tempos acerca de Machado de Assis, sua personalidade ainda continua a oferecer estímulo para novas aventuras e descobrimentos. Nenhum outro autor brasileiro suportaria sem alguma perda de prestígio tal excesso de devoções póstumas. A ânsia de opiniões divergentes, o gosto das novidades, das emulações, nesse caso, é um fenômeno singular em nossa vida literária, pois nada costuma satisfazer melhor os leitores, diante de um escritor glorioso, do que os juízos universais, compulsórios e bem disciplinados, capazes de proteger certo repouso da inteligência crítica.

Uma das explicações plausíveis para essa aura de popularidade é que só agora, passados mais de trinta anos de sua morte, a glória de Machado de Assis alcançou maturidade perfeita. A figura do escritor surge atualmente mais nítida, menos remota, do que há um ou dois decênios. É que se encerrou para ele essa espécie de hibernação que acompanha geralmente o desaparecimento de um grande espírito e que parece ser organicamente necessária, tal a constância com que se manifesta na história das literaturas.

O extraordinário nessa febre de entusiasmo que hoje envolve o nome de Machado de Assis não é apenas o número excessivo de estudos inspirados por sua vida e sua obra, mas o número de bons estudos, de interpretações felizes, de pesquisas laboriosas e honestas. Ao lado de trabalhos críticos ou crítico-biográficos como o da sra. Lúcia Miguel-Pereira ou o do sr. Mário Matos, de biografias minuciosas como a do sr. Elói Pontes, de ensaios em profundidade como os do sr. Augusto Meyer, de investigações especializadas como as dos srs. Peregrino Júnior e Eugênio Gomes, surgiram excelentes documentários e homenagens, entre os quais merecem atenção o Catálogo da Exposição Machado de Assis, organizado pelo Instituto Nacional do Livro, e o número especial da *Revista do Brasil* consagrado à memória do romancista.

Em seguida a todas essas obras, que não obstante seu mérito desigual revelam um sincero empenho de compreensão e de análise, o sr. Afrânio Coutinho ainda consegue apresentar-nos um trabalho de pioneiro, ao publicar um volume sobre a filosofia de Machado de Assis (Afrânio Coutinho – *A filosofia de Machado de Assis*. Rio de Janeiro, Casa Editora Vecchi Ltda., 1940). Tal circunstância constituiu para mim a primeira surpresa proporcionada por seu livro, e devo confessar que a mais agradável. Compreendendo bem a coragem lúcida, a capacidade e a curiosidade intelectual que o autor tem mostrado em outros ensaios, iniciei sua leitura com um interesse profundamente simpático. E ainda receio que esse interesse não vá perturbar um pouco a ênfase com que julgo necessário frisar o que há de equívoco e forçado em sua tentativa de interpretação.

As concepções do mundo são numerosas como a humanidade e é natural que todo indivíduo as tenha, tão pessoais e inconfundíveis como o talho da letra ou o desenho da mão. Não é de estranhar, pois, que o romancista ofereça com sua obra de ficção uma filosofia, ainda quando não a exprima em forma sistemática ou coerente. Alguns chegam a explicar-nos sua visão do mundo – sua *mensagem*, como se dizia aqui há dez anos – fora de seus livros de ficção, e nesse caso a missão do crítico de ideias se torna incomparavelmente fácil. Quem procure apreender a filosofia de um D. H. Lawrence ou de um André Gide, por exemplo – para só falar em contemporâneos –, não precisará recorrer aos seus romances.

Machado de Assis não pertence a essa família. Sua obra, por menos didática que se possa imaginar, não propõe nenhum corpo de ideias muito preciso. O mais que com boa vontade se pode tirar de seus trabalhos críticos será um repertório de julgamentos estéticos, que não chegam sequer a compor um sistema. O sr. Tristão de Athayde já mostrou efetivamente como é possível, colecionando as opiniões críticas expressas por Machado de Assis em diferentes estudos, extrair os elementos brutos de um código de bom gosto.

Por outro lado certas ideias e sentimentos aparecem com tal insistência, tão à flor da pele através das obras do romancista, que se pode com algum exagero falar numa filosofia. Essa filosofia é o que constitui objeto das preocupações do sr. Afrânio Coutinho em seu livro. Insinuando um estudo de literatura comparada, o autor começa por organizar uma classificação engenhosa, e necessariamente um pouco arbitrária, dos escritores que mais teriam sugestionado Machado de Assis. Distingue três categorias de influências: influências de concepção e técnica literária e de estilo; influências de humor; influências de filosofia ou concepção do mundo e do homem. Assinala também os livros prediletos de Machado, que seriam a Bíblia, o *Prometeu*, *Hamlet* e *D. Quixote*.

Nessa classificação retém o autor, como é natural, o que chama as influências de filosofia (Pascal e Montaigne, Schopenhauer, o Eclesiastes) e destas particularmente a de Pascal. Impressionado pela extensão dessa influência, o sr. Afrânio Coutinho ocupa quase todo o livro em fazer o confronto entre o mundo pascaliano e o de Machado de Assis. É esse o seu principal "descobrimento", embora a mesma aproximação já tenha sido feita de passagem pela sra. Lúcia Miguel-Pereira. Todos os demais confrontos aparecem simplesmente como fundos de quadro, a tal ponto que o livro poderia intitular-se "Pascal e Machado de Assis", sem que fosse preciso mudar uma só palavra no texto. Ou talvez "O jansenismo e Machado", porque o autor não faz nenhum esforço para distinguir o que há de superficial e postiço no "jansenismo" de Pascal, e ao contrário confunde sistematicamente as teorias de Port-Royal e as expansões do autor de *Pensées*. "Só há um Pascal – diz-nos ele – do polemista ao apologista, do filósofo moralista ao escritor, das *Provinciales* aos [sic] *Pensées*. E este Pascal transpira a doutrina jansenista, e toda a sua obra tem um tom jansenista."[1]

Essa estranha capacidade de indistinção, de imprecisão, paradoxalmente unida a um dogmatismo sem freios, parece ser o característico supremo do sr. Afrânio Coutinho neste livro. E também, se não me engano, o seu vício capital, a base suspeita de todas as suas argumentações.

Não são em verdade erros de julgamento o que tanto desconsola em seu estudo como verdades absurdamente exageradas, ao ponto de se transformarem em falsificações. Ninguém ousa afirmar que Machado não tivesse lido muito Pascal, ou que o fizesse por distração. Seu próprio testemunho, dado em carta a Joaquim Nabuco, serve para indicar que a influência pode ter existido em grau apreciável. O erro está em acreditá-la tão envolvente e tão despótica como procura imaginar o sr. Afrânio Coutinho. Um estudo atento dos dois autores só pode levar a descobrir sob semelhanças superficiais e epidérmicas a diferença profunda, vital, que na realidade os separa. Para pôr em relevo essa diferença seria o bastante, talvez, assinalar que Machado não foi uma alma religiosa como Pascal, que ele não procurava Deus.

Não é necessário acrescentar que todo o pensamento pascaliano é radicalmente coerente com essa natureza religiosa,

---

1. Ver Afrânio Coutinho. *A filosofia de Machado de Assis*, op. cit., p. 113.

como a fé convulsiva no Cristo, a crença profunda em Deus, no Deus sensível ao coração. E não é possível isolar o pensamento de Pascal de sua religião, sem falsear uma coisa e outra.

Comparado ao de Pascal, o mundo de Machado de Assis é um mundo sem começo, um mundo sem Paraíso. De onde uma insensibilidade incurável a todas as explicações que baseiem no pecado e na queda a ordem em que foram postas as coisas no mundo. Seu amoralismo tem raízes nessa insensibilidade fundamental. A lei moral nasce de uma demagogia caprichosa e insípida, boa para confortar a vaidade humana. Nossos atos não têm um fim determinado e o espetáculo que oferece a agitação dos homens dá a mesma sensação que dão os discursos de um doido.

De onde também esse fato que, para a interpretação da obra de Machado de Assis, tem suma importância: seu mundo não conhece a tragédia. Ou melhor, nele, o trágico dissolve-se no absurdo e o ridículo tem gosto amargo.

O ponto para onde convergem, principalmente, as similitudes entre Machado e Pascal, o lugar geométrico do confronto, é na opinião do sr. Afrânio Coutinho o "ódio à vida", o pessimismo frenético de ambos.

Existe realmente esse ódio à vida em Pascal? Parece-me que aceitar tão singelamente tal impressão é renunciar a compreender o essencial do pensamento pascaliano. A verdade é que a vida para ele não é inteligível sem o sacrifício e o sofrimento, que santificaram o coração. Como Jesus ressurgiu dos mortos, assim também a alma deve renascer do pecado com o socorro da graça. A vida e a natureza não existem sem a presença de Deus, de um Deus escondido – *Deus absconditus* – que é preciso procurar com fervor. A vida nos impõe sofrimentos, mas não é odiosa por isso, uma vez que os sofrimentos constituem para o homem o caminho necessário da felicidade perfeita. "*N'appelons mal ce qui rend la victime de Dieu victime du diable... Tout est doux en J. C., jusqu'à la mort, et c'est pourquoi il a souffert et il est mort pour sanctifier la mort et les souffrances."*[2]

Diante da obra de Machado de Assis essa mesma impressão de "ódio à vida" chega a ser verdadeira obsessão, revelada a cada momento pelo autor. "Ódio radical à vida" ...[3] "Odiando a vida ele foi um grande recriador de vida."[4] "A humanidade que ele odeia."[5] "Ódio intenso da humanidade, ódio da vida, ódio jansenista."[6] "Em resumo pode-se dizer que Machado recebeu de Pascal o profundo pessimismo sobre a natureza, ou, por outras palavras, o ódio radical da vida e dos homens."[7] Em cinco páginas (162 a 167) aparecem seis vezes repetidas as palavras sinistras: "ódio à vida", simplificação excessiva e traidora, que o exame da obra de Machado não autoriza a endossar. No simples ódio há uma ausência de complexidade e de nuances, uma limpidez que dificilmente poderia explicar qualquer reação de Machado de Assis diante da vida. Os trechos onde ele parece exprimir mais veementemente os mesmos sentimentos que Afrânio Coutinho traduziu mal por "ódio à vida" ensinam justamente o contrário dessa simplificação. Em "Viver!" o verdadeiro centro, o ponto nuclear da história não está nas queixas de Ahashverus, mas nas suas palavras derradeiras, e também no diálogo das águias:

— Ai, ai, ai deste último homem, está morrendo e ainda sonha com a vida.

— Nem ele a odiou tanto senão porque a amava muito.[8]

---

2. "Les mystères de Jesus" in *Pensées*. Cf. *L'oeuvre de Pascal* (estabelecimento de texto e notas de Jacques Chevalier). Paris, Éditions de la Nouvelle Revue Française (1936), pp. 1059 ss.
3. Afrânio Coutinho. *A filosofia de Machado de Assis*, op. cit., p. 22. (N. do A.)
4. Id., ibid., p. 23.
5. Id., ibid., p. 162.
6. Id., ibid., p. 163.
7. Id., ibid., p. 142.
8. Machado de Assis. "Viver!" in *Várias histórias*, ed. da *Obra completa* (Afrânio Coutinho, org.). 4ª ed., Rio de Janeiro, Editora Nova Aguilar (1979), p. 569.

E no delírio de Brás Cubas é o mesmo sentimento aí expresso que domina e orienta a narração inteira: "– Viver somente, não te peço mais nada. Quem me pôs no coração este amor da vida senão tu? e, se eu amo a vida, por que te hás de golpear a ti mesmo, matando-me?".[9]

O "ódio à vida" explicaria, segundo o sr. Afrânio Coutinho, o empenho de Machado em desmoralizar os bons sentimentos. "É, portanto, uma intenção geral em Machado – diz-nos expressamente – a desmoralização dos bons sentimentos, todos eles como lhe ensina Pascal, vãos e mentirosos, simples capa de hipocrisia sobre a realidade egoística."[10] Até onde é exato semelhante conceito expresso nesses termos cabais? E ainda admitindo que os bons sentimentos são deliberadamente negados pelo romancista, até onde é lícito admitir que ele só enxergou maldade no mundo? O que parece certo é que a maldade, os maus sentimentos, são a seu ver tão inexistentes, ou melhor, tão absurdos como a bondade. E tão ridículos, se quiserem.

Esta atitude tem um nome bem expressivo, um nome que parece não agradar o investigador da filosofia machadiana. Chama-se ceticismo. Creio que o sr. Afrânio Coutinho tem razão ao dizer que a atitude cética não explica toda obra de Machado. E quero crer também que é necessário distingui-la da que exprime esse outro mestre do ceticismo, Anatole France. Machado de Assis pode talvez desprezar os homens como France, mas não os despreza com ternura, antes com certo amargor. Todos os seus escritos estão impregnados desse arrepio acre, desse *Schaudern* em que Goethe viu o melhor do homem. É que em verdade Machado de Assis não parece deliciar-se profundamente em sua própria descrença. E talvez sentisse como uma inferioridade a inaptidão para ver os ho-

---

9. Machado de Assis. "O delírio" in *Memórias póstumas de Brás Cubas*, ed. da *Obra completa*, cit., p. 522.
10. Cf. Afrânio Coutinho. *A filosofia de Machado de Assis*, op. cit., pp. 159-60. (N. do A.)

mens de outra forma, para julgá-los dignos de amor. Assim, sob as aparências de uma zombaria constante, esconde um sentimento de deficiência. O *humour* é expressão adequada desse disfarce.

Na ideia de um mundo absurdo – não trágico, mas absurdo – somada a esse sentimento de penúria encoberto pela ironia, é que, segundo me parece, devem ser procuradas as origens do *humour* de Machado de Assis. O sr. Afrânio Coutinho engana-se, e desta vez profundamente, ao explicar o humorismo, mostrando que não se trata de simples expressão literária do ceticismo. Quando diz que "há humoristas tristes e humoristas vibrantes, há os alegres e os doloridos, há os risonhos e os céticos, os ingênuos e os amargos, os pessimistas e os esperançosos, os desencantados e os líricos, os satíricos e os revolucionários".[11] Com mais essa indistinção o autor deixa escapar o sentido essencial da palavra *humour*. Nesse sentido o *humour* – lágrima que ri – é sempre triste, dolorido, amargo, desencantado... E não só em Machado de Assis como em todo verdadeiro humorista.

Diante dos aspectos que procurei apontar no livro do sr. Afrânio Coutinho, da fragilidade tão patente dos seus argumentos em favor de uma tese artificial e forçada, não sei esconder a impressão de que o autor não chegou a formar uma convicção bem definida a respeito do que sustenta. Suas frases sucedem-se como um pensamento ainda nebuloso, mal descansado, à procura de um ponto onde se arrime e ganhe segurança. O resultado é que se deixa a última página com uma intensa decepção. Tanto mais intensa quanto essa insegurança dogmática, ao que me parece, não costuma ser característica do sr. Afrânio Coutinho.[12]

---

11. Id., ibid., p. 32.
12. Publicado no jornal *Diário de Notícias* (RJ): 22 de dezembro de 1940.

Romance metropolitano

•

O DIÁLOGO QUE AINDA PERDURA entre nossos romancistas regionais, ou assim chamados, e os partidários de uma novela de pura introspecção – semelhantes em muitos pontos ao que na Itália, durante longo tempo, se travou entre os *strapaese* rurais e os dinâmicos novecentistas – não teve forte repercussão este ano. Isso porque 1940 foi sobretudo um ano de poesia.

Sob tal aspecto, cabe-lhe em nossa recente história literária um lugar de honra, só comparável, talvez, ao que no decênio imediatamente anterior ocupou o ano de 1930. Foi então que se publicaram nada menos de cinco livros de poemas destinados a marcar época: *Remate de males*, de Mário de Andrade, *Pássaro cego*, de Augusto Frederico Schmidt, *Alguma poesia*, de Carlos Drummond de Andrade, *Poemas*, de Murilo Mendes, e *Libertinagem*, de Manuel Bandeira.

1930 foi, no Brasil, o ano da república nova, como 1940 é o ano da nova conflagração europeia. Não creio muito na existência de uma relação demasiado estreita entre os sucessos políticos e os movimentos literários, e se tivesse um pouco do brilho e da habilidade do meu amigo Rosário Fusco, que escreveu todo um volume abundantemente documentado para provar a ligação íntima entre o atual regime político do país e nossa literatura atual, eu tentaria redigir outro livro para mostrar justamente o que há de forçado e de artificioso em semelhante tese.

Parece menos discutível, no entanto, que em épocas de intensa agitação social e política, faltem a certos escritores a despreocupação e a serenidade de espírito necessárias à criação de obras que reclamam atenção e trabalho prolongados. Aí estaria uma explicação talvez demasiado simplista, mas ainda assim tolerável, para a escassez de bons romances em momento como o que atravessamos.

Os que se publicaram em 1940 ficam geralmente à margem do problema estabelecido com a oposição entre os romances "regionais" e os introspectivos. O da sra. Tetrá de Teffé (*Bati à porta da vida.* Rio de Janeiro, Pongetti, 1940), que lançado há poucos meses já está na segunda edição, acha-se bem nesse caso. É um romance de vida urbana e o drama sentimental que nele se desenvolve poderia passar-se em qualquer cidade milionária, se o cenário carioca não estivesse continuamente a afirmar os seus direitos, a intrometer-se quase indiscretamente na vida dos personagens.

O poder descritivo da autora seria realmente uma das qualidades a enaltecer em seu livro, não fosse uma complacência excessiva ante certas imagens fáceis e brilhantes, menos expressivas do que surpreendentes. Há, por exemplo, coisas deste gosto: "A paisagem policrômica como a saia de uma baiana começa a ser envolvida pela musselina do crepúsculo. As árvores tomam ares recolhidos de comungantes" (p. 117). O mar sugere uma imagem do Luna Park e as ondas são a "montanha-russa das ondas" (p. 128). A refração solar, incidindo sobre o corpo seminu de uma banhista, parece uma "labareda solidificada" (p. 132). A lua, a "divina fiandeira de dedos de prata", desdobra sobre a terra uma "rede de malhas argênteas, em que cada nó é uma estrela" (p. 173). Diante da igreja da Penha surge a ideia de "uma capelinha brincando de alpinista, encarapitada no rochedo" (p. 178). Assim a natureza nunca se expõe singelamente, diretamente, aos olhos da autora ou dos personagens. Precisa embuçar-se por trás de metáforas sugestivas para fazer-se sentir.

O abuso dessas imagens de sabor duvidoso pode distrair o leitor exigente diante de algumas qualidades fundamentais do livro. Não são poucas, nem desprezíveis, essas qualidades. Os personagens de algum relevo têm figura própria e inconfundível. Não deixa de ser sintomática, aliás, a circunstância de serem mulheres esses personagens mais importantes. O romance denuncia, todo ele, uma sensibilidade intensamente feminina. Os homens, quando surgem, vêm filtrados através do temperamento das mulheres, da imaginação das mulheres, de suas esperanças, de seus afetos, de seus ódios. O único personagem masculino em que a autora parece deter-se com alguma simpatia, Jorge – um dos namorados de Dorinha, a mais moça das três irmãs que formam o centro da narrativa –, é um inadaptado no mundo que o romance espelha.

De um modo geral creio que os defeitos mais patentes no romance vêm antes de certa imaturidade da escritora do que da incapacidade para exprimir simplesmente as coisas simples e naturais.

Já a mesma escusa não se aplica tão bem ao sr. Iago Joé,[1] que acaba de publicar, segundo parece, seu terceiro romance (*Caminhos perdidos*. Niterói, Livraria Universitária, 1940). Os anteriores tinham mesmo merecido a atenção e o aplauso de críticos prestigiosos. Mas a impressão que nos fica da leitura de algumas das suas páginas é semelhante à que produz uma composição de estudante aplicado. A passagem seguinte pode ser apresentada como um modelo bem característico do estilo do autor:

> Desta vez ainda Josué correu com os gastos da palestra, enquanto esperava pela moreninha. Alegrete à esperança de revê-la,

---

1. Pseudônimo do escritor e jornalista paulista David Antunes (1891-1969), dentre cujos romances destacam-se *Gente moça* (1929), *Bagunça* (1932) e *Briguela* (1945).

esbugalhou uma série de pequenos argumentos condignos a Madalena, cuja instrução colegial, congelada no seu indiferentismo pelos conhecimentos da vida, virara em calombo da inteligência. O lar parece que a despolira para o reflexo das ideias sobrelevantes ao cinema e aos romances de amor, únicos argumentos, que alinhava com decência de intento e linguagem.[2]

O ambiente social em que se desenvolve o romance tem muito pouco de comum com o de *Bati à porta da vida*. Josué, a figura central do livro, nunca se mostra muito à vontade no íntimo convencional e formalizado da esposa – que por sinal se chama Doralice como qualquer personagem do sr. Marques Rebelo – e as cenas melhores do romance são as que se passam no subúrbio.

Não faltam, apesar de tudo, qualidades excelentes de escritor ao sr. Iago Joé, e algumas páginas de seu livro chegam a ser francamente admiráveis, como aquelas onde se descreve a macumba no Morro do Pinho (pp. 142 ss.). Mas ainda nesses trechos o esforço de composição permanece bem ostensivo, deixando-nos uma sensação constante de frieza e de monotonia.

Ocorre-me a propósito o conselho sábio de Léon-Paul Fargue: "*Il faut qu'il y ait des colonnes. Le moment vient où l'édifice tient tout seul et où tu peux les rétirer, doucement. Mais il faut que leur fantôme se fasse toujours sentir*".[3]

O sr. Iago Joé, sempre desconfiado de sua obra, recusa-se, porém, a tirar as colunas, e estas estão visíveis e numerosas, que mal deixam apreciar o edifício.[4]

---

2. Ver Iago Joé. *Caminhos perdidos*, op. cit., p. 45.
3. Cf. Léon-Paul Fargue. "Suite familière" in *Sous la lampe*. Paris, Éditions de la Nouvelle Revue Française (1930), p. 14.
4. Publicado no jornal *Diário de Notícias* (RJ): 29 de dezembro de 1940.

Notas sobre o romance

UMA OBSERVAÇÃO JUSTA de Afrânio Coutinho, em seu estudo sobre a filosofia de Machado de Assis, é a de que no mundo de nosso grande romancista pouco se trabalha. Suas personagens vivem de expedientes ou de proteção, ou da boa fortuna, e raras se sustentam pelo próprio esforço.

Não chegarei ao ponto de concluir, com o ensaísta baiano, que tal fato possa ser interpretado na obra de Machado como significando uma negação rancorosa do mundo, e ainda menos de aceitar esta sua outra tese de que o trabalho, o trabalho em si, ou seja, a simples atividade produtiva, abstraída de seu objeto, possa dar sentido e elevação à existência dos homens.

Tal modo de ver deriva com efeito da espiritualização do trabalho, heresia moderna e de raízes protestantes, cuja influência considerável sobre as sociedades atuais poderia ser metodicamente analisada. Em realidade o trabalho serve para ancorar os homens, para acomodá-los a exigências da vida circunstante, nunca, porém, a exigências espirituais. Ele não tem por si só nenhuma função ordenadora, quer dizer, hierarquizadora; por conseguinte não se pode esperar que oriente ou sublime decisivamente a vida humana. E sua exaltação há de corresponder por força a certa depreciação das atividades do espírito e da alma, precisamente das atividades que distinguem, discriminam e subordinam, como o conhecimento ou o amor.

Um sociólogo e eminente economista, Werner Sombart, mostrou de modo iniludível o fundo de ressentimento que existe, por exemplo, à base de todas as doutrinas exclusivamente apoiadas no culto ao trabalho. Atribuindo ao trabalho como tal única dignidade superior, essas doutrinas prestigiam de forma singular aqueles que nada são, que nada têm, que nada podem. Porque o trabalho é, de fato, a única coisa que a todos indistintamente, ainda aos mais humildes, é dado oferecer, dissipando-se assim as diferenças individuais. Não há realmente outro modo de nivelar os homens e portanto de dar um valor peculiar aos membros indistintos da massa, aos que nada representam senão uma parcela da massa, e cuja missão única é a de ajudar a constituí-la, além de uma estimação particular do trabalho em si, do trabalho considerado como simples dispêndio de energia muscular, independente de seus frutos. Só a morte é tão igualitária.

Há, porém, uma diferença nítida entre a consideração do trabalho em seu significado preciso, do trabalho livre dessa auréola espiritual e moral em que foi completamente envolto, e sua ausência completa no espetáculo da vida. Não podemos suprimir o trabalho no mundo, como não podemos viver na estratosfera ou no paraíso, enquanto nossos pés calcam firmemente a terra. E, por isso mesmo, parece absurda qualquer visão do mundo em que o trabalho não ocupe seu lugar próprio. Essa região mediana, onde é necessário trabalhar para viver, tem pois um lugar insubstituível e obrigatório no quadro da existência. Exprimindo a respeito de Dostoievski observação exatamente idêntica à do sr. Afrânio Coutinho sobre Machado de Assis, isto é, a de que nos seus romances os homens tudo fazem menos trabalhar, Romano Guardini, em seu admirável estudo sobre o criador dos *Irmãos Karamazov*, relaciona esse fato com a pouca extensão, no mundo dostoievskiano, daquela mesma região mediana a que me refiro, da *mittlere Sphäre*, onde a lei do trabalho pertence à ordem geral e precisa ser obedecida. E onde – acrescentarei – interpretando com liberdade o pensamento do ensaísta – os homens não se explicam tanto pelos seus impulsos, suas ideias, suas inquietações, como por sua vida exterior, sua habitação, seus trastes, seus negócios, seus gestos, sua linguagem.[1]

Essa região é hostil ao indivíduo isolado, cioso de sua solidão, aferrolhado em sua originalidade e em suas contradições. Zola, que acreditou muitas vezes no homem solidário, nunca no homem solitário, escreveu esta frase bem significativa: "Não admitimos que apenas o homem exista, que apenas ele importe, e achamos ao contrário, que ele é simples resultado e que para obter o drama humano completo e integral, é preciso pedi-lo a tudo quanto o cerca...".[2]

Nas preciosas notas de que se serviu o mestre naturalista para a composição do *Assommoir*, publicadas há trinta e cinco anos por Henri Massis,[3] podemos apreender em suas fontes o sentido verdadeiro do esforço criador de Zola, unicamente

---

1. Romano Guardini (1885-1968), teólogo e escritor italiano radicado na Alemanha, onde ensinou dogmática em Bonn (1922) e filosofia católica em Berlim a partir de 1923, exercendo grande influência sobre a mocidade católica por seu espírito sempre aberto às questões contemporâneas e à vida tumultuada do homem do entreguerras. Em 1939 foi afastado da cátedra pelos nazistas, só retornando depois de 1945. À parte sua obra teológica, revelou agudeza e grande originalidade no estudo dos temas religiosos através da literatura. Neste campo, seu principal interesse foi estudar de que modo o homem moderno se transformou num ser antirreligioso e agnóstico, circunstância que aprofundou em autores como Dostoievski (*Der Mensch und der Glaube*, 1935), Hoelderlin (1935), Rilke e Nietzsche (*Welt und Person*) e de modo particular num estudo sobre o drama da consciência crítica em Pascal (1935).
2. Ver a respeito Émile Zola. *Le naturalisme au théâtre*. Paris, Charpentier (1881), passim. A oposição entre a personagem enquanto "máquina intelectual e passional perfeitamente montada" e a personagem enquanto *resultado* ("homem de carne e osso") aparece na comparação que Émile Zola estabelece entre o método literário de Balzac e o de Stendhal. Cf. *Les romanciers naturalistes* (notas e comentários de Maurice Le Blond). Paris, Typographie François Bernouard (1928), pp. 73-80.
3. Sérgio refere-se ao estudo crítico *Comment Zola composait ses romans*. Paris (1906). Ver também, de Émile Zola, "Documents et Plans Préparatoires". In *Les Rougon Macquart – Histoire naturelle et sociale d'une famille sous le Second Empire*, vol. v. Paris, Gallimard (1967).

atento aos aspectos exteriores, pitorescos, da existência e preocupado em recolher copiosos documentos de observação direta, organizando-os segundo um plano meticulosamente previsto. Como nas notas redigidas por Dostoievski para a composição dos *Irmãos Karamazov*, e cuja divulgação recente veio revelar muito mais sobre a personalidade do romancista russo do que todos os ensaios de interpretação crítica, vemos que a observação imediata, mal elaborada, desempenha papel absolutamente insignificante em sua obra.[4]

É fácil perceber que os dois métodos se relacionam fundamentalmente a duas concepções da existência, a duas *filosofias*, que no romance moderno raramente vêm associadas em uma síntese, mas são, ao contrário, responsáveis por duas orientações distintas da literatura de ficção.

Mesmo nos romances cíclicos mais ambiciosos, do gênero que o sr. Otávio de Faria vem tentando entre nós com sua *Tragédia burguesa*, cujos primeiros volumes já permitem adivinhar uma construção grandiosa e duradoura, essa síntese parece longe de realizar-se.[5] Nem um Proust, com sua plena adesão ao movimento e à desordem da vida, nem um Joyce com seu niilismo metafísico, nem uma Dorothy Richardson, com sua decomposição minudente e monótona, conseguiram superar positivamente tal contradição. Seu mundo é um mundo truncado, tanto como o de Dostoievski e o de Zola. Em realidade não seria absurdo esperar da literatura de ficção que realize algum dia aquela milagrosa conciliação de contrários? O romance não

---

4. F. M. Dostoievski. *Materiais e estudos* (A. S. Dolinine, org.). Leningrado, Arquivos Literários do Instituto de Literatura Russa da Academia de Ciências da URSS (1935), vol. II. Na edição traduzida da Bibliothèque de la Pléiade, ver *Les carnets des frères Karamazov*. Paris, Gallimard (1952).

5. Entre os principais romances de Octavio de Faria que compõem o ciclo intitulado de *Tragédia burguesa* incluem-se: *Mundos mortos* (1937), *Os caminhos da vida* (1939), *O lodo das ruas* (1942), *O anjo de pedra* (1944), *Os renegados* (1947), *Os loucos* (1952), *O senhor do mundo* (1957), *O retrato da morte* (1961), *Ângela ou as areias do mundo* (1963), *A sombra de Deus* (1966).

nasceu para copiar toda a vida. Como qualquer criação artística ele impõe artifício, quer dizer, simplificação e escolha. O considerável prestígio do romance estritamente regional, do romance documento sociológico, do romance que delicia à maneira de uma reportagem de sensação, foi talvez o fato dominante em nossa literatura no último decênio. Não sei se nos achamos em vésperas de assistir a um correspondente descrédito do gênero, mas não me surpreenderia se assim sucedesse. Os dramas e paisagens que nos proporcionam tais romances já servem para satisfazer certo gosto pelo exótico e pelo fantástico, no fundo inseparável do prazer que deve oferecer qualquer romance, mas que pode fatigar com a repetição insistente. Há nessas paisagens e nesses dramas uma dose de romanesco bastante para dispensar e suprir qualquer possível artifício. Eles permitem ao autor maior economia de meios e deixam, ao cabo, uma impressão muitas vezes ilusória de sua capacidade criadora. É um problema inquietante o de saber até que ponto vários desses escritores regionalistas seriam bem-sucedidos se colocados perante assuntos menos sugestivos para a imaginação do leitor, e que exijam mais engenho e arte. Não há dúvida que alguns suportariam a prova. Penso em José Lins do Rego, por exemplo. E sobretudo em Graciliano Ramos e Rachel de Queirós.[6]

---

6. Publicado no jornal *Diário de Notícias* (RJ): 16 de fevereiro de 1941.

À margem da vida

NA ÚLTIMA CRÔNICA ALONGUEI-ME em considerações sobre a influência exercida em certo tipo ainda hoje corrente do romance pela noção de que o homem representa simples reflexo de poderosas forças ambientes e é rigorosamente inseparável delas. A paisagem social e natural em que se acha instalado cada personagem significaria em relação a ele como um fundo de tela necessário. Tão necessário que sua falta deixaria impressão comparável à de um retrato inacabado ou absurdamente mutilado.

Já vimos que tal noção, exaltada pelo naturalismo, se prende a toda uma ideia da vida, a toda uma "filosofia", digna de exame à parte. E poderíamos ajuntar que o prestígio até hoje atual desse tipo de romance é até certo ponto explicável pela ação de forças características do século: a popularização crescente dos estudos sociais e o interesse cada vez maior pelos problemas da vida coletiva, contrastando com o individualismo indisciplinado da era romântica.

Para superar esse ideal literário várias soluções parecem adequadas. Uma das mais fecundas é a que consiste em compensar a ausência ou insignificância do mundo ambiente, tornando cada personagem o centro de seu próprio mundo, de um mundo frequentemente ilógico e irreal se o julgarmos pelos nossos padrões cotidianos. Compreende-se que em face de uma sociedade democratizante e descolorida, de uma sociedade que aboliu o heroico, nada pareça tão sedutor a um romancista como imaginar personagens de exceção. O meio mais praticável para consegui-lo é a exploração minuciosa dessas regiões profundas da alma onde cada indivíduo, por ínfimo que seja, pode sentir-se singular e único. Nesse gênero de análise introspectiva que busca atingir as "coruscações imaginárias" de que nos fala D. H. Lawrence, com desdém, nem sempre justificável, é que os autores russos mostraram uma lucidez perfeita.

Outra solução é a que consiste em lisonjear o gosto romântico do pitoresco, do anedótico, do folclórico, dando relevo à espontaneidade ou às aberrações regionais. Podendo interessar vivamente o sociólogo, por exemplo, como um documentário objetivo e ao mesmo passo interessante de problemas de vida local, esse tipo de romance está bem longe de representar um progresso real se o considerarmos de um ponto de vista estranho à arte. A escolha e, sobretudo, a sistemática procura de temas sugestivos, capazes de por si só excitar a imaginação, pode denotar muitas vezes pobreza de meios em um escritor. É evidente que isso não se aplica indiscriminadamente a todos os romancistas regionais. Não se aplica pelo menos àqueles para quem certo meio regional, com todas as suas peculiaridades, se tornou o mais familiar, talvez o único verdadeiramente familiar.

Mas o êxito explicável de alguns romances de assunto regional parece ter tido, pelo menos no Brasil, uma influência frequentemente negativa, provocando a ideia falsa de que os bons romances se fazem com os bons assuntos, isto é, decorativos e "exóticos". Assuntos que sirvam menos para estimular a arte do escritor do que para desculpar e substituir as suas insuficiências. Ou para insinuar a presunção, esta não só falsa, mas, sobretudo, perigosa, de que toda arte verdadeiramente nacional há de inspirar-se em motivos regionais.

O fato é que o romance assim concebido, romance "sociológico", descritivo ou como queiram, chegou a ser hoje tão bem-aceito, a parecer tão normal, que para um autor reagir, entre nós, contra sua sedução – e não poucos sentem a necessidade de reagir – quase se vê forçado a despender um esforço crítico paralelo e independente do trabalho criador.

No sr. Lúcio Cardoso, que participa, embora discretamente, de semelhante reação – tão discretamente quanto se pode esperar de quem já escreveu *Maleita* e *Salgueiro* –, a intenção crítica é a das menos aparentes. Ainda assim, em sua novela recente *O desconhecido* (Rio de Janeiro, Livraria José Olympio Editora), não seria, talvez, absurdo tentar vislumbrar um propósito bem deliberado de fugir a essas tendências correntes e prestigiosas de nosso romance.

Não se poderia imaginar, com efeito, nada mais francamente oposto ao romance "sociológico" do que este livro. A narrativa desenvolve-se toda ela em um só plano. O mundo que rodeia os personagens foi feito especialmente para acomodar-se a eles, ou antes, para ajustar-se à missão que lhes cabe na economia da obra. É como um eco dos personagens. De resto, o ambiente, a paisagem, não tem aqui a menor importância, salvo onde possa servir para acentuar a atmosfera de delírio e irrealidade que paira sobre toda a narrativa. E é ocioso perguntar em que parte do Brasil ou do mundo poderiam passar-se as coisas tão alucinantes, como as que formam o argumento desta história: a história de um moço que arranja colocação na fazenda de uma velha sombria e maníaca e, depois de abandonar, finalmente, esse lugar de pesadelos, vai encerrar sua existência numa estalagem – a mesma onde já o encontramos no primeiro capítulo, quando anda à procura de trabalho.

Não se trata aqui de uma descrição feita para descansar a inteligência ou deliciar a imaginação. Dispondo de um raro senso do patético, o autor parece mobilizar seus recursos para estimular no leitor um desses estados excepcionais cuja produção parece função própria da poesia, mais que do romance. Tudo é construído em torno de situações extremas e intensamente dramáticas. O mais aparece apenas para situar os acontecimentos em vaga sequência lógica. Não ficamos sabendo sequer o nome verdadeiro do personagem central, o "Desconhecido", e pouco importa sua existência anterior. Ao ingressar na maldita propriedade da velha Emília, ele era um homem novo, um homem sem passado (p. 68). "No instante em que atingira a porteira daquela fazenda, deixara rolar no esquecimento a forma inerte do eu que sempre o acompanhara."[1] "Não existia mais nem a sua infância, nem mesmo o passado mais próximo, o que vivera dias antes de chegar à fazenda. Sua vida presente destruíra tudo."[2]

Só essa vida presente significa alguma coisa. José Roberto, que se desfizera do passado, não existe senão como pretexto para as situações criadas no decorrer da narrativa. O futuro não tem sentido para ele. A vida o saciou e deu-lhe essa falta de ambição "que só têm aqueles a quem foi concedido tudo". Aliás, todos os personagens parecem viver, como ele, à margem do mundo, isolados no tempo e no espaço. E quase todos têm o sentimento trágico desse isolamento, da absoluta infecundidade de suas existências. E de que vale cuidar no futuro se essas vidas já se acham irremediavelmente mutiladas, e se eles têm clara consciência de tal mutilação? Quando, no capítulo 13, Elisa, a velha servidora, chega a recriminar José Roberto por aceitar a vida naquele inferno, que é a fazenda dos Cataventos, este, depois de confessar que não tem pai nem mãe, acrescenta:

1. Ver Lúcio Cardoso. *O desconhecido*, op. cit., p. 166. (N. do A.)
2. Id., ibid., p. 108. (N. do A.)

– Não tenho ninguém, sou sozinho no mundo, como a senhora também é.

Elisa moveu a cabeça lentamente.

– É uma pena. Mas vê-se, também, que o senhor jamais se casará. Talvez seja por isso que está atirado aqui, sozinho, perdido neste mundo, com pessoas que nada mais têm a esperar, como eu ou o cocheiro Miguel.[3]

Um mau destino parece perseguir aos que ainda querem alguma coisa, aos que, como Paulo, morto sem explicação por companheiro e amigo, não tinham sido marcados pelo hábito do desespero.

O sr. Lúcio Cardoso elaborou uma encenação cuidadosamente lúgubre para sua coleção de delírios. Tudo está envolto nas trevas ou na luz hesitante de lamparinas e candeeiros. Tudo se passa à noite, nas horas em que esmorecem o trabalho e a agitação exterior dos homens, em que os sentimentos mais torvos, as ideias mais soturnas podem expandir-se livremente. O autor sabe tirar um partido extraordinário desses artifícios e embora seu "processo" seja, às vezes, bem visível, a verdade é que não chega a perturbar a pura emoção que a obra quer infundir. Ele não pretendeu copiar a realidade, que só toca sua imaginação pelas situações extremas e excepcionais. E por isso é tão absurdo querer julgar sua obra, admirável em tantos aspectos, segundo critérios ajustados às formas tradicionais do romance, do romance realista, como condenar essa imaginação, que não é matinal nem risonha.[4]

---

3. Id., ibid., p. 120.
4. Publicado no jornal *Diário de Notícias* (RJ): 2 de março de 1941.

Um homem dentro do mundo

•

EM SUA ÚLTIMA NOVELA – *O desconhecido* – empenha-se o sr. Lúcio Cardoso em criar uma atmosfera de alucinação, capaz de suportar situações intensamente dramáticas. Empenho que há de parecer estranho e inteligível a muitos narradores, sobretudo depois que a arte do romance se tornou eminentemente "social" e realista.[1] No caso do escritor mineiro, semelhante tentativa prende-se menos a sugestões de influências numerosas, aliás bem patentes à simples leitura de suas páginas, do que à convicção de que o humano deve prevalecer sobre o social.

É ilusório pensar-se que só por esse aspecto ele se diferencie violentamente de seus contemporâneos, da maioria deles, ocupados em retratar formas mais superficiais e aparentes da vida, e constitua um *caso* à parte no panorama de nossa atual literatura. Aos que o censuram pelo seu *irrealismo*, ou melhor, pela obstinação com que fecha os olhos à vida quotidiana, instalando-se em um mundo onde sua imaginação pode mover-se como entre objetos familiares, a esses poderá ele res-

---

1. Ver Lúcio Cardoso. *O desconhecido.* Rio de Janeiro, José Olympio (1940).

ponder que a evasão do quotidiano – o quotidiano que era um território proibido para seu personagem – é em *O desconhecido* apenas mais ostensiva do que na obra de muitos outros autores aparentemente conformados com o mundo e o século. A verdade é que ele busca refúgio no mistério exatamente como outros se abrigam no pitoresco dos quadros regionais. Nem mais nem menos. A rigor os dois processos equivalem-se e correspondem à vontade de abandonar um mundo que a *"civilização"* descoloriu, retirando-lhe a capacidade de comover fortemente a sensibilidade ou de excitar as imaginações.

Bem diverso é o caso desse surpreendente romance que nos manda de Minas Gerais o senhor Oswaldo Alves e sobre o qual eu desejaria chamar atenção (Oswaldo Alves – *Um homem dentro do mundo*. Curitiba, Editora Guaíra Limitada, 1940). O nome do autor era para mim inteiramente desconhecido até o aparecimento dessa obra, embora ele já tivesse publicado há três ou quatro anos um volume de poesia intitulado *Paisagens mortas*.[2] Tal circunstância terá contribuído certamente para aumentar a surpresa proporcionada por seu livro: livro de um escritor que nos surge senão já amadurecido, ao menos senhor de uma personalidade bem singular e capaz de inesperadas revelações. O que julgo importante assinalar, entretanto, é que dentro de nossa literatura nacional – literatura de ficção, bem entendido – poucas vezes se tentou com tanta insistência, com tamanha segurança, a expressão de certos estados de alma raros e fugitivos que por sua própria natureza parecem querer escapar à descrição na prosa coerente e discursiva que convém a uma novela. Ainda que me restrinja a considerar o romance de pura introspecção, que para os brasileiros conserva até hoje certo travo exótico, e não parece medrar espontaneamente em nosso solo, nada encontro de perfeitamente comparável a esse esforço. Apenas momen-

---

2. Ver Oswaldo Alves. *Paisagens mortas*. Edições Surto (1937).

taneamente a sensibilidade quase doentia do autor, sua concentração em problemas de consciência dificilmente ao alcance de uma linguagem lógica e bem encadeada, faz evocar aqui e ali os escritos de um Graciliano Ramos e os de Cornélio Pena. Mas é principalmente a algumas experiências poéticas e das mais audaciosas que se pode assimilar com mais justeza a obra do sr. Oswaldo Alves.

A advertência de que se trata de um romance pode perturbar um pouco a clara apreciação dessa obra. Falta-lhe talvez a riqueza de imaginação e de recursos mecânicos que costuma animar os bons romances. Mas a arte do sr. Oswaldo Alves mal carece de tais recursos. O interesse que pode suscitar o livro vem da verdade, da harmonia de seu plano geral e ainda mais da tragédia íntima que nele se pretende refletir. Desprezando o argumento, a fabulação, em realidade quase insignificante da narrativa, é que será possível compreender a que ponto podem falhar nossos critérios habituais de julgamento, se partirmos do pressuposto de que o autor quis escrever um autêntico romance.

Não se observa em todo o livro o menor esforço para dispor os acontecimentos na sua ordem cronológica. Os fragmentos do passado inserem-se no presente numa sucessão descontínua e imprevisível, obediente a temas, a caprichos, a emoções ou a associações involuntárias. Se pudéssemos fixar o *esquema da ação*, dificilmente imaginaríamos como o autor conseguiu escrever, sem grande artifício, quase duzentas e cinquenta páginas do texto.

Em vez de tentar organizar esse esquema poderíamos dar uma noção mais precisa da narrativa dizendo que pretende exprimir a tragédia de uma alma solitária. Creio que em nenhum livro de brasileiro essa inconsonância absoluta entre um indivíduo e seus semelhantes, esse viver que por orgulho, timidez ou egoísmo, nunca ousa ser um conviver, é explorado com tamanha intensidade e persistência. Em todo indivíduo humano existe com efeito uma zona incomunicável e solitária da consciência; no Cristiano do sr. Oswaldo Alves essa zona envolve tudo. E a noção plena de tal solitude parece acompanhar-lhe todos os passos, todos os gestos, como uma sombra trágica.

> Penso – é ele quem fala – que só mesmo agora, voltado para estas recordações, chego a ter uma ideia mais aproximada do que seja a vida. E acho estranho que ainda hoje eu seja, mais do que nunca, o inimigo do mundo, sem nenhuma possibilidade de entendimento, sem nenhuma perspectiva de paz. Não há paz para mim, porque eu nasci com o coração inquieto – e desde que comecei a entender as coisas mais rudimentares, sinto a dor entrar-me na alma. Todo o mal está em mim. Tudo mais roda num sentido harmônico e perfeito, ainda que isto pareça um absurdo aos meus próprios olhos. O mundo com a sua vilania, com a sua maldade e hipocrisia, os abutres disfarçados em pacatos cidadãos, tudo isto existe e tem de existir sempre. O diabo é que me esforço para habituar-me a esta ideia e não consigo.
>
> O melhor, talvez, seria morrer, esquecer tudo o que pode atormentar um homem. No meio destas cogitações, surge a vontade de saber se existe mais alguém no mesmo estado que eu. E em seguida o medo da morte. [...] Não encontro nada, nada, mas continuo achando que vale a pena viver. E nem chego a compreender a razão.[3]

Esse longo fragmento ajuda a melhor compreender o caráter singular desse *romance* – tão pouco romance – do que qualquer resumo possível. Cristiano é um solitário nato, solitário por injunções de sua própria natureza. Se algumas vezes certos impulsos superficiais rebelam-se nele contra esse isolamento, o certo é que nunca passarão de impulsos. "Só compreendo o mundo irreal criado pelos meus sonhos doidos, numa confusão de seres reais e inexistentes", diz-nos ele em dado momento.[4] Seu único contato com o resto do universo é

---

3. Oswaldo Alves. *Um homem dentro do mundo*, op. cit., p. 144.
4. Id., ibid., p. 185.

traçado pelo ritmo confuso das recordações, e o passado importuna-o na figura de uma mulher – Raquel –, que para os leitores permanece sempre uma forma vaga e inconsistente.

É impossível silenciar sobre os defeitos numerosos e às vezes irritantes do livro. A linguagem frequentemente malcuidada e desajeitada, as repetições obsedantes e desnecessárias de expressões e até mesmo de frases inteiras – o quarto cheio de *bibelots* (pp. 13, 72, 111, 171, 176, 184, 210 e 213), a "macieza" de Raquel e de tudo quanto a cerca: de suas mãos, seus dedos, seus braços, sua pele, seu travesseiro, sua cama, da paisagem... – acentuam a penosa monotonia, quase inevitável em narrações desse gênero, deixando-nos a impressão de que o autor não conseguiu dominar seu material. E não obstante tudo isso, o inegável é que o sr. Oswaldo Alves nos deu com este livro uma obra significativa. Menos talvez pelo que já representa do que por tudo quanto permite antecipar. E creio que essa obra é das que poderão enriquecer definitivamente nosso patrimônio literário, quando o que nela é hoje apenas ideia confusa ou tendência deliberada se tenha convertido em sentimento e em instinto.[5]

---

5. Publicado no jornal *Diário de Notícias* (RJ): 9 de março de 1941.

Inocentes e culpados

A LEITURA DO ROMANCE do sr. Gilberto Amado – *Inocentes e culpados* (Rio de Janeiro, Livraria José Olympio Editora, 1941) – reserva-nos uma série de perplexidades que podem embaraçar ao primeiro contato o julgamento crítico. A própria surpresa que há de causar este livro a pessoas já prevenidas pelo conhecimento de obras anteriores do autor é um dos elementos que estorvam qualquer apreciação pronta.

Compreende-se bem que o romance, com todas as possibilidades de expressão que encerra e que vem adquirindo à medida que evolui sua técnica, seja um gênero capaz de seduzir espírito tão atilado e alerta às formas várias de convívio humano como o autor de *Grão de areia*. Nos quadros de uma obra de ficção, que afrouxam as malhas do raciocínio discursivo, cabe um instrumento em certo sentido mais rico, mais maleável e sutil do que o próprio ensaio. Sem que precise sacrificar o episódio ao jogo dos conceitos, antes utilizando-o sabiamente para ampliar os recursos de exposição e interpretação, o romance já substitui hoje, e em muitos pontos com imensa vantagem, a literatura de ideias.

Não foi tal vantagem certamente o que nesse caso atraiu o sr. Gilberto Amado. Alguns êxitos recentes de obras de ficção usadas como veículos de ideias ou concepções do mundo – o êxito de *Montanha mágica*, por exemplo – não lhe pareceram uma demonstração convincente de que a austeridade das abstrações faça boa aliança com esse gênero amável e de costumes fáceis que é o romance.

Por outro lado as técnicas mais recentes da novela parecem ter impressionado pouco seu espírito, e precisamente a inatualidade de *Inocentes e culpados*, visto por esse aspecto particular, é outra das surpresas que nos reserva o livro.

Familiarizado como poucos de sua geração com o que se tem feito de novo no domínio literário, durante os últimos decênios, o sr. Gilberto Amado revela aqui uma fidelidade por vezes desconcertante a determinadas formas novelísticas já correntes em fins do século passado. E se a rigor não é possível dizer que seu livro obedece à receita do naturalismo, o certo é que pertence em muita coisa à atmosfera do romance chamado experimental. Publicado em 1895 ou 1900, só surpreenderia em realidade pelas virtudes excepcionalmente brilhantes do escritor.

É provável, aliás, que o romance, tal como ele o imagine, possa desprezar invenções recentes, usando com mais destreza e sem superstições de escola alguns recursos que o realismo e o naturalismo já tinham consagrado. No empenho de registrar os caracteres típicos, não os casos particulares, de desenvolver cada personagem como perfeita consequência de um esquema rigorosamente prefixado, ele não se esquiva de torcer até à caricatura os traços mais salientes – em um Glicério Saldanha ou mesmo em um Maurício Pereira –, e não é difícil vislumbrar nesse processo a psicologia tantas vezes falha e convencional de um Balzac ou de um Eça de Queirós.

Observe-se o cuidado meticuloso que aplica em construir seus personagens antes de apresentá-los em movimento, em ação. Eles não deliberam, não "escolhem", senão de conformidade com o esquema inicial. Mas a habilidade singular do escritor está em dar vida apesar de tudo a essas criaturas de sua imaginação. Parecendo paralisadas inicialmente, elas ainda conservam uma dose de espontaneidade bastante para reanimá-las quando se faça necessário. É que o autor não se detém nessa descrição prolixa, que tanto inquietava o nosso Machado de Assis ante os sequazes da "nova poética". Em vez de dizer o número exato de fios que compõem um lenço de cambraia, ou um esfregão de cozinha, reduz tudo a termos essenciais, a metáforas adequadas. Às vezes poucas linhas ou mesmo poucas palavras bastam para apresentar uma figura: Felícia "era macia, por assim dizer, macia nos seus ângulos; dela não se deveriam esperar arrufos, zangas, irritações sem causa; ao passar não tocaria em cortinados, deslocaria cadeiras, esbarraria nos móveis; seu passo era firme, suave, direito".[1]

Propondo outra personagem, assim se exprime:

> Ordinariamente só a viam sentada. O estar sentada, para ela, era não só uma atitude condizente com seu físico, com seu corpo, com o seu temperamento, mas, também, com a sua posição diante da vida, não de luta, mas de vitória tranquila; sentada, não estava apenas numa cadeira, sobre um móvel, achava-se numa ordem de coisas estabelecida especialmente para ela. Repugnava-lhe admitir coisas tristes, acreditar em manifestações extraordinárias, ou em acontecimentos imprevistos. Para ela, desgraças, catástrofes, ruínas, fatos, produções colossais ou medonhas, acarretando modificações na face do mundo, ocasionando aflição, lágrimas, desespero, eram incompreensíveis; ultrapassavam-na.[2]

Não é preciso mais para vermos d. Cora, mulher de Pedro Merval Pires, corretor da Bolsa.

O recurso às associações imprevistas, que tentam captar a vida em sua natural inconsequência, é frequente, quase obse-

---

[1]. Gilberto Amado. "Humaitá" in *Inocentes e culpados*, op. cit., cap. 6, p. 128.
[2]. In "As palmeiras", ibid., cap. 2, pp. 180-1.

dante no livro do sr. Gilberto Amado. É possível mesmo admitir que ele se abandona às vezes com demasiada complacência a certas sugestões verbais, ultrapassando o próprio alvo. Quando diz, por exemplo, a respeito de Fayal, que "adquiria o poder de assistir à própria cólera", fica-se a procurar em que ponto semelhante observação poderá coincidir com outros gestos do mesmo personagem, em quem o pensamento não parece separado da ação por esse intervalo que costuma fazer os homens desajeitados e tímidos. Ela se aplicaria menos ao herói predileto do romancista do que a algum ente de razão, da família do prodigioso Teste de Paul Valéry.

Outras vezes o torneio da frase assume formas de um lirismo singelo e envolvente: "no meio da sujeira e das moléstias do barro infecto, limpinha e sadia como uma moringa de água numa janela do sertão",[3] Cinta, "sozinha, sem ninguém, tinha uma companhia a todo momento: o pensamento de Bob; brejo abandonado, floria-se de ramos carregados de passarinhos à presença dele".[4]

Mas é uma ilusão pensar que, fugindo à prolixidade descritiva e preferindo os traços impressionistas, que definem sem decompor, o sr. Gilberto Amado consegue dar a seus personagens toda essa mobilidade que imita a incoerência da vida, e que no romance moderno parece um progresso sobre a rigidez de algumas formas tradicionais. As figuras, uma vez desenhadas, nunca mais franqueiam os limites que o autor lhes designou. Quem lê a apresentação de d. Cora pode admitir como certo que a morte de Bentinho, seu filho, não lhe trará profunda agitação. Dentro em pouco tudo há de voltar aos eixos e ela poderá sentar-se contente, sossegada, ao abrigo de surpresas, de complicações, de tragédias. "Bem característica do seu feito foi a sua reflexão quando, um dia, não tendo chegado o trem à hora habitual, e se falando da possibilidade de um

---

3. In "Humaitá", ibid., cap. 5, p. 121.
4. Ver "As palmeiras", ibid., cap. 5, p. 200.

desastre na serra, disse: 'Gente, vamos para a mesa, antes que alguma coisa tenha acontecido'..."[5]

Essa "*imobilização*" prévia dos personagens contraria um pouco os gostos do leitor moderno, que desejaria ver cada figura desenhando-se à medida que a ação se desenvolve, tomando forma lentamente, com sua cumplicidade e, se possível, com seu socorro. Uma concessão aparente do sr. Gilberto Amado a esse gosto moderno é seu processo, quase invariável, de começar por colocar cada criatura em face de uma série de situações imprevistas. Mas ainda esse recurso não tem outra finalidade senão a de acostumar o leitor ao personagem, cerceando neste qualquer possibilidade de autonomia e existência própria. Aliás, as situações assim propostas não chegam a inserir-se no quadro geral do romance, permanecem estranhas a seu ritmo, semelhantes a essas narrativas que os velhos autores interpolavam no enredo para repouso da atenção. O caso de Fayal, saltando num palco de teatro para defender uma cantora vaiada, constitui uma dessas cenas perfeitamente dispensáveis, alheias ao conjunto e que servem, se tanto, para dar uma postura definida, definitiva, ao personagem.

Muitos outros exemplos comparáveis a esse poderiam ser aqui evocados. E não há exagero em dizer que, suprimidas essas passagens acessórias, esses parênteses, as quatrocentas e quarenta páginas do livro ficariam diminuídas talvez de mais de um terço. E o romance perderia, sem dúvida, algumas de suas páginas mais atraentes.

Em realidade a rigorosa arquitetura que serve ao autor para a construção dos personagens, detendo-os em todos os seus contornos, também serve para proteger no leitor certo estado de passividade, certo comodismo, que o poupa de exercer grande esforço. Esse o segredo da sedução que pode

---

5. In "As palmeiras", ibid., cap. i, p. 181.

exercer o romance do sr. Gilberto Amado, apesar de sua alta qualidade intelectual, sobre um público pouco exigente e incapaz de se demorar em detalhes. Ele quer a perfeita submissão do leitor.

Não obstante a linguagem muitas vezes descuidada, a composição relaxada, que faz pensar antes em uma constelação de novelas mal travadas entre si do que em um romance, o livro empolga e transporta como uma história de aventuras. Nessa constelação a figura de Emílio, sua vida e suas vicissitudes dramáticas ocupam iniludivelmente o ponto central. Nenhum dos personagens importantes aparece tão de perto. Seus pensamentos, palavras e obras, com tudo quanto encerram de misterioso, de incomunicável, não deixam impressão de irrealidade e fantasmagoria. E se eu dissesse que ele se apresenta sob esse aspecto como uma admirável exceção entre os personagens principais do livro, creio que não estaria longe da verdade. Não sei quem afirmou que os personagens secundários costumam ser os melhores. Em todo romance as figuras centrais levam em si, frequentemente, qualquer coisa de genérico, de impreciso, que as eleva sobre a realidade. As outras, as secundárias, essas podem desenvolver dentro de suas fronteiras naturais todas as possibilidades de expressão. O que é excelente, uma vez que essas fronteiras ainda deixem a tais figuras uma ampla margem de espontaneidade. No caso de *Inocentes e culpados*, ressalvando Emílio, os personagens de primeiro plano parecem justificar bem essa regra. Fayal não é mais do que a réplica ideal e compensadora de Emílio. Sua presença constitui para este "a parte mais alta de sua vida". Basta a leitura das páginas em que se apresenta Fayal para sentirmos que este é simplesmente uma idealização de Emílio. Tudo quanto falta ao amigo e futuro cunhado ele possui em grau superior. Sua coragem é extraordinária, sua força grande. "Músculos e nervos ele os tinha em tal forma harmônicos, que se diria uma peça mecânica, cujo potencial de energia era incalculável."[6] Na fazenda rivalizava com vaqueiros e peões em torneios arriscados. Atravessava brincando rios cheios, e tendo aprendido a nadar em água doce era um peixe no mar. Foi dos primeiros a aprender *jiu-jitsu* no Brasil e batia-se com o melhor capoeira dos morros.

Havia em Fayal, tal como aqui nos aparece, um pouco dessa beleza soberana que Alain vê nas estátuas atléticas: elas não exprimem nossos sentimentos separados a que chamamos estados de alma; mostram ao contrário que todos os estados de alma se acham reunidos no corpo e em concórdia com a forma corpórea; não existe assim alma distinta do corpo – a forma é imortal e divina e é o que representam, em verdade, os deuses olímpicos.

"A naturalidade de Fayal era quase um refrão na boca de seus amigos; estava sempre à vontade e à vontade todos se sentiam com ele; criava uma boa atmosfera em torno de si; tudo se animava quando aparecia."[7] Referindo-se a essa gloriosa divindade, um dos seus admiradores dizia que "se Al tivesse consciência do que faz, os seus atos não teriam essa graça que os rodeia. Por que tudo que ele faz é bem-feito?".[8]

Nada contrasta mais com o vulto de Emílio, sempre voltado para dentro de si, sempre "julgando", como se fosse melhor, sentisse e pensasse melhor do que os outros, sempre atraindo sobre a si antipatias, ódios e incompreensões. Mas ao cabo é na sua figura canhestra que se resolve e conclui todo o romance. Tudo se enfeixa verdadeiramente no gesto final do personagem que, longe de valer apenas para sua alma individual, quer envolver um sentimento de culpa e responsabilidade comuns.

Esse ato é provocado acima de tudo pelo espetáculo da luminosa felicidade conjugal da família Fayal, do prestígio e da

---

6. In "A pensão alcoforado", ibid., cap. 3, pp. 27-8.
7. Id., ibid., p. 30.
8. Id., ibid., p. 27.

respeitabilidade tranquilamente desfrutados pelo dr. Sílvio, sogro de Emílio e pai de seu amigo dileto, o mesmo dr. Sílvio, em cuja consciência a memória de um crime traiçoeiro, praticado na mocidade, não parece ter deixado o menor vinco. O dr. Sílvio não é apenas, como Alfredo Fayal, o polo contrário de Emílio e o espelho de seu ideal humano. Advogado famoso, figura consagrada e unanimemente aplaudida, ele vive numa esfera distinta, longínquo e incomensurável. Não podendo apagar de sua existência a mácula do crime, que permanecera impune e ignorado, tinha fabricado para uso próprio uma ética puramente formal, em que o arrependimento, o remorso, não fossem sequer possíveis. O zelo da própria conveniência, o culto das brilhantes aparências orientam para o exterior, para o social, as suas energias mais íntimas. Vive num universo legístico como se fora esse o seu mundo natural. Nunca se tinha visto tal identificação de um indivíduo com sua função.

> Librava-se na abstração da *espécie* figurada. Voava no seu elemento. Está aí o que era: advogado! Estava no foro como o pássaro no ar [...] Seu corpo fornido, no terreno jurídico, alava-se, tinha asas. A *hipótese* para ele tinha consistência, era mais real do que a realidade. Explicava-se por que não via as tratantadas de Pinto Moreno. Pinto Moreno era uma abstração [...] Uma abstração pode ser indigna? [...] O raciocínio lógico move-se num plano acima do bem e do mal. O direito, no espírito do verdadeiro causídico, é o justo deduzido pelo raciocínio lógico.[9]

Esse jornalismo permite-lhe cultivar carinhosamente os aspectos da existência socialmente apresentáveis e aprazíveis à vista. O indivíduo confunde-se nele com a própria máscara. Solução equivalente, no fundo, à que Max Scheler, em sua admirável análise do arrependimento, atribuiu aos melhoristas, aos simples progressistas. Quanto mais olham para a frente e

---

9. In "Os tormentos de Emílio", ibid., cap. 32, pp. 347-8.

fecham os olhos ao passado, tanto mais a culpa antiga lhes pesa sobre os ombros, condenando insensivelmente todos os seus atos.

É claro que, nessa filosofia infecunda, atenta apenas às aparências e superfluidades, não pode estar o verdadeiro eixo da narrativa. É o gesto de Emílio, abandonando os seus e recolhendo-se a um convento, que unifica de certa maneira e encerra a inacreditável procissão de criminosos e tarados que povoam o livro inteiro. Esse mundo continuará a existir sem a presença de Emílio, mas a sua sombra misteriosa ainda inquieta até ao final os personagens. Há aqui algumas belas páginas, como aquelas em que se descreve a doença e o enterro do dr. Sílvio. Isoladas do conjunto do romance, elas ficarão certamente entre as melhores que já escreveu o sr. Gilberto Amado.[10]

---

10. Publicado no jornal *Diário de Notícias* (RJ): 23 de março de 1941.

Contos

•

RELENDO AGORA ESSA ADMIRÁVEL *Notícia sobre o romance brasileiro*, que o sr. Pedro Dantas escreveu há alguns anos para o Serviço de Cooperação Intelectual do Ministério das Relações Exteriores e que a *Revista Acadêmica* está reproduzindo, encontro apenas uma breve e passageira referência à "arte literária desse narrador consumado" que é o sr. Ribeiro Couto.[1] A alegação de que o escritor santista era autor de um único romance – *Cabocla* – à época em que se redigia o ensaio explicará mal esse laconismo, sobretudo quando outros mais decididamente ou mais exclusivamente aplicados ao conto e à novela curta – Simões Lopes Neto, por exemplo, ou o próprio sr. Monteiro Lobato – são objeto de menção especial por parte do crítico.

O motivo deve estar precisamente no singular apuro a que o sr. Ribeiro Couto soube elevar a arte dos contos, que em sua individualidade própria, longe de constituir simples abreviação ou resumo do romance, se distingue não só quantitativamente, mas sobretudo qualitativamente de outras formas de

---

[1]. Ver Pedro Dantas [Prudente de Morais Neto]. *O romance brasileiro.* Rio de Janeiro, Ministério das Relações Exteriores (1939).

literatura de ficção. Creio além disso que, mesmo nos chamados romances, em *Cabocla*, e agora também em *Prima Belinha* (Rio de Janeiro, Civilização Brasileira S/A Editora, 1940), o autor não fez muito mais do que ampliar, prolongar artificialmente, o material de que são feitos os seus contos. E pode-se talvez dizer sem malícia que a arte dos tipógrafos influiu para essa ampliação quase tanto como o engenho do artista. Dispostas em uma composição mais cerrada – o que não seria difícil –, abolidos os largos espaços em branco, que dividem ou precedem os diferentes capítulos, não sei até onde tais narrativas suportariam a designação pomposa de romances, que o autor lhes atribuiu complacentemente.

Por afinidades naturais de seu temperamento, ele parece inclinar-se para a forma concisa do conto, não para o romance, que pede mais espaço, mais tempo, maior dispersão do espírito. Essa predileção é espontânea, não decorre da impaciência, da pressa de acabar, bem característica de tantos outros, da maioria dos nossos narradores. Alguns dos seus contos, refiro-me sobretudo aos últimos, aos quatro ou cinco que encerram seu livro mais recente – *Largo da matriz & outras histórias* (Rio de Janeiro, Getúlio M. Costa, Editor 1940) –, são a meu ver o que pode existir de perfeito no gênero. Em *Tentação* ou *As moças*, por exemplo, há tudo quanto é preciso para produzir o efeito desejado, e nada me parece excessivo. Esse despojamento do supérfluo, do acessório, deve ser em seu caso o resultado de uma disciplina adquirida no longo hábito da poesia. É que em Ribeiro Couto o *conteur* nasceu do poeta e ainda guarda nítidas as marcas da origem. Quem não vislumbra nesse homem que fala sem elevar a voz, que num tom de terna intimidade procura captar em todas as coisas a nuance mais delicada e fugidia, aquele mesmo que há vinte anos cultivou seu *Jardim das confidências*? O timbre é o mesmo e a forma de expressão pouco difere. Apenas os recursos do escritor são hoje mais ricos e poderosos do que há dois decênios. Seus processos são sempre os da sugestão, como nos poetas, quase nunca os da análise, como nos romancistas. Os personagens não chegam a definir-se extensamente e sobre um plano abstrato. Esboçam-se apenas em seus sentimentos mais fundos, em suas aspirações primordiais, em seus impulsos dominantes, e ainda assim o quanto baste para que se possam criar situações determinadas, que o autor previu rigorosamente.

Em realidade toda a construção de tais contos parece calculada com precisão para suscitar uma atmosfera lírica e nisso se revela constantemente um domínio total do artista sobre o assunto. Como um pintor que apreende as cores, nota as linhas de rigidez e de repouso, observa atentamente as formas particulares, as propensões e as idiossincrasias antes de tomar do pincel, ele aborda seus temas só quando tenha recolhido no mundo objetivo as tintas elementares, os movimentos iniciais, que possa compor e ajustar segundo sua simpatia. E tudo é traçado com mão tão leve, que não deixa perceber o artifício ou o esforço.

Muitas das qualidades que fizeram a arte insuperável de uma Katherine Mansfield aparecem bem representadas nestes contos. Houve mesmo quem descobrisse surpreendentes semelhanças entre a obra da neozelandesa e a do brasileiro. Parece-me justa e bem explicável essa aproximação quando não seja levada a todas as suas consequências. E por que não invocar também o nome de Anton Tchecov, que foi ao lado de Maupassant, de Verga, de Gottfried Keller, mais do que ela, um dos patriarcas do conto moderno? Sabemos que a impressão deixada pela leitura da obra de Tchecov foi decisiva na formação espiritual de Katherine Mansfield. Mas existe grande vantagem em fixar-se com obstinado rigor essas linhagens literárias? Logo à primeira vista é fácil sentir na obra de ficção de Ribeiro Couto a ausência de um dos traços comuns a todos os membros da hoje numerosa família tchecoviana: aquela fobia peculiar pelo indivíduo que quer vencer na vida ou que simplesmente faz jus ao triunfo. O culto à ineficiência não é uma virtude cardeal em sua criação literária.

É certo que ele não parece estimar particularmente essas almas rudes, cheias de uma dureza primitiva, que Merimée e Gobineau introduziram na novela, figuras que, vendo a vida de um só ângulo, enxergam unicamente a finalidade a alcançar e não se detêm ante os obstáculos antepostos à sua vontade soberana. Se seus contos chegam mesmo a denunciar uma secreta preferência pelos ambiciosos – preferência menos sensível aliás neste seu último livro do que nos anteriores – é preciso que o autor possa exercer sobre eles uma solicitude discretamente paternal.

Esse ar protetor que o sr. Ribeiro Couto costuma assumir diante de suas criaturas pode aproximá-lo por vezes desse mestre insuperável da caricatura que foi Antônio de Alcântara Machado. Com a diferença que o traço grosso, quando surge no santista, não vai até a deformação deliberada, como no paulistano. Um banho de ternura *"conserva em infância"* seus personagens, mesmo os mais angulosos e donos de si, e a ironia nunca se converte em mofa.

Explica-se assim que o sr. Ribeiro Couto não precise sempre dessas figuras apagadas e apáticas que povoam o mundo de Tchecov e de outros contistas modernos inspirados no russo, para poder infundir às suas narrações essa atmosfera de suave lirismo em que se acham mergulhados. Nem precisa torcer a realidade para acomodá-la a seu gosto. É na própria vida, sobretudo em sua experiência pessoal, não nos livros ou na pura fantasia, que ele vai buscar a substância de suas histórias. Histórias de meninice em Santos, como a de Bilu e Carolina; ou de jornalista boêmio no Rio, como a de Amarelinho, o foca, com seu "jeito de moço rico"; ou de promotor no Norte de São Paulo e no Sul de Minas, como a de Sebastião, que deixou os filhos órfãos sem fazer o arrolamento, e a de Balbino, o oficial de justiça que morreu sem ter posto o certificado nas costas do mandado de citação do Quinzinho da Pedra Branca.[2]

---

2. Sérgio refere-se, respectivamente, aos contos: "Bilu, Carolina e eu" (p. 67), "Amarelinho" (p. 149), "Sebastião pescador" (p. 113) e "Balbino" (p. 99).

Nos episódios mais insignificantes que a vida pode oferecer há motivo de encantamento para esse observador comovido e irônico. De alguns deles o sr. Ribeiro Couto soube retirar autênticas obras-primas.[3]

---

3. Publicado no jornal *Diário de Notícias* (RJ): 30 de março de 1941.

Cavaquinho e saxofone

UMA DAS CRÔNICAS QUE FORMAM este volume póstumo de Antônio de Alcântara Machado – *Cavaquinho e saxofone*. Rio de Janeiro, Livraria José Olympio Editora, 1940 – mostra naquela prosa cortante e ágil que ele inventou para uso próprio e de que sempre guardou zelosamente o privilégio, o que foi a paisagem literária do Brasil nos tempos heroicos do "modernismo". Não sei até que ponto esse "solo", publicado, se não me engano, antes de seu livro de estreia, servirá, ao historiador futuro da revolução paulista de 1922 – revolução artística, mental e sentimental, bem entendido –, para reconstruir esse agitado período das nossas letras.

Não obstante a sugestão austera do título – Subsídios para a história da Independência –, a crônica de Antônio Alcântara Machado não quer ensinar e nem explicar. O autor deixa-se simplesmente exaltar, muito à moda do tempo, contra as velhas "carpideiras intelectuais". E para desnortear ainda mais o historiador futuro, escreve coisas deste gosto:

> A meninada moderna surgiu que nem capoeira em festa de subúrbio. Distribuindo pés de arraia. Prodigalizando cocadas. Arrumando pés de ouvido. O que não prestava virou logo de

pernas para o ar. Houve muito nariz esborrachado. Muita costela quebrada. As nove musas tiveram nove chiliques cada uma. Osório quis se enforcar nos bigodes de Alberto. Os bigodes não quiseram. Fontes secaram [...]. Coelho virou onça. Lima azedou...[1]

Quantos se lembravam de que já em seu quarto número, *Klaxon* respondia a um artigo de Lima Barreto, onde os "futuristas da Pauliceia" se viam assimilados aos estridentes discípulos de Filipo Marinetti?[2] Creio, aliás, que o azedume, se existiu nesse caso, veio antes do lado dos klaxistas, indignados com a confusão. O criador de *Isaías Caminha* fora até moderado e mesmo maliciosamente simpático quando se referiu ao pessoal de *Klaxon*. Todo o seu mau humor reservara-o para o italiano.[3]

A mais desconcertante e curiosa declaração de simpatia que receberam os "modernistas" foi, porém, a de Alberto de Oliveira. É a esse episódio que se refere, possivelmente, o cronista de *Cavaquinho e saxofone* no trecho citado. Houve, com efeito, um momento em que, desafiando publicamente o fácil rancor de Osório Duque Estrada e de outros zeladores das letras acadêmicas, o poeta de *Alma em flor* foi ao ponto de declarar em entrevista a um vespertino carioca seu caloroso interesse pela reação renovadora. Insinuou-se, com pasmo geral, nada menos do que uma "adesão" do mestre parnasiano. Graça Aranha andava exultante. E o fato é que Alberto de Oliveira já se dispunha valentemente a ler as obras de Apollinaire, de Cendrars, de Max Jacob e de outros mestres queridos da "geração revoltada". A transição era violenta, mas o poeta não queria meios-termos. Como certa vez eu lhe chamasse a atenção para um livro de Paul Valéry, respondeu-me convictamente: "Deste não gosto. É mui-

---

1. Cf. "Subsídios para a história da Independência" in *Cavaquinho e saxofone*, cit., p. 303.
2. Ver "Luzes & refracções" in *Klaxon* I (4): 17, 15 de agosto de 1922.
3. Ver a respeito o artigo de Lima Barreto "O futurismo", publicado na revista *Careta* (RJ): 22 de julho de 1922.

to passadista". E sublinhava com a voz a palavra "passadista", para melhor acentuar o desdém.

Pensamos, Prudente de Moraes Neto e eu, em reproduzir aquela inopinada entrevista em *Estética*, a revista que então dirigíamos. Solicitada sua licença para a transcrição, Alberto de Oliveira concedeu-a de bom grado. Apenas precisava fazer algumas emendas ao texto impresso. Dias depois, voltava-nos o jornal com as emendas anunciadas. Mas tantas eram e de tal ordem, que iriam comprometer irremediavelmente a suposta adesão. Pensando melhor, o poeta acabara por domesticar seu primeiro entusiasmo.

Antônio de Alcântara Machado não participou dos primeiros combates do modernismo. Surgiu, três ou quatro anos depois, em 1925, quando a tempestade já amainara um pouco, quando se tinham esboçado os primeiros agrupamentos distintos e dissidentes, e cada qual se ia definindo a seu modo, sem compromissos. Mas surgiu escritor feito, dono de um estilo forte e pessoal. O que em outros fora resultado de cultivo ou de uma conquista lenta e meticulosa, parecia sê-lo perfeitamente espontâneo. Dando ao escritor uma liberdade quase ilimitada para eleger seus meios de expressão, o modernismo lhe indicara seu próprio rumo, sem que fosse preciso qualquer esforço de adaptação. Recordo-me vagamente de ter lido alguns trabalhos seus anteriores a essa época. Mais pela curiosidade que podia despertar em mim o antigo companheiro de ginásio, em São Paulo, do que por uma atração puramente intelectual pelo escritor. Um desses trabalhos, creio que sobre Gabriel d'Annunzio, enchia várias colunas do antigo jornal *Jornal do Commercio*, de São Paulo, onde ele já fazia crônica teatral. Confesso que nenhum me deixara forte impressão e nada neles parecia prometer o prosador admirável que vim a conhecer depois. Pode-se dizer que foi na fase modernista que Antônio de Alcântara Machado se encontrou a si mesmo.

Desde então, sua atividade intelectual, às vezes distraída momentaneamente pelas viagens, pelo jornalismo, pela política, nunca sofreu pausa. Seus livros anteriormente publicados e agora este volume de quinhentas e tantas páginas, abrangendo artigos que se destinavam, inicialmente, à imprensa periódica, dão apenas um testemunho impreciso do que foi essa atividade.

A destreza com que ele sabia servir-se de sentenças breves e incisivas como de um instrumento sempre acessível e admiravelmente apto a manifestar-lhe os pensamentos, poderia incliná-lo a um verbalismo fácil. Mas o pudor das expansões excessivas, o senso do ridículo e do humor, que tinha em alto grau, ajudaram-no a disciplinar-se e a disciplinar sua expressão. Detestava a eloquência ostentatória, a eloquência das palavras e a das atitudes. Muitas das suas opiniões, inclusive de suas opiniões políticas, explicam-se por esse fato. Sua aversão insistente ao fascismo italiano, por exemplo. Preferia a fórmula direta e expressiva à frase bem enfeitada. Queria criar uma espécie de prosa pura que os críticos procuraram com afã: uma prosa livre da oratória e do lirismo. O torneio e a escolha das frases deveria obedecer estritamente às circunstâncias do pensamento.

Muito verso, pouca poesia, prosa nenhuma: nisso se resumia para ele toda a história da literatura brasileira. Mesmo as soluções modernas, visando dar caráter à prosa, pareciam-lhe incompletas e falhas. "Na literatura brasileira de hoje – disse certa vez – a prosa se tem limitado a servir à poesia. Não se libertou desta, embora seja a mais forte."[4] A própria *solução Mário de Andrade*, procurando reduzir o mais possível a distância entre a linguagem falada e a linguagem escrita, se o in-

---

4. In "Movimento atual": *Cavaquinho e saxofone*, cit., p. 344.

teressou como experiência curiosa e significativa, nunca chegou verdadeiramente a seduzi-lo. E por esse simples motivo: tal solução vinha dar à *prosa* "um lirismo que desorienta...".[5]

É certo que a poesia se vingara bravamente dessa recusa. Não conheço nada mais legitimamente poético em toda a nossa literatura de ficção do que algumas páginas de *Brás, Bexiga e Barra Funda*. Não há dúvida de que com a prosa, mesmo com a prosa "pura", é possível fazer-se poesia. E aí estava, para ele, uma das suas vantagens. "Porque com poesia não se faz prosa."[6]

Nesse despojamento ideal, nessa renúncia deliberada ao oratório e ao poético, não encontrava nenhuma simplicidade forçada. Nem simplicidade forçada, nem eruditismo. Na linguagem popular, o que sobretudo o atraía, era o que ela pode oferecer de expressivo, e mesmo de pitorescamente expressivo. Sua curiosidade enternecida diante da obra de um Juó Bananere e dos "rapsodos do Tietê" – que fim terá tido a "Lira Paulistana"? – não era ditada por nenhum interesse folclórico ou científico. Achava mesmo que a contribuição folclórica em literatura pode intervir como elemento de desnaturalização, criando uma atmosfera poética.

A atração do pitoresco e mesmo do grotesco esclareceria, aliás, muitas das inclinações de Antônio de Alcântara Machado. Esse homem, que distinguia, como outros, cultura e civilização, mas dizia preferir a segunda à primeira, ficava quase irritado quando ouvia afirmar de um escritor, principalmente de um escritor brasileiro, que queria atingir a essência, a alma, a "beleza secreta" das coisas. Achava que, sobretudo no Brasil, país de sol e de cores fortes, tudo é aparente e ostensivo. Em uma das suas crônicas referiu-se a esse "contentamento tão grande da coisa exterior que dá até o contentamento de

---

5. Id., ibid., p. 341.
6. Id., ibid., p. 342.

si mesmo. A gente se reconcilia com a gente. Ganha a generosidade universal dos fortes e toma ares protetores".[7]

O mal está em procurar, no espetáculo que oferece o mundo, apenas o demasiado visto e aprendido. Se há coisas desagradáveis aos olhos ou à imaginação, é que não aprendemos a considerá-las atentamente, é que confiamos cegamente nos padrões que a tradição legou. Assim, por exemplo, a feição inteligente de um povo não é mais interessante do que a feição asnática. "Tanto quanto aquela, esta revela a sua mentalidade e a sua psicologia. É também uma manifestação de inteligência. De seu espírito, se quiserem. É produto legítimo do modo de ser, de pensar, de agir dele. Dá uma ideia nítida, não só do vigor pensante das classes que comandam, como também principalmente do da imensa maioria anônima."[8] E, de acordo com esse ponto de vista, chegou a imaginar uma antologia de asneiras, colhidas no parlamento, na imprensa, no texto das leis e na retórica das ruas. Sonhou com uma *Paulistana* à imagem da *Americana*, de Mencken, e nas revistas que dirigiu, na *Revista Nova*, em *Terra Roxa*, na *Revista de Antropofagia* procurou levar avante esse projeto.

O interesse pelas formas mais aparentes, pelos aspectos mais impressivos, e mesmo anedóticos, é nele elementar e essencial. Atitude do espectador, que precisa de alguma distância para melhor observar as coisas e que contempla o mundo com a inteligência alerta, não com uma "simpatia" mística. Sabíamos, pelos seus contos publicados, o partido extraordinário que é possível tirar dessa atitude na elaboração artística. Estes ensaios e crônicas, cuidadosamente reunidos por Sérgio Milliet e Cândido Mota Filho, mostram-nos como ela também pode ser fecunda na observação direta da vida e no julgamento crítico.[9]

---

7. Ver "Noturno de São Paulo", ibid., p. 8.
8. In "Paulistana", ibid., p. 21.
9. Publicado no jornal *Diário de Notícias* (RJ): 6 de abril de 1941.

Inglês de Sousa: o missionário

EM 1888 PUBLICARAM-se duas obras que, por motivos bem diversos, embora igualmente consideráveis, se destinavam a marcar época na história do nosso romance: *A carne*, de Júlio Ribeiro, e *O ateneu*, de Raul Pompeia. Ambas foram aclamadas ou discutidas com um fervor que há de parecer suspeito aos que só estimam as coisas do espírito segundo o valor próprio e intemporal que elas representam.

O rumoroso sucesso alcançado por aqueles romances destoa singularmente da atitude discreta ou desatenta com que foi acolhido este outro, publicado no mesmo ano e pertencente à mesma orientação: *O missionário*, de Inglês de Sousa. A diferença de tratamento é tanto mais injusta quanto o descaso pela obra do escritor paraense não provém de seus defeitos reais, ou provém menos desses defeitos do que da liberdade que o autor pôde manter frequentemente em face de certos preconceitos de moda e escola.

Numa hora em que todas as insubmissões pareciam sagradas e republicanas, o livro de Júlio Ribeiro conseguiu ser respeitado. Era uma espécie de emblema sedicioso, que convinha admirar e que servia para esconder a pobreza dos meios de que dispunha o escritor. No mais ajustava-se perfeitamente aos gostos correntes. Sua novidade não ia muito além da fachada. Seu romantismo às avessas era apesar de tudo romantismo e dos mais desvairados. A brutalidade de algumas das suas cenas é muito deliberada para se tornar convincente. O antissentimentalismo de que o autor fazia praça era sobretudo formalístico – acrimônia de gramático –, só sabendo deter-se nos vocábulos e nas formas visíveis. Assim, quando o personagem central escreve à amiga distante, faz questão de evitar a palavra *saudade*, porque tem "poesia de mais e realismo de menos", e diz apenas que sente 'fome e sede" de sua presença. O suicídio final do herói é minucioso e científico. Com esse gesto completa-se o quadro e ficam salvas as aparências.

Raul Pompeia, que escolheu melhor o seu público, recrutou simpatias entre a mesma gente que exaltava a laboriosa perfeição dos poetas parnasianos. Seu desejo de exceder-se a si mesmo, de sobrepujar as próprias forças, deixou sinal em tudo quanto escreveu. A ginástica do estilo, que quer imitar a mestria dos Goncourt, não consegue ocultar o homem. E o ditoso equilíbrio a que aspirava era como a imagem invertida de uma fantasia torturada e melancólica.

Entre esses autores, Inglês de Sousa, não sendo certamente o mais dotado, era talvez o que melhor dominava os próprios recursos e o que menos se ocupava da plateia. Não sei até onde pode enganar essa impressão; a verdade, porém, é que, em contraste com *A carne* e *O ateneu*, seu romance não denuncia grande esforço e nem obediência a um programa severo. Percorrendo-lhe as páginas, percebemos a tranquilidade honesta e quase descuidada de quem reconhece e sabe aceitar as próprias limitações. Só a madureza de espírito pode consentir tal desembaraço. E Inglês de Sousa não ousou endossar plenamente seus escritos enquanto não teve mão assentada.

O pseudônimo de Luís Dolzani serviu para essa primeira fase, em que o escritor devia exercitar suas capacidades e aparelhar seus recursos. Imaginou a princípio uma obra cíclica, intitulada *Cenas da vida do Amazonas*, e começou a escrevê-la quando ainda estudante de Direito. Dessa obra ficaram-nos a *História de um pescador*, *O cacaulista* e *Coronel Sangrado*. Mas de seus livros de ficção, além d'*O missionário*, editado em 1888, apenas os *Contos amazônicos* sairiam mais tarde sob o nome do autor.

A propósito de Luís Dolzani basta-nos dizer que seu mérito foi sobretudo o de um pioneiro. Até às *Cenas da vida do Amazonas*, bem anteriores em data ao livro quase homônimo de José Veríssimo, esse mundo equatorial, que desde Humboldt inspirara tantos quadros deslumbrados, ainda não tinha conseguido provocar nossos novelistas. Cabe notar, em seu desabono, que a desordem da natureza tropical é demasiado tumultuosa e violenta para um desenhista sóbrio; sua intromissão nos livros de Inglês de Sousa, mesmo os da primeira fase, só é explicável por exigência do assunto e como tela de fundo. Prefaciando *O missionário*, Araripe Júnior chega a falar em "paleta de paisagista" e em "colorido quente", mas é fácil supor que neste caso, como em tantos outros, a música das palavras distraiu o crítico. Penso, ao contrário, que Inglês de Sousa nunca foi espontaneamente um paisagista. É sensível seu desconcerto todas as vezes em que se trata de descrever esse mundo cheio de mistérios e onde a vida civil parece mero acidente. Quem como ele sabe escolher tão bem seu vocabulário e dispõe sempre do termo justo para exprimir um comportamento ou para definir um personagem não consegue fugir, em tais ocasiões, aos clichês mais gastos.

Pintando um entardecer nos arredores de Silves, a vila onde discorre a ação d'*O missionário*, deixa escapar coisas desta ordem: "... toda a natureza, como reanimada pela varinha de condão de uma fada, acordara do letargo e repetira o concerto das vozes matutinas, com menos frescura e intensidade talvez, mas com a mesma agitação" (II, 69).[1] Pouco adiante fala nas

---

[1] Todas as citações do *Missionário* são tiradas da 2ª edição, publicada em 1899, por Laemmert & Cia., em dois volumes. (N. do A.)

palmeiras, que "balançaram no espaço os leques verdes"; aponta para o azul da cordilheira "[que] desmaiava, expirando numa orla esbranquiçada..."; compara o firmamento a um "rico dossel", e faz exercícios estilísticos de um gosto mais que duvidoso. Por exemplo: "O sol, dardejando os raios quase a prumo sobre a coroa das palmeiras, parecia um sultão, recolhendo ao seu dormitório recôndito de tirano, satisfeito com as sultanas mais esbeltas e formosas e desdenhoso da turba das escravas" (II, 70).

A impotência do escritor diante dos cenários rústicos, que em seus livros se manifestam não diretamente como as figuras humanas, mas quase sempre por metáforas vulgares e envelhecidas, exprime-se por outro lado no abuso de repetições e em certa prolixidade morna que torna algumas vezes fastidiosa a leitura d'*O missionário*. Lembrarei incidentemente a passagem onde se invoca a infância solta do padre Antônio de Moraes, que satisfazia "o apetite sem peias, nem precaução nas goiabas verdes, nos araçás silvestres e nos taperebás vermelhos, de perfume tentador e acidez irritante" (I, 88). A mesma coisa, quase com as mesmas palavras, surge repetida pelo menos mais duas vezes no curso do romance.[2]

Essas indicações, que evidentemente não servem para uma análise de estilo, podem ilustrar bem a alegação de que Inglês de Sousa, tendo sido antes de tudo um fixador de tipos e costumes, jamais passou de um paisagista pobre. Araripe, quase sempre destemperado em seus julgamentos, não pôde, a propósito das descrições d'*O missionário*, evitar o confronto com o *Atala*. O escritor paraense parece-lhe o nosso Chateaubriand, mais do que isso, "um Chateaubriand à moderna". Aliás o

---

[2]. "... saciava o apetite sem peias nem precaução nas goiabas verdes, nos araçás silvestres, nos taperebás vermelhos, sentindo a acidez irritante da fruta umedecer-lhe a boca..." (II, 240); "... satisfazendo o apetite sem peias nem precauções nas goiabas verdes, nos araçás silvestres e nos taperebás vermelhos, tentadores e ácidos" (II, 295). (N. do A.)

paralelo não será tão totalmente ridículo como pode parecer ao primeiro relance, se nos lembrarmos de que, com a grandiosidade de sua visão da selva americana, as descrições de Chateaubriand não parecem provindas da observação direta, mas principalmente de seu extraordinário poder verbal. Ele não *via* em realidade o espetáculo da natureza, mas elaborava-o na imaginação com dados fictícios ou de empréstimo. Ao ponto de geógrafos ilustres terem investigado sem êxito que lugares da América do Norte foram visitados pelo escritor. A simples leitura de seus livros não bastaria para indicá-lo, mesmo a um conhecedor profundo das paisagens dos Estados Unidos e do Canadá. Muitas das suas descrições seriam de segunda mão, como sucede com a própria introdução do *Atala*, que se verificou ter sido copiada, em alguns pontos textualmente, de uma velha *História da Louisiana* escrita por Le Page du Pratz.

Na obra de Inglês de Sousa, que em lugar de nos apresentar a floresta amazônica, por exemplo, contentava-se quase sempre com a "floresta" *tout court*, a preferência pelas formas ou fisionomias genéricas, em prejuízo dos aspectos característicos e singulares, parece-me um traço fundamental. O esmaecido de alguns dos seus quadros da natureza não viria apenas da pintura de memória, como sugeriu José Veríssimo, mas sobretudo dessa inclinação para o genérico. Falta-lhe o colorido típico e por conseguinte a nuance local. A vila de Silves, com todo o seu cortejo de moradores, que nos são apresentados em flagrantes admiráveis, está no Amazonas como poderia estar em qualquer outra parte do Brasil.

Compreende-se assim que o autor d'*O missionário* tenha escapado ao gosto do documento folclórico e regional que já então era obsessivo em nossos novelistas. Embora seguindo os rumos indicados para o "romance experimental", o que muitos deles procuravam era menos o relevo exato do que o traço grosso, que impressiona como uma caricatura. A nota pitoresca é quase obrigatória e chega muitas vezes a forçar o curso da narrativa, como sucede claramente n'*A carne*, com o samba da senzala, e mesmo n'*O mulato*, com a festa de são João no sítio da Maria Bárbara. Certa profusão monótona, que a crítica censurou com razão na obra-mestra de Inglês de Sousa, deriva talvez dessa aversão às cores carregadas, que servem para ferir a atenção e que ele evitou com sacrifício da própria popularidade.

De todas as superstições do naturalismo, só uma parece ter marcado fundamente o livro de Inglês de Sousa: a fatalidade hereditária. Ao despotismo dessa lei inapelável há de sucumbir o mesmo padre Antônio de Moraes, vigário de Silves e figura central do romance. Chegado à paróquia, esse homem, que "tinha mistérios no gesto e uma agressão no olhar", parecera trazer consigo a vocação da santidade. Animava-o um verdadeiro zelo apostólico, e a própria indiferença religiosa dos moradores seria um estímulo às suas nobres ambições. Podia enfim lutar e sofrer pela causa sagrada, edificando aquelas almas rudes com o exemplo de uma vida perfeita. Bem cedo, porém, deixa-se vencer pelo desânimo. Nem o exemplo, nem as orações, nem as palavras, chegam a abalar a triste filosofia daqueles tapuios, que adiavam sempre os cuidados da salvação eterna pela segurança do bem-estar presente. Sentiu-se deslocado nesse meio impenetrável à sua ação regeneradora. Não nascera decididamente para aquele cômodo repouso, "para aquele viver suave, úmido e despreocupado como a toalha escura de um lago sertanejo".[3]

É então que uma iluminação súbita lhe aponta o caminho do apostolado nas selvas, que fora o sonho de toda a sua vida de moço. Os mundurucus ferozes, terror permanente de populações mais domésticas, esperavam seu Anchieta, seu são Francisco Xavier. E ali estava ele, pronto para propagar a fé católica entre esses brutos, embora com sacrifício da vida. Afrontando todos os perigos de uma jornada áspera entre flo-

3. Inglês de Sousa. *O missionário*, cit., v, p. 292.

restas, rios e igarapés, foi-se a caminho de sua missão sagrada. Nenhuma força humana o afastaria do generoso empenho. Uma série de contratempos retém-no, porém, em um sítio, quando estava para chegar ao termo da viagem. A pausa forçada vai perturbar-lhe os grandiosos projetos de catequese. O aconchego do retiro sertanejo acostuma-o à vida ociosa e acaba narcotizando-lhe a vontade. Trava-se nele uma luta íntima e terrível, que dá ocasião a algumas das páginas mais vivas do livro. O demônio, que o persegue na figura de uma tapuia bonita, é quem vai prevalecer-se dessas hesitações, forçando o padre Antônio a aceitar as exigências do meio. A vida corrige enfim o sonho nesse moço de vinte e dois anos, que em sua vaidade inconsciente se julgara um novo são Luís Gonzaga. E a partir desse momento reponta no asceta de Silves o filho legítimo de Pedro Ribeiro de Moraes, fazendeiro dissoluto do Igarapé-mirim. Revela-se inútil todo o esforço empreendido pelos padres do Seminário para destruir ou ao menos regular e conter a influência dessa herança nefasta, a "ação determinante da hereditariedade psicofisiológica", como diz o autor, socorrendo-se, pela primeira e única vez em todo o romance, da gíria científica do naturalismo. "Foi bastante o contato da realidade mundana, auxiliada pelo isolamento e pela vaidade, para raspar a caiação superficial que lhe dera o Seminário e patentear o couro do animal."[4]

Não se pode negar que a crença na ação imperiosa da hereditariedade é um dos alicerces que serviram para a construção do romance. Mas é de justiça acrescentar que, uma vez pronto o edifício, a presença desse alicerce chega a tornar-se insensível. Poderiam ser suprimidas do livro sem o menor prejuízo todas as passagens onde existe referência expressa à determinação hereditária.

O anticlericalismo, outra ideia fixa no romance naturalis-

---

4. Id., ibid., XII, pp. 294-5

ta, não me parece que tenha a mesma importância no livro de Inglês de Sousa. O sr. Olívio Montenegro, a quem devemos algumas páginas brilhantes e exatas sobre o autor d'*O missionário*, nota com razão como, ao oposto de numerosos romancistas da época, ele não faz do clérigo um indivíduo obrigatoriamente repulsivo, capaz de todas as torpezas, e sim um ser humano sujeito a tendências várias e contraditórias. Mas não sei acompanhar o crítico pernambucano até onde afirma, com ênfase singular, o fundo ímpio do romance, e conclui que há em seu autor um sentimento mais furioso contra a religião do que o dos próprios mestres da escola naturalista. Descobrindo no padre Antônio um símbolo, e mesmo um símbolo universal de impiedade, como diz expressamente, observa que o romancista "não visa o padre, visa mais encarniçadamente a Igreja". E ajunta: "Não procura negar os impulsos de virtude que estão ligados ao homem da Igreja, procura negar as virtudes que estão ligadas ao sacerdócio cristão – negar a própria santidade".[5] As suas intenções, por mais puras e sagradas que fossem, teriam forçosamente de ruir em face dos imperativos da herança e do meio, quando contrariassem essa vocação de santidade.

Ora, para chegar a tanto, seria preciso esquecer que o próprio fervor religioso, o próprio zelo apostólico do padre Antônio se acham envenenados desde a origem por um sentimento essencialmente anticristão. Sob as aparências de uma dignidade severa e casta, o que o vigário de Silves opôs ao relaxamento de seus predecessores na vigararia e à apatia religiosa e moral dos paroquianos foi, em verdade, a presunção, a ambição e a vanglória, que a Igreja tem como filhas do orgulho e contrárias à virtude cardeal da temperança. A aspiração da santidade era construída nele sobre uma base ilusória. Quando aceitara a paróquia sertaneja, levava a ambição de fazer um nome ilustre e venerado. Menos do que o serviço da

---

5. Ver Olsé Olymívio Montenegro. "Inglês de Sousa" in *O romance brasileiro*. Rio de Janeiro, Jopio (1953), pp. 91-2.

religião e da Igreja, o que o impelia era o desejo de uma celebridade gloriosa. Dispondo-se ao sacrifício nas selvas da Mundurucânia, quando sentiu que não conseguiria vencer a muralha de indiferentismo dos silvenses, o que pretendia ainda era ver-se aplaudido e glorificado. Ele próprio se aplaudia na imagem ideal que construiu de si: novo são Francisco Xavier, casto como são Efrem e são Luís Gonzaga, forte e sereno como seu homônimo, vencedor do demônio. Julgado de um ponto de vista estritamente católico, o padre Antônio, embora possuído a princípio dos deveres de cristão e sacerdote, tinha como móvel principal de seus atos o orgulho, que é um pecado capital e mesmo o primeiro dos pecados capitais. Sua queda não decorre tanto da impossibilidade de cumprir aqueles deveres sagrados em condições adversas do meio social, como das bases fragílimas em que eles realmente assentavam. Depois, quando se tinham desmoronado uma a uma as razões fictícias de seu insopitável orgulho, é ainda a exaltação de si mesmo pela vaidade – desejo de sentir-se aprovado e aclamado em sua aparência – que o leva a resguardar dos olhos do público sua vida escandalosa e ímpia. "O arrependimento era, pois, inútil, porque não lhe salvaria o nome, pensava ele, confundindo o interesse da salvação da alma com o da reputação mundana. De nada serviria ser bom e virtuoso, desde que os outros o consideravam mau" (II, 307). Seu ideal ainda é o do ambicioso, que não quer ser julgado mas simplesmente aplaudido.

É possível que intimamente Inglês de Sousa partilhasse do anticlericalismo de tantos dos seus contemporâneos. Nos seus livros, porém, os padres, se não se elevam em geral sobre o meio vulgar e relaxado onde exercem o sacerdócio, estão longe de ter um papel decididamente antipático. Na maioria são como o padre João da Costa do "Rebelde" – *Contos amazônicos* –, incapaz de um gesto enérgico que fortalecesse os fiéis na hora da desgraça, ou como o padre José Fernandes d'*O cacaulista*, sempre indiferente aos negócios alheios e de fraco auxílio em qualquer contenda. Nenhum é verdadeiramente superior a seu meio, ainda quando não lhes falte bom senso e instrução. O padre Antônio, que se sente lisonjeado com a boa opinião que dele tinham os paroquianos, sem excluir maçons e incrédulos, não é moralmente melhor do que eles. Nem melhor nem pior. Mesmo nos momentos de luta interior mais dramática, o patético desse tumulto de aspirações que lhe invade a alma não chega verdadeiramente a convencer, nem a comover, pois conhecemos bem a pobre substância de que são feitos os sonhos do missionário.

A paisagem humana que nos pintam os livros de Inglês de Sousa está quase sempre envolta numa mediocridade cinzenta e tediosa. Dela não conseguem sobressair nem os religiosos, nem os leigos. Nesse ponto o romancista ainda se mantém fiel à atmosfera do naturalismo. Mas com a galeria de personagens que desfilam no romance do *Missionário*, seria possível, talvez, construir uma epopeia da vulgaridade da família das *Almas mortas*. Figuras como a do sacristão Macário, que o pároco vai encontrar em Silves, "grave, digno, necessário, senhor dos detalhes do serviço", espécie de Sancho Pança tapuio; como Chico Fidêncio, maçom frívolo e inimigo impenitente dos padres; como o tenente Valadão, subdelegado de polícia, o capitão Manuel Mendes da Fonseca, coletor de rendas, o alferes Barriga, o escrivão José Antônio Pereira, o professor Aníbal Americano Selvagem Brasileiro, o *Mappa mundi* e outros, denotam um poder de observação e criação de que não existem muitos exemplos em nossa literatura. Ao menos no romance naturalista, se houve talvez, entre nós, quem o pudesse igualar por esse aspecto, não vejo realmente quem lhe fosse superior.[6]

---

6. Publicado na *Revista do Brasil* (SP), 3ª fase, IV (35): 145-51, maio de 1941.

O beija-flor e o leão

•

EM LONGO ARTIGO para o *Figaro Littéraire*, François Mauriac relembrou ultimamente a passagem conhecida da *Saison en enfer* sobre o forçado irredutível que se encerra para sempre entre as paredes da masmorra: "eu via com sua ideia o céu azul e o trabalho florido do campo; farejava sua fatalidade por entre as ruas. Ele tinha mais força do que um santo, mais bom senso do que um viajante – e a si mesmo, só a si, por testemunha de sua razão e de sua glória!".[1] Relembrou-a para enaltecer ainda uma vez, e agora contra um autor do nosso tempo, a grandeza daquele que, tendo levado à sublimidade a vocação da poesia, também soube cumprir até a morte a vocação do silêncio.

Nessas linhas, fora dita e fixada, numa incorruptível linguagem, toda a *verdade* de que um Jean Genet se faz hoje anunciador. Mas Genet não terá compreendido o que Rimbaud compreendeu logo, isto é, que o portador daquela *ver-*

---

[1] Cf. "Mauvais sang" in *Une saison en enfer*. Arthur Rimbaud. *Les oeuvres complètes.* Paris, Gallimard (1946), pp. 208-9. Ver também a respeito François Mauriac: " Il ne reste plus que le silence" in *Mémoires intérieurs*, edição das *Oeuvres autobiographiques* (estabelecimento de texto, apresentação e notas de François Durand). Paris, Éditions Gallimard (1990), pp. 144-8.

dade há de consentir em ser ele próprio sua única testemunha. E Mauriac, que exprime esse voto, não deixa de concluir: "pior do que o vício e o crime é a utilização literária do vício e do crime; é sua metódica exploração".

Em realidade não parece muito fácil falar com critério sereno de uma obra onde qualidades exemplares de estilo e expressão foram postas tão indiscretamente a serviço do mal. Não sei como um julgador dotado de sentimentos severos, mas que acha sinceramente ineptos os pontos de vista sociais e moralísticos na consideração de uma peça de arte, conseguirá ter abertos os olhos para inegáveis virtudes estéticas de que dispõe este escritor, fechando-os, no entanto, para o planeta de misérias que essas virtudes ornamentam.

Certo comentador, num órgão comunista, soube simplificar a questão negando rotundamente as próprias qualidades literárias de Genet: desse modo pôde condenar sem escrúpulo não apenas sua obra em bloco, mas ainda, e sobretudo, as perplexidades que se apoderaram do romancista católico. Poderia, se ainda quisesse ser mais consequente com seus princípios, encarar apenas o significado social da obra – o único que efetivamente lhe importa –, apresentando-a como cabal expressão de uma burguesia apodrecida.

Mas Mauriac não é um simplificador. Sensível à magia verbal dos escritos de Genet, considera-os por isso mesmo duplamente condenáveis, já que podem somar o prestígio da forma artística ao outro, do vício e da perdição. Compreende-se até certo ponto sua atitude de revolta em face de um escritor que agride com tão insólita coerência tudo quanto a moral cristã, os bons costumes, nos habituaram a respeitar como normas sagradas. Genet é um poeta do partido do Inferno, como Milton e William Blake, e o é sem ilusões ou meios-termos, ao passo que seu adversário quer pertencer ao partido do Céu. O contraste era assim inevitável. Mas neste ponto precisamente cabe uma pergunta, que Mauriac ainda teve forças para sugerir. Não revelariam seus mesmos romances e os de tantos outros autores da sua falange, a mesma vontade paciente, se assim se deve dizer, de sondar alguns dos abismos sinistros que Genet explora com tão audaciosa desenvoltura?

Haverá quem objete que esse aparente comércio com o diabo significa, no seu caso, o contrário de um compromisso, que a presença do pecado é verdadeiramente água lustral, de onde a virtude vai sair purificada e engrandecida. Mas valerão estas razões muito mais do que uma farsa ridícula ou um insidioso sofisma? E como, de qualquer ponto de vista rigidamente moralístico, pretender alienar do significado moral de uma obra literária tudo quanto exorbite das intenções ou supostas de seu autor? É bem característico que Mauriac ouse julgar mais anódino o erotismo dos livros de Genet do que o dos seus próprios romances, lembrando como o veneno tomado em doses compactas costuma ser repelido quase sempre antes de poder agir sobre o organismo.

Acrescente-se a isso que o público, o grande público parisiense, ao menos, não se mostrou até aqui extremamente sensível à fascinação exercida sobre alguns espíritos por um escritor que se propõe abertamente à "reabilitação de seres, objetos, sentimentos reputados vis...". O feitiço que em sua obra enfeitiçou certos autores franceses, e agora também anglo-americanos (todo um romance de Genet acaba de ser publicado em tradução inglesa e vários dos seus escritos têm saído em periódicos tais como *Partisan Review*, *View* ou *Transaction*), exerce-se apenas sobre círculos restritos, e nada indica que sua ressonância venha a ultrapassar esses círculos. É bem significativo que uma das suas peças – *Les bonnes* –, levada à cena em Paris, o ano passado, resultou num fracasso memorável. E o mesmo ocorreu em março deste ano de 1949 com seu drama *Haute surveillance*, que pouco tempo perdurou nos cartazes do teatro *des Mathurins.*

Efetivamente o prestígio deste autor, que alguém pode denominar "o último dos poetas cortesãos" cujos livros se imprimem em reduzidas tiragens e por conta de admiradores devotados, só se sustenta bem na atmosfera intelectual rarefeita que constitui o meio de eleição de certa literatura moderna, mas parece território para sempre defeso ao grande público. Este simples fato valeria, talvez, por si só como um motivo de condenação das obras de Jean Genet. Mas seria lícito ignorar por princípio, e sem mais detido exame, a repercussão que elas alcançaram entre certas figuras de grave responsabilidade intelectual? O fato é que falta, entre aquelas figuras, quem ouse comparar tais escritos aos de um Proust, aos de um Joyce, até aos de um Racine, e são de uma delas, Jean-Paul Sartre, os conceitos que vão aqui reproduzidos a título de amostra:

> A literatura francesa, diz o autor de *L'être et le néant*, é conhecida no estrangeiro sobretudo em seu aspecto universalista, racionalista e humanista. Mas não se deve esquecer que essa literatura foi marcada, desde as suas origens, por obras secretas e negras – no sentido de magia negra – e são talvez as mais belas. Das poesias de Villon aos escritos de Sade, Rimbaud e Lautréamont, ela também oferece o testemunho de nossa consciência culposa. É lícito perguntar se Jean Genet, o derradeiro desses mágicos, não seria o maior deles.[2]

Sabe-se como, do ponto de vista de Sartre, os aspectos técnicos e mesmo estilísticos de uma obra de arte acenam invariavelmente para a metafísica do autor. E se pretendêssemos isolar caprichosamente, no caso de Genet, a contribuição puramente literária, não sei como elucidaríamos satisfatoriamente as razões de seu êxito. Esse êxito depende, em parte considerável, do fato de este escritor, com sua carreira notória de criminoso, ter podido viver realmente certos problemas

---

2. Ver a respeito Jean-Paul Sartre. *Saint Genet, comédien et martyr*. Paris, Gallimard (1952). Sobre a presença de Jean Genet na literatura francesa, ver também, de Sartre, parte desse mesmo texto publicada como "Apresentação" a *Notre Dame des fleurs* na tradução brasileira de Newton Goldman: Rio de Janeiro, Nova Fronteira (1988), pp. 35 ss.

morais dos mais agudos de nossa época e que a outros só foi dado conhecer da arquibancada. Nesse sentido, toda sua obra, sejam quais forem as modalidades exteriores que assuma, não passa de uma confissão exaustiva até a monotonia.

Afirmar, além disso, que é de natureza autobiográfica não adiantaria muito para a inteligência dela; o mesmo, a rigor, cabe dizer de qualquer obra de ficção e não cabe dizer de nenhuma. A elaboração dramática dos dados obtidos da experiência pessoal é certamente importante neste caso, e numa passagem das mais expressivas de seu romance *Notre Dame des fleurs* descreve-nos Jean Genet como "resignado a ser ele próprio", pôde no entanto desdobrar-se em muitas criaturas ou *recriaturas* distintas: "*Mais justement, ma convoitise d'une destinée rêvée splendide a, si l'on peut dire, condensé en une sorte de réduction compacte, solide e scintillante à l'extrême, les éléments tragiques, pourprés, de ma vie vécue*".[3]

Mas seria um ocioso artifício se, no empenho de isolar em termos puramente estéticos o conteúdo intrínseco de semelhante obra, fixássemos apenas os resultados daquela elaboração dramática, ou as belezas estilísticas ou a singular estratégia narrativa do autor, feita, esta, de retorcimento e acumulações de episódios sem coesão imediata, pois a verdade é que tudo isto só nos daria algumas pontas da meada. Tanto mais quanto falar em conteúdo intrínseco seria entrar numa querela onde os críticos já gastaram muita tinta sem muito proveito. A menos que satisfaçam conclusões como as de um desses críticos – o norte-americano Kenneth Burke – para quem a poesia (e poderia dizer, em sentido amplo, a "literatura"), sendo ato simbólico do poeta, não se pode separar arbitrariamente da ação humana em geral. Foi a partir desse princípio que o mesmo crítico, em livro recente (*A grammar of motives*), denunciou enfaticamente o que chama o *parado-*

---

3. Cf. Jean Genet, *Notre Dame des fleurs*. Lyon, L'arbalète (1948), p. 333.

xo da pureza e em obra anterior (*Attitudes towards history*) declarou textualmente que seu "programa como crítico literário é integrar a crítica técnica na crítica social (propaganda didática)" e preconizou sem hesitar um *approach* socioeconômico para o estudo da literatura. À vista de tais doutrinas, o maior embaraço estaria provavelmente em determinar com exatidão e poucas palavras o que não é o *intrínseco*, e um crítico menos rigoroso seria levado a pensar mais ou menos como aquele personagem de Dostoievski: "Se Deus não existe, então tudo é permitido".

Não quero dizer que tal interpretação seja plenamente válida, mas acredito que andará justificado, por ora, quem se proponha fazer um estudo da obra de ficção de Jean Genet (e devo prevenir que não é esta a finalidade do presente artigo), colocando-se não no terreno estético, mas no plano onde se move essa obra: o plano moral. Pois a verdade, embora pareça dissimulada a sordidez do mundo que aqui se reflete, está em que este escritor é essencialmente um moralista. Apenas a moral que ele exprime, e com estranha afetação de austeridade, se neste caso se pode falar em afetação, é simplesmente o avesso da moral cotidiana e consagrada. A inversão física tem sua perfeita réplica da inversão dos valores que o passado legou.

Reconhecem-se sem dificuldade as raízes românticas de semelhante atitude. O Mal, escreve Genet em *L'enfant criminel*, é "essa vontade, essa audácia, de perseguir um destino contrário a todas as regras". E escreve mais: "O que leva ao crime é o sentimento romanesco, quer dizer, a projeção de si mesmo na mais magnífica, na mais audaciosa, enfim, na mais perigosa das vidas".[4] Uma vez aceito, o destino do Mal é plenamente assumido e, para usar do vocabulário existencialista, transfigurado em livre escolha. Essa vocação supõe por sua vez a escolha e a reivindicação de todas as consequências do ato criminoso. A

---

4. Cf. Jean Genet. *L'enfant criminel*, ed. das *Oeuvres complètes*. Paris, Éditions Gallimard (1979), tomo v, pp. 383 e 387.

prisão e a vida em prisão, que fornecem o tema de romances como *Miracle de la rose* ou de dramas como *Haute surveillance*, convertem-se ainda em motivo e símbolo poético; no interior da penitenciária há grupos, ou melhor, bandos, que se aglutinam pela "amizade, a audácia, a astúcia, a insolência, o gosto da preguiça, um jeito ao mesmo tempo sombrio e jovial, um prazer na aventura contra as regras do Bem".[5]

Para quem escolheu deliberadamente esse caminho, nada menos comovente do que o esforço de homens de boa vontade visando a melhorar, dulcificar, a sorte dos presos, na expectativa talvez de que se reduza assim a distância entre o crime e o castigo. Chama-se a esse esforço, obra de regeneração; Genet chama-lhe "empresa de castração". É bem raro, pensa ele, que tal empresa dê os resultados que dela esperam seus propugnadores. O que exige o criminoso é, ao contrário, que sua prisão seja feroz. "Digna enfim do mal que ele se impôs para conquistá-la."[6]

Ainda aqui discernem-se facilmente as origens românticas de semelhante atitude. A ambição de iluminar e mesmo de engrandecer a *parte noturna* do homem, o que há nele de secreto e de sombrio, tem antecedentes em todas as literaturas, e o caso de Rimbaud, evocado por Mauriac, não é um caso isolado. A novidade de Genet está só e unicamente em seu empenho de dar corpo, valor positivo, estabilidade plausível, realidade substancial ao que outros nunca deixaram de sentir, no fundo, como simples forma de insatisfação e negação.

Este, talvez, o segredo do prestígio de seus escritos entre representantes de uma inteligência alienada da vida circunstante e que quer ter em si mesma seu começo e fim. É esta, seguramente, uma das razões de sua escassa ressonância entre o grande público, que indiferente ocasionalmente aos valores morais herdados do passado, toleraria mal, no entanto, a inver-

---

5. Id., ibid., p. 386.
6. Ibid., p. 384.

são metódica e caprichosa de tais valores, ainda quando ela tivesse a seu favor os ornamentos da linguagem.

Às exigências, tantas vezes formuladas, de que a arte deva orientar-se por padrões rigidamente moralísticos, ou colocar-se a serviço desses padrões, será lícito contrapor a concepção goethiana do verdadeiro artista, tão despreocupado do efeito exterior de sua obra "como a natureza que cria o leão e também o beija-flor". Nesse sentido pode-se dizer dos escritos de Jean Genet que, atentos apenas à *face negra*, se conformam tão mal à imagem universalista e compreensiva da natureza, como os de todos os demais moralistas, colocados em campo contrário. E não será a única lição que os homens de boa vontade poderão tirar da obra do grande homem e grande poeta, cujo segundo centenário iremos celebrar neste mês de agosto.[7]

7. Publicado no jornal *Diário de Notícias* (RJ): 28 de agosto de 1941.

A propósito de sereia verde

HÁ NOVELAS, E CREIO que são a maioria, onde a vida aparece como projetada num só plano, não comportando outra realidade além daquela que o autor quis expressamente apresentar. Ainda quando nos pintam um mundo sobrenatural, o que conseguem fornecer é uma procissão de figuras, de atos, de gestos, valendo por si, por sua simples presença. A harmonia entre as partes é efeito de um habilidoso artifício, e toda a sedução que tais obras podem oferecer provém apenas da felicidade com que foram urdidos os incidentes, ou talvez do tema inédito, da intriga sutil, do discurso fácil.

Bem mais raras são essas outras novelas que, a par de seu sentido manifesto, envolvem uma espécie de zona mágica, invisível, e que não podemos designar sem recurso a alguma vaga metáfora: timbre, atmosfera, ambiente... Essa região situa-se além da realidade expressa e exprimível, e todavia não pode ser isolada dessa realidade, não pode subsistir em estado de pureza, e sobretudo não pode manifestar-se através de rígidos conceitos, é como a sombra das palavras e das frases. Por vezes parece tomar forma própria, distraindo dos personagens e da fabulação para nos conquistar com seu misterioso encanto. Por vezes, também, chega a ser tão viva, que o objeto mesmo da narração passa a segundo plano, ofuscado numa auréola de irrealidade e sonho. E não é preciso, para tanto, que o autor nos proponha deliberadamente um mundo inverossímil.

As obras que até aqui publicou a sra. Diná Silveira de Queiroz, e sobretudo esta, agora lançada pela editora José Olympio (Diná Silveira de Queiroz. *A sereia verde*, Rio de Janeiro, Livraria José Olympio Editora, 1941), inclinam-se decididamente para o segundo tipo. A qualidade poética que encerram suas melhores realizações literárias e que já levou alguém a procurar termo de comparação para uma das suas novelas, precisamente para a novela que dá o título a este volume, em um romance mestre da moderna literatura, o *Grand Meaulnes*, de Alain Fournier, vem desse extraordinário dom de evocar o inefável sem fugir ao mundo das coisas tangíveis e domésticas. Não direi que a autora de *A sereia verde* tenha esgotado até aqui os recursos que lhe oferece uma sensibilidade tão peculiar, ou que nos tenha dado uma obra absolutamente definitiva. Imagino, ao contrário, que qualquer pescador de defeitos não terá trabalho em elaborar um inventário minucioso dos pequenos vícios, das inseguranças e das imperfeições que apresentam seus escritos, e concluir por uma formal condenação. Mas já aprendemos a desconfiar dessa espécie de análise ao microscópio como critério adequado de julgamento, pois uma autêntica obra de arte nunca será apenas uma coleção de partes distintas e analisáveis, como uma floresta nunca é apenas uma coleção de árvores. E, segundo diz o provérbio, as árvores não deixam ver a floresta.

Creio também que neste volume a escritora paulista nos deu a medida real de suas capacidades ainda melhor do que no anterior. *Floradas na serra*, comparada a *Sereia verde*, parece-me, em muitos aspectos, uma composição mais indecisa e, falando de um ponto de vista estritamente literário, mais imatura – dessa imaturidade que tanto pode refletir-se em uma fantasia ainda mal governada, como no empenho muito evidente de corrigir toda fantasia. O que não deixa de ser inquietante, e mesmo desconcertante, se considerarmos que, embora mais recente, este livro inclui páginas bem anteriores a *Floradas na serra*, e que a obra-prima do volume – o conto intitulado "Pecado" – também é, cronologicamente, a primeira obra literária que redigiu a autora.

Contudo não é fácil pressentir por enquanto os rumos que tomará esta obra, ou sequer determinar a posição exata que ela já ocupa em nossa atual paisagem literária. Quando surgiu seu livro de estreia, com um sucesso comparável ao de alguns dos nossos romancistas mais prestigiosos – um Lins do Rego, um Jorge Amado, ou um Érico Veríssimo – houve quem o exaltasse contra toda uma vasta família de escritores de ficção, que a muitos pareciam simplesmente imortais ou sediciosos. E, no entanto, insistir demasiado nesse ponto equivale a dizer muito pouco sobre o sentido da obra da sra. Diná Silveira de Queiroz. Nada indica que ela seja dos que creem que a boa literatura se faz com os bons sentimentos, ou vice-versa. Suas personagens hesitantes, e são talvez as mais expressivas, não hesitam por virtude, mas por um concurso de obscuros instintos, cujo motivo real não aflora à consciência. Instintos elementares, indiferentes à lei, anteriores à distinção entre o bem e o mal, e que salvam ocasionalmente os homens, como salvaram a Júlia de *A sereia verde* e a "Banderita".[1]

Não ocorre, a propósito desta obra, falar em análise de sentimentos e nem, por outro lado, em poder descritivo. É que a sra. Diná Silveira de Queiroz se conserva à margem do debate, tantas vezes ocioso e absurdo, entre os partidários de uma literatura puramente introspectiva, e os que optam, ao contrário, pelas aparências decorativas e ostentosas. Suas criaturas, ainda as mais resolutas, agem quase sempre por timidez, por inconsciência ou por incapacidade de resistir ao bem e ao mal. A reflexão só intervém mais tarde. E o que fica depois da

---

[1]. Alusão à personagem Marta, protagonista do conto "Banderita" de *A sereia verde*.

ação consumada, ou da aventura malograda, é raramente a satisfação ou o remorso, mas quando muito um travo nostálgico indefinível.

Nos momentos melhores, essa arte discreta adquire, graças à própria economia dos grandes gestos e das grandes palavras, um admirável vigor de expressão. A cena da morte da avó, em *A sereia verde*, é sob esse aspecto significativa: "Uma das folhas da veneziana bateu violentamente, soprada por um vento repentino. Uma sombra se fez sobre o leito da doente. Uma sombra que lhe atingiu até o pescoço. Só o rosto estava iluminado. Os cabelos esparsos luziam. Mas os olhos, que lutaram por ficar abertos até o fim, já não brilhavam. Eram apenas duas coisas azuis".[2]

O mesmo não acontece onde a autora cede complacentemente às emoções ou onde se comove com as personagens. A história de "Raimundo, Eunice e Babinha",[3] que está bem nesse caso, parece-me justamente a peça mais fraca do livro.

Seja como for, a leitura de *A sereia verde* convence-nos de que o sucesso rumoroso de *Floradas na serra* não nasceu simplesmente de um favor das circunstâncias como algumas pessoas gostariam de imaginar. Também não faltaria quem explicasse o caso desta escritora, filha e sobrinha de escritores, como um exemplo eloquente de vocação hereditária. Mas há muito que essa fórmula perdeu seu velho prestígio.[4]

---

2. Diná Silveira de Queiroz. *A sereia verde*. Rio de Janeiro, José Olympio (1941), pp. 54-5.
3. Ver *A sereia verde*, op. cit., pp. 93-120.
4. Publicado no jornal *Diário de Notícias* (RJ): 2 de novembro de 1941.

O líder morto

NA SESSÃO ESPECIAL EM HOMENAGEM *à memória de Mário de Andrade, que promoveu a Associação Brasileira de Escritores, o seu presidente, Sérgio Buarque de Holanda, pronunciou as seguintes palavras:*

"A sessão que à memória de Mário de Andrade consagra hoje a Associação Brasileira de Escritores deseja ser, antes de tudo, um pleito de amizade. Nenhuma outra espécie de homenagem seria mais grata ao nosso grande morto, e nenhuma ajudaria a melhor fixar, mesmo para os que o admiraram de longe, o perfil do escritor e do homem.

"Um crítico apenas equilibrado e que medisse as próprias efusões nunca nos daria dele senão uma imagem inacabada. Para alcançar toda a franqueza singular de sua obra, tão rica em humanidade, tão cheia da 'franqueza dadivosa' que ele soube estimar em alguns poetas, é preciso, sem dúvida, compreensão crítica, mas é mister também simpatia e mais do que simpatia. São virtudes, estas, que não se contradizem, salvo nas aparências, e que bem entendidas podem harmonizar-se.

"Mário de Andrade foi justamente um exemplo de como é

possível tão insólita harmonia. Em todas as suas dedicações pôs sempre aquele 'amor consciente e exato' de que fala no final do 'Noturno de Belo Horizonte'. Amor que não se abate mas, ao contrário, se acrescenta e se enaltece na lucidez do espírito.

"Por essas qualidades ele chegou a ser, não apenas uma força criadora, mas ainda, e principalmente, uma força construtora. Não me parece exagerado afirmar que, sem o exemplo de sua ação e sem o seu estímulo constante, a inteligência brasileira teria tomado rumos diversos daqueles que escolheu nos últimos vinte anos. Diversos e, acrescentarei, menos ricos em surpresas e promessas.

"Hoje, passados dois meses de sua morte, fica a lembrança de que se preparava ali a unificação e mobilização da inteligência brasileira para um objeto superior. Dias depois, travando os escritores brasileiros, sem discrepâncias essenciais, o combate por uma existência digna, livre das tiranias, das mistificações e dos embustes, não pode deixar de nos encher de uma intensa emoção retrospectiva. Muito dos que animam esta celebração viram-no pela última vez há pouco, durante a semana memorável do Congresso de Escritores que a Associação Brasileira de Escritores organizou e patrocinou. Ninguém esteve mais 'presente' ao extraordinário espetáculo, ninguém o acompanhou com zelo tão assíduo e atento. Melhor do que outros ele parece ter tido o pressentimento de que se preparava ali a unificação e mobilização da inteligência brasileira para um objetivo superior. Dias depois, em carta a Rodrigo Melo Franco de Andrade, uma das últimas que escreveu, podia dizer estas palavras: 'Na verdade, Rodrigo, você não pode imaginar como vivi com uma prodigiosa intensidade, com uma monstruosa seriedade, o Congresso dos Escritores. É certo que jamais me senti mais dentro de minha gente! Teve um instante (...) em que explodiu dentro de minha consciência a noção que aquele Congresso era um coroamento da 'minha' carreira, da minha vida...'.[1]

"Um relance sobre a atividade de Mário de Andrade nos vinte e três anos que separam da Semana de Arte Moderna o Congresso dos Escritores brasileiros – entre esses dois grandes acontecimentos ele escreveu o principal de sua obra – permite apreender melhor o sentido de tais palavras. Na realidade, poucos, como ele, contribuíram, nesse período decisivo, para abrir caminhos por entre a selva confusa dos preconceitos, das rotinas, das convenções falsas que entorpeciam nossa vida intelectual. Ao seu legado pode faltar a ditosa harmonia das construções que se erigiram sobre o terreno limpo e previamente preparado. Há grandeza, porém, e há beleza, na obstinação com que, jamais satisfeito, defrontou e venceu obstáculos sem conta à sua tarefa de autêntico pioneiro.

"Entre as homenagens que nesse momento se prestam à sua memória, cabe, por isso, menção particular à do escultor Bruno Giorgi. A esse artista devemos o busto que figurará de hoje em diante na sede da seção carioca da Associação Brasileira de Escritores, como testemunho permanente do respeito que ao escritor paulista dedicaram os seus contemporâneos. De nenhuma das gerações marcadas pela revolução literária de 1922 pode dizer-se, em verdade, que dispensou sua cooperação eficaz e sua compreensão. E são várias dessas gerações que, através de representantes dos mais genuínos, vão dar agora, em verso e prosa, seu depoimento sobre Mário de Andrade".[2]

---

1. Ver carta a Rodrigo Melo Franco de Andrade de 10 de fevereiro de 1945 in *Mário de Andrade: Cartas de trabalho – Correspondência com Rodrigo Melo Franco de Andrade* (introdução e notas de Lélia Coelho Frota). Brasília Sphan/Pró-Memória (1981), pp. 186-7.
2. Publicado na revista *Sombra* (RJ), V (41): 36-7, abril de 1945.

Perene romantismo

A NOÇÃO DE UMA AFINIDADE fundamental entre Romantismo e Revolução foi considerada, durante longo tempo, como fato adquirido e não somente entre historiadores da literatura. Essa aproximação, de uma sedutora simplicidade, vinha abrir perspectivas fascinantes ao estudo da formação das ideias: vinha mostrar como a vida dos povos não se resume nos gestos de seus heróis ou nas palavras de seus profetas, e como, sob aparências muitas vezes mentirosas, deparam-se analogias secretas e insuspeitadas.

O vício dessas simplificações engenhosas está, entretanto, em que servem à capacidade de ação pretendendo servir apenas à inteligência e ao discurso. Representam essencialmente uma preparação para a polêmica e visam menos a iluminar do que a aguçar as ideias para torná-las fácil instrumento de combate e comando.

Não são de pensador, mas de predicador, as palavras que Charles Maurras escreveu há quase um quarto de século no pórtico de um livro-programa: "Amigos e adversários do Romantismo estão hoje de acordo acerca de sua identidade profunda com a Revolução: é um resultado do debate".[1] E o autor de *Romantisme et Révolution* não hesitou em acrescentar que é preciso manter esse resultado a qualquer preço, como se dele dependesse toda a fortuna de sua doutrina.

A insistência é significativa. Como não sentir que em semelhante atitude o jogo dos conceitos é simples subterfúgio, e só vale na medida em que pode servir a um ponto de vista prefixado? O que ela sobretudo denuncia é a presença de um temperamento combativo, para quem as palavras e as frases devem marchar ao compasso de simpatias ou malquerenças pessoais. E o que nos propõe é, em última análise, não um sistema de ideias, mas um sistema de fervores. Romantismo, Revolução, Reforma – e por que não Renascimento? – são as forças sediciosas e funestas que hão de compor a imagem negativa desse sistema. Não há exagero em dizer-se que é uma posição vivendo e mantendo-se unicamente à custa de uma negação persistente.

Originado da crítica literária, procuraram seus arautos, por uma série de ousadas inferências, *par besoin d'unité*, transformá-lo em uma ideologia completa, ambiciosa e irrefutável. Dos argumentos simplesmente estéticos passaram a argumentos políticos, de onde procuraram alcançar valores aparentemente mais altos: valores religiosos e valores éticos. E assim criou-se, pelo menos, um alvo suficientemente amplo para ser atingido com maior probabilidade de bom êxito. Não cabe aqui discutir a validez ou a solidez de semelhante ideologia. O que importaria é saber se o conceito de romantismo pode ser efetivamente atingido através de caminhos tão tortuosos.

Há ainda os que tentam definir o romântico não como oposição, mas como aspiração ao clássico. Classicismo é vitória sobre o tumulto dos sentimentos, é paz alcançada e proclamada depois da guerra, é ordem, é harmonia, é disciplina e do-

---

[1]. Ver Charles Maurras. *Romantisme et Révolution*. Paris, Nouvelle Librairie Nationale (1922).

mínio das emoções. Romântico só pode ser, nesse caso, o que, por imaturidade ou incapacidade, ainda não logrou realizar-se de modo cabal. Conquanto essa concepção seja nitidamente latina e sobretudo francesa, a verdade é que pareceu conquistar nos últimos tempos apreciável grau de universalidade. E não sei se alguém melhor a exprimiu do que um inglês, o crítico e poeta T. S. Eliot, para quem a distinção entre clássico e romântico, tão diversamente expressa desde Herder e Goethe, está em que o romântico é incapaz de separar, ou de separar nitidamente, o fato real da ficção, ao passo que o clássico – ou espírito adulto – é perfeitamente realista, no mais puro sentido da palavra, sem ilusões, sem fantasias, sem esperança, sem amargura, é dotado de uma resignação plena.[2]

Contra definições como essas pode-se objetar que, longe de procurarem apreender o Romantismo em seus traços particulares e específicos, limitaram-se a considerá-lo em confronto com o Classicismo. Em qualquer dos dois exemplos indicados, torna-se quase inevitável a intervenção de juízos de valor, e como o Romantismo, por sua própria natureza, é menos suscetível de determinação conceitual, é claro que não pode oferecer um marco de referência invariável e seguro. Nessas condições, o romântico há de surgir ora como negação consciente e consistente de tudo quanto parece mais característico do estilo clássico, ora como força ainda indecisa e obscura, que deve ser separada. É difícil explicar, já não direi defender, com argumentos tirados da razão e da lógica, um movimento que abriga tantos princípios antirracionais.

Para obviar tais dificuldades, procurou-se assimilar o Romantismo, em alguns casos, a certos movimentos que, com intervalos mais ou menos espaçados, se vêm reproduzindo no curso da História. A arte barroca, o drama elisabetano, a mística medieval, a filosofia alexandrina ou os cultos orgiásticos

---

2. Ver a respeito T. S. Eliot. "What is a classic?" in *On poetry and poets*. Londres, Faber & Faber (1956), pp. 53-71.

da Antiguidade, constituem alguns desses movimentos, ou melhor, etapas diferentes e descontínuas de um movimento único, e que se manifesta através dos tempos com extraordinária constância. Graças a essa respeitável genealogia, ou a essa admirável vitalidade, ele passa a adquirir uma dignidade positiva e necessária.

Mas desde que se considere a História, ao menos a história ocidental e moderna, como um processo único e tendente à restauração constante de um equilíbrio sempre ameaçado – ponto de vista que parece implícito em semelhante crença e que começou a generalizar-se desde o século passado –, é possível admitir que o Romantismo coincide, não com os momentos felizes da humanidade, momentos em que se tornou possível um sereno equilíbrio, mas ao contrário com as épocas de dissipação, ou de insatisfação, ou de crise. As alternativas do Classicismo e do Romantismo, tomados nesse sentido mais lato, sucedem-se tão necessariamente como às épocas de plenitude vivaz e fecunda se substituem períodos de relaxamento e de cansaço, ou ainda de inquietação indisciplinada e de tensão criadora.

Quanto mais nos aprofundarmos nessa opinião, mais evidente se tornará que o Romantismo não pode ser considerado apenas como uma entre muitas escolas literárias e artísticas, mas como uma espécie de substrato comum, em que os homens se perdem fatalmente, desde que rejeitem as rigorosas discriminações e as disciplinas impostas pela razão, pela opinião, pelo costume, ou pelas autoridades universalmente reconhecidas.

A religião do movimento, a canonização do instante fugidio, o culto do pitoresco, do colorido, o desprezo do normal pelo acidental e do eterno pelo temporal, tudo enfim quanto envolva o abandono de qualquer regra constante e objetiva, denunciam a presença do Romantismo. Desse mesmo Romantismo, feito muitas vezes de inexperiência e imperícia, contra o qual já um velho tratado prevenia o artista aprendiz, aconselhando-o a não pintar as árvores depois do vento, que suja as folhas de poeira, nem depois da chuva, que carrega as cores. O gosto do acidental e do anedótico, lisonjeando as sensibilidades, é, em verdade, próprio de crianças, de apaixonados e de mulheres, não de homens satisfeitos, que estes preferirão a beleza perfeita e tranquila das estátuas de mármore.

Tudo isto já foi muito dito e repetido, mas vêm-me agora à lembrança, lendo nos diálogos do mestre Francisco d'Olanda as palavras com que, há quatro séculos, Miguel Ângelo criticava os pintores flamengos:

> A pintura de Frandes satisfará geralmente a qualquer devoto, mais que nenhuma de Itália, que nunca fará chorar uma só lágrima, e a de Frandes muitas, isto não pelo vigor e bondade daquela pintura, mas pela bondade daquele tal devoto. A mulheres parecerá bem, principalmente às muito velhas ou às muito novas, e assim mesmo a frades e a freiras, e a alguns fidalgos desmúsicos da verdadeira harmonia. Pintam em Frandes propriamente para enganar a vista exterior, ou coisas que vos alegrem ou de que não possais dizer mal, assim como santos e profetas. O seu pintar é trapos, maçonerias, verduras de campos, sombras de árvores, e rios, e pontes, a que chamam paisagens, e muitas figuras para cá e muitas para acolá. E tudo isto ainda que pareça bem a alguns olhos, na verdade é feito sem razão nem arte, sem simetria nem proporção, sem advertência do escolher nem desejo, e finalmente sem nenhuma sustância nem nervo.[3]

Não sei de crítica mais pertinente ao Romantismo, ao Romantismo de ontem e de hoje como ao de todos os tempos.[4]

---

3. Sobre esta referência à crítica de Miguel Ângelo aos pintores flamengos ver Francisco d'Olanda. "Diálogos de tirar pelo natural" in *Da pintura antiga*. Lisboa, Academia Real de Ciências (1549).
4. Publicado no jornal *Correio da Manhã* (RJ): 19 de maio de 1946.

A França bizantina

DAS SUAS *REFLEXÕES* SOBRE A VIOLÊNCIA disse Georges Sorel que pretendem propor uma "filosofia moral" inteligível apenas para quem tenha penetrado as leis da grandeza e decadência.[1] Não é outro, em realidade, o objetivo que inspira a muitos dos principais expoentes do pensamento francês através dos decênios que se seguem à guerra de 1870 e à implantação da Terceira República. Justamente a decepção e a depressão nacional suscitada pela *débâcle* deveriam aguçar, em alguns, a sensibilidade àqueles temas da grandeza e decadência, que se tornarão em seus escritos motivo constante quando não dominante.

É esse motivo, que em pensadores aparentemente colocados na trincheira oposta à de Sorel, vai conduzir, por sua vez, a uma vigorosa tentativa de revalorização do espírito clássico. Da fremente repulsa ao século XIX, era da burguesia triunfante, onde os povos do Norte encontram seu terreno propício, segue-se a admiração quase inevitável pelo século XVII, que viu

---

[1]. Ver a respeito Georges Sorel. "Lettre à Daniel Halévy", que serve de introdução ao volume, e "La moralité de la violence" in *Réflexions sur la violence* (prefácio de Claude Polin). Paris, Éditions Marcel Rivière (1972), respectivamente pp. 3-4 e 229-80.

florescerem sem contraste algumas virtudes mais genuinamente, talvez mais hermeticamente francesas.

Apenas essa admiração não é de modo algum desinteressada e calma. Ela nasce antes de tudo de um protesto. Protesto em muitos pontos semelhante ao de certos católicos novos da Inglaterra dos quais já se disse que são simplesmente protestantes em protesto contra o Protestantismo. Ora, os princípios clássicos estão associados, entre os franceses, à realeza absolutista, e seu declínio corresponde à ascendência dos ideais da Revolução, que parecem já trazer no seu bojo o Romantismo. O primeiro passo consistiria, por conseguinte, em fazer baixar do pedestal onde fora imprudentemente erigida pelo século XIX a obra da Revolução. E esse primeiro passo já o tinha dado um Taine, que, a partir de 1875 e até morrer, se entregara de corpo e alma à tarefa de perscrutar impiedosamente as origens da França contemporânea.

Na crítica ao Romantismo e na crítica à Revolução encerram-se os elementos político-literários que pretenderão organizar-se em corpo de doutrina. A coloração xenófoba que há de dar vida, calor e mesmo agressividade a tal doutrina, esta nascerá de certos sucessos posteriores, como o caso Boulanger, por exemplo, e o caso Dreyfus. De elementos tão negativos e críticos surgirá, por sua vez, um novo tipo de "filosofia moral", que, unida à de Sorel e também à desse desiludido do ideal de Mazzini que foi Vilfredo Pareto, desembocaria em nossos dias no fascismo italiano.

Assim, de toda a construção erguida pelos partidários de um novo classicismo e seus aparentes correlatos políticos, sociais, morais e religiosos, o que veio a perdurar, pelo menos até ao epílogo trágico da última guerra mundial, foram os aspectos mais emotivos e tumultuosos. É evidente que o verdadeiro espírito clássico, tal como pôde florescer no século XVII francês, século do jansenismo, tem fundamentos bem diversos: alimenta-se de uma rígida disciplina espiritual livremente aceita, não de deliberações mais ou menos caprichosas.

Nos conflitos de sua época, os homens da Action Française foram simples comparsas episódicos como os demais, feitos uns e outros de uma só massa. O classicismo que pretendiam professar era, com efeito, pretexto e ponto de partida para uma política de interesses futuros. E nisto constituíram eles os mais ativos precursores de toda a raça moderna de falsos tradicionalistas – os adeptos e arautos de um novo humanismo, os apologistas de uma *"nova Idade Média"*... –, cujo amor ao Passado se satisfaz com a escolha de um simples segmento do passado, aquele que os agrada especialmente, a fim de erigi-lo em norma ideal insuperável.

Compreende-se que num mundo onde a energia mecânica aboliu ou tende a abolir a energia muscular, onde o princípio da competição destronou o da solidariedade orgânica entre os indivíduos, onde a *sociedade*, na famosa distinção de Ferdinand Tömmies, progrediu em detrimento da *comunidade* e onde o desenvolvimento sem precedentes das populações urbanas e metropolitanas acarretou uma revisão radical e uma nova ordenação dos nossos interesses, valores, atividades, sentimentos, atitudes e crenças, proliferem – por vezes legítimos e fecundos, é certo – os inconformismos de toda espécie. Cabe duvidar, todavia, se esses inconformismos poderão ser resolvidos por meio de um retrocesso; tudo faz pressentir, ao contrário, que só uma síntese ou uma harmonia novas, de que o passado não oferece modelo, permitirá superarem-se os desequilíbrios e antagonismos da era presente.

E é talvez semelhante convicção o que leva alguns daqueles inconformados, cujo tipo mais perfeito e mais monstruosamente coerente nas letras francesas atuais é sem dúvida o escritor Julien Benda, a buscar refúgio no reino das ideias imaculadas, do pensamento especulativo com exclusão de todas as manifestações técnico-pragmáticas. Atitude aristocrática em essência, pois que enaltece de forma também exclusiva os valores próprios de uma casta intelectual contemplativa, e presume, embora sem o confessar claramente, a absoluta preeminência de tal casta.

Isto explica a aversão tão característica por uma época tendente cada vez mais a desconhecer a distinção antiquada entre *clérigos* e *seculares*, no sentido que lhes dá o autor, entre o pensamento nobre, quer dizer puramente teórico, "*inutilitário*", de um lado, e de outro os sentimentos burgueses e plebeus em busca de expressão articulada.

Acrescente-se a tudo isto a preferência declarada pelas formas de pensamento apriorístico e racionalista, estas igualmente aristocráticas de nascença, mas que, levadas às suas últimas consequências, tendem a contrariar todas as paixões de casta, e também as de raça, as de religião, as de nação (assim, Descartes queria que seu método fosse inteligível até mesmo para os turcos infiéis).

Embora tendo em comum com os apóstolos da Action Française a nostalgia do classicismo, Benda não pretende agir sobre o mundo circunstante, oferecer uma terapêutica utilizável para a sociedade moderna. Por isso, e pelo fato de ser um racionalista convicto e mais consequente do que outros, também não é um reacionário exemplar. Pode-se mesmo dizer que a obra da Revolução lhe merece simpatias e aplausos na medida, ao menos, em que visa instaurar o império da justiça e do respeito à pessoa humana. E não é também um adversário sistemático do século XIX e das suas expressões espirituais mais características, preferindo, apenas, entre estas, as que, desde Kant até Renouvier, admitem a estabilidade e a constância das leis da razão.

Não deixa de ser significativo, apesar de tudo, que, depois da catástrofe de 1940 e durante os anos da invasão e da ocupação da França, este *clérigo* consumado empregasse seu tempo em uma severa análise do pensamento e das letras francesas atuais. Impossível, por outro lado, não tentar assimilar, de certo modo, esta, às tentativas de escritores que, depois de 1871, procuraram, com os resultados que conhecemos, meditar sobre as causas da "decadência" da sociedade francesa. Em *La France byzantine*, publicada em fins do ano passado, retoma-se, com pouca variação, salvo no tom, que agora é mais veemente, pode-se dizer que mais rancoroso, o tema desenvolvido pelo autor em seu *Bélphegor*, livro escrito antes da guerra de 1914 e onde se mostrava a predileção da sociedade francesa da época pelas obras de arte que fizessem experimentar emoções e sensações, não pelas que suscitassem um puro prazer da inteligência.

Durante os anos que se seguiram à paz de Versalhes, o assunto que o preocupara desde os dias da sua polêmica com o bergsonismo tornara-se aos poucos menos obsessivo. Em dado momento teria chegado mesmo a uma espécie de composição amigável com os antigos adversários, e é sintomático o fato de alguns dos seus livros terem sido publicados em primeira mão na *Nouvelle Revue Française*, a principal fortaleza dos *belphegorianos*. *La France byzantine* assinala, pois, o abandono de uma posição de aparente transigência assumida durante mais de quinze anos.

A proscrição da ideia nítida, a religião da mobilidade, a aversão à análise, o zelo pela expressão verbal, em prejuízo de outras qualidades, a música tida como norma e modelo, o gosto do obscuro, do hermético, do precioso... são, a seu ver, alguns dos traços específicos da presente literatura francesa, traços que a distanciam dos bons costumes do classicismo. Seria, em todo caso, injusto dizer-se que a atual sociedade francesa nutre aversão pelas ideias. Apenas ela as quer "excitantes, assombrosas, surpreendentes, divertidas (tipo: o pensamento rápido e paradoxal), não se preocupando em que sejam exatas e, ainda menos, em que sejam bem fundadas e dotadas de verdadeiro valor intelectual".[2]

---

[2]. Ver Julien Benda. "Volonté d'une littérature actuelle de constituer une activité spécifique. Principaux aspects de cette volonté" in *La France byzantine*. Paris, Librairie Gallimard (1945), pp. 17-52. Ver também o "Plan de l'ouvrage", ibid., pp. 15-6.

São esses os traços salientes da última encarnação do romantismo, tais como os inventariou Julien Benda. Ou, para recorrer a uma expressão que em nossos dias, e não por acaso, encontra ressonância nova: da última encarnação do barroco. Porque, com simples mudança de endereço, tudo quanto aqui se diz dos escritores franceses da nossa época aplica-se surpreendentemente, e quase com as mesmas palavras, a esse poderoso movimento que, durante o Seiscentos, se apoderou da Espanha, da Itália, da Alemanha e até da Inglaterra – a Inglaterra de John Donne e dos *"poetas metafísicos"* –, para ser afogado na França de Luís XIV pelo *"bom senso"* e o *"bom gosto"* clássicos.

Não sei, com efeito, de outro livro que melhor se possa comparar a *La France byzantine* do que a obra de Croce sobre a era barroca na Itália. A estupefação, a complicação exterior de uma arte puramente formal, *intimamente fredda*, a sutileza conceitista, a musicalidade, o amor do novo pelo novo, são alguns dos elementos que singularizam aquela era, dando-lhe homogeneidade e alguma independência. Não é preciso aceitar integralmente a atitude polêmica de Croce em face do barroco, nem a de Julien Benda – do ponto de vista de Sirius ou do *"historiador do século XXX"* –, diante dos escritores mais representativos de nosso tempo, para perceber-se a estranha coincidência entre as duas épocas em suas manifestações espirituais mais típicas. E se fosse lícito prosseguir nestes paralelos, raramente felizes e quase sempre perigosos, arriscaríamos uma pergunta: Assim como o barroco se resolveu afinal em uma simplificação voluntária, com a volta à *"naturalidade"* dos poetas arcádicos, não estaríamos, nós também, em vésperas de assistir a uma transformação da mesma ordem?

O próprio Benda, na última página de seu requisitório, deixa entrever uma janela aberta, ao admitir que a atual concepção de literatura – seu formalismo excessivo, seu hermetismo... – poderá ser subitamente mudada por influência de vários fatores, entre eles da propagação de uma nova religião social capaz de reduzir os homens às preocupações da vida corrente, em detrimento de todas as emoções de luxo. A sugestão é demasiado reticenciosa para dela se tirar, em nome do autor, qualquer ilação peremptória. Mas é inevitável pensar-se no fato de que, durante o tempo em que Julien Benda, no seu retiro de Carcassone, trabalhava neste libelo contra os escritores de França, um Aragon e um Éluard redigiam seus poemas de Resistência, destinados, não a uma elite de sofisticados e céticos, mas a todos os homens de boa vontade.[3]

3. Publicado no jornal *O Estado de S. Paulo* (SP): 14 de julho de 1946.

Literatura colonial

•

A HISTÓRIA DA LITERATURA BRASILEIRA da fase colonial tem sido abordada frequentemente como simples província de nossa história política. Parece natural e é até certo ponto plausível, quando a estudamos, tentar elucidar a maneira pela qual os nossos escritores se teriam libertado, aos poucos, das influências mais visivelmente coloniais ou portuguesas, e procurar um sincronismo entre esse processo e outros aspectos da evolução nacional.

Não é para admirar se um espírito tão afeito aos estudos sociais e políticos, como foi Sílvio Romero, encontrou particular sedução nesse método. Em seu esforço para discriminar e delimitar as diferentes épocas de nossa história literária, descobriria ele uma primeira etapa – de formação – que vai de 1500 a 1750, e uma segunda – de desenvolvimento autonômico – que se dilata até aos dias do Romantismo. E certo que teve ocasião de modificar esse esquema inicial ou sugerir-lhe alternativas, mas o critério anteriormente assentado manteve-o intacto.

Esse critério, quando exclusivo de qualquer outro, funda-se no ponto de vista de que o processo da evolução espiritual não tem unidade objetiva e, por conseguinte, é dócil a qualquer sistematização imposta de fora. Carecendo de vida própria, aceita sem relutância formas e fôrmas alheias. Ou submete-se a regras absolutas, caprichosamente forjadas, e que favoreçam uma espécie de simplificação didática. Não parece difícil vislumbrar aqui o seio do pensamento empirista e positivista do século XIX, suscitado pelo excepcional prestígio que tinham adquirido as ciências da natureza.

Em Sílvio Romero, a pauta que fornece pontos de referência para essa unidade artificialmente implantada provém, em primeiro lugar, de nossa história política. Para demonstrá-lo não é preciso especular sobre o sentido das datas que escolheu, pois ele próprio se incumbe de explicá-las em termos que desafiam qualquer dúvida. "A primeira época", diz, "inicia-se com a descoberta do país, passa pela invasão holandesa, pelos Palmares, pelos Emboabas e chega até aos meados do século XVIII. A segunda, com a descoberta das minas, mostra certo impulso autônomo do país, dentro dos limites de suas forças e tradições étnicas."[1]

Retomando mais tarde esse esquema, Ronald de Carvalho não julgou necessário tentar uma revisão radical dos seus fundamentos, que ainda lhe parecem substancialmente válidos. E se ousa corrigi-lo, não é para torná-lo menos rígido, mas ao contrário, e expressamente, para lhe dar maior segurança e concisão. Nesse empenho limita-se a transferir para depois de nossa independência política o período a que denomina autonômico e a reservar para a etapa intermediária – que vai de 1750 a 1830 – o rótulo de "período de transformação", pois é nele que, segundo seu modo de ver, os poetas da escola mineira principiam a neutralizar, embora palidamente, a influência lusitana.[2]

---

1. Sílvio Romero. *História da literatura brasileira*. 2ª ed., Rio de Janeiro, Garnier (1902), tomo I, p. 8.
2. Cf. Ronald de Carvalho. *Pequena história da literatura brasileira* (prefácio de Medeiros e Albuquerque). 2ª ed., Rio de Janeiro, F. Briguiet & Comp. Editores (1922), cap. I, pp. 47-50.

Ainda aqui é decisiva e absorvente a primazia atribuída aos fatores de ordem política. Nossa literatura colonial aparece, segundo essa concepção, como um movimento progressivo e contínuo, visando a um centro de atração que se situa fora de sua órbita. A multiplicidade e variedade de manifestação ganha coerência, unindo-se em direção a um ponto único, transformado em objeto de todos os anelos.

Restaria saber se a simplificação assim obtida representa efetivamente um lucro do ponto de vista da História. E dado que a verificação de sentimentos nativistas em autores que escreveram antes da Independência possa ajudar a compreender a formação de nossa literatura colonial, ainda cabe perguntar se essa mesma verificação não se torna com frequência aleatória, dependente de impressões fortuitas e que oscilam ao sabor das inclinações pessoais de cada um.

O fato é que a expressão de semelhantes tendências corresponde a fenômenos individuais: por conseguinte só dificilmente oferece boa margem para generalizações audaciosas. É lícito, sem dúvida, realçar a importância de alguns casos particulares. Erigi-los em fato normal, capaz de definir grupos inteiros e épocas, é contudo incorrer no risco de deformar o passado para subordiná-lo a noções e paixões próprias do presente.

E não será deformar o passado chamar de impulso autonômico a certas manifestações de incipiente nativismo que encontramos através de toda a nossa história colonial? Manifestações que não exprimem, em geral, mais do que uma fidelidade instintiva ao próprio lar, à parentela, à vizinhança, à paisagem natal, e que têm seu correlativo necessário na aversão ao advenício, ao que fala língua diferente ou pronuncia diversamente a mesma língua, ao que tem costumes, preconceitos e – quem sabe? – credos exóticos. É bem significativo que na mais antiga gramática portuguesa – a de Fernão d'Oliveira – que se publicou em 1536, quando mal tinham chegado às nossas praias os primeiros donatários de capitanias, já se dissesse dos portugueses nascidos no Brasil (e também na África e na Índia), que não estimavam muito aos outros "pela diferença de língua" e só queriam aos que "falam assim como eles".[3]

Dessa fidelidade ao pequenino rincão natal pode dizer-se, quando muito, que representa um patriotismo da espécie paroquial, patriotismo esse que costuma ser tanto mais profundo quanto menos consciente. É um engano de perspectivas querer equipará-lo ao que, nos nossos dias, denominamos complacentemente consciência nacional. Esta pode ter surgido, em verdade, nos últimos tempos do período que nos ocupa, entre certos indivíduos de exceção, e seria arriscado presumir que chegou a cristalizar-se em alguma forma de expressão literária. É certo que não cresceu das próprias raízes, como crescem as árvores, mas por agregação de elementos estranhos, como crescem as casas. O nativismo que vemos expresso em numerosos episódios de nossa história colonial, este deve ter nascido, ao contrário, já no século da conquista e com o primeiro mazombo.

O estudo do processo histórico que trate de determinar os conteúdos e estímulos espirituais de diferentes épocas, na medida em que se distinguem por certa unidade de estilo, será o meio aparentemente adequado de se evitarem desses enganos. Galho da literatura portuguesa, a brasileira da fase colonial não pode ser arbitrariamente separada da moldura que naturalmente lhe corresponde. Renascimento, Barroco, Neoclassicismo setecentista representam formas ou, para empregar o termo já consagrado entre modernos historiadores da arte, vontades de expressão, mais ou menos definidas e que se expandiriam por todo o mundo da civilização europeia. Partindo dessas formas gerais, dos complexos de ideias ou modos de sentir que lhes são peculiares, cumpre examinar até

---

3. Ver Fernão d'Oliveira. *Gramática de linguagem portuguesa.* 2ª ed. conforme a de 1536, publicada por diligência e trabalho do Visconde d'Azevedo e Tito de Noronha. Porto, Imprensa Portuguesa (1871), cap. 5, p. 16.

onde puderam ser elas representadas no Brasil colonial ou afetadas pelas condições especiais de nosso meio.

A preocupação de tratar a literatura brasileira como um todo homogêneo, dotado de contornos próprios, cederá lugar, assim, a uma consideração mais ampla e que, sem perder de vista os grandes conjuntos, procura discernir os fatos particulares em sua particularidade e reciprocidade.

No século da conquista, a visão do mundo novo pode provocar deslumbramentos e êxtases: o timbre mais constante dos relatos da época é, porém, o de um realismo pragmático. Todos os cronistas reagem com estranha uniformidade à mesma paisagem. Os seres fantásticos de que a imaginação de alguns viajantes povoara os países recém-descobertos dissipam-se à medida que a terra vai sendo palmilhada e devassada. Ou emigram para o sertão desconhecido, o sertão das lagoas douradas, das montanhas de cristal reluzente, das amazonas guerreiras, dos homens de pés às avessas, dos gigantes de dezesseis palmos de altura com ouro cravado nos beiços e narizes... Já dizia Gil Vicente, no mesmo ano em que o português Aleixo Garcia se lançava à sua fabulosa jornada do litoral atlântico aos contrafortes andinos: "porque o mundo namorado/ he lá, senhor, outro mundo,/ que está além do Brasil".[4]

No Brasil, ou melhor, nas terras que se situam aquém da divisória de Tordesilhas, o que buscam os portugueses é, tanto quanto possível, a réplica fiel de imagens ancestrais. Assim é que na mandioca vêm procurar apenas o honesto pão de trigo; no pinhão da araucária ou na batata-doce, a castanha europeia; no abati, o milho, milho alvo do Reino; na própria carne do tamanduá, a da vaca – "direis que é carne de vaca, sendo, todavia, mais mole e macia", adverte-nos Anchieta, na jabuticaba, a uva ferreal ou a ginja.[5]

---

4. Gil Vicente. *Farsa dos almocreves*, ed. das *Obras completas* (prefácio e notas do prof. Marques Braga). Lisboa, Livraria Sá da Costa (1944), vol. v, p. 368.
5. Cf. *Carta fazendo a descrição das inúmeras coisas naturaes, que se encontram na*

Às vezes interrompe-se, é certo, o cortejo das visões familiares, e então é forçoso acreditar no milagre. Contra as razões da sã filosofia a sensitiva, por exemplo, a que logo chamaram erva viva, parecia abolir em si a distinção genérica entre o reino animal e o vegetal. Esse escândalo só se explicaria por alguma preciosa e secreta qualidade. E assim o entendeu Gandavo em seu Tratado: "Esta planta", diz, "deve ter alguma virtude mui grande, a nós encoberta, cujo efeito não será pola ventura de menos admiraçam". Para a ciência do tempo deveriam ser indiscutíveis os motivos em que semelhante presunção se apoiava: "Porque sabemos de todas as ervas que Deus criou", continua, "ter cada huma particular virtude com que fizesse operações naquelas cousas para cuja utilidade foram criadas, e quanto mais esta, a que a natureza tanto quis assinalar, dando-lhe hum tam extranho ser e diferente de todas as outras".[6]

No mistério, o que procuraram e encontraram esses advertícios não é tanto o que perturbe ou edifique imaginações, mas o que torne a existência terrena ainda mais terrena e doméstica. O maravilhoso torna-se prestativo e quotidiano, pondo-se a serviço de ambições humanas. Aquilo que pouco antes parecera motivo de elevação pôde converter-se, quando muito, em alguma terapêutica poderosa.

Mais tarde, quando esse processo de integração de nossa paisagem natural e social no mundo da civilização portuguesa estiver aparentemente terminado é que alguns espíritos mais esclarecidos começarão a compreender o quanto há de irregular e tosco nessa mesma integração, e um Cláudio Manuel da

---

província de S. Vicente hoje S. Paulo, seguida de outras cartas inéditas escriptas da Bahia pelo venerável padre José de Anchieta e copiadas do Archivo da Companhia de Jesus (trad. do latim do prof. João Vieira de Almeida e prefácio do dr. Augusto César de Miranda Azevedo). São Paulo, Tipografia da Casa Felectica (1900), p. 30. No original não aparecem nem o conectivo nem a expressão adnominal *macia*.
6. Pero de Magalhães Gandavo. "Das plantas, mantimentos e fruitas que há nesta província" in *História da Província de Santa Cruz*. Rio de Janeiro, Edição do Anuário do Brasil (1924), cap. 5, p. 101.

Costa poderá lamentar a "turva e feia" corrente dos ribeiros de sua terra natal, isenta das "delícias do Tejo, do Lima e do Mondego".[7]

Não foi por mero acaso se justamente entre alguns desses espíritos puderam conquistar adeptos as ideias de autonomia e independência política da colônia. O que nelas se traduz é muito menos o sentimento de nossa peculiaridade, de nossa diferença específica, do que o desejo de negar essa diferença e fazer por esquecê-la. Assim, no momento em que os brasileiros se sentem, espiritualmente, mais vinculados ao Velho Mundo, é quando começam a pensar em emancipar-se. E, em realidade, não para libertar-se da Europa, mas ajustar-se melhor à sua imagem ideal e remota.[8]

---

7. Sérgio Buarque de Holanda, em publicação póstuma organizada e editada por Antonio Candido, retorna ao tema e desenvolve longamente a questão da integração de Cláudio Manoel da Costa à nossa paisagem. Ver *Capítulos de literatura colonial*. São Paulo, Brasiliense (1991), pp. 227-31 e passim.
8. Publicado no jornal *Diário de Notícias* (RJ): 14 de dezembro de 1947.

Itinerário de Fargue

DE TUDO QUANTO ESCREVEU Léon-Paul Fargue, o admirável diálogo com Valéry Larbaud, que abre a edição póstuma dos versos de Henry J. M. Lévet,[1] é o que mais se parece talvez com uma confidência ao mesmo tempo sentimental e intelectual. Ao evocar a silhueta do amigo desaparecido, procurando reviver na imaginação o brilho daqueles olhos que já não sorriem, sentir ainda uma vez a pressão daquela mão e o calor daquela voz, inconfundível como o talho da letra, os dois companheiros apenas manifestam, no desafogo do sentimento, seus próprios afetos e suas emoções particulares. O morto, objeto aparente das expansões, já é uma sombra, e agora tão remota como algumas das paisagens que chegara a fixar em raros versos vagamente alexandrinos: Biscra, La Plata, Nagasaki, Adelaide, Bombaim, Porto Saíd...[2]

1. Cf. Henry J. M. Lévet. *Poèmes* (*Précedés d'une conversation de mm Léon-Paul Fargue et Valéry Larbaud*). Paris, La Maison des Amis des Livres (1921).
2. Referência à vida itinerante do jovem poeta Jean-Marie-Étienne Levet (1874-1906), que trocou a vida de boêmio e de dândi parisiense pela atividade diplomática, primeiro integrando uma missão na Índia, depois como vice-cônsul em Manilha e, mais tarde, como encarregado da chancelaria em Las Palmas, em 1906, ano em que morre acometido de tuberculose. Seus versos, reunidos sob o título de *Poèmes*, foram compilados por Léon-Paul Fargue e Valéry Larbaud e publicados em 1921.

Essas mesmas paisagens, embora associadas intimamente à memória do amigo, nada dizem a Fargue, que se ocupa em reanimar a visão petrificada, tornando-a humana e próxima. Falta-lhe a consciência planetária, o patético das distâncias, o "sentimento geográfico moderno", de que o outro faz tanta praça. "Quando escreveu o Bateau Ivre – exclamara certa vez – Rimbaud não tinha visto o mar."[3] As viagens em demasia são boas para alienados sentimentais e novos-ricos.

Nem o persegue a obsessão sistemática das identidades ou afinidades simplesmente ideais e livrescas, que fazem a delicia do companheiro. As ideias não são para ele mais do que parasitas do verbo e a inteligência pura é pepsina que a si mesma se digere. Evita classificações, aproximações, etiquetas literárias. "Prefiro os homens às obras", dirá em outra ocasião. E dirá ainda: "Nada de leituras excessivas; só servirão para engordar indevidamente tua célula nobre".[4]

E agora que ele também seguiu para a grande viagem, depois de alguns dos seus amigos diletos, de Phillippe, Jarry, Tinan, Lévet..., não parece ocioso tentar recompor com o auxílio dessa confidência o itinerário de um poeta singular, que quase resume em si o da moderna poesia.

O ponto de partida desse itinerário bem pode situar-se naquela indecisa conjuração de homens de letras, que por volta de 1895 se nutriam de ideais libertários ainda mal articulados, e professavam ao mesmo tempo certo requinte de espírito, admirando Wilde, os pré-rafaelitas ingleses, o *Yellow Book*,[5] os desenhos de Beardsley, os livros de Marcel Schwob, os quadros de Whistler, de Lautrec, as aquarelas de Charles Couder... A vanguarda dos bárbaros, que eles já co-

---

3. Ver Léon-Paul Fargue. "Suite familière" in *Sous la lampe*. Paris, Éditions de la Nouvelle Revue Française (1930), p. 20.
4. Id., ibid., p. 18
5. Revista de artes e literatura lançada em Londres por Henry Harland e Aubrey Beardsley e publicada entre 1894 e 1897 reunindo colaborações de Yeats, Wells, James, Corvo e outros autores cuja obra preparava o "escândalo e a ruptura de uma nova era".

meçavam a pressentir, como o herói da *Sylvie* de Gérard de Nerval, surgiria pouco depois com a descoberta de Laforgue e a de Rimbaud e Ducasse.

Esse estetismo de 95, tão contrário, na aparência, aos gostos de nossa época, representa apenas uma variante grotesca do protesto romântico – *scilicet* o anarquismo à Paul Adam – contra a monotonia bem-posta e satisfeita da existência burguesa. O romântico não é, em realidade, o antiburguês, mas o burguês que reflete sobre si e busca negar a própria identidade. Entre os estetas do fim do século, esse protesto envergonhado resolve-se na torre de marfim ou na ostentação de certas singularidades cuidadosamente cultivadas. Em ambos os casos, na aspiração de fazer-se diferente dos outros homens, comprazendo-se ao mesmo tempo nessa diferença, e de inscrever-se, assim, num patriciado imaginário.

Fargue, sem aceitar aquela reclusão pseudoaristocrática e nem aquele exibicionismo desesperado, sempre conservou, no entanto, certo ar de família com seus companheiros de mocidade. Sua caricatura do burguês, que pertence à grande fase, a fase da revista *Commerce*,[6] é sem dúvida a depuração de uma atitude que o adolescente não teria renegado.

> Chamo burguês – exclama – a quem quer que renuncie a si mesmo, ao combate, ao amor, pela própria segurança; "ele só pode respirar com o alento dos outros, e pelos outros"; "incorpora a média universal à substância pessoal e reciprocamente"; "não é de uma ruindade cerastoide; seria incapaz de fazer mal a um leão"; "só ousa entrar em contato com uma língua ou uma ideia, se a julga bem morta e a vê empalhada dentro de um mostruário, e quando a coisa já não pode morder; ainda assim só se apro-

---

6. Revista literária trimestral editada em Paris entre 1924 e 1932 por Paul Valéry, Léon--Paul Fargue e Valéry Larbaud e voltada para a tradução e a divulgação de autores de vanguarda, entre os quais Joyce, Eliot, Breton, Ungaretti, Gide, Kafka e Artaud.

xima dela nas pontas dos pés"; tem o sentimento da casta como um animal tem o sentimento do perigo.[7]

De alguns profetas do estetismo conservou Fargue o amor às fórmulas lapidares e excitantes ao mesmo tempo, o culto da palavra pela palavra – "as ideias são doenças das palavras"[8] – o da obscuridade procurada ou fingida. E também o sentimento da obra de arte como valor supremo e remate da maior experiência vital: a arte oposta e até sobreposta à natureza. Mas esse mesmo sentimento vai ter em seus escritos uma versão pessoal, e tão independente, que o situará, por fim, em contraste nítido com os antigos comparsas na aventura literária. Estes, desprezando embora a espontaneidade prolixa dos antigos românticos, conservam deles, e apuram-na ainda mais, a noção de que o artista é o eleito dos deuses e a criação poética um privilégio da natureza de exceção.

A teologia farguiana desconhece, porém, o predestinacionismo. Cada qual há de contar consigo, com o próprio esforço e engenho, para alcançar a desejada recompensa. A escolha, a posição exata e definitiva de uma simples palavra ou frase no texto, é fruto de intensa e diligente aplicação. "O gênio – diz ele – é uma questão de mucosas; a arte, uma questão de vírgulas."[9]

Esse zelo constantemente atento a minúcias faria pensar um pouco em outro mestre artífice das letras, em Stéphane Mallarmé. Mas a aproximação é simplesmente ilusória. Fargue não quer, como Mallarmé, atingir o mundo das essências imóveis e eternas. Ele não procura o absoluto poético. O que busca, ao contrário, e com fervorosa obstinação, é precisamente o corpóreo, o concreto. As próprias ideias deverão ser tangíveis, e a inteligência há de fazer corpo com as coisas,

---

7. Ver "Suite familière" in *Sous la lampe*, op. cit., pp. 10-1.
8. Id., ibid., p. 47.
9. Id., ibid., p. 22.

amoldar-se aos seus contornos e sinuosidades; inteligência que "come carne".

Para captar e exprimir o evanescente, em sua evanescência e imobilidade, realizando o que denominou "uma certa plástica dos estados de alma", sua poesia não precisa e não deve alçar-se ao estratosférico. O reino dela é o deste mundo, não o da Eternidade. Por sua vez, esse amor do plástico nada tem a ver com o dos parnasianos, que confessa admirar, aliás, preferindo os ourives aos bufarinheiros. "Os parnasianos – escreve – viviam alucinados pelo baixo-relevo." E continua em linguajar que não tentarei traduzir: "*Moi je me suis laissé appeler par les géographies secrètes, par les matières singulières, aussi par les ombres, les douleurs qui guettent sous les portes, les odeurs attentives, et qui attendent, sur une patte, les passages des fantômes; des souvernirs de vieilles fenêtres, des fumets, des glissades, des reflets et des cendres de mémoire*".[10]

A expressão poética não pode sujeitar-se aqui a nenhum código abstrato ou impessoal rigoroso. Na obra de Fargue, o acento agudo recai antes sobre a *expressão* do que sobre o *poético*. Cabe mesmo perguntar se ele aspira verdadeiramente à Poesia, na medida, ao menos, em que a poesia exclui todo o prosaico e forja para si um ideal de pureza imaculada e inacessível. O próprio formalismo poético parece-lhe exercício subalterno, e é significativo que em todos os seus livros, desde *Tancrêde*, publicado em 1894, prosa e verso se achem curiosamente associados e amalgamados, segundo exigências momentâneas de expressão.

A tais exigências, que são sempre soberanas e mesmo tirânicas, relaciona-se a importância conferida neste caso à palavra. Para manifestar a realidade em seus traços mais sutis e furtivos, é necessária uma sensibilidade extremamente agu-

---

10. Léon-Paul Fargue (1876-1947) amplia e desenvolve este tópico no texto "Géographie secrète", incluído no livro *Haute solitude*. Paris, Éditions Émile-Paul Frères (1941), pp. 44-57.

çada, além de um extraordinário domínio dos recursos verbais. E Léon-Paul Fargue foi certamente, ao lado de James Joyce, um dos dois grandes gênios da invenção e da improvisação linguística em nosso tempo. Diante de qualquer dos seus textos, os leitores inexpertos são frequentemente tentados a recorrer ao dicionário, e o fazem, às vezes, sem resultado, pois ele não só utiliza, quando preciso, uma linguagem particular, como é o pioneiro inimitável daquilo a que alguém denominou *caricatura fonética*.

A verdade, porém, é que esses monstros não estorvam, ao contrário, a inteligência exata do contexto. Certas palavras, mesmo se ininteligíveis quando tomadas isoladamente, adquirem no conjunto um sentido preciso e um valor definitivo. Os pormenores técnicos desse processo são suscetíveis de discriminação e mesmo de análise; o efeito final, porém, só pode ser apreendido intuitivamente.

Essa estranha capacidade de registrar aspectos da realidade que escapam a uma apreensão puramente intelectual faz com que o mundo poético de Fargue pareça insubmisso às leis mais comezinhas da lógica. Ele próprio assimilou a poesia ao sonho, acrescentando, todavia, que é o único sonho onde não se deve sonhar. Houve quem falasse em surrealismo a propósito de alguns dos seus escritos, e um crítico pôde afirmar que ele atingiu exatamente aquilo que os surrealistas se propunham atingir. A verdade é que estes, com suas receitas de delírio, tomam como ponto de partida uma atitude que lhe é fundamentalmente estranha e até adversa. O automatismo psicológico, o ditado do subconsciente, parece-se irremediavelmente com a inspiração para oferecer qualquer atrativo a quem escreveu estas palavras no pórtico do *Piéton de Paris*: "A inspiração em arte produz, para mim, o efeito de um paroxismo de facilidade. Ainda prefiro a intenção, outro micróbio, porém mais curioso".[11]

---

11. Cf. Léon-Paul Fargue. *Le piéton de Paris*. Paris, Éditions Gallimard (1939).

Fargue não é um fabricante de êxtases. O sobrerreal que nos propõem seus livros, essa *natureza ao segundo grau*, que evocou como ninguém, e de que carregou consigo o segredo, procede de uma longa e laboriosa aplicação aos mistérios da poesia. Seria lícito, talvez, procurar suas fontes mais remotas no incessante recurso a certas formas de expressão metafórica que distinguem seus primeiros ensaios poéticos e que, a um exame superficial, parecerão abusivas e por vezes canhestras. Abra-se quase ao acaso o volume dos *Poèmes*, que abrange peças escritas entre 1894 e 1902: "*Mais les premières lampes font rougir le soir comme un visage... Le square n'est plus qu'une cage ouverte et videquis' endort avec douceur d'un sommeil de femmes assises... Une vitre s'étend, comme une tache d'huile, dans un coin d'ombre pelucheuse... La joue pâle d'un horloge s'allume entre les arbres maigres qui coupent sans dureté ma route et clignent contre les lumières... Toute une station de voitures s'ébranle avec lenteur; comme une file de crabes, et s'allume...*".[12]

Os intermináveis *comme*, os *n'est plus qu'une...*, os *avec... d'une*, as reticências constantes, certo tipo de reiterações que deparamos em outras passagens do livro, servem como reforço de expressão ou assumem valor simplesmente decorativo. Esse luxo de imagens pode denunciar, sem dúvida, uma atitude de insatisfação diante do mundo convencional, que se tornou frio e pobre como um templo protestante. Ornamentar uma realidade já descolorida, avivando-lhe as formas e tornando-a, assim, excitante para as imaginações, é uma das manobras do estetismo. Não constitui um ato definido de subversão, como o delírio profético de Rimbaud. A simples comparação não revoga, robustece, ao contrário, o princípio de identidade e a clareza racional.

Mas a supressão desta ou daquela partícula gramatical, a sujeição dos recursos verbais a uma vontade artística discri-

---

12. Ver Léon-Paul Fargue, *Poèmes suivis de pour la musique*. Paris, Gallimard (1919), p. 38.

cionária, não basta para explicar como se possa alcançar o mundo livre da poesia. Só o pedantismo dos críticos faria supor, com efeito, que certas minúcias de técnica, acessíveis a uma cuidadosa análise literária, tenham, neste caso, muito mais do que um significado meramente episódico. Ou que Fargue tenha alcançado a revelação poética por algum inesperado capricho divino, como Saul, que ganhou um reino quando procurava suas jumentas.[13]

---

[13]. Artigo publicado no jornal *Diário de Notícias* (RJ): 28 de dezembro de 1947.

Literatura jesuítica

A TODO OU QUASE TODO o nosso teatro jesuítico do século XVI anda associado o nome de Anchieta. Até onde isso se justifica é o que somente será possível dizer após seu confronto sistemático com a literatura de Portugal e Espanha do mesmo século. Do "Auto de são Lourenço", que constitui o pretexto para estes artigos, afirmou positivamente o ilustre historiador da Companhia de Jesus no Brasil, dr. Serafim Leite, apoiando-se em razões que todavia não parecem cabais, ter sido redigido por outro jesuíta, o irmão Manuel do Couto.

Uma peça atribuída por alguns a Anchieta, desta vez sem motivo muito plausível, a do "Rico avarento e Lázaro pobre", é possivelmente a mesma ou paráfrase da mesma que, com título semelhante – "Lázaro e o rico avarento" –, os padres da Companhia fizeram representar em Évora no ano de 1560 perante el-rei d. Sebastião. A hipótese de tratar-se de paráfrase provém de que, no Reino, tais peças eram escritas e representadas em latim. O padre Francisco Rodrigues, não o afirmando de modo expresso, deixa no entanto subentendido que se seguiu a regra do latim no caso particular desta tragédia, por ocasião das festas de Évora. É lícito, contudo, duvidar que o mesmo ocorresse no Brasil, onde os espetáculos se dirigiam naturalmente a plateias menos letradas e onde logo se relaxaria oficialmente o uso obrigatório do latim.

A dúvida no que respeita à atribuição ao padre Anchieta de muitas das obras literárias jesuíticas do século XVI é pertinente mesmo com referência a algumas poesias em que semelhante atribuição parecia caso pacífico. Assim, a que ocorre nas Antologias com o título de "O pelote domingueiro" é simples variante de certas "trovas feitas ao moleiro", pertencentes à lira lusitana do Quinhentos e de que duas estrofes podem ser lidas no estudo de Alberto de Souza acerca do trajo popular em Portugal nos séculos XVI e XVII.[1] O aturado exame deste e de casos semelhantes poderá proporcionar, talvez, uma ampla retificação de noções firmemente estabelecidas sobre esta fase da história da literatura colonial brasileira.

Enquanto não se realize tal estudo, que sem dúvida exigirá pesquisa especial e demorada, parece justo acreditar-se que boa parte das poesias *de Anchieta* só lhe foram atribuídas por constarem de cadernos em que se reuniam, ao lado de peças de sua autoria, outras que fossem apropriadas aos fins da catequese. Em alguns casos, e é talvez o do "Pelote domingueiro", podem ter sofrido algum arranjo ou reelaboração que as adaptasse melhor ao intuito missionário. De maneira que o nome de Anchieta, quando associado a essas produções, o que frequentemente é inevitável no estado em que ainda se encontram os estudos de história literária, não pode ser admitido sem reserva.

Se é lícito, pois, relacionar seu nome a uma fase de nossa literatura, há de ser na qualidade de figura mais expressiva da mesma fase, não na de seu originador ou representante único. Coisa semelhante ocorrerá mais tarde com Gregório de Matos, de quem raramente se pode dizer com certeza que seria o verdadeiro autor de obras apresentadas como da sua lavra.

Mas se abandonarmos a crítica de atribuição para nos cin-

---

1. Ver a respeito Alberto de Souza. *O trajo popular em Portugal nos séculos XVI e XVII.* Lisboa, Sociedade Nacional de Tipografia (1925).

girmos aos elementos puramente formais e históricos que nos proporciona a literatura anchietana, como seria possível considerar devidamente essas produções? O ponto de partida para tanto há de estar na circunstância de que essa literatura deita suas raízes mais fundas no terreno da poesia popular da península ibérica da era quinhentista. E isso era aliás de esperar dado que, destinada a tocar almas simples, ela deveria fugir às novidades italianizantes, que começavam apenas a esmaltar aquela poesia. E isto quer dizer, em outras palavras, que escrita ou divulgada em pleno Renascimento, e mesmo no declínio do Renascimento, ainda participa largamente do ambiente espiritual da Idade Média. Não apenas por suas características externas – metro e estrofe – mas também, e principalmente, pela natureza particular de sua inspiração, ela se associa em tudo ao fundo tradicional da lira peninsular.

Não admira se, no já referido "Auto de são Lourenço", vamos deparar com personagens de sabor pré-vicentino e mesmo tipicamente medieval, como o são "Amor de Deus" e "Temor de Deus". Em "O pelote domingueiro", que versa sobre os temas do Pecado Original e da Encarnação, prevalecem formas simbólicas originadas do velho drama litúrgico. A vestidura ou pelote que o diabo furta ao moleiro por meio de manhas e artimanhas representa a lei da Graça em que Deus fez o primeiro homem. A mulher do moleiro é o instrumento de que o demônio se serve para o furto. Sua filha será a intermediária na restituição, alcançada, enfim, por um neto após imensos padecimentos e trabalhos.

Para o saio ser perdido,
a mulher foi medianeira.
Mulher foi também terceira,
para ser restituído.[2]

---

2. Cf. "O pelote domingueiro", vv. 222-5 in José de Anchieta. *Poesias – manuscritos do século XVI em português, castelhano.*

O moleiro, que corresponde a Adão, e sua mulher, que representa Eva, prenunciam as figuras simétricas da filha e do neto, ou seja, a Virgem Maria e Jesus, respectivamente. Encontramos aqui alguns dos elementos do simbolismo cristão. O nome de Eva, lido da direita para a esquerda, prefigura a invocação de Maria: *Eva* e *Ave*. Jesus é o "segundo Adão" no poema: a imagem que aparece mesmo em autores profanos, como Gil Vicente, mas que também pertence notoriamente à simbologia eclesiástica. Os cinco botões do casaco agora "desempenhado" (na versão constante do volume *Primeiras letras*, publicação da Academia Brasileira, lê-se "desamparado", que é erro e não faz sentido) são finalmente as cinco chagas de Cristo, e os milhares de cordões que lhe pendem das costas significam "os açoites e vergões/ com que o neto do moleiro/ fez tornar o domingueiro".[3]

Mas acentuar apenas o que entra de tradicionalista em nossa literatura jesuítica do século XVI é dizer uma verdade incompleta. O certo é que esse tradicionalismo aparente nada tem de incompatível com o espírito novo que a Companhia de Jesus irá encarnar por toda parte, e que, em pleno apogeu do Renascimento, fará ruir por terra os artifícios renascentistas. Espírito que irá frutificar no Concílio de Trento, na reação contra o humanismo e os platonismos – a "recepção" da *Poética* de Aristóteles principia com os comentários de Robortelli, que são de 1548 – e, por fim, na arte e na sociedade do Barroco.

Para enfrentar o estilo erudito do tempo, germe de heresia e revolta, a milícia inaciana procura naturalmente atingir a alma popular, na medida em que ainda não fora alcançada pelo verniz superficial do Renascentismo. De onde seu caráter tradicional, seu apego a valores e formas vindas da Idade Média. Mas esse tradicionalismo deve responder a uma finalidade pre-

---

3. Id., ibid., vv. 254-6, p. 406.

cisa e urgente, que é a propaganda da fé. E aqui temos, enfim, de regresso, o que já foi dito neste estudo sobre os expedientes pedagógicos de que se serviram os inacianos para exacerbar a devoção nos crentes, suscitar o remorso nos pecadores, a regeneração nos infiéis, a conversão nos gentios e pagãos. Toda a sua arte consiste em tocar diretamente os corações, sem precisar convencer por meio de raciocínios abstratos, que podem significar uma superfetação e até um estorvo. Ao povo falam na língua chã do povo e aos infiéis e gentios nas suas mesmas palavras e até segundo seus ritos, cerimônias ou trejeitos, quando não se chocam muito com as normas da Igreja.[4]

---

4. Publicado no jornal *Diário de Notícias* (RJ): 9 de janeiro de 1948.

Índice onomástico

Abreu, Casimiro José Marques de, 328
Accio, 138
Adam, Paul, 436
Afonso Celso, Afonso Celso de Assis Figueiredo, *conde* (papal) de, 82
Agostinho, santo, 281
Alain-Fournier, Henri Alban Fournier, dito, 409
Aleijadinho, Antônio Francisco Lisboa, dito o, 232
Alencar, José Martiniano de, 27, 46, 67, 206, 208, 240
Alexandre Dumas, 137
Almeida Nogueira, José Luís de, 329
Almeida Rosa, Francisco Otaviano de, 112
Almeida, Guilherme de Andrade e, 30, 31, 129, 151, 168, 169, 173, 174, 185, 188, 189, 190, 191, 192, 201, 234, 255, 314
Almeida, Renato Costa, 20, 201, 255
Almeida, Tácito de, 185
Álvares de Azevedo, Manuel Antônio, 112, 291, 321, 323, 328, 329, 330
Alves Filho, Francisco Rodrigues, 341
Alves, Oswaldo, 366, 367, 369
Amado, Genolino, 335

Amado, Gilberto, 370, 371, 373, 374, 375, 378
Amado, Jorge, 410
Amaral, Amadeu Ataliba Arruda Amaral Leite Penteado, dito Amadeu, 70, 73, 184
Amescua, Mira de, 135
Amet, Émile, 70
Anchieta, José de, 395, 431, 442, 443
Andrade, José Oswald de Sousa, 20, 30, 31, 37, 151, 163, 168, 169, 185, 188, 237, 240, 250, 258
Andrade, Mário Raul de Morais, 20, 22, 30, 31, 33, 37, 130, 151, 169, 185, 188, 234, 240, 257, 258, 293, 294, 303, 309, 351, 387, 412, 414
Andrade, Rodrigo Melo Franco de, 26, 413
Andreini, Adamo de, 139
Apollinaire, Wilhelm Apollinaris de Kostrowitzky, dito Guillaume, 30, 128, 129, 131, 150, 168, 215, 385
Aragon, 262, 426
Aranha, José Pereira da Graça, 20, 26, 28, 201, 203, 204, 205, 206, 207, 209, 210, 217, 255, 385

Aranha, Luís, 169, 185
Araripe Júnior, Tristão de Alencar, 96, 97, 392
Arato, 137
Aristóteles, 445
Arnold, Matthew, 307
Asselineau, Charles, 86
Auerbach, Erich, 22, 37
Aviles, Gerardo de Matos, 58

Bacon, Francis, 139
Bahr, Hermann, 176
Balzac, Honoré de, 22, 77, 265, 371
Bananére, Alexandre Ribeiro Marcondes Machado, dito Juó, 388
Bandeira, Manuel Carneiro de Sousa Bandeira Filho, dito Manuel, 20, 23, 31, 37, 161, 162, 163, 164, 234, 236, 258, 310, 311, 312, 313, 314, 316, 317, 327, 351
Banville, Théodore de, 156, 168, 169, 189
Barbosa, Agenor, 151, 186
Barbosa, Rui Barbosa de Oliveira, dito Rui, 142, 157
Barbusse, Henri, 122, 129, 150, 262
Barrès, Maurice, 176
Barreto, Tobias Barreto de Meneses, dito Tobias, 63
Barroso, Gustavo Dodt, 89, 90, 98, 100, 101, 103
Bartels, Adolf, 286
Bartholomeu, padre, 190
Baudelaire, Charles, 29, 37, 86, 106, 107, 139, 140, 309
Beardsley, Aubrey, 435
Beaunier, André, 85
Becher, Johannes, 172, 179
Becque, Henri-François, 151
Benda, Julien, 257, 422, 423, 425, 426
Béraud, Henri, 213
Bernardes, padre Manuel, 75
Bertaut, Jean, 140
Bevilácqua, Clóvis, 66

Bezerra de Freitas, 340, 341
Bilac, Olavo Brás Martins dos Guimarães, 85, 192, 228, 232
Blake, William, 236, 401
Blaze, Henri, 99, 102
Bloch, Jean Richard, 257
Bloy, Léon, 142, 143, 166
Blumer, Rudolf, 178
Boccioni, Giovanni, 130
Bopp, Raul, 33, 293
Borba Gato, Manuel de, 321
Borba, José Osório de Morais, 335
Bordeaux, Henry, 106, 107, 115
Borgia, César, 282
Borne, Ludwig, 58
Boulanger, Georges, 421
Bourget, Paul, 144
Brandes, Georg Morris Cohen, 96, 135, 136, 137, 163
Brerewood, 139
Breton, André, 37, 262
Browning, Robert, 195, 197, 198, 199
Brunetière, Ferdinand, 140
Bruno, Giordano, 137
Burckhardt, Jacob, 340
Burke, Kenneth, 404

Cabral de Melo Neto, João, 23, 38
Caetano dos Santos, João Caetano dos Santos, dito João Caetano, 264, 265, 266, 267, 268, 269
Calderón de la Barca, Pedro, 36, 94, 95, 96, 133, 134, 135, 138, 139, 143
Calderón, Francisco García, 41, 43, 45, 63
Calderón, Gracioso de, 135
Calderón, Ventura García, 28, 28, 64
Camões, Luís Vaz de, 132, 138, 140, 143
Campendonk, Heinrich, 177
Cardim, padre Fernão, 338, 339
Cardoso, Joaquim Lúcio Cardoso Filho, dito Lúcio, 38, 362, 364, 365
Carlyle, Tomas, 59, 60
Carmo, Manuel, 188

Carvalho, Elísio de, 28, 339
Carvalho, Ronald de, 20, 204, 231, 232, 233, 238, 255, 312, 313, 314, 428
Carvalho, Vicente Augusto de, 94, 117
Castro Alves, Antônio Frederico de, 63, 228, 291, 332
Castro, Eugênio de Castro e Almeida, dito Eugênio de, 110, 142
Catulo da Paixão Cearense, 29, 85
Catulo, 138
Castro, Guilhem de, 139
Cavagnac, 99
Cavalheiro, Edgard, 328, 329, 330, 331, 334
Caye, Pierre Palma, 92
Cendrars, Blaise, 20, 31, 168, 172, 215, 216, 217, 259, 260, 385
Cervantes Saavedra, Miguel de, 36, 42, 307
Cézanne, Paul, 176
Chagall, Marc, 176
Chagas, Moacyr das, 188, 189, 190, 191, 192
Chamfort, Sébastien Roch Nicolas, dito de, 282
Chateaubriand, François René, *visconde* de, 46, 47, 208, 393
Chavannes, Puvis de, 84
Chénier, André de, 106
Chocano, José Santos, 28, 62, 63
Chopin, Frederico, 287
Christian Heinrich, 286, 288
Claudel, Paul, 128, 172
Cocteau, Jean, 168, 215, 230, 239, 249, 262
Coleridge, Samuel Taylor, 226, 309
Commines, Philippe de, 133
Conselheiro, Antônio Vicente Mendes Maciel, dito Antônio, 82
Cooper, James Fenimore, 46, 47, 209
Corbière, Édouard Joachim, dito Tristan, 125
Corneille, Pierre, 91, 133, 134, 139, 143
Correia, Raimundo de São Luís da Mota de Azevedo, 72, 111, 116, 117, 118, 132, 144, 145, 148, 191, 232
Costa, Cláudio Manuel da, 38, 433
Costa, Getúlio M., 380
Costa, José Antônio da, 268
Coutinho, Afrânio dos Santos, 344, 345, 346, 347, 348, 349, 350, 355, 356
Coutinho, Galeão, 181, 182, 183
Couto de Barros, 185, 258
Couto, Manuel do, 442
Cruz e Sousa, João da, 232

D'Acelley, 134
D'Annunzio, Gabriele, 122, 171, 386
D'Olanda, Francisco, 419
Dantas, Júlio, 75, 131
Dante, Alighieri, 38, 96, 97, 138, 140, 141, 143, 198
Darío, Félix Rubén García y Sarmiento, dito Rubén, 60, 64, 110
Deabreu, Moacyr, 151, 169, 171
Debussy, Claude, 206
Delgado, Alexis, 175
Delteil, Joseph, 262
Denzel, Bernhard Gottlieb, 293
Descartes, René, 423
Desnos, Robert, 262
Deus, João de (nome literário de João de Deus Ramos), 110
Diamante, J. B., 139
Dickens, Charles, 270
Döblin, Alfred, 176
Donne, John, 36, 425
Dostoievski, Fiodor ou Fedor Mikhailovitch, 38, 271, 356, 358, 405
Doumic, René, 96, 166
Dreyfus, Alfred, 421
Droin, Alfred, 20, 213, 214
Drummond de Andrade, Carlos, 23, 36, 351
Dulk, 116
Duque Estrada, Joaquim Osório, 385
Dutra e Melo, 68

Eckermann, J. P., 103
Edschmid, Kasimir, 174, 176, 177, 178
Eiró, Paulo, 318, 319, 320, 321, 323, 325
Eliot, Thomas Stearns Eliot, literariamente T. S., 22, 37, 221, 257, 417
Éluard, Eugène Grindel, dito Paul, 426
Epstein, Jean, 229
Ercilla y Zuñiga, Alonso de, 42
Ésquilo, 60

Fabbri, Marcello, 174
Fabre, Lucien, 214
Faguet, Émile, 139
Fagundes Varela, Luís Nicolau, 326, 328, 329
Fargue, Léon-Paul, 354, 434, 435, 436, 437, 438, 439, 440, 441
Faria, Alberto, 26, 138
Faria, Otávio de, 280, 281, 282, 283, 358
Farinelli, Arturo, 95, 96, 135, 139
Feis, Jacob, 137
Ferrari, R., 150
Ferraz, Enéas, 165, 166, 167
Figueiredo, Jakson de Figueiredo Martins, dito Jackson de, 278
Filinto Elísio (pseudônimo literário de Francisco Manuel do Nascimento), 80
Flaubert, Gustave, 68, 77, 89, 161, 206
Forjaz, Albino, 117
Fort, Paul, 30, 128, 131
Foscolo, Ugo, 140
France, Anatole François Thibault, dito Anatole, 154, 157, 163, 288, 349
Fresnaye, R. de la, 176
Furio, 138
Fusco, Rosário, 351

Galileu, Galileo Galilei, dito, 223
Gama, José Basilio da, 35, 44
Gândavo, Pero de Magalhães, 432
Garcia Redondo, Manuel Ferreira, 72
Garcia, Aleixo, 431

Garrett, João Batista da Silva Leitão de Almeida, 44, 47
Gautier, Théophile, 116, 117, 144, 161, 191
Gener, Pompeyo, 28, 76, 96, 124
Genet, Jean, 35, 400, 401, 402, 403, 404, 405, 406, 407
Gide, André, 20, 22, 36, 193, 194, 195, 196, 197, 199, 345
Giorgi, Bruno, 414
Gobineau, Joseph Arthur, *conde* de, 204, 205, 382
Goethe, Johann Wolfgang von, 22, 30, 44, 89, 90, 91, 92, 93, 94, 97, 98, 99, 100, 103, 104, 137, 140, 149, 174, 203, 285, 322, 349, 417
Goll, Ivan, 177
Gomes, Eugênio, 344
Gonçalves Crespo, Antônio Cândido, 117
Gonçalves Dias, Antônio, 27, 45, 46, 228, 332
Gonçalves, Acaciano, 187
Gonçalves, José A., 320, 325
Gonçalves, Yara de Paulo, 182
Goncourt, Edmont Huot e Jules, 391
Govoni, 168
Grabbe, 92
Grosz, George, 176, 177
Grucker, E., 90, 91
Guardini, Romano, 356
Guido, Ângelo, 182
Guilbeaux, Henri, 32
Guimarães Júnior, Luís Caetano Pereira, 145, 146, 147, 148
Guimarães, Bernardo Joaquim da Silva, 320

Halévy, Daniel, 213
Hamon, A., 96
Hardy, Thomas, 20, 270, 271, 272, 273, 274, 275, 276, 277
Hartzenbusch, Juan Eugenio, 134
Henry J. M., 434

Herculano, Alexandre, 47
Herder, Johann Gottfried, 417
Hesíodo, 137
Homero, 36, 60, 90, 131, 137, 138, 140, 141, 307
Hugo, Victor, 57, 63, 86, 90, 105, 107, 143, 332
Huysmans, Georges Charles, dito Joris--Karl, 28, 125, 153, 154

Ibsen, Henrik, 112, 207
Inglês de Sousa, Herculano Marcos, 390, 391, 392, 393, 394, 395, 397, 398, 399
Istrati, Panaït, 20, 218, 219
Ivo, Ledo, 38

Jacob, Max, 130, 150, 168, 171, 215, 230, 262, 385
Jarry, Alfred, 435
João Crisóstomo, são, 96, 109
Joé, Iago, 353, 354
Joyce, James, 439
Junqueira Freire, Luís José, 328

Kafka, Franz, 32, 37
Kaiser, Georg, 178
Kandinsky, Vassili, 176
Kant, Emmanuel, 423
Kayam, Omar, 106
Keller, Gottfried, 381
Kipling, Rudyard, 63
Klee, Paul, 177
Klinger, Max, 92, 93, 98
Klingermann, 92
Klopstock, Friedrich Gottlieb, 91
Koch-Grünberg, Theodor, 294
Kokoschka, Oskar, 178
Kornfeld, Paul, 178
Kretschmer, Ernst, 340

Laet, Carlos Maximiliano Pimenta de, 67
Laforgue, Jules, 125, 211, 215, 436
Lagreca, Sylvio (Francisco), 188, 189, 191
Lamartine, Alphonse de, 139, 141, 157
Landívar, padre Rafael, 28
Larbaud, Valéry, 249, 434
Lasserre, Pierre, 220, 221
Latour, A. de, 134
Lautréamont, Isidore Ducasse, dito conde de, 403, 436
Lawrence, David Herbert, 345, 361
Le Page du Pratz, 394
Leconte de Lisle, Charles Marie Leconte, dito, 29, 87, 105
Lenin, Vladimir Ilitch Ulianov, dito, 32
Leonardo da Vinci, 115
Leopardi, Giacomo, conde, 113, 114, 115, 140
Lespise, 99
Lessing, Gotthold Ephraim, 91, 92
Lévet, Jean-Marie Étienne, 434
Lhote, André, 176
Lièvre, Pierre, 153
Lima Barreto, Afonso Henriques de, 166, 385
Lima, Eugênio de, 180
Lins do Rego Cavalcanti, José, 359, 410
Lope de Vega, Félix Lope de Vega y Carpio, dito, 38, 135
Louys, Pierre Louis, dito, Pierre, 131, 190
Lucílio, Caio, 138
Lucrécio, 138, 271

Macedo Soares, A. J., 327
Macedo, Joaquim Manuel de, 66, 67, 68, 266, 267
Machado de Assis, Joaquim Maria, 18, 21, 37, 192, 204, 208, 328, 343, 344, 345, 346, 347, 348, 349, 350, 355, 356, 372
Machado, Antônio de Alcântara, 20, 33, 248, 249, 290, 291, 292, 382, 384, 386, 387, 388
Macróbio, 137

Maeterlinck, Maurice, 28, 125, 131, 171
Magalhães, Domingos José Gonçalves de, 27, 46, 47
Mallarmé, Stéphane, 28, 37, 125, 437
Malone, 137
Mann, Heinrich, 286, 289
Mann, Thomas, 20, 32, 284, 285, 286, 287, 289
Mansfield, Kathleen Mansfield Beauchamp, dita Katherine, 381
Mantegazza, Paulo, 140, 141
Manzoni, Alessandro, 127
Maquiavel ou Machiavelli, Niccolò, 280, 281, 282
Marc, Franz, 176
Margueri, 99
Mariano, Olegário Mariano Carneiro da Cunha, dito Olegário, 119
Marinetti, Filippo Tommaso, 30, 128, 129, 150, 168, 172, 176, 385
Maritain, Jacques, 257
Marlowe, Christopher, 92, 93, 94, 98
Marques da Cruz, 78, 79, 80
Marques Rebelo (pseudônimo literário de Edi Dias da Cruz), 354
Martins Fontes, José, 118, 181, 183
Mascagni, Pietro, 150
Massis, Henri, 257, 357
Masters, Edgar Lee, 172
Matisse, Henri, 176
Matos, Gregório de Matos Guerra, dito Gregório de, 443
Matos, Mário, 344
Mattioli, G., 150
Maupassant, Guy de, 122, 285, 381
Mauriac, François, 400, 401, 402, 406
Maurras, Charles, 415
Mazzini, Giuseppe, 421
Medeiros e Albuquerque, José Joaquim de Campos da Costa de, 114, 116, 117
Menandro, 138
Mencken, Henry Louis, 389
Mendes, Murilo Monteiro, 38, 351

Menotti del Picchia, Paulo, 129, 151, 168, 185, 188
Mercier, 121
Meredith, George, 218, 273
Merril, 125
Metastasio, Pietro Trapassi, dito, 38, 132
Meyer, Alfred Richard, 194
Meyer, Augusto, 344
Michaëlis, Carolina Michaëlis de Vasconcelos, dita Carolina, 138
Michel, F., 136
Michelet, Jules, 203
Miguel Pereira, Lúcia, 344, 345
Milano, Dante, 23
Milliet, Sérgio Milliet da Costa e Silva, dito Sérgio, 389
Milton, John, 97, 139, 143, 401
Mistral, Frédéric, 28, 41
Molière, Jean-Baptiste Poquelin, dito, 91, 134, 135, 139, 143
Molina, Tirso de, 135
Montaigne, Michel Eyquem de, 134, 136, 137, 138, 139, 143, 345
Monteiro Lobato, José Bento, 168, 169, 170, 181, 308, 379
Montenegro, Olívio, 397
Montesquiou, abade, 153, 154
Montesquiou, Anne-Pierre, 153
Montesquiou-Tezensac, Robert, 153
Moraes, Pedro Ribeiro de, 396
Moraes, Rubens de, 185, 228, 229, 230
Morais Neto, Prudente de (ver também Pedro Dantas), 26, 31, 233, 236, 241, 258, 386
Morais, Rubens Borba de, 31
Morand, Paul, 215, 249
Moréas, Ioannes Papadiamantopoulos, dito Jean, 125
Moreira César, Antônio, 82
Morley, Henry, 91
Mota Filho, Cândido, 389
Mota, Otoniel de Campos, 180, 331
Muller, Max, 92, 136
Murry, Middleton, 221, 222, 227

Musset, Alfred de, 115, 157
Mussolini, Benito, 282

Nabuco, Joaquim Aurélio Barreto Nabuco de Araújo, dito Joaquim, 62, 72, 204, 205, 208, 209, 249, 346
Naévio, 138
Naffi, Gian Battista, 150
Nerval, Gérard Labrunie, dito Gérard de, 99, 103, 436
Nietzsche, Friedrich, 194, 198, 322
Nin Frias, Alberto, 104
Nobre, Antônio, 117, 118, 145, 164
Nodier, Charles, 133, 139
Nolde, Emil Hansen, dito, 177
Nordau, Simon Maximilian Suedfeld, dito Max, 28, 125, 165
Novalis, Friedrich, *barão* von Hardenberg, dito, 91, 322

O'Brien, G., 336
Oliveira, Antônio Mariano Alberto de, 232, 385, 386
Oliveira, Ferrão de, 429
Orefice, G., 150
Orlando da Silva, Artur, 66
Orr, Alexandra Sutherland, 199
Otaviano, Francisco Otaviano de Almeida Rosa, dito Francisco, 112, 114, 115, 116

Pacúvio, Marco, 138
Palacio Viso, Ramón, 57
Palazzeschi, Aldo, 127, 128, 161, 162, 163, 168, 172
Papini, Giovanni, 105, 124, 127, 168
Pareto, Vilfredo, 421
Pascal, Blaise, 112, 139, 143, 203, 279, 345, 346, 347, 348, 349
Patmore, Coventry, 211
Patti, Francisco, 188, 189
Pechstein, Max, 177
Pedro Dantas (ver também Morais Neto, Prudente de), 280, 307, 379

Pedrosa, Mário, 33
Péguy, Charles, 203
Peixoto, Marinella, 157
Pena, Cornélio de Oliveira, 367
Pennafort, Onestaldo, 316
Peregrino Júnior, João Peregrino da Rocha Fagundes Júnior, dito, 344
Pereira, Antônio Olavo, 38
Pereira, Astrojildo, 33
Pereira, conselheiro José Bernardino Baptista, 267
Pereira, Eduardo Carlos, 79
Pereira, José, 268
Petrarca, Francesco, 38, 138, 140, 323
Petrônio, 140, 239
Picabia, Francis, 150
Picasso, Pablo Ruiz Blasco, dito Pablo, 176, 215, 239
Pirandello, Luigi, 260, 261
Pires, Homero, 328
Plauto, 139
Plutarco, 134
Poe, Edgar Allan, 96, 140, 171
Pompeia, Raul D'Ávila, 390, 391
Ponson du Terrail, Pierre Alexis, *visconde*, 68
Pontes, Belchior de, 321
Pontes, Elói, 344
Porchat, 99
Pound, Ema Loomis, 22, 37
Pratella, 150
Preault, 99
Proust, Marcel, 22, 37, 150, 171, 229, 243, 358, 403
Prudhomme, Sully René François Armand Prudhomme, dito, 72, 140

Queirós, Diná Silveira de, 409, 410
Queirós, José Maria Eça de, 77, 371
Queirós, Rachel de, 359
Queiroz, Joaquim de, 185
Quental, Antero Tarquínio de, 107

Rabelais, François, 74, 135, 136, 139, 206

453

O ESPÍRITO
E A
LETRA

Rachilde, 111
Racine, Jean, 139, 143, 403
Ramos, Graciliano, 359, 367
Ramos, Péricles Eugênio da Silva, 38
Regius, Loys, 139
Régnier, Henri de, 125
Reynaud, J., 80
Ribeiro Couto, Rui, 151, 169, 170, 171, 173, 183, 185, 211, 212, 251, 252, 258, 379, 380, 381, 382, 383
Ribeiro, João Batista Ribeiro de Andrade Fernandes, dito João, 138
Ribeiro, Júlio César Ribeiro Vaughan, dito Júlio, 390
Ribeiro, Pedro, 396
Ribeiro, Rogério José Cerveira, 14
Richardson, Dorothy, 358
Rilke, Rainer Maria, 32
Rimbaud, Jean Nicolas Arthur, 37, 125, 215, 400, 403, 406, 435, 436, 440
Rivarol, Antoine Rivarol, dito *conde* de, 213
Rivière, Jacques, 214
Rocha Pita, Sebastião da, 27, 44
Rocha Pombo, José Francisco da, 232
Rodenbach, Georges, 84, 99
Rodo, José Enrique, 53, 142
Rodrigues, padre Francisco, 341
Rolland, Romain, 122, 150, 167, 178
Romero, Sílvio Vasconcelos da Silveira Ramos, 23, 45, 46, 47, 48, 111, 232, 427, 428
Ronsard, Pierre de, 116, 125, 215
Roth, Walte, 294
Rousseau, Jean-Jacques, 206, 226, 281

Sade, Donatien Alphonse François, *marquês* de, 403
Sainte-Beuve, Charles Augustin, 96, 139
Salgado, Plínio, 186
Salmon, 150, 168
Sandburg, Carl, 172, 173
Sartre, Jean-Paul, 403

Satie, Alfred Erik Leslie-Satie, dito Erik, 239
Savonarola, Girolamo, 281
Scheler, Max, 377
Schiller, Frederick von, 90, 91, 137
Schlegel, August Wilhelm von, 95
Schmidt, Afonso, 151, 182, 183, 319, 320, 321
Schmidt, Augusto Frederico, 327, 351
Scholl, Aureliano, 68
Schönberg, Arnold, 176
Schopenhauer, Arthur, 50, 55, 90, 115, 345
Schubert, Franz, 287
Schumann, Robert, 287, 315
Schwob, Marcel, 197, 435
Scott, Walter, 137
Seché, A., 140
Seixas, Aristeu, 188
Sêneca, 133, 134
Shakespeare, William, 53, 91, 135, 136, 137, 140, 143, 223, 227, 313
Shelley, Percy Bysshe, 226
Silva, Nice, 141
Sócrates, 245
Soffici, Ardengo, 127, 161, 162, 168
Sombart, Werner, 356
Sorel, Georges, 420, 421
Souza, Alberto de, 71, 443
Spinoza, Baruch, 204
Staël-Holstein, Germaine Necker, *baronesa* de, dita madame de Staël, 90
Stapfer, Paul, 68, 99, 102
Stead, William Thomas, 75
Stechetti, Lorenzo, 141
Stendhal, Henri Beyle, 70
Stevenson, Robert Louis Balfour, 273
Stietz, 150
Strachey, Lytton, 319
Stramm, August, 178
Strauss, Emil, 50
Suévio, 138
Swift, Jonathan, 56, 61

Tácito, 133
Taine, Hippolyte, 29, 54, 55, 56, 70, 80, 96, 421
Tasso, Torquato, 323
Tale, Allan, 35
Távora, João Franklin da Silveira, 66, 67, 68
Tawney, R. W., 336
Tchekov, Anton Pavlovitch, 285
Teffé, Tetrá de, 352
Teixeira, Bento, 43
Teixeira, Gustavo, 180
Tennyson, Alfred, *lorde*, 195
Teócrito, 137
Thibaudet, Albert, 213, 332
Tinan, Jean de, 171, 435
Tolstoi, Lev (Leão) Nikolaievitch, *conde*, 85, 275, 285
Tomás de Aquino, santo, 271
Tömmies, Ferdinand, 422
Toulouse-Lautrec, Henri de, 435
Tristão de Ataíde (pseudônimo literário de Alceu Amoroso Lima), 256, 257, 345
Turiello, Mario, 56
Tzara, Sami Rosenstein, dito Tristan, 3050

Valéry, Paul, 22, 35, 37, 213, 214, 249, 373
Vanucci, Pietro, 107
Vapperau, 148
Vargas Vila, José María, 29, 54, 55, 56, 57, 58, 59, 60, 61, 95
Vário, 138
Varnhagen, Francisco Adolfo de, 45
Vasari, Giorgio, 107

Vauxcelles, 177
Velásquez, Diego Rodríguez de Silva y, 84
Verga, Giovanni, 285, 381
Veríssimo, Érico, 38, 45, 410
Veríssimo, José Dias de Matos, 45, 47, 52, 71, 392, 394
Verlaine, Paul, 98, 125, 154, 159, 184, 233
Vicente, Gil, 431, 445
Vieira, padre Antônio, 239
Vignier, 134
Vigny, Alfred, *conde* de, 105, 113, 140
Villaespesa, Francisco de, 95, 147
Villiers, 171
Villon, François, 37, 125, 223, 403
Virgílio, Publius Virgilius Maro, 60, 137
Virtorelli, Jacopo, 141
Voltaire, François Marie Arouet, dito, 134
Von den Steinen, Karl, 294
Von Uexküll, Jacob, 207

Weber, G., 98
Wells, Herbert George, 121
Werfel, Franz, 178
Westermarck, Edvard, 340
Whistler, James, 435
Whitman, Walt, 37, 63, 106
Wilde, Oscar Fingal O'Flahertie Wills, 125, 154, 171, 435
Woelflin, 340
Wordsworth, William, 195, 226

Zamacois, Eduardo, 82
Zola, Émile, 38, 60, 61, 122, 142, 170, 357, 358

1ª EDIÇÃO [1996]
2ª EDIÇÃO [2022]

ESTA OBRA FOI COMPOSTA PELA PÁGINA VIVA EM BODONI TWELVE
E IMPRESSA PELA LIS GRÁFICA EM OFSETE SOBRE
PAPEL PÓLEN NATURAL DA SUZANO S.A.
PARA A EDITORA SCHWARCZ EM JULHO DE 2022

A marca FSC® é a garantia de que a madeira utilizada na fabricação do papel deste livro provém de florestas de origem controlada e que foram gerenciadas de maneira ambientalmente correta, socialmente justa e economicamente viável.